GAINSBOURG
ou
la provocation permanente

Journaliste, écrivain, Yves Salgues a collaboré à Paris-Match, Le Temps de Paris, l'Aurore, Paris-Jour, Parents, Marie-Claire. *Il travaille actuellement dans le groupe Filipacchi. Il a publié des recueils de poésie dont* Les Chants de Nathanaël *(prix Guillaume Apollinaire, 1943), une douzaine de biographies d'acteurs et de chanteurs, de romans :* Le Jeune Homme endormi, L'Archange démasqué, Un ange américain, Les Taches du soleil, Le Triangle éternel *et* L'Héroïne, une vie.

Une des grandes constances de ma vie aura été de vouloir connaître Gainsbourg. Cette volonté m'est venue dès 1958 alors qu'écoutant *Le Poinçonneur des Lilas*, je m'interrogeais : quel cerveau, quelle âme, quel homme cache cette voix nouvelle ? Treize ans plus tard, à la suite d'une overdose d'héroïne – résultat d'une étourderie formidable doublée d'un défi semi-conscient –, je me trouvai paralysé, légume humain sans pensée, ni mémoire, dans une chambre carcérale de clinique de banlieue. Agonie et résurrection : une enfant de dix-sept ans eut l'idée d'offrir *L'Histoire de Melody Nelson* à mes oreilles mortes. Le miracle eut lieu. Grâce au son gainsbourien, à la poésie de Gainsbourg, à la musique de Gainsbourg, ma machine mentale se remit en marche. Les ineffables sonnets de *Melody* ont précédé dans mon mémorial, Rimbaud, Mallarmé, Baudelaire, Aragon.
J'ai connu le provocateur permanent en juin 1987. N'ayant rien de commun avec lui, hormis ce siècle et notre génération, je croyais n'avoir rien à partager avec ce non-semblable. C'était compter sans cet empire de la révélation qui rapproche les contraires. « Tout ce qui est atteint est détruit », écrit Montherlant dans une maxime fameuse. J'ai atteint Gainsbourg et – de moi à lui – rien n'a été détruit de mon admiration : ni dans l'artiste de génie ni dans l'homme singulier.

YVES SALGUES

Gainsbourg

ou

la provocation permanente

J.-C. LATTÈS

A toutes celles et à tous ceux qui haïssent Gainsbourg, pour qu'ils essaient de l'aimer.

Yves SALGUES.

A Francis Picabia

Serge GAINSBOURG.

« Les annales humaines se composent de beaucoup de fables mêlées à quelques vérités, quiconque est voué à l'avenir a au fond de sa vie un roman pour donner naissance à la légende, mirage de l'histoire. »

CHATEAUBRIAND,
La Vie de Rancé, 10/18, p. 62.

« Rancé du reste avait raison : la musique tient le milieu entre la nature matérielle et la nature intellectuelle; elle peut dépouiller l'amour de son enveloppe terrestre ou donner un corps à l'ange : selon les dispositions de celui qui écoute, ses accords sont des pensées ou des caresses. »

CHATEAUBRIAND, *ibid.*, p. 156.

« Une vie ne vaut rien mais rien ne vaut une vie. »

MALRAUX.

« Un homme mérite le nom d'homme à partir du moment où il a réduit en lui toute sa part de comédie et de tragédie : c'est-à-dire de mensonge. »

MALRAUX.

« Qui a été plus aimé que moi? Personne. Qui a été plus haï que moi? Personne. »

Jean COCTEAU.

« La vie, qu'est-ce que c'est? C'est un souffle court accordé à l'homme. Que la maladie ou le malheur se hasardent à vouloir le lui enlever, et cet homme se cabre, se défend, rugit et tempête. Une fois né, il ne veut plus jamais mourir. »

Antonin Machefleur, guérisseur-philosophe du Périgord Noir : 1770-1818, mort assassiné dans le lit conjugal du mari dont il possédait la femme. (A propos des accidents cardiaques de Gainsbourg.)

« Le bilan d'une journée se joue chaque soir sur dix minutes. Etre et pénétrer. Ou ne pas être et rester dehors. »

Gainsbourg. Inédits confiés à l'auteur. (A propos de son obsession sexuelle.)

« Je ne suis pas un musicien dans les deux sens classiques du terme : je fais de la musique de complaisance. »

GAINSBOURG.

« Je ne m'intéresse pas à la vérité mais à la lucidité. »

Paul VALÉRY.

Sommaire

PROLOGUE

Pourquoi Gainsbourg

1

SURVOL DE LA CHANSON FRANÇAISE. – LES THÈMES AMBITIEUX. – LA MORT FAMILIÈRE. – PREMIÈRE APPARITION, PAR SES INITIALES, DE BRIGITTE BARDOT DANS CE LIVRE. – LES GOÉMONS. – SERGE FOR EVER. – LA TRAGÉDIE DU 15 AOÛT 1971. – ARAGON JUGE LE SONNET GAINSBOURIEN. – AGONIE ET RÉSURRECTION. – ÉTERNITÉ DE *MELODY*.

J'AI longtemps cru que, loin au-delà du *Temps des cerises*[1], les trois chefs-d'œuvre impérissables de la chanson française moderne étaient, en premier lieu : *La Pavane des Patronages*, de M. Charles Trenet, que je trouve infiniment supérieure à cette bernicade debussyenne qu'est *La Mer*, mais que son auteur n'a jamais interprétée sur scène, car danse sublime du sommeil – il craignait sans doute qu'elle n'endormît ses plus réguliers auditoires; en deuxième lieu : *La Supplique pour être enterré sur la plage de Sète*, de Georges Brassens, qui – avec son amas de références culturelles (Brassens ne pouvant s'empêcher d'être secondaire et de paraître savant) – est à l'art populaire ce que le *Cimetière marin* est à l'art poétique; cela sans dérision aucune, le texte étant écrit avec un respect attendri : ce qui nous touche et nous attache; en troisième lieu : *Avec le temps*, de Léo Ferré, dont

1. Mon interprétation favorite étant celle de M. Yves Montand. *Vieilles chansons de France*. Philips.

la seule chose à dire – et voici ce qui va guider ma démarche dans ce livre – est que ce thème du vieillissement inéluctable de l'homme dépasse et surpasse les plus grands sujets traités jusqu'ici sur microsillon. C'est l'ambition du thème, plus que la mélodie qui le supporte, qui fait la beauté d'une plage. C'est dans la mesure même où ils auront été ambitieux – ambitieux quelquefois jusqu'à la démesure : je pense singulièrement à Ferré et à Gainsbourg – que les quelques échappés du gros peloton de nos variétés nationales entreront en majesté dans l'An 2000.

Par une toxicomanie persistante, maligne et profonde, dont je n'étais jamais parvenu à mettre entre elle et moi qu'une distance très courte (distance dont j'étais toujours rattrapé) je menais en ces temps dont je parle une vie dramatique. Elle oscillait, cette vie incertaine, entre l'extase et la mort. Les médecins, après plusieurs alertes cardiaques graves, m'avaient si souvent prévenu de sa visite, son masque froid – en plusieurs circonstances d'agonie – m'avait de si près frôlé le visage que je m'étais fait, de la mort, presque une amie, une compagne familière sinon. Il m'arrivait même, abruti de drogue, de me réveiller en sursaut au fond d'une sombre crypte : nous bavardions ensemble, elle et moi. Elle s'éclipsait, osseuse et légère, je ressuscitais des profondeurs. L'on s'en sera douté : ces retours à la surface de la vie réelle sont une épreuve d'autant plus cruelle à l'homme qu'il est diminué par l'abus de stupéfiants. En retrouvant l'air vrai de sa chambre, il s'asphyxie.

Menacé, je me présentais donc dans chaque clinique ou dans chaque hôpital où j'étais admis avec un matériel d'écoute rudimentaire, que je transportais à cet usage : en France, hors de France, partout. Il se composait d'un vieil électrophone de l'âge héroïque, pratique pour sa matière plastique de peu de poids, et de mes disques préférés auxquels j'ajoutais – c'était rituel (les tenant en réserve comme un en-cas gourmand) – *Les Amants d'un jour* et *Les Neiges de Finlande*, de Mme Edith Piaf, et *Initials B.B.*, de Serge Gainsbourg, qui tolérait encore, à l'époque, qu'on l'appelât Serge. Toujours cette soif de titres qui soient davantage que des chansons.

Il faut que le lecteur comprenne ma quête d'absolu sonore. Je ne me livrais pas au jeu imaginaire et désuet de l'homme seul dans une île déserte. (Les Robinsons actuels ne sont plus romantiques.) Par appréhension de mourir – une crainte sans peur plutôt – et, si je partais, pour partir en paix, je concentrais mes dernières attentions sur des sillons qui rendaient pour moi leurs derniers oracles. Qu'importait que je susse leur contenu par cœur et le parcours des lèvres et des poumons de l'artiste à une reprise de souffle près! C'est ici la magie, qui se révèle intacte à l'usure, d'un chef-d'œuvre comme *Initials B.B.* par exemple : vous pouvez l'avoir entendu trois mille ou dix mille fois comme moi, c'est toujours la première fois lorsque vous le réécoutez de nouveau; c'est toujours, en dépit de l'enchantement mémorié, la même découverte par une oreille vierge; sous l'empire de la révélation vous restez bouche bée.

Plus mes cures de désintoxication s'avéraient lentes, difficiles, tortueuses, inhumaines, plus les psychiatres m'enfermaient longtemps dans le train du sommeil (le voyage se poursuivant quelquefois, sans ouvrir l'œil, au-delà de six et huit semaines) plus je réclamais du Gainsbourg au départ et à l'arrivée de ce puissant express alimenté aux barbituriques. Je n'ai pas traversé seulement les steppes de la Sibérie, ainsi retenu immobile (parfois dans une camisole de force) sur mon lit métallique de ténèbres, j'ai fait le tour du monde ferroviaire, empruntant même des tunnels sous-marins. J'en souris désormais. Il est cependant émouvant de penser que la voix de Gainsbourg était à mon départ sur le quai numéro 1 de la gare centrale – Austerlitz du Grand Sommeil – et qu'elle s'y trouvait à mon arrivée, deux mois après, par la grâce précieuse des infirmières. Les maigres pitances gainsbouriennes apportées dans mon havresac n'y suffisaient plus. L'on recherchait du Gainsbourg pour Salgues chez les disquaires de Lausanne, Genève, Madrid, Munich ou Rome. Un été particulièrement caniculaire, je faillis mourir au terme frileux d'une cure d'anéantissement. Les reins s'étant bloqués, ma respiration s'affaissait et la pompe du cœur n'envoyait plus dans ma géographie sanguine que des pulsations ralenties. J'étais à quelques poignées de secondes de la nuit éternelle. L'on me réanima avec une dose de morphine telle qu'elle eût abattu sur-le-champ un cheval percheron. Ma stupeur fut charmante de revenir à la vie du son – les paupières closes – par le miracle d'une voix reconnue, voix à laquelle il faudrait bien que j'avoue un jour ma reconnaissance :

Algues brunes ou rouges
Dessous la vague bougent
Les goémons
Mes amours leur ressemblent
Il n'en reste il me semble
Que goémons
Que des fleurs arrachées
Se mourant comme les
Noirs goémons
Que l'on prend que l'on jette
Comme la mer rejette
Les goémons...

Serge le poète interprétait le Gainsbourg musicien :

Je pris son innocence
A la sourde cadence
Des goémons...

Ainsi a commencé, voilà plus de vingt ans, le touchant et muet dialogue de deux hommes absolument dissemblables, si différents l'un de l'autre qu'on les croirait pour peu d'une appartenance étrangère ou nés des rameaux d'une humanité diversifiée par les antipodes.

Gainsbourg et moi, en effet, n'avons rien à partager ni à mettre en commun : pas plus la naissance que la race, pas plus l'enfance que l'adolescence ou la jeunesse, pas plus la sexualité que l'argent, la famille ou la patrie. Rien, donc, hormis un sentiment artistique qui s'exerce souvent dans des sens opposés. Hormis la solidarité d'une génération; un air de fond d'époque qui tapisse nos gorges malgré nous et y fait résurgence; la traversée des trois cinquièmes d'un siècle vécus sans nous voir, nous connaître ni nous parler. Autant de circonstances d'origine ou de traits de caractère qui puissent nous séparer, une qualité fondamentale m'unit à Gainsbourg : l'admiration sans limites que je voue au créateur qu'il est, de quelques excès, de quelques extravagances, de quelques désordres du comportement que puisse se nourrir cette création d'autant plus féconde qu'elle se laisse, paradoxalement, déborder par le personnage.

Cette admiration a trente ans, la moitié de son âge. Gainsbourg, en vingt ans – le tournant de la quarantaine chanceusement négocié –, a beaucoup progressé. Sans enflure ni préjudice. De clown de l'actualité, de saltimbanque aux abois des tréteaux, le voici devenu un monstre médiatique de première force qui obtient le pouvoir audiovisuel dès qu'il le demande, qui règne par l'image et le son, et dont les activités outrepassent ce domaine musical qu'a toujours privilégié son turbulent génie. Aucun professionnel n'en doute : Le Panthéon du solfège attend demain Gainsbourg comme l'Autre, voici deux cents ans, attendait Rousseau. Hier il sculptait sa statue; il érige aujourd'hui son monument.

Sans être nécessaires, ces conditions étaient suffisantes pour justifier une rencontre à laquelle le métier m'eût conduit tôt ou tard. Voici le récit détaillé de l'événement qui en a précipité la nécessité.

Le 15 août de 1971, année de tous mes malheurs, j'ai touché d'un pied mort le fond des abîmes. Ce jour est la veille de mon élargissement. Le lendemain je dois quitter la clinique de Meudon-Bellevue, prison sinistre, où je viens de subir (en vertu de l'ultime alternative : la guérison ou le cimetière, sinon la maison de fous) la cure de désintoxication de la dernière chance. J'ai tout recouvré, me semble-t-il : mes assises, mon autonomie, et – sur la drogue – le sentiment d'une distance irrattrapable. C'est ici une illusion dangereuse. Passant par mon domicile, dans la plaine Monceau, pour prendre quelque linge et téléphoner à Corinne et Jean Taittinger[1] que je viens me dorer chez eux, comme ils m'y ont invité, au soleil du Mont-Blanc, je commets l'erreur irresponsable et criminelle d'absorber – après le dur sevrage – deux lourdes prises d'héroïne pure à 90 %. Il s'ensuit un gouffre effrayant où plus rien n'a sa place : ni les perceptions, ni les sensations, ni l'état

1. Député-maire de Reims, ministre du général de Gaulle et du Président Pompidou. Il séjourne chaque mois d'août, avec sa famille, dans son chalet de Chamonix.

de damnation auquel je me suis – de plein gré mais malgré moi – condamné. Je n'ai pu reconstituer les étapes de ma descente aux abysses qu'après coup, à l'issue d'une patiente enquête auprès de mes secouristes et bienfaiteurs. Victime d'une overdose de rechute (ou d'étourderie, ou d'innocente satiété), j'ai été retrouvé, après Rambouillet, livide et raide sur une banquette du Paris-Brest. Ramené en ambulance à la clinique Bellevue où le docteur Pierre Morand m'a mis à la pénitence dans une cellule « d'où l'on ne s'évade pas », j'ai été contraint et forcé – les premiers débris de ma raison revenus – de persévérer à survivre : pour réapprendre à vivre et m'efforcer enfin de guérir.

La somme d'énergie désespérée que cette rééducation aura exigée de moi dépasse l'entendement du commun des hommes. Pour obligatoirement assisté qu'il soit, le toxicomane n'est pas plaint en milieu hospitalier; il est méprisé et souvent même haï. Paralysé de la moitié gauche du corps par mon encéphalite de surdose, privé de l'ouïe, de la voix et de mes réflexes animaux, j'ai mis plus d'un mois à pouvoir sortir – à petits pas tout menus – du crépuscule cérébral. Amour des derniers feux de ma jeunesse virile, une lycéenne de dix-sept ans m'y a aidé, qui joua pour moi tous les rôles et qui – directrice de mes pauvres jours languissants – assuma tous les dévouements, tous les sacrifices.

1971 marque avec la parution d'*Histoire de Melody Nelson* l'avènement d'un genre musical révolutionnaire : le roman sonore qui occupe les deux faces d'un 33 tours et que les Anglais désignent sous le nom de concept-album. On l'aura compris : pareille prouesse est celle d'un homme exclusivement seul. Jamais jusqu'alors Serge Gainsbourg ne s'était aussi totalement investi dans une œuvre. *Melody Nelson* fait également date parce qu'elle indique une brisure éclatante dans la trajectoire gainsbourienne : son talent décolle et atteint jusqu'à ces régions rares que nous nous devons de nommer génie puisque nous ne disposons pas d'un autre mot pour les définir. Sous son aspect d'opéra de la banalité quotidienne – où un tendron espiègle de quinze ans se livre au sexe d'un prédateur passionné, et qu'interrompt une tragédie aérienne – *Melody Nelson* est le prétexte à quelques-unes des plus belles audaces de langage qu'ait connues la poésie française en cette seconde moitié du siècle. Aragon ne s'y trompa pas qui me disait l'année suivante : « Il faut recommander à Gainsbourg de se mettre au sonnet : il y est incomparable. »

Serge chante et dit ses vers en acteur consommé. Jane Birkin lui prête sa voix sensuelle, pathétique, étranglée, surgie des limbes et des langes.

Je n'avais plus quant à moi ni organe vocal, ni trompes d'Eustache, ni souvenirs anciens ni mémoire immédiate. Ange gardien, gouvernante de mes pensées, Fabienne M., son électrophone posé sur la table de nuit de ma cellule monastique, a rouvert (avec les neuf plages de *Melody Nelson*) le seuil de mes oreilles au son et a replacé dans ma bouche les mots articulés qui purent en ressortir :

Les murs d'enceinte
Du labyrinthe
S'entrouvrent sur
L'infini

Du plus loin qu'elle soit enfouie la mémoire revient par nappes. Par Gainsbourg interposé, Fabienne a accompli cet ouvrage magnétique de sourcier qui fait affleurer l'onde au niveau de la terre. Mon cerveau dégivré courut bientôt à foulées de géant. Il s'attaqua sans défaillance aux alexandrins immodestes, d'une facture très achevée, encore que fort capricieuse. La poésie, d'elle-même, se réimprimait en capitales sur mon écran intérieur :

... Et comme leur totem n'a jamais pu abattre
A leurs pieds ni Boeing ni même D.C. quatre
Ils rêvent de hijaks et d'accidents d'oiseaux

Ces naufrageurs naïfs armés de sarbacanes
Qui sacrifient ainsi au culte du cargo
En soufflant vers l'azur et les aéroplanes[1].

Par une de ces fortunes tardives dont on ne peut imputer la faveur qu'aux dénouements heureux de la démence, je m'étais réveillé à la vie intellectuelle après une éternité de néant noir. En conséquence, ce fut par une redistribution insolite des cartes culturelles qu'au lieu d'être allé comme autrefois à Gainsbourg par Baudelaire, Mallarmé, Apollinaire ou Rimbaud, je revins à ces derniers à partir de Gainsbourg lui-même.

Vous savez à présent pourquoi, aussi passionnante qu'ait été pour son auteur l'aventure de l'esprit qu'il suppose, ce livre ne relève aucunement d'une biographie ordinaire. Il procède plutôt du regard que pose un homme de notre temps sur un précurseur, prophète musical, qui devance le siècle futur.

1. Ce sonnet, *Cargo Culte*, est avec *Initials B.B.* un des textes favoris de Gainsbourg. Ils sont parmi les rares qu'il relit régulièrement dans ses Œuvres complètes (*Mon propre rôle*, Denoël).

2

LA RÉVOLUTION SONORE. – « LE CACHET VIOLET DE MA POSTE. » LE TEMPS SUSPENDU. – LE RÉPERTOIRE ET L'ŒUVRE. – LE VERDICT D'UN SONDAGE. – « SEPT GRANDS GAINSBOURG ME FONT PLEURER. » – « LE BEAU C'EST CE QUI DÉSESPÈRE. » – LES DESSOUS CHICS AU-DESSUS DE TOUT.

CONTRAIREMENT à ce que d'autres prétendent, la grande révolution de ce siècle n'est pas seulement dans l'automobile à essence et dans la pilule contraceptive : elle est aussi dans le son et ses dépendances infinies. Le paysage sonore s'est considérablement modifié durant les deux dernières décennies; et si la lumière change au music-hall (chaque star veut son maître-éclairagiste) c'est parce que le son lui impose incessamment ses violentes métamorphoses. En 1974, le méga groupe Pink Floyd, en tournée dans le Royaume-Uni, fit une curieuse expérience : il voulut interpréter dans le noir un des titres-phares de *Dark Side of the Moon*[1], son énorme succès d'alors. Roger Waters et ses camarades furent conspués : les batteries de projecteurs se rallumèrent.

Les producteurs américains ont longtemps tenu le son français dans un colossal mépris. Jusqu'au jour où des pionniers français firent le voyage de

1. La Face cachée de la lune.

Nashville et en ramenèrent, avec quelques leaders d'orchestres, de fructueux enseignements.

Conçu par lui de bout en bout, responsable de chaque instrument, perfectionniste du mixage, le son produit par Gainsbourg – de quelque discipline ou pays qu'il s'inspire – est unique et inimitable. Comment se fait-il que même lorsqu'il s'agit de chansons nouvelles qu'il n'interprète pas, ce son spécifiquement gainsbourien se devine dès les premières mesures de l'introduction. « C'est le cachet violet de ma poste », dit-il. Le sable au sablier ne s'écoule plus. Les aiguilles se figent au cadran de la montre. Le temps plane arrêté. Mon cerveau se met en grève quoi que je fasse et où que je sois. Débitée par un transistor à piles que je portais accroché à l'oreille, *La chanson de Prévert* m'a fait rater à Milan l'avion de Paris et, sur les quais de La Rochelle, *La saison des pluies* le bateau de l'île de Ré. Avant Gainsbourg je n'avais jamais subi pareille fascination.

Ce serait néanmoins faire injure à notre solfège populaire que de ne pas le voir comme un transparent orné de pierreries. Notre chanson traverse un âge d'or. Ce siècle qui prend fin est celui de ses fastes. L'oreille la plus insatiable peut butiner sur les galettes de vinyle à la recherche d'abcès de fixation, elle est très vite submergée par le flot. L'univers du son est impitoyable. L'on se presse au portillon des droits d'auteur. Les nouveaux arrivants chassent les arrivés d'hier.

La qualité, la réflexion personnelle, le choix intérieur font toujours la différence au bout du compte. Deux catégories de seigneurs se disputent la population des fanatiques : ceux qui ont un répertoire devant ou derrière eux et ceux qui sont portés par leur œuvre, paroles et musique confondues : les Trenet, Ferré, Gainsbourg, Aznavour. « Gainsbourg est le plus grand auteur-compositeur-interprète de notre temps », s'exclame Serge Lama.

Il n'en reste pas moins vrai que ce qui manque le plus aux habitants de la terre, c'est un dénominateur commun de la sensibilité. Si toutes les oreilles humaines étaient ouvertes aux mêmes vibrations rythmiques, si elles en étaient semblablement frappées, nous serions partout *comme Dieu en France*; mais la vie, pour unanime qu'elle soit, ne tarderait pas à nous paraître monotone. J'ai la curiosité fatale du son. Ma mémoire ombilicale en témoigne encore : j'ai perçu les premiers bruits mémorisés avant même de prendre connaissance de la lumière. Le souvenir de ma première perception sensorielle d'enfant n'est pas lié au vert tremblement des feuilles, au bleu immobile du ciel, non plus qu'aux frémissements de l'herbe ou à la fixité rugueuse d'une écorce : il se rapporte à la femelle enceinte d'un lièvre qui, prise dans l'étranglement d'un collet et exprimant sa tragédie par une plainte effroyable, accouchait en agonisant.

Avant de me décider de consacrer ce livre à Gainsbourg, de lui aliéner l'année d'une vie qui ne dispose plus de beaucoup pour jouir d'elle, je me suis livré en divers lieux de hasard, dans des circonstances essentiellement fortuites, à un sondage oral spontané, que j'ai dû compléter (l'intérêt de l'expérience reconnu) par un questionnaire écrit appelant ses réponses.

Malraux m'a raconté que Gide, au lendemain de la fondation de la *N.R.F.*, soumettait tous ses amis ou connaissances à la plus excitante des questions intellectuelles – question que j'ai eu à subir, sous une autre forme, de Malraux lui-même[1] : « Quels sont, selon vous, les dix plus grands romans de la littérature française de tous les temps? » En por-

1. *L'Héroïne*, J.-C. Lattès, 1987.

tant à vingt le nombre des titres retenus et en l'appliquant à la musique légère, j'ai posé la même question à des amis intimes, à des camarades de métier, à des relations de rencontre. Cela au hasard des endroits – salles de rédaction, stades, restaurants riches ou modestes, aéroports, lors de mes dîners en ville également... car il n'est point de vrai sondage sans la révélation abrupte du hasard.

Comme il s'agissait de Gainsbourg et de sa soixantaine immédiate, lequel chevauche trois générations, j'ai pris soin d'interroger des individus des deux sexes dont le visage, dans l'étendue de la durée, portait de dix à soixante ans d'âge. Me méfiant des emballements irréfléchis des femmes et prenant en souci leur humeur, je me gardai bien de les privilégier par le nombre. J'arrêtai ma quête d'absolu lorsque j'eus atteint le chiffre fastidieux de deux cents personnes. Je m'agace moi-même de ma passion pour Gainsbourg. Elle me ressemble certes; mais là où elle me rebute, c'est lorsque je déploie des trésors d'énergie positive à la faire partager par mes semblables.

Voici donc le verdict de ce suffrage miniuniversel puisque les électeurs consultés appartiennent à toutes les catégories de l'âge et à toutes les classes de la société. Sur les 250 voix qui se sont pleinement exprimées, cent seize voix mélangées (masculines et féminines) ont été à Serge Gainsbourg. Oppressé par le temps, j'ai dû procéder à un tirage au sort parmi ces votants et ces votantes, afin qu'il n'en reste que vingt. Dès lors, je me suis empressé de soumettre ce dernier carré de fanatiques à un harcèlement prolongé. Relevant une jolie expression dans la bouche d'un étudiant de dix-huit ans, Hervé Romanche – « Sept grands Gainsbourg me font pleurer » – Lesquels? questionnai-je. Nous tenions table ronde. Chacun y alla de ses préférences. A partir d'un titre discuté puis monté au pinacle nous nous mîmes à distribuer des disques d'or.

« Le beau c'est ce qui désespère », professait Paul Valéry. A la suite des *Dessous chics*, dont la désignation fut unanime, combien de textes chantés de Gainsbourg sont désespérants par leur trop-plein de beauté? La chanson est un art mineur puisqu'il la veut ainsi, mais un art mineur auquel il applique le traitement sacré qu'on réserve à l'œuvre d'art.

LIVRE PREMIER

Un destin dans le siècle

Toute vie est un roman.
HEMINGWAY.

3

LES JEUX DE LA MORT ET DU HASARD. – GAINSBOURG SE BARRE. – UN CADAVRE RAVI. – LE TRIANGLE MAGIQUE : PAUWELS, BARDOT, GAINSBOURG. – *INITIALS B.B.* – DE LA TOMBE AU BERCEAU. – VIE ET DESTIN. – UN HOMME EN CULOTTES COURTES.

L'UN des grands jeux des dîners gainsbouriens en tête à tête consiste à l'imaginer mort et à anticiper les titres qui lui seront consacrés par la presse quotidienne et hebdomadaire; ce qui me fait penser à un artiste absolument admirable mais tout petit homme dans ses superstitions, qui refuse de collaborer à sa statue future : car, dit-il en substance, provoquer la mort c'est restreindre son temps de vie[1]. Gainsbourg est au-dessus de ces frileux scrupules. Il n'a jamais tremblé devant l'Eternel.

Le jour où Dieu le rappelle à l'ordre[2], *Libération* (« son journal ») imprime à la une : Gainsbourg se barre; *Le Figaro :* Fin de partie, Gainsbourg a rendu ses cartes; *Le Quotidien de Paris :* Gainsbourg out for ever; *France-Soir :* Son cœur a lâché Gainsbourg; *L'Humanité :* La mort, comme le

1. On l'aura deviné, c'est de M. Trenet qu'il s'agit.
2. Cela n'échappera à personne : la rédaction de ce chapitre précède de plus d'un an l'admission de notre héros à l'hôpital Beaujon (avril 1989).

facteur, avait déjà sonné deux fois. La troisième a été la bonne; *Le Parisien Libéré :* Les derniers verres ont tué Gainsbourg. Au service des urgences de l'Hôpital Américain de Neuilly, il est entré dans la nuit éternelle au lever du soleil : 7 h 44; *Le Monde :* Mort d'un grand artiste; *La Croix :* La musique est en deuil; *Ouest-France :* La jeunesse a perdu sa voix; *Le Progrès de Lyon :* Un génie qui jouait au fumiste; *Le Provençal :* Feu Gainsbourg.

Bref, de quoi ravir son cadavre. Faisons maintenant le tour des salles de rédaction des magazines. *L'Evénement du Jeudi :* La poursuite amoureuse est terminée : Gainsbourg enlace enfin la Dame Blanche. Dans *Elle* – sous le titre : Victime de l'amour – Françoise Ducout retrace avec sa vivacité de plume habituelle la destinée sentimentale de Serge qui toute sa vie s'est investi en de généreuses, en d'épuisantes passions. *Le Nouvel Observateur :* L'âme du poète. *Le Point :* Une vie finit, une œuvre commence. *Police,* le mensuel illustré édité par le ministère de l'Intérieur : Adieu à un ami très cher. *VSD :* Il n'a pas pu nous dire qu'il s'en allait. MM. Louis Pauwels et Jean Cau ne savent sur quel pied danser : pour l'ingrate raison que le pays de France ne prend conscience qu'après coup de l'exacte valeur de ses disparus. Gainsbourg – que Sartre citait comme un des esprits créateurs les plus originaux de son temps – est peu curieux des vient de paraître. « A mon âge on ne lit plus, dit-il. (Les découvertes sont rares, il est vrai, tel le soleil de *Melody Nelson.*) On relit, en revanche, et la nuit blanche passe comme une distraction du jour. » Autant que puissent diverger leurs visions du monde, Pauwels et Gainsbourg (l'ancien enseignant et le mal enseigné) ont des affinités nombreuses : l'attachement à une civilisation incontournable du plaisir; une passion commune non pas des femmes mais de la femme en tant que sexe à dominer; un goût de la tentation érotique que ni l'un ni l'autre ne dissimule. Il y a dans Pauwels écrivain des beautés souveraines.

Un soir, Brigitte Bardot (dont l'étoile est alors si brillante que nul ne peut penser qu'elle puisse être réduite un jour à une poussière de nostalgie) – un soir, B.B. ouvre sous les yeux de Serge un certain livre à une certaine page. Le résultat de la lecture est un concentré baudelairien hybride dont il n'y a aucun exemple dans la littérature poétique associée à des paroles de chansons :

Une nuit que j'étais
A me morfondre
Dans quelque pub anglais
Du cœur de Londres
Parcourant l'Amour Mon-
Stre de Pauwels
Me vint une vision
Dans l'eau de Seltz

Tandis que des médailles
D'impérator
Font briller à sa taille
Le bronze et l'or
Le platine lui grave
D'un cercle froid
La marque des esclaves
A chaque doigt

Jusques en haut des cuisses
Elle est bottée
Et c'est comme un calice
A sa beauté
Elle ne porte rien
D'autre qu'un peu
D'essence de Guerlain
Dans les cheveux

A chaque mouvement
On entendait
Les clochettes d'argent
De ses poignets
Agitant ses grelots
Elle avança
Et prononça ce mot :
Almeria

Si le lecteur poursuit plus avant, le sens de cette énigme andalouse lui sera révélé. Moi, pour l'instant, je rêve de l'alexandrin que Gainsbourg mérite au finale : Tel qu'en lui-même enfin l'éternité le change.

Penchons-nous cependant sur son berceau plutôt que d'ouvrir sa tombe. La mort, tant que l'on vit, c'est toujours pour demain. L'on trouve dans la vie de Serge Gainsbourg tous les ingrédients romanesques qui font les gros succès de librairie actuels. Parce qu'il est un personnage typique de notre temps, qu'il a les dimensions du héros moderne, sa biographie tient de la fable : elle a l'air inventée. Tout y est : dans une progression chronologique qui satisfait – l'âge alimentant proportionnellement les jours – et dans des dosages qui, à égalité de mesure et de démesure, nous réjouissent par leur composition. Comme quoi le destin est un formidable scénariste : si jamais il vous prend par la main, laissez-vous guider sans remords ni regrets.

Il est fondamental de le dire : nous saurons tout de suite que Lucien Ginzburg, enfant destiné, ne se contentera pas d'une vie; il lui faut un destin. Pas un destin dont il serait l'objet aveugle et obéissant, le petit dieu servile d'une réussite programmée. Non, un destin responsable, contredit, assumé. Tous les matériaux sont là pour la construction de l'édifice et quelque architecte puissant veille sans doute aux échafauds. La paix donne aux hommes des vies communes. La guerre, pour peu qu'ils la négocient avec succès, leur procure d'exceptionnelles destinées. En temps de paix nous sommes les fils de tout le monde. En temps de guerre nous sommes les enfants de l'Histoire.

L'histoire de Ginzburg est tributaire de l'Histoire comme le fleuve l'est de la mer. L'exil des parents, leur acclimatation parisienne difficile, une troisième naissance indésirable; une enfance d'élève étranger dans une époque marquée par la montée de la xénophobie : *Front popu, nez crochu*, slogan qui, un demi-siècle après, nous gèle la moelle épinière; à nous autres surtout, enfants du Sud-Ouest, qui ne l'avions jamais entendu; puis brusquement sur ce cou fragile tombe le couperet de la guerre et de la défaite honteuse de nos armées. Est-ce à penser que l'enfance de Lucien Ginzburg est morte, tuée par les événements? Eh bien, non! A cet instant va naître un homme précoce que l'Histoire pousse dans le dos.

4

1 800 CLIENTES POUR UN THÈME. – LE FUGITIF D'ODESSA : WRANGEL CONTRE TROTSKI. – LE PIANISTE D'ISTANBUL. – LA TERRE PROMISE : FRANCE-LA-DOULCE. – L'EFFROYABLE AVORTEUR. – PREMIER SURSIS DE L'ÉTERNEL SURSITAIRE. – JUMEAUX À LA PITIÉ.

La science des horoscopes est une des solides conquêtes de la femme du XXe siècle. Si la médecine appartient toujours aux hommes, l'astrologie est passée dans l'autre camp. Devineresse populaire des planètes et de leurs conjonctions délicates ou pythonisse des beaux quartiers, quelle Astrée terrestre – Mlle Françoise Hardy entre autres – ne s'est pas exercée à faire et à parfaire le thème zodiacal de Serge Gainsbourg, lequel – en vertu de son cartésianisme pugnace – n'est pas astrolâtre et ne croit pas aux arts chimériques. Il n'empêche qu'aucune des mille huit cents Parisiennes qui font profession de prédire l'avenir par la naissance n'ignore la date, le jour et la minute où vint au monde Lucien Ginzburg.

Cet engouement vorace nous confond. Lorsqu'il s'agit de MM. Chevènement ou Fabius, on téléphone à SVP, je suppose. Lorsqu'il s'agit de Gainsbourg, nul besoin : l'on sait. Il suscite l'intérêt des phénomènes.

Il vient au monde le 2 avril 1928, aux premiers

instants de la matinée, à la maternité de l'hôpital de La Pitié où Olga Ginzburg, sa mère, a été admise. Une controverse existe sur l'heure exacte où il apparaît. Nous n'avons pas fait, pour la clore, le pèlerinage de l'état civil à la mairie du 9e arrondissement. Que Lulu nous soit apparu à la naissance du jour, voilà qui sera parfait pour sa légende.

Lorsque son père Joseph Ginzburg décide en 1917 de fuir la Russie en proie à la révolution sanglante (« crise de folie de l'Histoire », écrira Trotski, père fondateur de l'Armée Rouge), il est tout prêt d'être enrôlé de force dans l'Armée Blanche du général Wrangel. Wrangel réquisitionne tous les hommes qui ont un semblant de validité. On fusille pêle-mêle les rebelles et les résistants. Russe du Sud, Joseph Ginzburg s'embarque clandestinement et gagne le Bosphore à travers la mer Noire. Terre d'asile pour l'infortune, l'espérance et la proscription, son rêve invincible est la France, mère de liberté, patrie des droits de l'homme et du citoyen.

La foi procure au songe les couleurs du réel. Ginzburg croit en la France comme d'autres en l'Amérique. Qu'elle soit confrontée à une guerre épique ne fait aucunement fléchir sa résolution. Le monde entier est en feu, du reste : mais quelle joie de pouvoir embrasser la vie dans le moment même où la mort triomphe sur tous les fronts.

A Istanbul, le jeune Joseph vit de ses dons de pianiste nocturne de bar. Une certaine confusion militaire et politique règne dans la capitale turque livrée à l'envahissement des uniformes. Istanbul fut à la Première Guerre mondiale ce que sera Lisbonne à la Seconde : la place forte des agents secrets internationaux. Le désordre, lui, vient de la fougue des soldats échappés chaque soir des casernes et des navires. Rien de nouveau d'une guerre à l'autre. A White House, la boîte où Joseph exerce ses talents pacifiques pour la soldatesque turbulente, Anglais et Américains se cognent dessus et les marins français ne restent pas neutres. Wrangel recule; Trotski avance; Lénine, publiquement, installe partout les premiers soviets. De la valse de Vienne au ragtime, de Johann Strauss à Joplin et à *Yankee Doodle Dandy*, Joseph Ginzburg étend son répertoire; les airs, à vingt ans, s'attrapent comme des rhumes. Une nuit que la bagarre tourne à l'émeute et que nos pompons rouges en sous-nombre sont défaits et humiliés, il s'élance en faisant tournoyer son tabouret au-dessus des têtes et frappe. « Ah, que j'aurais aimé voir mon papa se porter au secours de notre marine nationale », dit aujourd'hui son fils orphelin.

Pour Joseph, en février 1918, une autre aventure commence. Il a sa place retenue sur le paquebot des Messageries Maritimes qui le conduira à Marseille via les Dardanelles et la mer Egée. Un drame hallucinant va déchirer sa conscience, qu'il n'apprendra qu'après coup. Voulant absolument être lui aussi du voyage, son beau-frère – exilé comme lui – arme un vieux rafiot et cingle, pour autant qu'il puisse cingler, vers *Le Catinat* qui bat pavillon tricolore vers Athènes. Un bateau pirate turc arraisonne le malheureux. Les bandits le dépouillent de son argent, de sa montre-gousset, de ses quelques bijoux; puis, le flanquant tout nu dans un tonneau, ils le balancent à la mer. L'homme devra la vie à la proximité d'une île, le flot le rejetant vers le rivage.

Le beau-frère de Joseph Ginzburg, à l'opposé de celui-ci, est un homme marqué par l'horrifiante discrimination raciale. Alors que Lucien connaîtra l'éveil des sens au contact des petites paysannes limousines et qu'il négociera subtilement le virage de la puberté, son oncle – déporté en 1943 –

mourra dans un camp d'extermination nazi, l'un voué à la damnation des chambres à gaz, l'autre promis à un destin contraire.

Cependant l'illustre Gainsbourg a failli ne pas naître. En 1927, après la naissance de Jacqueline – sa fille aînée – Olga Ginzburg se découvre enceinte pour la troisième fois. Funeste découverte. Elle ne veut pas de cet enfant – elle n'en veut à aucun prix – une pneumonie stupide lui ayant enlevé un garçonnet de seize mois, Marcel.

A cet endroit indivis du 18e arrondissement où Pigalle devient Barbès, Olga Ginzburg – à qui l'adresse d'un obstétricien rayé du Conseil de l'Ordre a été indiquée – sonne à la porte. L'avorteur l'introduit dans un cabinet sordide. Avisant la cuvette d'émail maculée d'une lèpre de rouille bordée d'un liséré violet, elle est prise tout ensemble d'une telle répulsion devant l'absence d'hygiène et d'une telle peur devant l'idée de la mort qu'elle s'en repart sans mot dire, effarée, ces deux sentiments l'arrachant d'une seule poigne à l'intervention.

Par un de ces changements spectaculaires d'orientation de la volonté dont la grossesse rend coutumières les femmes, Olga Ginzburg désire à présent un garçon de toutes ses forces. Lorsque le chef de clinique de la maternité lui annonce : « Vous avez des jumeaux », elle exulte. Mais qui voit-on poindre ? Une fillette. Alors Mme Ginzburg pense, dans toute l'affliction de son espoir déçu, qu'elle aura des jumelles. Or voici que se distingue, en seconde origine, le sexe d'un petit mâle. Brisée par l'émotion, elle se met à pleurer doucement.

Olga et Joseph Ginzburg donneront à leurs jumeaux hétérozygotes les prénoms de Liliane et Lucien. La première entrée consciente que Lulu effectuera dans le monde des perceptions sensibles s'imprimera à tout jamais sur son tissu mémoratif :

il surprend sa mère en train de pleurer sur la photo, protégée de ses larmes par un cadre de verre, de son premier fils disparu. Ce frère, Marcel, qu'il n'a pas connu – lui, Lulu – et sans le décès duquel il n'eut sans doute pas eu droit à l'existence.

« Je suis éternellement sursitaire, aime à confier Gainsbourg. En sursis continuels, répétés, accumulés. Tout ce que je vis, je le vis en frôlant des issues inéluctables. » Le premier sursis obtenu le fut bien, en effet, quartier Rochechouart : grâce à cette intervention volontaire de grossesse refusée par la coalition des épouvantes.

5

« JUIF D'ABORD, RUSSE ENSUITE. » – LA PROVOCATION RACIALE : « DIEU EST JUIF, JUIF ET DIEU. » – PORTRAIT RETROUVÉ DU HÉROS PAR BORIS VIAN. – MALHEUR AUX APOSTATS. – UN MYSTIQUE À L'ÉTAT BRUT.

CHAGALL, Soutine, Zadkine ont toujours dit, en leur début d'exil français : « Nous sommes des émigrés russes de confession juive. » Gainsbourg proclame tout net : « Comme Einstein, comme Chaplin, comme Jésus, je suis juif. Mais juif d'abord, russe ensuite. » Ce qui signifie bien évidemment que chez lui la religion héréditaire passe avant la nation d'origine. On emporte la patrie, d'un pays à l'autre, à la semelle de ses mocassins, mais Jéhovah vous suit à la trace, que vous preniez le Concorde ou un Taxi Bleu.

On m'a raconté que sous l'Occupation Roger Stéphane se débraguettait allégrement, et, sortant son pénis, en révélait la circoncision sans commentaire. Gainsbourg va beaucoup plus loin dans la provocation exhibitionniste puisqu'il ne s'adresse pas à des aréopages d'intimité – à l'exemple de Stéphane – mais à des centaines de milliers d'auditeurs attentifs qui, l'ayant distingué, sont devenus ses fidèles. Qui plus est, il provoque les foules au podium, sur huit pistes sonores et sous les voltiges du rayon laser.

Il est tout de même stupéfiant de penser que *Aux Armes et caetera* – cette Marseillaise de tous les scandales – voisine avec *Dieu est Juif* dans le texte *For Reggae Party*. On comprendra donc l'indignation paterne de M. Michel Droit qui accuse Gainsbourg ou plus exactement Ginzburg d'apporter de l'eau trouble au moulin de la xénophobie.

Ce qu'il m'importe de démontrer, sous la provocation raciale gratuite, c'est l'attachement solennel de Lucien Ginzburg à sa race héritée. Le judaïsme est la seule religion qui impose à ses fils une contrainte natale; et le prix à payer pour descendre de Moïse est la circoncision du baptême. De ce rituel exhaustif, de sa symbolique exigeante, Gainsbourg ne se moque pas : il vient d'y conformer son fils nouvellement né. Il a beaucoup ri lorsque je lui ai appris que le producteur de cinéma Raoul J. Lévy avait fait circoncire son fils Daniel par le chirurgien rabbinique de l'Hôpital américain de Neuilly.

La religion, qu'est-ce que c'est? Culte rendu à une divinité par les hommes, c'est un héritage auquel – pour la plupart d'entre nous – nous n'avions pas aspiré en venant au monde. Il s'agit d'un choix qu'on nous impose; d'un ligot, d'une chaîne, l'esprit religieux étant un esprit dominé par les devoirs de sa foi pratiquante. « Il est difficile d'être un vrai catholique », écrivait Montherlant au lendemain de sa rupture avec le rituel de l'église romaine, messe et confession. L'homme de foi subit une restriction de sa liberté individuelle. Sartre nie Dieu et du même coup il proclame haut et fort le caractère imprescriptible de la liberté humaine; affranchi de l'esclavage moral auquel le soumettait la foi, l'homme dispose d'une liberté pleine et entière. Puisque toute croyance affirmée suppose un état de dépendance, ne pas croire c'est ne plus *dépendre de*.

Je me refuse personnellement à considérer toute religion autrement que comme une fuite devant le sentiment de la mort. Juifs, bouddhistes, chrétiens ou musulmans, nous sommes tous assurés par nos dieux de la vie éternelle, le tout étant de parvenir à la mort dans ces dispositions d'esprit. Ginzburg niant la mort – la bravant et la provoquant sinon – il ne devrait pas être concerné par ce tracassin de l'au-delà. S'il ne l'est pas, ce n'est qu'apparemment, ses apparences – toutes ses apparences – faisant partie de sa firme de théâtre. Sachons-le une fois pour toutes : Ginzburg n'est aucunement ce qu'il paraît être. Rarement sa vérité intérieure se laisse circonscrire.

Au-delà de la religion se trouve la foi – foi dans un dieu, foi dans un homme ou foi dans l'homme. De toutes les empreintes tutélaires qui ont marqué notre fils d'Israël, celle du père est la plus forte. Agnostique comme tous nos grands intellectuels, qui tous refusent l'inconnaissable – l'absolu religieux – Lucien, partant de l'exemple de Joseph Ginzburg et faute de pouvoir le suivre, s'est mis à caresser cette pensée maligne : faire date en devenant une exception. Quelle revanche à prendre sur la société aryenne de persécution, n'est-ce pas? A nous préparer ce bon tour, le provocateur permanent a dû prendre un plaisir délectable. La revanche s'est fait attendre, mais elle existe, elle est là, inévitable depuis trente ans. De l'exemple paternel à l'exception filiale, tout le critère des Ginzburg s'inscrit dans cette hyperbole. Lucien a eu un dieu : ce père-sacrifice, ce père-pélican que fut Joseph Ginzburg. Pour le reste, n'étant pas un homme de synagogue, il prie quand il souffre ou quand il a peur. Comme toutes les âmes non pieuses, il prie pour conjurer l'intolérable.

Cependant le cas Gainsbourg prend un tout autre relief dès qu'il s'agit de la religion pure. Ici

Serge fait montre d'une intransigeance féroce (j'allais écrire : justicière). Alors qu'il affiche une tolérance confinant au désintérêt sur les mœurs qui ne sont pas les siennes (il ne juge aucun être sur ses tares ou turpitudes), il ne pratique pas le pardon des trahisons spirituelles. Les grandes conversions spectaculaires de ce siècle (celles de M. Marcel Dassault, et de Mgr Lustiger notamment) le choquent. Tout homme politiquement engagé abrite en lui un futur renégat, aucun parti ne pouvant résister aujourd'hui à une analyse critique exhaustive, et le pluriel se déclarant – une fois pour toutes – l'ennemi du singulier. Mais si le militant peut s'émanciper d'une idée, l'homme de foi ne peut se libérer de sa croyance. Les sacrifiés de Buchenwald ou de Dachau ne se sont pas reniés dans le malheur. Dès lors, pourquoi leurs coreligionnaires le feraient-ils dans la sécurité démocratique ? L'apostasie – crime contre la foi – mérite la réprobation morale. Un juif qui se convertit au christianisme, voilà qui relève pour Gainsbourg d'« un acte inélégant ».

Il existe une forme contemporaine de la lucidité : c'est le pessimisme. Gainsbourg a du destin d'Israël une vision défaitiste fermement liée au vertige démographique, les Arabes se reproduisant par rapport aux Juifs dans la proportion de six (et quelquefois huit) contre un. « Ma race ne se repeuple pas franchement, note Gainsbourg. L'Israélienne a une conscience tragique de cette retenue qu'ont les mâles à engendrer. » Après le génocide nazi, le grand élan surcompensateur espéré n'a pas donné les résultats attendus. La situation de l'Etat hébreux est dramatique face aux populeux monde arabe qui le cerne. Gainsbourg la médite dans ses insomnies.

Mais la fidélité est là; lorsqu'il s'agit de choisir un pseudonyme pour le music-hall, il francise à peine son nom qui est celui du dissident soviétique persécuté. Russe d'éducation, de mœurs fastueuses, d'inspiration alcoolique, russe enfin, dans sa manière intime de vivre, Gainsbourg déclare : « J'ai l'âme d'un déraciné slave enraciné ailleurs. »

La provocation raciale est quelquefois l'écume de cette ferveur endormie qui n'en a pas moins les réveils brutaux d'un volcan. Le racisme n'a pas créé Gainsbourg mais il a contribué à en faire précocement un homme puis un citoyen. Le racisme, c'est lui qui soulève ce gros lièvre. Ce n'est point moi qui connais les demoiselles Le Pen; c'est lui, Gainsbarre. Le Front National (comme la Légion) est une des multiples cibles du provocateur.

6

UN LIEU DE PRÉDESTINATION : LA RUE CHAPTAL. – L'ŒIL ABSOLU. – UN HOMME AU PIANO : JOSEPH GINZBURG. – LE SOLFÈGE ET L'ENFANT. – 1938, ANNÉE CRUCIALE. – LULU, CROIX D'HONNEUR. – RENCONTRE AVEC FRÉHEL. – LA NÉCESSITÉ DU HASARD. – MUSIQUE DANS LE SANG, PAROLES SOUS L'ÉPIDERME.

« Vos arrondissements sont immenses, on n'en finit pas d'y marcher », disait à Malraux un grand exilé politique – écrivain célèbre : Arthur Koestler – découvrant Paris. Entre l'église de la Trinité et la dévergondée place Blanche, la rue Chaptal fait figure de havre dans la vitalité grouillante du Montmartre d'avant-guerre. Une impression fausse vous porte à penser que, pour un peu, l'on s'y croirait en province, tant ses habitants paraissent obéir à des habitudes apprises et conservées.

Admirez les mises en place prophétiques du destin, ce metteur en scène du monde. Les locaux de la Société des Auteurs, Compositeurs et Musiciens se trouvent à quinze pas comptés de l'appartement où Olga et Joseph Ginzburg élèvent leurs trois enfants dans l'amour et la dignité.

Les photos des plus jeunes années de Lucien ne laissent pas prévoir le profil de gerfaut osseux, profil de comédien tragique, qui tentera dès sa trentième année maints cinéastes. Sous les sourcils d'une longue courbe féminine, qui glissent sur l'arche de l'arcade tout en l'épousant, se protègent des yeux de rapace insomniaque qui, si peu qu'ils se fixent, foudroient. La nature a doté Gainsbourg de l'œil absolu. Il y a dans son regard l'intensité cruelle du cobra noir du Bengale ou du crotale du Middle West; l'homme pourtant n'a point de venin. Personne dans le temps, même pas sa fille Charlotte et son petit garçon, objets de toutes ses coalitions de tendresse, n'a pu échapper à cette inquisition désarmante qui vous déshabille une conscience et la laisse nue, aux abois. C'est le regard du commissaire suprême. Il ouvre les caveaux, fouille l'intimité des tombes, inspecte vos cercueils. N'essayez jamais de mentir à Gainsbourg : son œil impénétrable et sa bouche oraculeuse vous mettraient en état de rupture morale immédiate, un geste vous indiquant aussitôt la porte de sortie.

Au commencement de cette vie les étonnements féconds abondent. Il n'y a pas d'ascenseur dans l'immeuble des Ginzburg : on s'élève soi-même, à pied, jusqu'au troisième étage. Dans cette rue petite-bourgeoise, aucune plaque n'annonce la raison sociale du père. Pourtant musicien-né, Joseph Ginzburg est pianiste de complaisance. Sur une terre étrangère tout exilé prend le sort comme il vient. Le métier entrepris à Istanbul voici qu'on le poursuit à Paris, du quartier Europe à cette place Pigalle qui porte le nom d'un sculpteur oublié. Un pianiste de bar américain est un homme qui chaque jour que Dieu fait se met au clavier à partir de 19 heures pour distraire jusque tard dans la nuit les couples alcoolisés.

Joseph Ginzburg est un artiste à deux visages. Musicien nocturne, il a pour mission de précipiter l'éclosion des idylles grâce à celle de ses mélodies; il gagne la vie des siens en surmontant un ennui mortel et une fatigue éprouvante. Musicien diurne, il s'identifie enfin à celui qu'il aurait voulu être : un pianiste classique au talent reconnu. Dans la solitude du salon de la rue Chaptal, il travaille ses dieux : Scarlatti, Bach, Chopin, Schumann, Listz, Rachmaninoff. La vie de Joseph Ginzburg est une vie qui nous touche, à cinquante ans de distance, autant que peut nous émouvoir une vie du présent : parce qu'elle est l'expression d'un destin contredit jusqu'à la brisure.

Ce destin inaccompli, regretté sans unc plainte, va engendrer en 1938 l'espoir d'une transmission, la possibilité d'un relais. Le lien qui unit le petit Lulu Ginzburg à la musique date de son berceau. Lorsque le bébé se réveille, les notes de la gamme l'apaisent et le charment. Dès le plus bas âge, donc, la musique sera pour lui la source de ses hausses d'humeur, le calmant de ses drames dentaires. Il est important d'insister là-dessus : il connaîtra son solfège élémentaire – découvert de chic au hasard journalier des exercices paternels – longtemps avant qu'il ne se doute de l'existence de l'alphabet.

1938 est une année cruciale. Avec l'Anschluss l'Allemagne hitlérienne se démarque une fois pour toutes des pacifiques démocraties armées. On souffle les dix bougies du gâteau d'anniversaire de Lucien le jour même – le 2 avril – où un peloton d'élite de la S.S. investit au numéro 19 de la Berggasse, dans le 9e arrondissement de Vienne, l'appartement de Sigmund Freud et de Mme. La Berggasse et la rue Chaptal fourmillent de points communs dont le principal est qu'elles sont habitées par des gens de valeur : intellectuels érudits, professeurs retraités, artistes sans modèles, étoiles d'hier qui par indiscipline ont perdu la lumière.

De la fenêtre de sa chambre, Lucien voit – perchés sur des échelles – des ouvriers qui sculptent dans le stuc de la façade de la S.A.C.E.M. le frontispice de Terpsichore. S'il suit d'un œil amusé les progrès de la déesse antique, ce n'est là qu'un prétexte à la contemplation d'une créature qui le fascine autant pour ce qu'elle est devenue que pour ce qu'elle fut naguère. Lorsque l'on a vraiment intensément existé, le spectacle d'une déchéance ne constitue pas un sujet de tristesse. Triste, l'inéluctable ne l'est jamais. L'homme ici-bas doit se rendre à l'évidence.

Impasse Frochot, près du Grand-Guignol, habite Fréhel, la plus grande chanteuse réaliste de l'avant-guerre et de l'avant-demi-siècle (à égalité d'éclat avec Marie Dubas, laquelle vient de créer un an plus tôt, devançant ainsi Edith Piaf dont elle est l'idole, une chanson d'amour qui ne ressemble pas aux chansons du genre : *Mon légionnaire*). Pour voir sortir ou passer Fréhel – déesse déchue, idole tombée – les Ginzburg au complet se rassemblent devant les rideaux discrètement ouverts. Folle de Montmartre, sœur aînée de la Folle de Chaillot imaginée six ans plus tard par Giraudoux, elle s'engage à pas traînants sur le pavé, lourde et majestueuse, attifée comme une maquerelle myope qui en voudrait au soleil blessant, peignoir à fleurs, un pékinois sous chaque aisselle. Discipliné, silencieux, son gigolo d'un jour la suit à distance réglementaire. Avec sa *Java Bleue* et sa rengaine passéiste du film *Pépé le Moko*[1], Fréhel était une sorte d'institution nationale populaire. Elle symbolisait le music-hall de la rue, les bals en plein air pour le monde ouvrier, le dancing canaille où chaque couple sacrifie – les yeux clos – au culte du frisson. Avec son auréole faubourienne irremplaçable, elle était Carco et elle était Céline; les pavés des émeutes de l'hiver 34 et les congés payés de

1. Où sont-ils les copains, les copines.

l'été 36. Pour le Tout-Paris elle incarnait le Tout-Paname. Les drogues accoutumantes et l'alcool ingurgité à doses suicidaires en ont fait une épave.

Sa rencontre avec Lulu était programmée par leurs horoscopes et dans les lignes de leurs mains. Ce que les cartomanciennes, les devineresses ou les gitanes diseuses de bonne aventure n'auraient pu prédire, c'est l'extraordinaire impact de cette idylle fugitive de la rue. Nous sommes ici dans *Jacques le Fataliste*. L'on croirait qu'une sorte de Diderot moderne ait organisé les rendez-vous de hasard de l'enfant Ginzburg.

Ayant quitté l'école communale vers 16 heures 30, ce samedi du mois de mai 1938 dont il n'a pas oublié la date, Lucien, seul comme à l'accoutumée, déjà son intelligence sélective ne s'accommodant d'aucune compagnie, remonte la rue Blanche par petites enjambées flâneuses. Son corps gracile est pris dans la blouse de toile bleu marine qu'un liséré rouge vif pare au col, aux manches et – verticalement – sur le côté droit pour l'alignement du boutonnage. (Olga Ginzburg se fait un point d'honneur de compter son garçon parmi les mieux habillés du groupe scolaire le plus pléthorique du Moyen Montmartre. Nos mères à nous, enfants du Sud-Ouest, n'avaient pas de tels scrupules : nous allions au gai savoir vêtus comme des chenapans. Nous n'avons jamais connu la croix d'honneur, distinction élitiste appartenant à l'académie de Paris.)

Sa croix d'honneur, Lulu – premier de la classe – l'arbore fièrement sur son cœur épinglée. Etrange roman, convenons-en, que la vie de ce gosse : voici que Fréhel l'aborde, une gauloise aux lèvres, et, enfonçant ses doigts dans sa chevelure brune, s'exclame de sa voix caverneuse de rombière avinée : « Viens avec moi, mon petit gars! Tu es un bon élève : je te paie un verre. » Que répond l'enfant ? Rien. Subjugué, il est embarqué par la grosse éthylique qui fut une des reines de beauté du Paris des années folles. A l'angle de la rue Henner et de la rue Chaptal pavoise un bistrot à l'enseigne du « Coup de fusil » dont, curieusement, Céline, Marcel Aymé et le peintre Gen Pol devaient être sous l'Occupation les clients assidus. Pour Lulu, Fréhel commande un diabolo-grenadine. Pour elle, un ballon de gros cul.

Un moment, j'ai voulu intituler ce livre *Gainsbourg ou la nécessité du hasard.* Gainsbourg, c'est en effet le contrôle anarchique exercé sur le hasard par un enfant de la rue ; c'est Gavroche maîtrisant sa destinée. Jusqu'à l'âge de trente ans, porté par le vent d'une bohème intellectuelle sans but défini, il se rend, au nez, à des rendez-vous souvent inutiles mais vers lesquels le pousse sa prescience objective de l'avenir. Durant cette première partie de sa vie, il me fera penser à Nadja, l'héroïne surréaliste d'André Breton qui mange où elle se trouve, qui dort à la fortune hôtelière, qui couche avec sa liberté plus qu'avec des hommes, et qui est en vérité le premier monstre sacré du hasard en littérature. Tout change à partir de trente ans. Dans la seconde partie de sa vie, Gainsbourg n'est plus convoqué par des dieux incertains en des endroits imprécis. C'est lui qui, sollicité, fixe les rendez-vous. Mais la chance est toujours là, qui serait monstrueuse sans l'évangélique générosité de l'individu.

Les rencontres avec Fréhel auront pour résultat un saisissant procès-verbal de mémoire duquel naîtra (la première occasion se présentant) une vocation jusque-là imprévisible. Nous attendions un musicien, n'est-ce pas ? Eh bien ! c'est un parolier-musicien que nous accueillerons tous ensemble en nos heures de loisirs.

Le génie, c'est le sentiment d'une précocité mystérieuse, qui nous échappe totalement au temps des semailles pour nous éblouir de ses évidences au temps des moissons. Le blé en herbe se transforme si vite en gerbes d'or que nous n'y voyons rien, aveugles que nous sommes. Ecolier communal au groupe scolaire Blanche, Lucien Ginzburg savait déjà pertinemment, à dix ans révolus tout juste, qu'il serait un jour millionnaire en notes et en lyrics et qu'embrassant la Provocation (toutes les formes de provocation : sexuelle, politique, terroriste, raciale, stupéfiante, policière...) il y ferait fortune, encoche en son temps et qu'il y prendrait date pour la postérité.

L'exercice de fidélité mentale auquel il se livre à dix ans, au comptoir du « Coup de fusil », dépasse l'entendement du commun des mortels. En une demi-heure de temps, entre l'Ascension et la Pentecôte de 1938, Gainsbourg n'apprend pas par cœur n'importe quel titre de Fréhel, mais celui qui prête le plus à scandale, celui qui – parmi tous – a le plus frôlé l'interdiction de paraître. Récitation prodigieuse d'un prodigieux récitant, voici *La coco* :

L'orchestre jouait
Un brillant tango
Dans ses bras il tenait sa belle
Moi sur la table
J'ai pris un couteau
Et ma vengeance fut cruelle
Oui j'étais grise
J'ai fait une bêtise
J'ai tué mon gigolo
Devant les copines
Comme une coquine
Dans l' cœur

J'y ai mis mon couteau
Donnez-moi de la coco
Pour troubler mon cerveau
L'esprit s'envole
Vers le seigneur
Mon amant de cœur
M'a rendue folle

La virtuosité sans limite de Serge Gainsburg a son origine et son péché originel de fabrication copiée, de pillage sentimental. Nous avons découvert ensemble, lui et moi, l'origine et le péché. C'était au comptoir du « Coup de fusil ». Il y a eu cinquante ans le 19 mai 1988.

7

RETOURS À L'AUBE. – LE SALON DE MUSIQUE. – LE PETIT GAVEAU. – CHOPIN, BACH, SCARLATTI. – *RHAPSODY IN BLUE.* – MÉMOIRE ET GÉNIE. – GLOIRE DE GERSHWIN. – LARMES DE JOIE. – LES CLÉS DU ROYAUME.

C'EST en 1934, donc à l'âge de six ans, que Lucien touche au clavier pour la première fois.

Joseph Ginzburg son père, qui a joué toute la nuit dans les cabarets, rentre à l'aube exténué. Jacqueline, sa fille aînée, et Liliane la sœur jumelle, qui partent pour l'école – grâces bondissantes dévalant l'escalier quatre à quatre –, le croisent appuyé à la rampe, amorçant son ascension lente et difficile. Les enfants descendent dans un vertige de hâte. Accablé de pesanteur, de fatigue et de froid, l'homme s'évertue, si peu que son corps le soutienne. Ces images courantes ne sont pas seulement d'avant-guerre, mais de toujours.

Emploi du temps quotidien du travailleur nocturne : Joseph Ginzburg se couche, dort jusqu'au déjeuner et s'installe au salon devant son petit Gaveau quart de queue. Sa gestion diurne est à l'opposé de sa nuit blanche, esclave des commandes de sa vulgaire clientèle argentée. Son après-midi prend essor sur de très riches heures au long desquelles il se compose un menu de luxe. Au mémorial de son fils, les noms les plus cités, qui flamboient sans souffrir une éclipse, sont : Scarlatti, Bach, Chopin.

Quelle idée de génie ou – plus humblement – quel double instinct de prédilection et de pédagogie musicales font interpréter à Joseph Ginzburg devant Lucien la *Rhapsody in blue* de George Gershwin, qui exige de l'exécutant un partage scrupuleux entre l'âme et la technique ?

Entre percevoir et retenir, entre reconnaître et reproduire à travers le bref espace du souvenir sensible, il y a un monde. Là précisément résident les illuminations soudaines de la création. Il n'est pas sûr que le génie s'apparente à la folie, comme le prétend Taine. Ce dont nous avons acquis la certitude, en revanche, c'est qu'il est indissociable de la précocité.

On trouve à la base de toute grande destinée, dans sa genèse même, un agglomérat de qualités cérébrales qui ressortent plus tard sous le nom de génie. Si nous avions pu suivre au lycée de Tarbes les évolutions de l'élève Isidore Ducasse longtemps avant qu'il ne devienne à l'âge de dix-neuf ans (et par une facétie d'état civil formidable) le comte de Lautréamont, peut-être eussions-nous été fixés sur la plus gigantesque poésie en prose de tous les temps, et soulagés du même coup d'une envoûtante énigme.

Ce qu'il y a d'intéressant à souligner dans l'enfance de Gainsbourg, en première analyse, c'est sa transparence. Elle échappe à tout clair-obscur. Dans ce quartier qui est le sien – où Cocteau situe l'action des *Enfants terribles*[1] – il ne subit l'influence d'aucune camaraderie, d'aucune pression amicale. Il ne traverse pour l'instant aucune zone d'ombre. La théorie pyramidale de Freud dénonçant la perversion polymorphe de l'enfant s'effon-

1. Le roman a paru en 1928, année de la naissance de Lucien.

dre sous son souffle tel un château de cartes. La solitude de l'écolier étranger né en France mais originaire d'un lointain ailleurs est son lot. Cette besace de société qu'il trimbale avec beaucoup d'aisance comme un second cartable à dos est sa chance en vérité.

Sans la guerre, dans cet isolement familial confortable et propice, il aurait pu devenir un enfant prodige. Son premier coup de cœur est donc pour Gershwin dont, pianiste d'ambiance selon le modèle paternel, il rabâchera sans fin, vingt ans après, les standards connus en France, autant dire tous.

Ce gamin de six ans est l'élève assidu – studieux mais fébrile – du professeur Joseph Ginzburg. Il apprend le solfège et sa traduction codée : les notes; les clés placées en début de portée, tous les signes et caractères. Cette algèbre auditive qui suppose un répondant mental immédiat ne relève absolument pas d'un exercice puéril. Entre l'obstination auquel son père l'oblige et les réflexes qui sont indépendants de sa volonté, il est écartelé. Il pleure à chaque leçon. Cependant ses larmes se tarissent. L'enseignement rigoureux se révèle efficace. Il peut solfier de mémoire note après note la grande partition pianistique de la *Rhapsody in blue*. Ses doigts aussitôt s'aventurent sur les touches.

Malgré ce brio naissant, Joseph Ginzburg demeure un pédagogue sévère qui place son fils, d'emblée, devant le bon choix : n'admettre sous aucun prétexte cette « musique de complaisance » qui cependant habille ses enfants, paie leurs livres de classe et les nourrit. Assis devant le poste de TSF, dans un mimétisme d'écoute qui confond les deux filles et la maman, le père et le fils sont comme en prière devant les programmes où les grandes œuvres classiques se côtoient.

A Bayreuth, dans l'Etat de Satan, Furtwängler dirige *Parsifal*. La radio retransmet. Lucien goûte pleinement la sublimité du Charme du Vendredi Saint. Joseph Ginzburg vient de livrer à son garçon les clés du royaume. Désormais le Havre de Grâce est à la portée de ses six printemps.

8

LA VIE ET L'ART AMANTS TERRIBLES. – TOUS LES DONS EN UN MÊME ENFANT. – COULEURS ET VALEURS. – PASSAGE DE LA FACILITÉ. – 14 JUILLET A TROUVILLE. – ILLUMINATION SUR LE SABLE : TRENET CHANTE *J'AI TA MAIN*. – L'ENCHANTEMENT MÉMORIÉ. – GRATITUDE.

ALORS qu'il est facile de coiffer de la casquette chronologique une biographie ordinaire et de lui appliquer la règle classique des trois unités, une œuvre d'exhaustion sur Gainsbourg éloigne cette approche et décourage cette loi. Pourquoi? Parce que, dans ce long parcours contrasté qui ne ressemble à aucun autre itinéraire contemporain, la vie et l'art se croisent, se saluent, puis se tournent le dos sans s'être dit au revoir. Pour se retrouver, bien sûr, s'insulter, casser de la vaisselle. Puis se raccommoder, faïence et porcelaine, s'étreindre, se chevaucher : pour repartir en séparation.

Amour passion, coups de gueule, gifles et coups de poing, constats de police, refus de conciliation, divorce; puis, sur l'arc-en-ciel d'une embellie, un nouveau concubinage héroïque qui conduit inévitablement au fracas d'une nouvelle rupture. Ainsi de suite. Pendant longtemps – presque le tiers d'un siècle – la vie et l'art seront en Serge Gainsbourg des amants terribles soumis aux humeurs cyclothymiques d'une passion si grande qu'au bout du compte elle prendra le dessus sur les deux partenaires. Art est au masculin, vie est au féminin. Or, dans cette confusion des genres c'est le féminin qui commande au fouet, qui cravache, qui flagelle.

Comment se faire dès lors le commissaire Tapinois de ce couple maudit qui tour à tour se vitriole et s'étreint? Dès lors comment posséder le troisième œil de ce superflic qui suit à la trace sans être vu et dicte ses procès-verbaux par ordinateur. A héros ordinaire biographie ordinaire. Ce livre n'est pas une biographie ordinaire. Il procède du regard grave et appesanti que pose un journaliste du XXe siècle sur un des grands artistes de son temps.

Soyons juste : nous n'avons éprouvé aucune difficulté jusqu'ici. Elles surgiront avec l'intrusion impérieuse, bousculante, du sexe dans cette vie sans protection ni défense, ouvertement offerte à toutes les influences de l'amour. « L'amour physique est sans issue », halètera Gainsbourg, ravagé. Cependant jamais une œuvre au monde n'aura pris axe sur un aussi obsédant pivot. Prenons souffle pour l'instant, avant que ne nous balaient les orages aux courts-circuits dévastateurs.

Entre l'austérité de l'enseignement musical du père et le sombre faciès de M. Charbonnier – son instituteur au centre communal de la rue Blanche – la vie de Lulu Ginzburg s'écoule sans histoire, bien régie par ces deux barricades sécuritaires. Avec la mémoire opulente de son passé ancien, qui offre un contraste spectaculaire avec la mémoire défaillante de son passé moderne, il n'a aucune anecdote à relater. Il serait presque à croire que sa vie – entre 1934 et 1938 : de l'année Gershwin à l'année Fréhel – n'a été qu'une grève déserte où la marée océane n'a laissé aucun dépôt, aucune écume, aucun souvenir.

Il faut avouer que la grande figure paternelle de

Joseph Ginzburg en imposait aux siens; notamment à ce fils auquel l'attachait une intimité artistique croissante mais qui, tout intériorisé qu'il était à l'époque, gardait secret le remuant bouillon de culture qui tourmentait déjà son précoce cerveau.

Outre l'intelligence – fine, cursive, inquiète, curieuse de tout, inlassable et sensuelle : l'intelligence mère nourricière des arts à parité égale avec la sensibilité – tous les dons sont là : la lecture, pour assouvir sa faim de connaissance; l'écriture, qui succède aux devoirs crépusculaires; le graphisme : il dessine à l'encre de Chine; l'image : il connaît la boutique et la chambre noire des photographes amateurs; l'improvisation musicale : il compose indifféremment des bluettes que le vent dissout, à travers la fenêtre ouverte du salon, dans le haut couloir muré de la rue Chaptal; l'identification, au flair, d'un objet rare, d'une pièce de prix : il lèche l'étalage des brocanteurs et les vitrines des antiquaires; il fréquente enfin, par toiles interposées, debout sur le trottoir, les peintres exposant dans les galeries du Moyen Montmartre.

Déjà il a son langage personnel, synonyme d'absolu. A la suite de Braque, le patron du cubisme, il ne dit pas : « Le noir est une couleur »; mais « Le blanc est une valeur ».

Lorsqu'on se penche sur les jeunes saisons de ce petit garçon éveillé, fils exemplaire il paraîtrait, l'on est saisi par la multiplicité des talents que les fées ont déposés dans ses bottines, le ciel étant injuste qui ne condescend même pas à s'occuper des damnés de la terre. Au carrefour de ses destinées quelquefois parallèles mais quelquefois concurrentes, Lucien Ginzburg choisira la facilité : non point par capitulation de conscience, mais parce que le hasard dont la caresse flatteuse lui est familière en a décidé pour lui. A sa place et en ses propres lieux.

Justement, la voici la Facilité, gueuse royale. Elle s'avance travestie, déguisée en homme. Déroulons à ses pieds le tapis rouge magenta de la gratitude gainsbourienne.

L'année précédente (1937) a vu des engagements estivaux améliorer la vie laborieuse de Joseph Ginzburg. Désormais, des contrats portant sur trois mois (juillet-août-septembre) le lient aux casinos dont il distrait les clients, du dîner habillé aux lueurs blafardes de l'aube. Il s'agit là de mesures consolatrices qui ne sont que justice. En conséquence de quoi, le papa emmène sa famille en vacances au bord de la mer.

Nous savons tous comment la relation musicale de ses vacances de pauvre a enrichi un chanteur réfugié d'Europe de l'Est comme les Ginzburg. Mais il ne s'agit ni de la même époque ni du même rang social. Grâce aux prestations nocturnes de son mari, Olga Ginzburg n'a jamais connu de difficulté d'économat. De nombreuses photos en témoignent : les enfants Ginzburg seront – jusqu'à l'heure de l'Occupation nazie – des enfants de la chance.

L'événement qui a lieu, au cours de l'été 1938, à la station balnéaire de Trouville (dont Joseph Ginzburg est le musicien officiel du bar du Casino) mérite la plus extrême considération puisqu'un prodigieux destin va en dépendre. Rapportons les faits sans broderie ni commentaire.

Le 14 juillet, sur le coup de 16 heures, Lulu Ginzburg – caleçon de bain de l'époque, torse et jambes nues – se hasarde sur la longue plage de sable doré. A quatre mâts blancs au sommet desquels flottent des oriflammes tricolores sont fixés des haut-parleurs qui diffusent du Charles Trenet à amplitude maximale. Lulu, qui a dix ans, ne connaît ce M. Trenet ni de Ruth ni de Booz. Mais il entend cette voix bien tempérée, musicalement tout à fait mesurable, qui privilégie le grave au détriment de l'aigu – cette voix qui, sans plus d'embarras, s'insinue dans son coquillage tympanique et n'en ressortira plus de longtemps.

Quel titre interprète ce M. Trenet ? Peu lui importe. Par une de ces prouesses de la mémoire spontanée dont l'apanage appartient au cœur juvénile, il enregistre incontinent :

J'ai ta main
Dans ma main
Je joue avec tes doigts
J'ai mes yeux
Dans tes yeux
Et partout l'on ne voit
Que la nuit
Belle nuit
Que le ciel merveilleux
Qui fleurit
Tour à tour
Tendre et mystérieux...

De ces petites rimes légères, insouciantes, sans malice, va naître ce que nous sommes bien obligés d'appeler une vocation puisque l'idée qu'on peut devenir riche et célèbre en écrivant des chansons n'abandonnera plus désormais l'esprit de notre héros, y règnerait-elle en alternance avec d'autres. Elle y demeurera, chiendent indestructible, comme un plan de secours pour faire fortune et se hisser ainsi dans le luxe et la liberté. Comme quoi, lorsque j'affirme qu'il n'y a pas de dénominateur commun de la sensibilité poétique ou musicale, je sais ce que j'avance. Nous autres, garçons d'au-dessous de la Loire, étions fort en avance, en ce temps-là, sur nos contemporains parisiens. Plus fanatiques de Trenet que nous, l'on ne trouvait point. Dire que Trenet est un Arc de Triomphe auquel toute la chanson française viendra pieusement rendre hommage après sa mort est une lapalissade cocardière : il a renouvelé, sous Albert Lebrun, notre imagination chansonnière comme Chateaubriand avait renouvelé, sous Bonaparte, notre imagination littéraire. Bref, il est notre contemporain populaire capital.

Ginzburg Junior ne retiendra que cette main de fillette dans sa main d'enfant, trésor d'été du fou chantant. On a donné le nom d'enchantement mémorié aux accélérations de la mémoire qui grave inoubliablement un texte sur fond mental. Qu'on me comprenne! On n'apprend pas par cœur : on reçoit cinq sur cinq et l'on retient à l'infini. Ce phénomène où l'acuité le dispute à la persistance laissera en Gainsbourg une empreinte si vive que quarante ans après il dédiera à Charles Trenet un poème original inspiré par lui et écrit tout exprès pour lui :

A la frontière du souvenir
. . . .
J'entrevois un passeur de rêves
Auréolé d'un feutre clair
et de soleils fulgurants d'avant-guerre.

Bien qu'il veuille le laisser entendre en ses jours de bonté profuse aux journalistes musicaux et littéraires, Serge Gainsbourg ne doit nullement sa carrière à M. Trenet, de l'œuvre duquel il n'a subi – ni de près ni de loin – aucune influence. Il ne lui doit même absolument rien. Hormis la révélation exaltante d'une ouverture possible sur le futur.

9

« LE GRAND LION A TÊTE DE PORC DE LA PUBERTÉ. » – LA PETITE INFANTE DE TROUVILLE. – DÉFINITION DE LA FÉMINITÉ. – DE BÉATRICE À SAMANTHA. – LE PLAISIR SOLITAIRE. – « SALIVE D'ÉTOILE. » – L'OISEAU DES VACANCES. – TU T'EN VAS, MOI NON PLUS.

COMME se succèdent au casino des séries de chance, certaines répétitions favorables de la fortune élèvent à l'ambition d'être heureux l'enfant visité. Après la découverte de Trenet, voici déjà la révélation de l'amour.

Cet été-là, à dix ans, Lucien Ginzburg découvre la félicité inexprimable d'être amoureux. Comment? Cela existait et il ne s'en doutait pas. Il y a dans ce premier amour platonique des analogies proustiennes, hormis que Lulu – déjà déterminé – choisit son sexe impérieusement. Le déterminisme sexuel – la loterie génétique – participe du plus fantasque des hasards. Les provocations homosexuelles de Gainsbourg ne nous abuseront jamais, la frime étant par trop voyante. Il est né voué au deuxième sexe : pour en jouir et pour en souffrir. Etrange prédestination tout de même d'un garçon bien appris, sain et conforme, chez qui la sensualité s'éveille avant l'âge du certificat d'études. « Le grand lion à tête de porc de la puberté[1] » a donc obsédé Lulu dès sa dixième année.

A Trouville, au mois d'août 1938, Lucien Ginzburg est épris d'un sujet féminin de huit ans : Béatrice. Il s'agit d'une passion chaste et pure qui ne peut aboutir faute de contact. Béatrice a des yeux verts, troubles comme la Manche : la mer n'est jamais bleue, la transparence de ses crêtes d'azur est une fable. Blonde, elle coiffe ses cheveux longs en façon d'écolière riche, avec deux nattes en queue de nuque réunies par une barrette d'écaille. Sur ses épaules charmantes (« La féminité commence aux épaules et finit aux chevilles » : Gainsbourg) des taches de rousseur sont à profusion répandues. A toutes les héritières de l'époque les parents cruels infligent le percement des lobes par une aiguille, pour le double principe de l'élégance et de la distinction de classe : les pendants d'oreilles de Béatrice disparaissent occultés par l'abondance des cheveux.

Les nattes rassemblées par l'ovale brun de la barrette, les épaules semées de minuscules confettis solaires, les petits os des vertèbres saillantes qui s'effacent sous la laine gris perle du maillot tricoté à la main : ce spectacle mobile, cette vue du dos de l'enfant vont entrer d'un bond dans le musée sensuel gainsbourien et y mériter la place d'honneur : la cimaise. Ce jour d'août d'un été 38, dans la fournaise normande, Lucien contractera, comme tous les grands peintres de nus, cette obsession du dos féminin qui les poursuit (dit-on) jusqu'en leurs derniers jours.

Tel Roland, le protégé de Fréhel, il marche à distance réglementaire de la petite infante en tenue

1. L'expression frappante, encore que discrètement connue, est de Léon Bloy, le chrétien scandaleux (NDLA).

de bain : cinq petits pas d'écolier. Ah! que le sable brûlant est pourtant doux à ses pieds nus.

Le phénomène du temps suspendu au souffle de cette créature de rêve est en train de se produire. Quel amant pris de passion n'a pas éprouvé cette sensation de la terre soulevée jusqu'au ciel et aspirée par son immense lac aérien. Il nous apparaît aujourd'hui d'une évidence manifeste que les grandes héroïnes de Gainsbourg – de Melody Nelson à Samantha – sont nées de Béatrice, la petite vacancière trouvilloise, de sa marche à la fois indécise et arrogante à moitié nue dans le plein soleil. Toutes – Annie des sucettes, Jane B., Judith, Joanna, Alice, Elisa, Lolita, Anna, Babe, B.B., Daisy Temple, Baby Lou; toutes, les réelles et les imaginaires, petites, moyennes et grandes confondues, probablement dominées par la figure énigmatique de Marilou[1] – toutes, sans nulle exception, sont les filles naturelles de Béatrice. Un enfant de dix ans foulant sur les talons de l'amour deux cents mètres de plage y jette l'architecture inconsciente de cathédrales qui marqueront notre fin de siècle comme des monuments musicaux. Ne nous y trompons pas : ils sont rares ceux qui à l'instar des Quincy Jones, des Herbie Hancock, des Mordorer, des Phil Collins ou des Gainsbourg ont trouvé le Sésame du monde sonore de demain. Heureuse et fertile enfance qui ne laisse pas de nous surprendre et tout ensemble de nous attendrir. Freud a beau clamer que l'enfant est le père de l'homme, encore faut-il le prouver. L'enfance de Gainsbourg nous fait penser à une terre de providence défrichée de la veille et qui, ensemencée d'un grain aux multiplications fécondes, produirait des récoltes à rassasier tous les mourants de faim. Tout y est; tout en

1. In *L'homme à tête de chou.*

sort; des richesses inconnues s'y déploient en gerbes.

« Je n'ai jamais, même en mon plus jeune âge, versé un milligramme de sperme en pure perte », me dira-t-il au cours de nos orageux entretiens. Tout ce qu'il a souffert en solitude – « au désespoir du poignet », – se retrouvera en énergie positive de création.

Moi : – Tandis que tu allais dans le sillage de Béatrice, ton désir ne se manifestait pas sous ta culotte de bain ?

Lui : – Je t'ai parlé d'une passion pure, exigeante et vague à la manière des premières passions, point final !

Jungle inextricable à franchir ou ruisseau à sauter, le parcours sexuel d'un individu est toujours empirique; sa seule expérience personnelle le dessine et le trace. L'enfant n'a pas besoin de maître en ce domaine, sa main est une initiatrice instinctuelle. De toutes les métaphores que le fluide séminal de l'homme aura inspirées à ses célébrants homosexuels, la plus belle assurément appartient à Federico Garcia Lorca : « ma petite salive d'étoile », écrit-il, de sa main de gaucher, dans *Un poète à New York*.

Accordons-nous, ici, une halte de réflexion. Serait-il encore possible aujourd'hui qu'élèves du cours élémentaire, une Laure ou une Amanda débarquant sur une plage dévastassent à ce point le cœur d'un petit Montmartrois de dix ans ? Arbitraire et phénoménal, le pouvoir qu'exerçait avant-guerre le deuxième sexe sur le premier relevait absolument de la tyrannie sexiste. Nous-mêmes, collégiens émancipés de la France profonde, n'y échappions pas. La guerre, qui a ses bienfaits méconnus, allait heureusement bouleverser ces mœurs.

Lorsque Gainsbourg me confie : « J'ai rencontré

Lolita vingt-cinq ans avant Nabokov; pendant vingt-cinq ans j'ai porté son livre dans mon subconscient et c'est lui qui l'a écrit. » – je n'ai aucune peine à le croire. Cependant la question demeure : à quoi tiennent, lorsqu'elles sont inaliénablement liées comme dans le cas de Gainsbourg, une orientation sexuelle assujettie à l'obsession et une destinée artistique vouée à des hantises? A rien. A si peu que rien. A la nécessité des hasards.

Taciturne et énigmatique Béatrice! Fille sans patronyme, peut-être orpheline adoptée. Lucien – l'enfant Lucien – croit se souvenir, le doute aux yeux, qu'elle était de cette Picardie dont une mélodie américaine a célébré les roses et que ses parents devaient tenir un commerce d'épicerie.

Nous ne lui mettrons pas la main dessus. Gainsbourg me fait signe que je soumets son capital mémoratif à l'épreuve et que cela lui déconvient. Les abus conjugués de nicotine et d'alcool n'ont provoqué en lui aucune lésion cérébrale. Il se peut cependant que certaines zones neuronales soient altérées par ces abus. Ainsi, une observation ne cesse pas d'être troublante : lui qui n'a aucune souvenance des événements survenus la veille, il peut ressortir les souvenirs les plus précis des profondeurs de son passé. Ce qu'il appelle sa mémoire-retard. Voici sa conclusion pour Béatrice : « Elle était immortelle à huit ans. Elle est morte à neuf puisque je ne l'ai jamais revue. »

Personnage sans état civil défini, fille de beaucoup, de peu, ou de rien, il lui devra sa mythologie sexuelle, son érotisme infantile appliqué à l'enfant qui se métamorphose en femme puis à la femme dont il exigera toujours qu'elle redevienne une enfant.

L'érotisme gainsbourien, qui sera la grande éminence de son œuvre, exclura la frivolité et le libertinage; il aura la rigueur exaltée des passions enfantines, l'austérité maladroite de Béatrice.

Ils n'échangèrent ni un baiser ni un sourire ni une larme. Béatrice posa son index sur sa bouche et l'appliqua furtivement sur l'index de Lucien.

La petite infante de Trouville cligna des paupières, effarée, puis lui tourna le dos. Ainsi prit fin, le 31 août 1938, à 18 heures, la plus jolie idylle passionnelle du gouvernement Daladier.

10

1938, ANNÉE-LIMITE. – LE 3 SEPTEMBRE 1939. – SOLITUDE DE L'ANIMAL HUMAIN. – SOUS L'EMPIRE DU POISON. – QUARANTE-HUIT ANS APRÈS. – LE CLOCHARD HALLUCINOGÈNE. – « UN FOU C'EST CELUI QUI A TOUT PERDU, SAUF LA RAISON. » – UNE ARTÉRIOGRAPHIE MÉMORABLE. – LE CŒUR EST À RÉINVENTER. – FOI DE GAINSBOURG. – LE CANCER DU FUMEUR. – HOMMAGE À HUMPHREY BOGART. – AU BAR DU RAPHAËL.

AVEC un sens du titre que je ne reconnais qu'à de rares confrères, Gainsbourg qualifiera 1938 d'« année-limite ». Nous sommes dans une frange du temps où l'histoire se joue. Smoking et robe du soir, l'Europe libre – riche inconsciente – danse déjà le tango de l'esclavage. Dans la joie honteuse de la paix sauvée à Munich, la famille Ginzburg se réinstalle rue Chaptal.

Le rapport entre Joseph et Lucien échappe aux conventions établies. Face à trois femmes, deux hommes communiquent par une intimité de silence. Ils s'interrogent par le regard. Voici que l'enfant, aux séances quotidiennes du petit Gaveau retrouvé, réactualise et prolonge son initiation musicale.

La première enfance du grand provocateur et la paix malade meurent ensemble le 3 septembre 1939. « La guerre a été déclarée, dit-il, sur la fumée expirante des mégots, consumés jusqu'au bout, que j'écrasais du talon. »

Un seul être lui manque et tout est dépeuplé. Mais Béatrice lui manque-t-elle? Il y a déjà en lui une telle force de reniement que l'orgueil prenant le pas sur son cœur blessé en chasse le désespoir. Tous les gros chagrins de Gainsbourg – sentimentaux, romanesques, érotiques ou plus normalement sexuels – seront des chagrins invisibles : nous ne le surprendrons pas en train de pleurer assis sur une borne; son cœur ne fait pas de l'auto-stop, à plus forte raison le trottoir. Il entre néanmoins dans la chimie de son caractère des composantes de mélancolie dues à sa triple origine : juive, russe et slave. Le moule français, chez Ginzburg, a donné sa forme à un fond d'Européen de l'Est.

L'absence creuse d'autant le fossé d'une solitude. « Dieu ayant jugé que la solitude de l'homme était par trop tolérable, dit à peu près Valéry, il a créé la femme pour le rendre encore plus seul. » L'on trouve chez Gainsbourg un humour pessimiste analogue. Sorti du cocon matriarcal, l'adolescent grandit seul face à une société pédagogique incompréhensive et fermée. La solitude de l'apprenti soldat est incommensurable : nous sommes surpris, parmi les appelés des casernes, du nombre infime des déserteurs, objecteurs de conscience ou suicidés. Le désir qu'éprouve l'adulte est un gouffre de solitude. L'homme fait l'amour seul. Il engendre seul. Les signes du vieillissement graduel augmentent progressivement sa solitude. Il meurt seul. Et si d'aventure il entre dans l'éternité, c'est sur les ailes d'un ange muet, aveugle et sourd qu'il monte au paradis. Regardons autour de nous : notre balbutiante société de communication n'aura réussi à créer que la république des solitudes.

Alors, vous savez, Béatrice! Un nom de plus à verser au dossier des profits et des pertes. Cependant Lucien n'a que onze ans et – bien qu'il n'y laisse rien paraître – il porte le deuil, cœur en écharpe, de ce premier amour envolé. Sur la plage de Trouville, désœuvré et désheuré, il se met à suivre les fumeurs qui – soit pour se donner une suffisance dédaigneuse, soit par un réflexe velléitaire de santé – jettent leur cigarette, allumée depuis peu, par-dessus l'épaule. Un après-midi, il se baisse; avec la dextérité espiègle du poulbot, il ramasse un long mégot fumant sur le sable; et, sans hésiter, il le porte à ses lèvres.

Ce geste d'expérimentateur stoïque est un acte qui va tirer à conséquence imprévisiblement. Lucien aurait dû subir l'agression tabagique que nous avons tous subie lors du baptême fatal : tousser, pleurer de la brûlure nasale et oculaire du goudron, vomir. La première cigarette enclenche toujours une imminente allergie. Lucien Ginsburg, lui, s'accoutume tout de suite. Par un instinct pervers il est tout de suite acclimaté à l'empire de la nicotine et des goudrons. Qui plus est, l'automatisme gestuel qui consiste à porter à la bouche la fine colonne de poison puis à l'enlever – la bouffée tirée – puis à la remettre pour l'enlever de nouveau (et ainsi de suite jusqu'à la consumation finale) – cet automatisme s'installe d'emblée, mécanique robotique, au bout de son bras, au bout de ses doigts.

Nous sommes le 16 juillet 1939. Dans la vie sexagénaire de Gainsbourg, plus encore que celui de la déclaration de guerre, c'est un jour qui fait date (étape d'histoire en d'autres termes) car, en ces vingt-quatre heures innocentes, c'est une déclaration de mort que l'enfant reçoit de la part du destin. L'Etat de Satan n'a pas tué Serge : il est toujours parmi nous pour le profit non douteux de notre conduit auditif. La dictature nicotinique, en revanche, a failli nous l'enlever par deux fois. Nous reviendrons sur ces deux infarctus, lesquels font mentir le proverbe sinistre : autant qu'il ait battu depuis, autant qu'il ait donné, autant qu'il ait été avare ou féroce, et – pour finir – autant qu'on l'ait piétiné, ce cœur n'a pas failli une troisième fois. Serge appelle son muscle cardiaque la pompe à malheur.

Aujourd'hui 16 juillet 1987, nous sommes dans la propriété corse de Françoise Hardy et de Jacques Dutronc, un couple que notre héros apprécie puisqu'il prend l'aéroplane pour se rendre à leur amicale invitation. La provocation vestimentaire de Gainsbourg n'atteint pas ici un degré particulier d'insolence, d'irrespect social. Le degré absolu d'insulte à la société de décence et de consommation est établi depuis longtemps et son niveau est insurpassable : il est impossible, en effet, d'élever plus haut la barre. Milliardaire en haillons, Gainsbourg prend le Concorde les pieds nus dans de souples souliers blancs qui pour moi sont un compromis astucieux entre le cuir et la toile. Milliardaire en haillons, sa chemise lacérée de trois coups de rasoir, son jean ouvert aux genoux et tombant sur ses chevilles, effiloché comme à l'usure – Gainsbourg est ainsi reçu dans les palaces les plus huppés de Manhattan et accueilli à bras ouverts au New Jersey, dans le plus prestigieux studio des Etats du nord de l'Amérique : « Celui où le son n'est jamais trahi[1]. »

La police U.S. ne s'y trompe pas : ingambe et barbu, acteur consommé jouant les épaves du Bowery, Gainsbourg – clochard halluciné sans hallucinogènes – n'a jamais voyagé par le L.S.D., le peyotl, l'agaric ou autres champignons du Mexique. Douce ou dure, il est vierge de toute drogue. Shit, en argot anglais, désigne l'excrément humain. Ce ne sont pas là ses croisières.

« Le chameau voyage sans boire et moi je bois

1. Celui où enregistrent Barbra Streisand et Sinatra.

sans voyager », ironise Baudelaire à qui tout fut bon : le vin, l'absinthe, le haschisch, l'opium (en quantité prudente) et le laudanum[1] en imprudente quantité, puisqu'il en mourut. Avec Gainsbourg, rien de semblable. Son ennemi, en première instance, n'est pas la boisson, mais cet alcaloïde vénéneux et mortel qu'on extrait du tabac : la nicotine. L'homme à poursuivre jusqu'à la damnation mémoriée n'est ni Thomas de Quincey, émouvant opiophage à qui la drogue enleva l'amour, la santé et la vie; ni Edgar Poe, éthylique verdâtre et tremblant à qui le delirium tremens fournissait la folie de ses contes; non, le grand criminel est Jean Nicot qui – ambassadeur de France au Portugal – envoya par un messager le premier kilo de pétun à Marie de Médicis; ce Jean Nicot qui, par une répétition des circonstances politiques, a toujours (trois siècles après son forfait) sa gentille rue bourgeoise, quartier des Invalides à Paris.

Nous n'avons pas de rue Landru ou de rue Petiot, que je sache. Seul assassin au monde à être honoré d'une plaque commémorative, ce Nicot, non satisfait d'avoir réduit Gainsbourg en esclavage, a failli le tuer plusieurs fois, dont la dernière est toute récente.

Le tabac persécute Gainsbourg, Gainsbourg est un persécuté nicotinique. Le tabac est à la base de ses excentricités du comportement. Cet homme, qui a les qualités créatrices d'un sage, s'excite à vivre en se donnant les allures d'un fou. Il n'a jamais consulté un psychiatre ni sollicité un psychanalyste : il leur eût fait peur. « Gainsbourg, me dit un intellectuel qu'il déconcerte, me ferait penser à un personnage de Shakespeare qui, nourri de notre substance moderne, en aurait rejeté le meil-

1. Laudanum de Sydenham (du nom de son chimiste-inventeur) : teinture concentrée d'opium buvable (NDLA).

leur pour n'en conserver que le pire. » Un héros de Shakespeare peut-être (il a la truculence alcoolique de Falstaff et la démesure théâtrale d'Othello) mais certainement mâtiné de Dostoïevski. Quoi qu'il en soit, c'est un héros littéraire. Un héros dont la biographie ouvre la porte à toutes les aventures de l'esprit, puisque – chez lui – la fiction est toujours en deçà de la réalité. Car tout est là : il vit au naturel une vie imaginaire si richement imaginée qu'elle colle au réel comme une décalcomanie au papier qui la reproduit.

Avec le tabac cependant le provocateur se démasque. Ni triche, ni frime. La dépendance nicotinique est chez lui vierge de toute ambiguïté. Les accidents cardiaques se guérissant et le défi au poison ne se traduisant par aucun malaise (il ne tousse pas; il ne pâtit pas de ces accumulations qui entraînent la nuit des songes d'épouvante; ses chevilles n'enflent pas sous l'influx d'une circulation ayant subi un détournement ou un arrêt; mutilateur volontaire de soi-même, il ne parvient pas à se mutiler, son autodestruction ne rencontrant que l'impunité), Gainsbourg ne souffre pas des abus mais, seulement, de leurs effets contraires : c'est-à-dire du résultat d'une imaginaire privation. Comme le morphinomane dont les pores du visage commencent à émettre une sueur incoercible à la seule obsession d'une disette de drogue, Gainsbourg – se projetant dans la pénurie tabagique – entre en désarroi sans prétexte de réelle angoisse. A l'instar du toxicomane injecté que la hantise du manque terrifie et précipite dans les transes, Gainsbourg souffre par avance de la peur cruelle de souffrir d'être sevré[1].

Voici pourquoi, pour se sécuriser contre des

1. Ces pages ont été écrites avant la grave intervention du 12 avril 1989 à l'hôpital Beaujon (NDLA).

tortures nerveuses inventées, il ne se déplace jamais (que ce soit en Corse, aux Etats-Unis d'Amérique, au Gabon, ou qu'il s'agisse d'une traversée de la Seine au Pont Royal), il ne se déplace jamais sans ses sept paquets de Gitanes enfermés à clé dans son vieux baise-en-ville. Il m'arrive d'être – quelquefois à la fermeture des recettes buralistes – le commissionnaire attristé de ce fou qui joue au fou sans être fou.

« Un fou est celui qui a tout perdu sauf la raison », écrit C. K. Chesterton. « Je suis un fou à qui l'alcool et le tabac rendent sa lucidité », proclame Gainsbourg. Ce fou n'a rien perdu hormis une vingtaine de femmes parmi lesquelles celle qu'il aurait dû retenir ou enfermer sinon afin qu'elle ne le quittât point : Jane Birkin. Ceci observé, l'homme soixantenaire est prodigieusement intact, avec un cerveau qui fonctionne aux pleins pouvoirs et à plein temps, sans défaillance ni paresse. Ce qu'il y a d'effrayant chez notre grand provocateur, c'est que rien ne paraît menacer son point fort : l'invincibilité créatrice.

Je ne l'ai vu blêmir qu'une fois : au récit que je lui fis de l'artériographie digitalisée que j'ai subie à l'hôpital Ambroise Paré de Boulogne, examen humiliant consécutif à une impérieuse montée de tension. Il n'y a aucune morbidité médicale en lui, mais un souci exigeant d'être informé.

– A dix-sept heures, commençai-je, tandis que tu es à jeun depuis la veille, deux infirmiers te font monter sur un chariot puis t'emportent.

– Quelle race, quelle couleur?

– Ce sont des Africains.

– Je m'en serais douté. Continue.

– Ils te déposent au sous-sol...

– Comment s'effectue la descente?

– Par ascenseur, voyons. Nous ne sommes plus sous Saint Louis. Au bout d'un long couloir – les couloirs des hôpitaux sont interminables – tu pénètres dans une cellule monastique.

– Avec les Blacks ?

– Oui. Avec les Noirs. Pourquoi se rebeller ? Tu es leur esclave. Ils t'enlèvent le drap que tu as sur le corps.

– Tu es donc nu ?

– Oui, absolument. Tu es nu et ton bas-ventre est rasé.

– Rasé par une fille, j'espère ?

– Non, je n'ai pas eu cette chance.

– Alors, par un jeunot ?

– Deuxième malchance : mon raseur pubien, originaire du Togo, avait au moins quarante ans. Avec la politesse souriante du fonctionnaire salarié, les deux infirmiers noirs m'ont prié de vouloir bien m'étendre – à l'horizontale parfaite – sur un lit métallique sans traversin ni oreiller. Dur effort. De part et d'autre de moi, sur une étagère, un téléviseur. Je vais donc assister à droite comme à gauche au film instantané de mon examen. Je vais voir battre mon cœur. Je vais le voir impulser le torrent circulatoire dans mes artères, objet de ce quart d'heure de vérité.

– Le cœur, le cœur, pompe à malheur. Tu parles d'un spectacle.

– Voici que le Dr Lacombe se présente avec deux internes. Courtoises poignées de main. Afin de m'immobiliser au cas où j'aurais des réactions de fuite, le premier interne applique sur mon thorax un sac de dix kilos de sable.

– On constate toujours chez les médecins une volonté de réduire le patient à l'impuissance.

– Je respire difficilement puis je m'habitue. Une oppression, cela se maîtrise. Des yeux et de la main, le deuxième interne cherche dans le pli de ma cuisse, au bas du ventre, un vaisseau très précieux : la veine de Safen, je crois. Il m'inocule alors un liquide brûlant et glacé, anesthésiant local appelé xylocaïne. Un cocaïné de synthèse, ni plus ni moins. Une vague de chaleur excitée s'élance à l'assaut de ton sang : la sensation est plutôt agréable.

– Comment de mon sang? Du tien.

– Commence alors un remarquable travail d'orfèvre. Sous la peau tendue de l'aine impeccablement rasée, le praticien repère aux battements, avec son pouce, le pouls sexuel ou pouls inférieur si tu préfères! Le pouls sexuel est le point qu'il choisit pour pratiquer un percement avec une grosse aiguille et introduire dans le trou un tuyau de nylon transparent qui remonte le cours du vaisseau jusqu'à la plus haute extrémité de la cuisse et qu'il enfonce, qu'il enfonce lentement : jusqu'à sa disparition totale.

– Si le tuyau est aspiré par le torrent sanguin, comment le retirer par la suite?

– La chirurgie vasculaire dispose de pinces, voyons! (Nous étions en train de briser des homards au restaurant de l'hôtel Raphaël.) L'injection d'extrait de digitale...

– Il s'agit donc d'un poison...

– Sous le nom de digitaline, les alcaloïdes de la digitale pourprée sont, en effet, mortels. Ecoute, je suis là.

L'extrait de digitale est employé comme colorant pour ses propriétés de brillant mercuriel. Il fait ressortir sur l'écran le relief lumineux des parois artérielles. Elles avaient, dans mon cas, un sacré besoin d'être éclairées. Le boyau était sombre, très sombre. Filmées par deux caméras, mes artères m'ont fait penser aux égouts de Montsouris où tous les cônes de déjection de Paris évacuent leurs matières.

– Et comment as-tu supporté le spectacle de tes propres égouts artériels?

– Tu fixes l'écran avec fermeté, sans jamais baisser les yeux ou les fermer. Tumulte et vertige : une masse liquide torrentueuse – mais canalisée, prisonnière – se heurte aux bords argentés d'un boyau sans fin. Au bout de vingt minutes, tu ressens les premiers signes avant-coureurs du nécessaire assoupissement.

– Est-ce que tu peux crier, au moins : terminus, overdose !

– Les responsables du service de cardiologie regardent le téléviseur avec une attention scrupuleuse.

– Si je comprends bien, ils t'accompagnent en enfer.

– Le plus impressionnant c'est le silence. L'énorme, l'ahurissante stupeur du silence. Tu crois que tu vas entendre déferler un ouragan maritime qui détériorera tout à l'intérieur de toi. Eh bien, non. Le flot impétueux circule en silence. Pas un bruit. Pas un son.

– Et qui t'a délivré ? Les Blacks ?

– Non, le Dr Lacombe. Les Blacks m'ont remonté dans mes appartements. Chariot, ascenseur, chariot, lit. Quarante-huit heures d'immobilité absolue te sont prescrites. Il faut que la perfide petite ouverture noire pratiquée dans le pouls sexuel se cicatrise. Le lendemain, tu manges. Ton organisme est remis de ses émotions.

– Ton organisme, pas le mien. Je préférerais crever que d'avoir à subir un tel trip.

– On dit toujours cela. Mais, si ton heure suprême ayant sonné, le croque-mort souverain vient te proposer d'avoir la vie sauve contre un examen délicat, tu acceptes le marché.

– Ton artériographie au poison, en tout cas, est inenvisageable. Je meurs sans m'y soumettre.

– Tu t'y soumets et tu ne meurs pas.

– A propos, quelle fut la conclusion de la tienne ?

– Positive, mes artères sont plus jeunes que moi. Ce qui prouve de leur part, après tout ce que je leur ai fait subir, un courage héroïque et une magnifique endurance.

Chaque fois que nous parlons de la mort, encore que nous éludions avec pudeur le sujet, nous traitons logiquement de ses causes. S'il est une métaphore médicale qui fasse peur à l'homme, c'est bien l'expression cancer du fumeur. On ne sait justement pas où il se situe. On n'ose pas solliciter de précisions par crainte superstitieuse de pouvoir le diagnostiquer à la moindre toux. Nous savons seulement qu'il affecte les voies respiratoires et qu'on en meurt étouffé, la voix flétrie, ou aphone.

Serge n'ignore rien de la moralité tabagique, de ses statistiques désastreuses, de ses courbes ascendantes. Comme à tout esprit littéraire, les chiffres lui glissent dessus.

Comme tout intellectuel cultivé, il possède un fond de mémoire opulent où se rencontrent toutes les citations, maximes et aphorismes universels, avec une prédilection pour la France, sa mère-patrie culturelle et la seule véritable. Pour frapper son cerveau d'un fouet vigoureux, il faut lui rapporter des mots, n'exprimant aucun repentir, de malades incurables, d'agonisants restés lucides ou de tabagiques invétérés.

Ce mot de mon grand-père, emporté par le cancer du fumeur, a fait flèche. A notre médecin de famille, le Dr Max Mage, qui lui administre une ultime double dose de chlorydrate de morphine, Paul Salgues – entre deux râles – fait cet adieu difficile : « Je ne vous remercie pas, docteur, puisque demain je ne fumerai plus. » Victime de la gitane papier maïs, Pascal Jardin appelait son vice familier « mon poison homéopathique ». « Sans tabac, je bégaie », disait Malraux dans la force de l'âge. Jean Cocteau, qui après ses cures de désintoxication thébaïque se laissait aller à griller jusqu'à cent cigarettes par jour, repoussait dans l'avenir la solution volontariste du problème : « Un jour, lançait-il, les doigts jaunis, un jour la cigarette se fâchera contre moi : ou – ce sera encore mieux – c'est moi qui me fâcherai contre la cigarette. » A propos de l'héroïne (stupéfiant lourd dont l'action d'asservissement est sans rapport avec l'insignifiante intoxication nicotinique) Cocteau disposait à mon sujet d'une prophétie analogue.

Il est bien vrai pourtant que, s'il continue de vivre et qu'il veuille rester en vie, l'homme, un jour – un jour souvent inattendu, non coché sur son agenda –, se réveille écœuré de cette sujétion sans profit, qui ne lui apporte que la toux, l'expectoration, l'engorgement hépatique, la sclérose prématurée de la mémoire, les troubles du sommeil et de la circulation, etc. Des gens aussi différents de classe et de mentalité que Jacques Chirac, Daniel Filipacchi ou moi-même ont éprouvé le divin ébahissement de se brouiller avec le caporal ordinaire sans avoir un quelconque effort à consentir. C'est une affaire d'instinct de conservation, voilà tout. Sur le fumeur maussade, irascible, en perte d'appétit, sexuellement moins performant, la nature nationale (la furia francese) prend le dessus. Méritants ou pas, nous sommes les favoris du renoncement. Je ne connais pas fumeur en France qui, désenchaîné de cet esclavage idiotique, en conçoive quelque mélancolie; ce qui n'est point le cas pour les toxiques opiacés.

Gainsbourg, qui collectionne par ailleurs les bienfaits de la providence, n'a rien reçu d'elle en ce domaine. Sa volonté le dessert, qui s'use en projets. Sa robustesse lui nuit, qui n'est pas altérable. Tant pis si je me répète : son physique nous ment. L'homme Gainsbourg – aujourd'hui, en 1989 – donne le change. Cette anecdote, plutôt ce mot pathétique, vous éclairera sur l'incorrigibilité du personnage.

Fille de Serge et de Jane Birkin, Charlotte avait pour parrain officiellement désigné l'acteur européen de Hollywood Yul Brynner. A la clinique chirurgicale où il se relève d'une délicate intervention cancérologique, Brynner rend visite à Humphrey Bogart qu'il surprend en train de fumer comme en son meilleur temps de santé. « Vous voyez, Yul, dit-il à son ami, ces cigarettes sont les clous sous lesquels se referme jour après jour le couvercle de mon cercueil. » Cette image célèbre de Bogart que Gainsbourg ne cesse pas de diffuser proclame la réalité de l'impuissance de l'homme devant une tare qui le détruit sans lui offrir en contrepartie de convenables satisfactions. Elle fait l'admiration de notre héros. Ne pouvant s'empêcher de la citer, sûr de son effet spectaculaire, il l'emporte avec lui dans toutes ses villégiatures.

Nicotinomane invétéré mais cardiaque sans rechute non rappelé à l'ordre par le ciel, Gainsbourg ne veut pas divorcer d'avec la cigarette. Il souhaite que ses gitanes papier blanc l'accompagnent au cimetière du Montparnasse et descendent avec lui dans le caveau familial des Ginzburg. Comme d'autres ambitionnent de mourir en scène à l'instar de Molière, il affectionne le désir de s'éteindre à la seconde même où sa main présentera la flamme bleue du briquet Zippo au petit tube de tabac brun.

Procédant d'un calcul exhibitionniste, sa provocation tabacomaniaque prend parfois l'aspect d'un prosélytisme infantile, et – par ce caractère même

– non corrupteur. Au bar de l'hôtel Raphaël par exemple, Gainsbourg commande au barman de lui apporter une serviette en cellulose. « Feu! », lance-t-il. Il allume, tire une bouffée, garde un moment la fumée en lui, puis – portant à ses lèvres la serviette ouverte en double surface – il rejette : avec une netteté extraordinaire où les plis et les commissures sont reportés, le goudron reproduit le parfait dessin de son organe buccal. Pour conclure, il sourit.

Avec lui, nous avons atteint depuis longtemps ce seuil de non-écoute où les essais de persuasion par l'alarme ne sont plus perçus. Pourquoi Gainsbourg se pénétrerait-il du bien-fondé des préceptes d'hygiène puisque le mépris dans lequel il les tient réussit merveilleusement à sa création. Ne recouvrez pas ses murs d'une tapisserie de la haute épouvante : le grand simulateur au cœur vulnérable hausserait les épaules et vous rirait au nez. Le secret de la vaste provocation gainsbourienne est que notre héros ne redoute pas la mort. A l'inverse d'un Chateaubriand ou d'un Malraux que harcelait son insondable mystère, la mort ne l'interpelle pas. Il vit au-delà, forclos dans sa respiration musicale, croisé sans Jérusalem.

Dès lors que viennent faire dans ce panorama pessimiste les 51 100 cigarettes annuellement consommées? A raison de 140 par vingt-quatre heures, cela depuis plus de trente ans. Quelle importance, quel intérêt peut avoir le comportement suicidaire d'un adulte redevenu un enfant parce que, enfant, il fut trop vite un homme? « La privation, j'en ai rien à cirer », déclare-t-il, comme si sa vision de l'avenir échappait au renoncement.

Le 3 septembre 1939, lorsque l'Entente Cordiale déclare la guerre à l'Allemagne, Lucien – cet enfant destiné – est un enfant condamné. Car il a fait connaissance avec cet abominable compagnon que Fréhel appelle l'« opium du prolétariat », le tabac dont on fait les Gauloises. Les restrictions consécutives à la défaite l'obligeront à freiner son vice.

11

LE POIDS DE LA DÉFAITE, LE CHOC DE L'UNIFORME. – L'OBSESSION SEXUELLE DU LYCÉEN. – INGRES DE MONTAUBAN. – GÉNIE ET TALENT : PICASSO. – PAUL ELUARD. – RACISME À CONDORCET. – L'ACADÉMIE MONTMARTRE.

« L'ARMÉE c'est le sentiment de l'uniforme, la guerre c'est le sentiment du soldat, dit excellemment Gainsbourg. La guerre étant là – parmi nous, chaque jour – je croyais voir sur les flancs de Clichy une foule de soldats armés convergeant de toutes les casernes de France pour rejoindre – soit par la gare du Nord soit par la gare de l'Est – nos frontières menacées d'invasion. Or, il n'y avait pas plus de militaires qu'en temps de paix et les hommes valides n'étaient guère moins nombreux. C'était comme s'il n'y avait pas eu de mobilisation générale. Comme si c'était toujours la paix armée. L'attaque allemande du 10 mai 1940 n'a rien changé. Ni les nouvelles catastrophiques. Ni la débâcle : les Montmartrois, vrais fidèles de Paname, ne sont pas partis. Comme quoi, il n'y a pas eu de guerre pour mézigue Lucien. Un matin radieux de l'été, ces messieurs de la Wehrmacht nous sont apparus. Alors, sans culpabilité ni ressentiment, le sentiment de la défaite m'a été révélé. Sous la forme du choc visuel que je viens de dire : l'uniforme hitlérien. »

Le père de famille le plus préoccupé de l'Occupation est Joseph Ginzburg, l'on s'en doute. Le fils parisien le plus obsédé de l'Occupation est Lucien Ginzburg. A douze ans, il a les deux idées fixes du poilu de la drôle de guerre qui s'ennuie sur le front sans bataille : les femmes et le tabac.

L'alcool n'apparaîtra que plus tard dans sa vie : d'une rupture violente de cet équilibre précaire mais fondamental qui le maintient entre l'orgasme et la cigarette, entre l'effort du plaisir et son repos compensateur. C'est l'âge où, lycéen à Condorcet, il revient solitaire – comme tous les grands obsédés – reprendre son poste d'observation de l'année précédente à la sortie de l'école Jules-Ferry : aux aguets sur le trottoir de la rue d'Amsterdam, il reluque les filles qui montent vers la place Clichy ou qui en descendent. C'est un poste d'observation idéal car le flux et le reflux sont intenses sur ces hauteurs.

« Les filles, je ne pensais qu'à ça, dit-il, je ne pouvais me délivrer de tout ce qui, en elles, les séparait de moi : la nuque, les cheveux, les épaules, les rondeurs, les jambes – qui sont l'aristocratie de leur corps – la démarche. Je n'ai pas perçu le sexe féminin aveuglément, comme nécessaire à l'homme. Je n'ai pas voulu aller à l'aboutissement copulatoire comme une brute ou un animal sauvage. J'ai perçu le deuxième sexe dans toutes ses différences nuancées par rapport au nôtre, au mien. Je pensais aux filles pour les sentir, effleurer leurs doigts, caresser leur poignet à la confluence des veines. »

Ce tracassin pubertaire prématuré – qu'exaspère le besoin de tabac – va décider de l'orientation artistique de toute sa jeunesse, de sa vision matérielle de la vie. Le plus rapide moyen de faire fortune avec du talent et de s'assurer la conquête du monde et des femmes – autant dire la puissance et la volupté – c'est d'être peintre. On a écrit de Serge Gainsbourg qu'il avait voulu tout avoir tout de suite[1]. De ce halètement ambitieux je suis intimement convaincu. Mais si l'on veut être Picasso dès l'âge de la pilosité pubienne, l'on ne peut envier d'être le marquis de Sade à ce même moment de la vie : pour la bonne raison que l'auteur des *Cent vingt journées de Sodome* est inassimilable à une conscience littéraire d'entre douze et treize ans. On a dit (et moi-même en premier) que Serge Gainsbourg était un peintre de talent dont l'incompréhension parisienne avait fait un musicien de génie.

A treize ans il fait montre de dons irrésistibles. Il a notamment le coup de crayon qui fixe le regard et le subjugue. Mais il ne veut pas peindre. Il veut apprendre – lui, déjà si professionnel dans le trait – il veut apprendre à dessiner afin de pouvoir mieux peindre. « Dessinez, dessinez », conseille Ingres de Montauban, maître absolu de l'épure. Ginzburg, qui déjà sait peindre, refait à rebours l'itinéraire héroïque d'Ingres de Montauban. « La mie de pain, qui me servait de gomme, commençait à manquer. Je cernais donc – square Montholon ou devant l'église de la Trinité – un envol de pigeons, je désossais, je disséquais les volatiles : d'un trait et sans retouches. » Ingres a un mot immense qui remet au berceau deux mille ans de création universelle : « Avec du génie, dit-il, on fait ce que l'on peut. Avec du talent, on fait ce que l'on veut. » Seul Picasso le Malagueño contredit Ingres le Montalbanais, puisqu'il fait tout ce qu'il veut avec la souveraineté du génie et l'appui de talents subalternes.

Le premier hiver de l'Occupation sera cruel aux Parisiens livrés à l'austérité des cartes de rationne-

1. Michel Clerc, *Tapis rouge*, Julliard, 1978.

ment. « Ce fut un hiver épouvantable, m'a raconté Paul Eluard, parce que nous – communistes – y étions haïs de ce peuple de Paris duquel nous étions si proches, que nous aimions tant, qui nous était si dévoué. Je me suis mis à douter du sort du monde libre – et de la fraternité humaine, et de tout ce qui encourage l'homme à lutter – lorsque, rentrant clandestinement chez moi boulevard de la Chapelle, j'eus la surprise d'y être attendu, sur le pas de ma porte, par Adrien, chef d'une des plus importantes cellules du 19e arrondissement, et de m'entendre dire d'une voix véhémente : " Paul, j'ai honte. Un Doriot a plus de tripes que nous. " » En ce même moment de notre singulière histoire, l'écrivain vivant que j'admirais le plus avec Giraudoux – Louis Aragon, – achevait de découvrir ma patrie natale : le merveilleux Sud-Ouest.

Joseph Ginzburg ne peut pas bivouaquer en zone libre. Il est condamné au 9e arrondissement de Paris. « Le fascisme commence avec le dénombrement », écrit Ernst Von Salomon, le grand prosateur repenti du nazisme[1]. Les Ginzburg ne sont pas encore dénombrés. Déjà cependant, avant même que toute action officielle antisémite soit engagée – à la demande de Berlin – par le gouvernement de la France occupée, Joseph Ginzburg, repéré, étiqueté, fiché, est assuré de tout perdre : les contrats dans les boîtes de nuit qui se le disputaient, l'amitié des patrons, la sympathie affirmée de la clientèle et le pécule qui fait vivre décemment sa famille. Heureusement le pianiste est un maître en économie domestique. « Un vrai père économe au sens gestionnaire et jésuite du terme », dira Serge qui n'en est pas à une formule près.

Dès 1941, au lycée Condorcet, un vilain trio va s'ingénier à faire de Lucien Ginzburg, élève doué

1. Voir *Les Réprouvés* (Plon) et *Le Questionnaire* (Gallimard).

au-dessus de la moyenne, le premier crétin de la classe de quatrième. Selon toute vraisemblance, Ginzburg eût obtenu ses deux baccalauréats à dix-sept ans. Certes moins répandu qu'aujourd'hui l'exploit n'était cependant pas exceptionnel. Mais Ginzburg, à l'évidence, est juif par son patronyme apatride. Ne le serait-il pas par le nom qu'il eût été trahi par son type sémite criant : chevelure surabondante, noire et bouclée; sourcils épais, harmonieusement fournis, qui n'en finissent pas de protéger la paupière; peau brune au grain tendre et féminin; nez d'autant plus saillant que l'architecture du visage – au seuil d'une adolescence précoce – est loin d'être arrêtée.

Imaginons le résultat d'une once de provocation sur le provocateur permanent avec qui nous avons désormais affaire. Le préfet des études – M. Bonnemaisons – qui lui trouve de la morgue, le signale, en tant qu'externe surveillé à surveiller de plus près, au surveillant général M. Bouloche. Le professeur de latin-grec, M. Maraval, convoque Ginzburg au tableau noir chaque fois que l'élève feint de sommeiller. Derrière l'écran de ses paupières, il ne dort nullement. Il tire des plans. L'enseignement secondaire le provoque. Bien, très bien, parfait. Il va provoquer la société secondaire. Les notes du bulletin trimestriel baissent. Il n'est plus un des premiers de la classe comme naguère mais l'élève indiscipliné qui « prend des airs d'affranchi, qui ne s'aligne pas sur les rangs aux rentrées de récréation, qui ne démontre aucun zèle personnel à l'étude et aucun élan altruiste vers ses condisciples infortunés. Enfin, conclut le communiqué partisan, l'élève Ginzburg ne souffre aucune réprimande ».

Trop c'est trop. Sous les reproches incessants, il flaire l'injustice discriminatoire. Le jour où M. Maraval, interrogeant Lucien une dernière fois, le vitupère impétueusement, souhaitant pour sa race des solutions punitives – ce jour-là, la coupe déborde. Le racisme des éducateurs qui condamne l'enfance, le voici le vrai crime contre l'humanité. Lucien quitte le lycée Condorcet.

Fusain, sanguine, peinture : il se fait inscrire à l'Académie Montmartre, laquelle est une école privée, sise sur le boulevard, entre les places Clichy et Blanche. (Il s'agit aujourd'hui d'un cours de danse classique et moderne.) L'atelier est alors un no man's land cosmopolite fréquenté par les apprentis artistes étrangers demeurés à Paris. Curieusement protégé, c'est un refuge autant qu'une académie. Les spécimens d'humanité les plus insolites s'y côtoient.

Nous sommes à la rentrée d'automne 1941. Les grandes rafles racistes sont dans l'air. Sur le front de l'Est l'interminable siège de Leningrad va commencer. Avec les premiers froids l'Armée Rouge résiste. Avec l'agression japonaise de Pearl Harbour l'espoir change de camp.

Sur les pentes de Montmartre, un jeune artiste imberbe de treize ans ressemble de jour en jour davantage à un danseur prodige du corps de ballet de l'Opéra.

12

COMME UN MANQUE À AIMER. – LES DEUX ENFANCES DE L'HOMME. – LES DEUX VISIONS DU MONDE DES PARENTS GINZBURG. – COCTEAU ET SAMUEL. – ARNO BRECKER. – LA YELLOW STAR.

« MA patrie est la faim, la misère et l'amour », chante inoubliablement Aragon; et Eluard, dont le vers libre procède d'un chant plus profond peut-être : « Paris a faim/ Paris a froid/ Paris ne mange plus de marrons dans la rue... » Jamais poètes n'auront autant fait pour leur parti que les communistes. Ils lui ont redonné l'honneur[1]. Aux flancs de Clichy, les échafauds du deuxième hiver s'abattent sur des nuques maigres. « Je n'ai pas ressenti les privations alimentaires comme un manque à vivre mais comme un manque à aimer », se souvient Gainsbourg.

Ah! comme j'eusse voulu, moi – l'étudiant nanti du Quercy gascon – presser sur mon cœur ce petit Ginzburg, lui procurer des faux papiers, le faire asseoir à mon pupitre, le gaver d'omelettes aux truffes et de pain blanc; et pourquoi pas – mon Dieu – lui présenter une agricultrice à l'humeur accorte et aux reins hospitaliers. Mais le monde est

1. Allusion directe au pacte germano-soviétique et à la demande d'autorisation de paraître de *L'Humanité* formulée par sa direction (hiver 40-41) à l'ambassade d'Allemagne à Paris (NDLE).

mal fait et les injustices nées de la guerre ajoutent encore à ses horreurs.

Sur les hauts mitoyens de Montmartre où le vent hurle sa plainte de loup affamé, le destin mène la vie dure à Lucien; mais en le lacérant de ses fouets, il va lui procurer les moyens de dépasser sa seconde enfance et de devenir un adulte à quinze ans. « Tout homme a deux enfances, relate Serge. La première va de l'incontinence physiologique à l'âge de raison; la deuxième de l'âge de raison à l'incontinence sexuelle. Moi, Gainsbourg j'ai grillé ma seconde enfance comme j'avais grillé mes premières tiges. Sans un haut-le-cœur. »

Il a quatorze ans quand paraît par voie d'affiche le décret himmlérien ordonnant le recensement des 580 000 juifs habitant le territoire national occupé[1]. A Paris, maints employés municipaux dont certains, vieillards sans remords, coulent aujourd'hui une retraite paisible, apportent un concours complaisant à ce dénombrement obligatoire. Dans le salon de musique de la rue Chaptal, Lucien assiste, médusé, au dialogue qui oppose les auteurs de ses jours.

Joseph Ginzburg : – Nous devons obéir. La France, en nous naturalisant, nous a élevés à la dignité de ses enfants. Citoyens français, nous devons obédience aux lois de notre patrie civile et civique. Nous devons donc nous faire inscrire sur la liste juive des citoyens du 9e arrondissement.

Olga Ginzburg : – Non, il ne faut pas. A moins que tu ne souhaites la mort : pour nous et nos enfants.

Joseph Ginzburg : – Je me suis laissé dire qu'en Allemagne les Juifs inscrits volontaires de la pre-

1. Le chiffre, forcément approximatif, était quasiment invérifiable étant donné le nombre foisonnant de fausses cartes d'identité officieusement établies.

mière heure avaient été exemptés de la proscription civique et des camps de travail.

Olga Ginzburg : – Tu sais parfaitement que, pour un petit nombre de Juifs maintenus dans leurs droits et le privilège – acheté à quel prix – de vivre librement, le plus grand nombre de Juifs allemands sont condamnés à la vie clandestine ou aux travaux forcés dans les camps de concentration.

Joseph Ginzburg : – Aurais-tu raison qu'il serait trop tard pour nous enfuir à l'étranger. De toute façon nous n'avons jamais eu l'argent nécessaire pour payer un passeur; et ce n'est pas demain que nous l'aurons.

Olga Ginzburg : – Mais qui te parle de quitter la France? Je te demande de ne pas te précipiter sur les registres du deuxième état civil français : l'état civil juif, qui fait de nous des gens d'une autre race mais sans nous enlever pour autant notre appartenance à la nation. Je t'en prie, conduis-toi comme un Français en attente. Mieux vaut être un mort en sursis qu'un vivant condamné.

« Plus français que mon père, plus homme de droit et de devoir que lui, tu ne trouverais pas, dit aujourd'hui Serge. S'il avait eu l'âge du soldat et la santé du combattant il se serait fait légionnaire. La force de résolution de ma mère était incommensurable. D'autres décident sans être convaincus. Olga Ginzburg était convaincue que sa décision était bonne, il fallait la prendre et s'y tenir. » Les commandements de Mme Ginzburg seront sans prise sur l'inquiète obstination du père.

C'est une des preuves de la singularité de ces temps qu'un adolescent habillé « Au petit Tom » (le grand magasin de confection populaire de l'avenue de Clichy) puisse être le témoin d'une confrontation aussi dramatique. Lucien juge l'affrontement des siens avec tout l'aplomb de sa quatorzième années maigrichonne. « J'étais un échalas aux yeux fiévreux, dévoré par l'obsession sexuelle, dit-il. J'aimais la nuit qui, en confrontation avec moi-même, me faisait consommer de l'amour sans que je m'effleure. » Rêves d'un collégien dont l'abstinence se défoule dans les draps : nous avons tous connu cela, nous avons tous fait des cartes de France. Ce que notre génération provinciale n'a point connu, c'est le port de l'étoile jaune. Mesure discriminatoire traumatisante pour un enfant. Un homme peut s'accommoder d'un acte ségrégatoire. Un enfant peut en être marqué à vie.

Cocteau m'a rapporté cette anecdote qui dix ans après lui mettait encore les larmes aux yeux. Il croise quelquefois dans les jardins du Palais-Royal un gentil écolier dont il sait qu'il est le fils d'un important marchand de tissus du quartier de la Bourse. Il le sait d'autant que son père l'a fait profiter d'une pièce de belle cheviotte anglaise. L'enfant – Samuel – le salue en s'inclinant, sourit et passe : façon subtile de dire (comme si nous étions au temps du cinéma muet) : « Bonjour, monsieur Cocteau. J'apprendrai plus tard, quand j'en aurai l'âge, vos jolis poèmes. »

Un après-midi que Samuel traverse les jardins en courant – cartable battant sur son dos – Cocteau est surpris par ce changement d'allure. Lorsqu'ils se croisent, l'enfant se rembrunit, détourne la tête, s'esquive derrière un tronc d'arbre puis détale à toutes jambes par le passage du Beaujolais. Le diktat instituant le port de l'étoile jaune était applicable du matin. Samuel l'exhibait forcément sur sa poitrine.

« Avec l'étoile jaune, nous expliquait Arno Brecker[1], Hitler n'a pas voulu seulement isoler la race juive du reste de l'humanité. Le déshonorant, l'acculant à une solitude honteuse afin qu'il ne procrée plus, il a voulu la malédiction du sexe juif masculin. »

C'est avec la yellow star[2] – l'étoile de feutre jaune – que notre héros va fourbir ses vraies premières armes de grand provocateur. Quelle occasion lui fournit l'histoire – n'est-ce pas? de briller dans la discipline insolente du défi tous publics? Fierté de sa race et de son sexe – juif, heureux et fier de l'être – le petit Ginzburg fera rougir à la fois les Aryens qui se détournent avec dédain sur son passage et certains Israélites qui pudiquement pressent le pas pour le distancer. Une des plus grandes entreprises de provocation personnelle du siècle est lancée.

Plus rien ni personne n'arrêtera désormais le provocateur. Sa force, encore une fois, réside dans son irréfragable structure mentale. Il n'en veut pas aux forces occupantes de la Wehrmacht qui remplissent leur mission avec une sombre méthode. Il n'en veut pas davantage à la Gestapo française dont il ne connaît aucun agent. Il n'en veut pas, non plus, au corps d'élite de la police politique du Troisième Reich, la S.S., dont il côtoie un des membres.

Non, Lucien Ginzburg – fils de Joseph – n'en voudra qu'aux miliciens de Joseph Darnand.

1. Elève de José-Maria Sert, par la veuve duquel l'auteur l'a connu, Arno Brecker a été le sculpteur gigantiste et francophile du Troisième Reich. Architecte de stades, il fut aussi le concepteur-décorateur des espaces où se tenaient les grands meetings populaires des Hitlerjugend ou jeunesse hitlérienne (NDLA).

2. Voir *Rock around the bunker*, le troisième dans l'ordre (après *Melody Nelson* et *L'homme à tête de chou*) des concepts-albums de Gainsbourg.

13

LAUTRÉAMONT, FREUD ET GAINSBOURG. – GUERRE ET PAIX. – POUR LES FILLES DE QUATORZE ANS. – ANGE POLETTI RACONTE. – LE DÉLÉGUÉ AUX AFFAIRES JUIVES. – LA DISTRIBUTION DES EMBLÈMES. – K. H. WEHMEYER. – LE GARDIEN DE LA PAIX LIONEL BROCHOT TÉMOIGNE. – L'ASTRE DE GLOIRE.

L'HISTOIRE nous le prouve : la provocation, pour être efficace, doit procéder d'un terrorisme mental. Aujourd'hui embourgeoisé dans son luxe d'hôtel particulier, je n'en tiens pas moins le Ginzburg d'autrefois pour un anarchiste par inclination intellectuelle ayant lu et bien lu ses compatriotes Bakounine et Kropotkine. Le provocateur révolutionnaire ne veut pas changer la société, mais la détruire. La première grande provocation gainsbourienne me fait absolument penser à la provocation permanente des *Chants de Maldoror*; orchestré par Gainsbourg en concert, *destroy* est un des mots-clés de la jeunesse moderne avancée.

Pédérastie agressive[1] et judaïcité militante : les deux traits sont là – avec l'infini culot qu'ils supposent – chez Lautréamont comme chez Gainsbourg. Dans la période de laxisme sociétaire que nous vivons – l'histoire s'étant mise en congé – nous n'avons plus souci de ces analogies troublan-

1. *Kiss me hardy.* D'un tableau de Francis Bacon/Je suis sorti/Faire l'amour avec un autre homme/qui m'a dit... *Mon propre rôle.* Denoël.

tes qui persistent pourtant et me poursuivent. L'histoire – encore une fois – c'est la guerre; et ses vacances portent le nom de paix. En 1942 l'Europe est en guerre perdue. La dénonciation du juif qui se cache sous un masque d'emprunt rend ridicules les salaires de la sécurité nationale tant on propose d'argent aux dénonciateurs. A tous, le petit Lulu va faire un gigantesque pied de nez; un pied de nez semblable à celui que Maldoror fait à la morale littéraire conventionnelle.

Ce qui différencie Lautréamont et Gainsbourg, c'est le calendrier temporel – le chiffrage du siècle – et rien de plus. Le premier est du siècle dernier. Le second est du siècle prochain, mais leurs cerveaux de « moins de vingt ans » à peu de chose près se ressemblent. Je suis persuadé, en effet, que Lucien Ginzburg – dès l'âge de quatorze ans et sachant qu'il s'agrandira de ses nombreuses métamorphoses – travaille à édifier sa légende future avec acharnement. Ce que n'a cessé de faire, mais plus obscurément, Isidore Ducasse : en des circonstances difficiles où l'histoire refusait aux jeunes gens son coup de pouce avantageux.

Ils ne travaillent cependant pas sur la même matière, m'objecterez-vous. Ce à quoi je répondrai : si, seule l'effrayante fatalité génétique les différenciant. Lautréamont, c'est l'introspection impitoyable et flamboyante : la première autoanalyse (alors que Freud s'enfermera dans ses cabinets pour penser tranquille) des temps nouveaux. Gainsbourg, c'est une séance ininterrompue de descente aux enfers de son cœur. Le premier s'exclame : « Je veux que ma poésie soit lue par des jeunes filles de quatorze ans. » Le second s'écrie à mots découverts : « Je veux être aimé des jeunes filles de quatorze ans qui s'endorment – avec de mauvais rêves à la clé – sur l'oreiller sonore de mes chansons. » Lautréamont est la poésie muette de 1900. Gainsbourg est la poésie musicienne du deuxième millénaire finissant.

Provoquer : Appeler à, exciter, inciter. (Littré, *Dictionnaire de la langue française*). Ce qu'il y a d'exemplaire dans la démarche de l'agent provocateur Lucien Ginzburg, c'est qu'elle est porteuse d'un message dont l'urgence n'attend pas. Ou vous allez la tête basse devant l'infamie, vous faisant ainsi sa complice, donc son alliée, donc son vassal; ou, relevant la tête au contraire, vous appelez à un singulier combat.

L'honneur de Lucien Ginzburg n'est pas d'avoir cultivé comme un jardin secret sa différence raciale : ce qu'ont fait les 600 000 Juifs de France; c'est d'avoir affirmé son identité avec une résolution stoïque. Et c'est, par-dessus tout, le mérite d'avoir arboré l'insigne odieux comme une croix d'honneur française. Comme quoi certains apatrides avaient en ce temps-là le sens de la patrie.

La nuit dite de l'Etoile, Lucien – les yeux fermés – a cherché vainement un repos qui n'est point venu.

Quatre-vingts ans, une propriété-mouchoir acquise (dans les Yvelines) au bout à bout de ses économies mensuelles, Ange Poletti, fonctionnaire municipal à la retraite, se souvient d'autant mieux que la mort anéantira bientôt sa mémoire. D'où l'honnêteté de son témoignage.

« Vous connaissiez la situation de la France en ces années-là. Berlin gouvernait à Paris. Paris gouvernait à Vichy. Washington et Moscou se partageaient, à travers qui vous savez, le gouvernement de la France à Londres. La décentralisation arrondissementale n'existait pas. L'Hôtel de Ville dictait sa loi pour deux millions de Parisiens sans tenir compte de l'avis des mairies. C'est vous dire que nous avons eu quarante-huit heures pour mettre en place les structures d'inscription de tous les ressortissants appartenant à la race juive; et, quelques semaines après, soixante-douze heures pour délivrer l'étoile jaune à tous les inscrits. Vous n'êtes pas sans savoir que les arrondissements de Paris qui détenaient alors le record de la population juive étaient, dans l'ordre : le 10e, le 9e, le 4e, le 2e, le 18e, etc. En tant qu'employé de la mairie du 9e arrondissement, je me suis trouvé – un soir, à la fermeture des bureaux – avec 2 800 étoiles jaunes à distribuer. » [...]

« Cette distribution des étoiles avait fait l'objet d'une conférence avec mes supérieurs hiérarchiques. Nous avions beaucoup discuté pour savoir si les sujets soumis au port de l'emblème hébraïque devaient en prendre possession au guichet, sur présentation de leur carte d'identité : ce qui ajoutait à l'humiliation; ou, plus humainement – et pour abolir le rituel discriminatoire – s'il ne valait pas mieux qu'ils la demandassent, sur l'énoncé de leur nom, à une secrétaire attablée dans le hall. Cette seconde hypothèse fut adoptée pour les enfants et les J3. » [...]

« Nous avions fait placarder des affiches annonçant le retrait des étoiles à partir de 8 heures 30 jusqu'à midi; et de 13 heures 30 jusqu'à 17 heures. Arrivant à mon bureau, d'ordinaire, à 8 heures 15, j'y pénétrai, en ce jour de solennité administrative, à 8 heures précises. J'avais salué devant l'entrée principale le gardien de la paix Brochot, sans prêter une signification particulière au fait qu'il devisât avec un gamin, lequel lui tendait une cigarette allumée – alors qu'il est strictement interdit aux agents de fumer pendant les heures de service. » [...]

« Ce qui va suivre s'est gravé dans ma mémoire à la façon d'un film dont le début – avant même que se déroule le générique – commence par la fin. C'est dire qu'on en voit deux fois les plus fortes images. Je suis stupéfié de trouver assis à mon bureau, le visage entouré de hautes piles d'étoiles, M. Barthélemy R., délégué principal du Commissariat aux Affaires Juives. Je suis doublement stupéfié lorsque le sergent de ville Brochot, ayant frappé à ma porte de verre, pousse vers moi – la main enserrant sa nuque – son interlocuteur à la cigarette :

– Messieurs, dit Brochot, je vous présente Lucien. Il vient chercher son étoile.

– Comment, avec plus d'une demi-heure d'avance ? s'étonne le délégué.

– Si j'étais en retard en un pareil jour j'en aurais honte toute ma vie.

– Mais qui donc es-tu pour nous parler si prétentieusement ?

– Je suis Ginzburg Lucien, juif français âgé de quatorze ans, fils de Ginzburg Joseph, musicien de nuit...

– Musicien de nuit ?

– Ou pianiste de bar si vous préférez, et d'Olga Ginzburg.

– Ainsi, tu n'as pas voulu faire la queue. La queue aux étoiles.

– Ce n'est pas cela. J'ai voulu être le premier. Le premier à porter l'étoile.

– Tu étais donc si pressé de la porter ?

– Elle ne me serait pas tombée du ciel, votre étoile.

L'on se croirait au théâtre. Les réponses par trop acides embarrassant le questionneur, le ton de celui-ci change.

– Mais que fais-tu donc, juif ou pas ?

– Comment, juif ou pas ? Juif je suis, juif je reste.

– Que fais-tu donc, petit gars ?

– Je suis élève d'une école de peinture.

– Où ça ?

– Pas loin d'ici.
– Son nom?
– L'Académie Montmartre.
– Son adresse?
– Boulevard de Clichy. Pour plus de précision : dans la partie proche du boulevard des Batignoles.
– Le numéro?
– Je ne sais plus...
– Pas la peine. Ça doit être du propre ton académie. Un ramassis d'étrangers pouilleux et bactériens. Je n'y enverrais pas mes filles. Encore un lieu infréquentable que je vais m'employer à faire fermer dès aujourd'hui.
– Vous auriez tort, monsieur, et cette erreur nuirait à votre promotion sociale : il y a des gens très comme il faut à l'Académie Montmartre.
– Voyez-vous ça? Des noms, pour voir?
– J'y fréquente, par exemple, en tant que voisin de cours – nous sommes vraiment côte à côte – le lieutenant S.S. Karl-Heinz Wehmeyer.
– En es-tu bien sûr?
– Et comment que j'en suis sûr! Je puis même vous le présenter, au cas où cela vous ferait plaisir. »

Rupture de dialogue typiquement gainsbourienne, qui laisse l'interlocuteur ahuri. La provocation est victorieuse parce qu'elle ne participe pas d'un mensonge. La provocation est victorieuse parce qu'elle affirme une vérité parfaitement confirmable. Mais, tout de même, il fallait avoir, à quatorze ans, le souffle de ce bluff de vérité! Ginzburg désormais pourra tout dire et tout faire. Tout le monde le croira, tout le monde le recevra. Autant qu'il soit haï, on l'aimera pour la haine qu'il suscite; et on le haïra pour l'amour qu'il croit pouvoir donner.

On n'arrête pas un provocateur qui réussit.

Septuagénaire essoufflé retiré dans le Val-de-Marne, Lionel Brochot m'a raconté la fin de l'épisode :

– Eblouis et atterrés par la prestation verbale de Gainsbourg, l'employé du municipe et le délégué général ne pensaient plus à l'étoile jaune. Gainsbourg, lui, y pensait. Il prit la première au sommet d'une pile de cent. Il la frotta contre son genou puis contre son coude. Il sortit de la mairie avec le symbole de la malédiction politique à la main. Le temps avait passé et je savais personnellement que Gainsbourg – à la lenteur de ses pas – mesurait l'importance du temps qui passe. De longues files d'attente s'étaient formées devant la mairie en cette époque sans automobiles. Hommes, femmes, enfants, tous prétendaient obligatoirement à la sinistre étoile jaune. Car il suffit qu'on vous inculque le sentiment de la honte pour que cette honte – aussi inacceptable fût-elle – soit acceptée. Je ne sais pas exactement ce qu'a voulu exprimer Gainsbourg par son orgueilleux silence. Mais je crois cependant savoir qu'en passant recueilli, tête basse, l'étoile au poing parmi tous ces candidats à la déportation, il a essayé de leur communiquer ce message : « Cet astre jaune a quelque équivalence avec ceux du ciel. N'en rougissez jamais. »

14

L'ÉTOILE DANS LE MÉTRO. – LE DR GOEBBELS PENSE. – ODIEUX RACINE. – L'INSTINCT DE CONSERVATION DES FEMMES. – LE MARCHÉ AUX MUSICIENS. – PROMISCUITÉ MONTMARTROISE : LE SS ET L'ENFANT JUIF. – NAISSANCE D'UNE MISOGYNIE. – UNE PROVOCATION VÉNÉNEUSE.

ETOILES de papier, étoiles découpées dans des gants de toilette ou dans le joyeux coloris jonquille des mouchoirs féminins : le premier jour, en témoignage affiché de solidarité antiraciale (Gainsbourg l'a vu de ses yeux), tous les étudiants parisiens ont porté l'étoile de David dans le métro. Commencée avec les premiers trains du matin, la fronde universitaire a pris fin avec les derniers trains du soir.

Une conscience collective se remue mieux, s'influence plus vite – et avec plus de profit – que la conscience individuelle dont elle n'est pas forcément l'addition exacte de tous les reflets. Propagandiste en chef de l'Etat de Satan, le Dr Joseph Goebbels le sait mieux que personne lorsqu'il écrit : « Prenez un mensonge et dites-le à dix membres de votre famille réunis pour le repas du dimanche : ils ne vous croiront pas. Prenez ce même mensonge et prononcez-le, par exemple, devant les cent anciens combattants d'un bourg de Bavière rassemblés pour leur banquet annuel : il divisera l'opinion générale; 50 % des convives vous croiront, 50 % refuseront de vous croire. Prenez ce même mensonge et hurlez-le devant une batterie de micros pour cent mille personnes serrées au coude à coude dans un stade : il deviendra la vérité officielle. »

Par le port ostensible, indiscret, voire vaniteux de son astre de feutre, Lucien Ginzburg fait à son courageux niveau une propagande efficace pour sa race menacée d'extermination. « J'étais tout à fait à mon aise, reconnaît-il. On ne me désignait plus, je me désignais. Tu connais l'alexandrin de Racine : " Un exécrable juif, l'opprobre des humains "? Moi, j'ai compris, encore jeunet, que tout était dans l'attitude; que tu pouvais exploiter à ton bénéfice l'ignominie dont on te couvrait, transformer la honte en rayonnement, marcher sous le soleil noir de la malédiction en dégageant une radioactivité sensible. »

Tout le sens de la provocation ginzburienne est ici : ce qu'on voudrait qu'il cachât pour le prendre en flagrant délit d'hypocrisie coreligionnaire, il le montre à la Milice vigilante avec un exhibitionnisme ostentatoire. Des garçons de dix-huit ans (auxquels il nous serait facile de trouver aujourd'hui des circonstances atténuantes) ont revêtu l'uniforme du service d'ordre noir. Lucien les toise, les fixe, s'arrête pour les pénétrer de cet œil mauvais qui glace une conscience. Son regard les apostrophe : « Que me voulez-vous, ne suis-je pas en règle avec la loi? » Ce sont eux, les voyous politiques, qui baissent les yeux.

Muette, inavouée, insidieuse, la persécution sociale s'abat sur la rue Chaptal où, si respectés qu'ils soient, les Ginzburg sont isolés. Déjà exilés de Russie, ils le sont à présent de l'intérieur. Pianiste d'élite à la technique recherchée, Joseph Ginzburg est interdit de cabaret parce que juif.

Exclu de la législation du travail, il n'a pas droit au modique chômage. Le secours catholique ne peut aider les siens. Les guichets du secours municipal leur sont fermés. Le secours populaire, infiltré par les communistes au combat, a ses listes de pauvres où les résistants sont prioritaires. C'est cela le totalitarisme : une lente asphyxie des âmes démunies. Prouesse de mère toujours consentante à se priver, Olga Ginzburg a géré le budget familial avec une rigueur drastique.

Régulières et abondantes, la pratique des rafles se développe, contre lesquelles nul recours n'existe : ni la sécurité nationale – complaisante ou complice – ni l'Hôtel de Ville impuissant. Ce trait de psychologie frappe l'observation avec le recul : l'instinct de conservation des femmes, en ces temps dramatiques, a souvent prévalu sur l'indécision angoissée des hommes. Si Gainsbourg note cette remarque, c'est à propos de sa mère que nous retrouverons, du moins jusqu'à trente ans, aux carrefours de ses nombreuses destinées. Elle veille sur ses deux hommes avec la certitude qu'ils sont marqués, guettés, qu'ils doivent être défendus.

Le sentiment de l'injustice n'a pas les mêmes effets sur un cœur de quatorze ans, à peine griffé, que sur un cœur éprouvé de plus de quarante ans. Le cœur de Lucien est neuf, qui n'a servi qu'à Béatrice, laquelle en a fait un trop modeste et fuyant usage. Le cœur de Joseph Ginzburg est accablé par le poids de l'histoire. Le père s'inquiète souventes fois de l'audace du fils. Exacerbée par l'acuité de son intelligence mais tempérée déjà par son fatalisme slave enraciné, la révolte de Lucien est soumise aux horaires de la journée ouvrable. A l'Académie Montmartre, il se passionne; assistant déjà, en se dédoublant du travail à l'introspection, à la naissance d'un démon qui sera toute sa vie en lui comme une hydre indestructible : la femme, le goût prononcé qu'il en a. La nuit tombée, fort de sa mystique invincible, il bouillonne de mouvement, tandis que son père – pour peu qu'ils mettent ensemble un pied dehors – est en proie aux frayeurs d'une arrestation possible.

Ce qui afflige le plus Lucien c'est de voir Joseph Ginzburg désoccupé, les doigts gourds, privé de musique. Voici pourtant le moment crépusculaire où se négocient dans les cafés de Pigalle les cachets en remplacement ou les engagements de hasard entre des pourvoyeurs d'emploi souvent sans identité avouée et des musiciens professionnels ou d'occasion, patibulaires ou faméliques. Le soudoiement, plus que la compétence ou la confraternité, régit ce marché de la petite nuit (les établissements publics ferment à 23 heures) où tous les phénomènes d'humanité se rencontrent : trafiquants de cigarettes, toxicomanes en état de besoin, agents de Londres égarés ou mal pris en charge, instrumentistes de talent, compositeurs n'en ayant aucun, sans oublier l'inévitable indicateur de police. Un manouche à la main mutilée par l'incendie de sa roulotte – Django Reinhardt – a fréquenté voici dix ans ces lieux de mièvre espérance.

C'est de la folie d'y venir étoilé de feutre jaune. Lucien cherche une protection pour son père. Il n'en trouve point : un décret-loi de Vichy a dissous les syndicats. Il cherche un visage avenant, sympathique, pour entrer en contact et plaider la juste cause du pianiste virtuose discrédité. Il écrase son nez contre la vitre froide embuée de brouillard, la gorge enveloppée d'une écharpe de laine écossaise qui fait sa quatrième année, avec – bien en vue sur la pèlerine bleu sombre qu'il portait naguère au lycée Condorcet – l'étoile qui lui tient chaud en ce terrible hiver 1942-1943. Personne ne lui sourit. Pas un visage ne s'ouvre.

Cette infructueuse manœuvre trois soirs répétée, il se rend au comptoir où il a le front de demander à la caissière si M. Bob Deloffre – un contrebassiste ami de son père, habitué de l'endroit – n'est pas passé avec son instrument. Un mineur juif au café, ce n'est plus de la provocation, mais de l'inconvenance. On le chasse. Le lendemain, la brigade territoriale du 18e arrondissement opérait une rafle sévère. L'oncle Daniel Ginzburg, qui en était victime, ne devait jamais revenir de Mathausen.

La singularité de cette vie – nous le sentons tous – réside dans la profusion de ses délais de chance. Aussi courts que soient les sursis que le ciel accorde à Lucien, nous les savons renouvelables dès leur expiration. Une existence peut se laisser forclore. Un destin, lui, échappe à la forclusion. Entre la naissance et la mort, le berceau et le tribunal sacré, que de fêtes. La jeunesse de notre héros nous fait penser à un collier de perles baroques, malformées, mais qui scintillent du plus vif éclat.

Pris sur l'étendue de sa durée, son séjour à l'Académie Montmartre est un conte surréaliste tout grinçant d'humour noir. On croirait déjà, tant l'art participe chez lui d'un plaisir parfait sur fond de précarité matérielle, qu'il dissocie la vie vécue de la vie rêvée, l'existence momentanée de l'existence créatrice, le périssable de l'intemporel. Il veut être peintre, dit-il, pour échapper à l'âge et conquérir l'amour des femmes par la richesse, ciment libertaire des nantis.

Quarante-cinq élèves sont inscrits à l'Académie, parmi lesquels un seul juif – Ginzburg – à qui son étoile confère un prestige prodigieux. Nous l'imaginons aisément au début de sa fréquentation se servant de son astre de feutre comme d'un alibi de solitude, d'une figure isolante dont il s'entourerait, interdisant son espace aux autres. (Je me répète : il n'était pas liant; Gainsbarre adolescent n'avait rien d'un clown.)

L'enfant, cependant, ne tombe pas d'inanition; il a sensiblement maigri pour s'élancer, échalas flexible et pâle. Le premier à se présenter pour lui offrir une boule de gruau est le lieutenant S.S. Karl-Heinz Wehmeyer, vingt-quatre ans environ, un beau visage distingué, rien d'une brute blonde. L'air d'un fils de famille, souligne notre héros.

Moi, sceptique : – Es-tu certain d'avoir eu affaire à un S.S. ? Le temps des vacances parisiennes était terminé à tout jamais pour les S.S. Il portait, souviens-toi, l'uniforme de drap lustré noir à tête de mort ?

S.G. : – Parfaitement. Avec des bottes noires et un long manteau en cuir noir cintré à la taille. Il devait appartenir à quelque dynastie de hauts dignitaires du régime. Son attitude à mon endroit est compréhensible et explicable. Comme je suis en sursis prolongé de casse-pipe, pourquoi ne pas être secourable, devait-il se dire, à ce gentil môme infortuné. Wehmeyer me paraissait intouchable. Intouchable comme un Eclair d'Acier[1]. Le summum de la puissance émanait vraiment de lui.

Moi : – Un nazi te payait des brioches et les miliciens t'affamaient. Tu as vraiment connu le monde démentiel.

Karl-Heinz fait découvrir à Lucien, dans leur paquet fraise écrasée, les cigarettes Roth Handle[2] roulées dans un tabac du Bade-Wurtemberg frais, légèrement humide, fleurant le tilleul. Lorsque le cours s'achève et qu'ils se dirigent vers la sortie, il lui désigne d'un geste courtois la préséance à la porte. Toute sa vie Gainsbourg sera coutumier de

1. Les Eclairs d'Acier : la traduction littérale française du nom de la troupe d'élite dont les lettres S.S. étaient le sigle (NDLA).
2. Main Rouge (NDLA).

ces coups de chance, impuissants d'ailleurs à soulager sa misanthropie. Quand tout paraît perdu, un état de grâce providentiel le sauve. Sa biographie figure à ce titre un mouvement perpétuel entre l'abîme et l'azur.

Le lieutenant S.S. Wehmeyer et le môme Ginzburg travaillent côte à côte, frères de chevalet. Lucien fait du fusain. Karl-Heinz peint des nus. Par obéissance au règlement de l'école, Lucien tourne le dos aux modèles qu'il n'est pas en droit de dessiner vu son jeune âge. Cependant il les voit se déshabiller dans un strip-tease avant la lettre sur le podium où elles rassemblent leurs vêtements. Chaque jour, donc, vers 14 heures, les yeux écarquillés, il donne libre cours à son imagination.

Lucien est choqué, qui ressent, en son âge de virginité coïtale, un écœurement inexprimable. La médecine sexuelle, bien des années plus tard, appellera cet « accident » un traumatisme visuel; et son négatif laissera quelque trace de névrose chez Ginzburg perdant son pucelage à dix-sept ans acquis. Mais à quatorze ans déjà, il méprise les femmes dont il a un besoin instinctif. Déjà il se hait lui-même pour cet état de dépendance dans lequel elles commencent à le maintenir. Serge Gainsbourg, hétérosexuel misogyne, ne défoulera jamais son complexe. Il l'entretiendra au contraire comme une inquiétante, une vénéneuse provocation.

15

« LE DESTIN, C'EST LA POLITIQUE ». – STALINGRAD, DEUIL NATIONAL. – PRESTIGE DE K. H. WEHMEYER. – DES GUERRES ANORMALES. – VOLUPTÉ DE LA PROVOCATION. – LE GAULEITER STAUCKEL. – LE MARÉCHAL VON PAULUS. – LUCIEN, FILS DE LUCIEN ET DE BAMBOU.

AUTANT qu'il soit établi sous les rigueurs de prévision les plus sûres, un calendrier étonnera toujours les citoyens qui en font usage. Surtout si la guerre – forme absolue du destin – fait le gros dos sous les dates. « Le destin, c'est la politique », a dit superbement Bonaparte. Oui, la politique des armes fait le destin des nations. L'an 1943 est l'Année-Lumière de l'Histoire dans la mesure même où la dictature des coalitions démocratiques prend le pas sur la dictature des coalitions totalitaires. Pauvres combattants, pauvres citoyens, pauvres apatrides de toutes races et religions, que devenez-vous dans cette confrontation gigantesque?

Y.S. : – Comment as-tu ressenti le mois de janvier de l'année nouvelle?

S.G. : – Fraîchement, je crois...

Y.S. : – Tu as quinze ans, tu es un homme, tu es un mec. Tu ne penses tout de même pas qu'à fumer du tabac de contrebande; qu'à fixer la croupe des filles à trois pas; et qu'à te « l'agiter, à te l'agiter sans fin », dès que tu es rentré chez toi, comme dit Céline[1] ?

S.G. : – Je vis l'Histoire au quotidien. Telle est ma formule.

Y.S. : – Stalingrad a eu lieu. La guerre – jusqu'ici romantique avec la révolution espagnole – est devenue d'un réalisme effrayant avec cette empoignade épique : Armée Rouge contre Wehrmacht. Replaçons-nous, s'il te plaît, dans le contexte historique. Stalingrad abandonné, la Wehrmacht vaincue, 14 000 amputations pour pieds gelés, ça ne te dit rien ? – Le Dr Goebbels, plus solennel que de coutume mais moins vociférant, ordonne une journée de deuil national. J'ai su – moi, dans le Lot – que Stalingrad était le tournant de l'Histoire. Comment as-tu reçu l'événement ?

S.G. : – Je l'ai reçu d'une manière sensorielle : comme on ressent les événements, les êtres et les choses à cet âge-là. Que pouvait être Stalingrad pour moi, sinon une abstraction lointaine. L'événement a pris à mes yeux sa grande forme concrète le jour où, me présentant comme à l'ordinaire à l'Académie Montmartre, j'ai vu la place au chevalet qu'occupait à ma droite le lieutenant Wehmeyer, j'ai vu cette place vide – ce néant – sur laquelle pendant trois semaines aucun élève n'a osé poser son cul.

Y.S. : – Karl-Heinz ne t'a pas dit au revoir.

S.G. : – Et pourquoi l'aurait-il dit ? J'étais pour lui une quantité négligeable qu'il protégeait. J'étais sa B.A., sa bonne action de scout nazi. Les S.S. – à cette époque précise, à Paris, les S.S. libres : les derniers S.S. libres – n'étaient pas des exterminateurs. Mais des fonctionnaires en uniforme. Wehmeyer me faisait l'effet d'un ambassadeur militaire du nazisme.

1. *Mort à crédit,* Gallimard.

Y.S. : – Pendant les mois qu'à duré votre voisinage, vous ne vous êtes jamais parlé. Il t'a nourri de pain viennois, il a encouragé ta toxicophilie tabagique, et tu n'as jamais éprouvé l'irrémissible besoin de le remercier.

S.G. : – Tout était dans l'aménité du masque.

Y.S. : – Et lui?

S.G. : – Il dominait la situation. Sans mépris ni condescendance. Avec une politesse amusée. Nous savions par la téléphoniste de l'école qu'il habitait l'hôtel Scribe. Il disposait pour ses transports d'un side-car et d'une coccinelle[1]. Il aimait Paris pour sa vie nocturne. Il soupait chaque soir avec une fille différente. C'était un bordelanier. Un assidu du Sphinx, rue Marcadet[2].

Y.S. : – Que pensais-tu de son travail d'apprenti artiste?

S.G. : – Il dessinait bien, il savait cerner les contours d'un corps de femme. Mais il peignait mal, ne sachant exprimer par la couleur ni les délicatesses de la chair ni la surface frissonnante d'une peau. Abc de l'art, première conquête de l'homme, le dessin n'est jamais qu'une étendue désertique. Il faut savoir la peupler de sa propre vision.

Y.S. : – Que pensait Wehmeyer de tes fusains?

S.G. : – Son sourire exprimait une noble ironie. Que peut bien penser du graphisme d'un gamin voué à l'extermination un jeune homme voué à la mort? La tragédie de ces temps, c'est que rien n'avait d'importance devant Dieu alors qu'une journée de vie avait une importance colossale aux yeux de l'homme. Les guerres que se font Allemands et Français ne sont pas des guerres norma-

1. La Volkswagen biplace des officiers allemands.
2. La plus grande maison close du 18e arrondissement.

les. je me suis toujours demandé d'où elles venaient, quels en étaient le motif, la cause.

Y.S. : – Moi aussi, figure-toi. Mais d'où peut bien venir une guerre si ce n'est du sens de la propriété patriotique poussé à bout. Le côté passionnant de ta réaction est là : il a fallu que Wehmeyer s'en allât pour que tu saches que la guerre était perdue pour l'Allemagne.

S.G. : – Oui, c'est à peu près cela. A travers l'absence de Wehmeyer j'ai ressenti le vide de la mort.

Y.S. : – L'amitié tacite, pudique, inexprimée entre un guerrier aryen en permission et un adolescent juif en sursis, je trouve ça très beau. Plus beau, beaucoup plus beau que *Le Silence de la mer*. Tu n'as pas songé à en tirer quelques écrits ?

S.G. : – Absolument pas. Il eût fallu tout inventer. L'argument se résume en trois lignes. Je n'ai jamais aimé la fiction considérée comme une surenchère de la réalité. J'ai pensé quelquefois depuis, que le lieutenant S.S. Wehmeyer combattant sur le front de l'Est avait dû, avant de rencontrer la mort, se souvenir d'un lieu de mémoire et d'un endroit de vie en évoquant le visage du gosse à la yellow star.

Y.S. : – Comme quoi votre histoire, fût-elle mince pour faire un livre, eût fait un admirable argument de ballet.

S.G. : – Rien n'est moins sûr...

Y.S. : – On peut tout danser de nos jours. Avec toi, de toute manière, nous n'en sommes plus à une provocation près. Celle-ci tout de même exclut tout sentiment de gratuité. Peut-on frimer devant l'Histoire ? Peut-on mentir à sa nature personnelle profonde ? Peut-on jouer les provocateurs bisexuels sans que votre sang ait jamais charrié un globule rouge de féminité ?

S.G. : – Il ne s'agit pas de frime. Wehmeyer s'en étant allé, j'ai ressenti le sentiment...

Y.S. : – Ne me dis pas que tu as ressenti le sentiment d'un manque. Ni d'une frustration. Ni d'un courage regretté. Ne me dis pas que tu as eu honte, après coup, de n'avoir pas offert tes quinze ans au persécuteur de ta race.

S.G. : – Laisse-moi parler. J'ai ressenti, plus simplement, le sentiment d'une tentation homosexuelle incertaine et fugace – d'un doute à explorer, d'un inconnu à connaître – sentiment qui s'étant enfui ne reviendra jamais plus.

Y.S. : – Où donc réside la volupté de la provocation ?

S.G. : – Dans son mouvement pour l'obtention de la vérité. Comme j'emploie l'alcool pour être lucide à l'extrême, j'use de la provocation pour me projeter aux extrémités de la vérité, ma vérité fût-elle bonne ou mauvaise à dire.

« Je ne m'intéresse pas à la vérité, disait Paul Valéry, mais à la lucidité. »

Wehmeyer en allé, l'Etat de Satan amorce inexorablement sa chute. Les Eclairs d'Acier frôleront bientôt la zone des ténèbres. La tragédie de Stalingrad entraîne la France dans des réductions somptuaires et condamne au Service du travail obligatoire en Allemagne (autant dire à la réquisition civile) sa jeunesse d'entre vingt et vingt-trois ans. Elevés dans le culte de la légalité républicaine, la plupart des garçons sollicités répondront à l'appel du gauleiter Stauckel[1]. Une infime partie d'entre eux – si peu que rien – rejoindra Londres ou Alger. Les plus courageux iront grossir les maigres maquis naissants.

1943-1944 : en ces années plus dures mais moins

1. L'homme qui, en février 1943, a signé avec le président Laval les accords franco-allemands du S.T.O. (Service du travail obligatoire).

noires où l'histoire nous saigne au couteau (mais où concurremment l'espérance vient au jour) l'on peut certifier que le patriotisme fut en France la chose du monde la moins partagée.

Seul élève juif recensé de l'Académie Montmartre, Lucien Ginzburg était intouchable par la protection rapprochée du fringant Wehmeyer. Il ne l'est plus : Stalingrad a brûlé son unique vaisseau. La veille de la capitulation de la VIIIe Armée, le Führer a élevé le général Von Paulus au grade de feldmaréchal. Ni Von Paulus ni ses 230 000 hommes ne reviendront de leur captivité dans le glacis stalinien.

En 1986, il naîtra à Lucien Ginzburg (cinquante-huit ans, monogame rangé) un enfant du sexe masculin, prénommé Lucien comme lui, et qui a pour mère l'Eurasienne Bambou, petite-fille présumée du maréchal Von Paulus, le grand vaincu de Stalingrad. Yves Saint-Laurent baptise Opium son parfum à succès. Gainsbourg donne à sa compagne le nom d'argot par lequel on désigne une pipe. La France est le pays des provocateurs.

16

LE 2 AVRIL. – JOSEPH GINZBURG SE DÉRACINE. – LA LIGNE DE DÉMARCATION. – COLOT ET MAILLET. – MARC TAILLANDIER, PROFESSEUR DE MUSIQUE. – UN PLAN GÉNIAL. – MAIS QU'A-T-IL FAIT AUX MILICIENS ? – LES LASCARS DE DORIOT. – « TOMBER DANS LA POÊLE. » – LE MARCHÉ DES MARTYRS. – LA MANNE CÉLESTE : 50 000 FRANCS PÉTAIN.

LA Résistance, disait Malraux, a fait connaître la guerre aux femmes, alors que jusque-là leur guerre était la maternité. Luttant avec l'ange, les patriotes françaises combattent d'un seul exorcisme le démon allemand. Entre l'honneur et la passivité nous comprenons tous, hommes d'aujourd'hui, que leur inquiétude ait balancé.

L'instinct de conservation matriarcal d'Olga Ginzburg a fait merveille. A travers la cloison sourde-muette de l'appartement de la rue Chaptal, Lucien – le fusain surdoué de l'Académie Montmartre – a tout perçu de la conversation décisive de ses parents. Sa mémoire en a conservé la trace. Son souvenir a fixé par longs traits durables toutes les conséquences du dialogue.

Le 3 avril 1943 – lendemain du quinzième anniversaire de la naissance de son fils – Joseph Ginzburg ne paraît pas au déjeuner. Au dîner non plus. Les jours suivants il est pareillement absent aux deux repas. Son couvert n'est plus mis. Jacqueline,

Liliane et Lucien comprennent. Cette absence de soixante-douze heures est de bon augure. A l'époque, les clandestins arrêtés au passage de la ligne de démarcation faisaient l'objet d'un communiqué de police transmis aux radios et aux salles de rédaction. L'on diffusait le nombre des capturés sans citer leurs noms; et pour cause : ces irréguliers de toutes sortes étaient des anonymes à l'identité indécelable sous le faux état civil.

La liberté n'a pas de prix pour un homme libre, c'est-à-dire dégagé de tout lien responsable. (Malraux m'a raconté le vif contentement de Charles de Gaulle – dont un de ses amis avait été le témoin – chaque fois qu'un Français « libre » arrivait à Londres : le Général, en vérité, ne comptait sur personne.) Menacé de déportation et père de famille non assistée, Joseph Ginzburg est un homme enchaîné à ses devoirs. Son droit à la liberté se résume au droit de vivre pour les quatre personnes dont il a charge. C'est le sacrifice permanent du père de famille. Nous comprenons qu'il ait eu du mal à se déraciner de Paris. Comment la zone Sud – compte tenu de la sécurité précaire qu'elle offre mais ne garantit pas – brillerait-elle des appâts du mirage pour un sujet juif de quarante ans passés qui ne sait rien faire de ses dix doigts hormis d'en jouer? La patrie méridionale ne présente qu'un avantage : l'on n'y voit des étoiles que dans le ciel; le produit n'existe pas sur les poitrines humaines. Vichy, dit-on, n'a pas osé persécuter légalement les juifs. Mais la Gestapo est partout, qui commandite la délation. Les dénonciateurs pullulent. Sous l'indifférente neutralité de la masse nationale, une guerre civile fratricide oppose les deux fractions politiques de la France combattante. Collaborateurs et résistants s'entre-tuent. Ce dont quoi, paraît-il, les nazis s'amusent.

Ce 2 avril 1943 au soir, Joseph Ginzburg s'est

arraché à Montmartre la mort dans l'âme. Curieux voyage en quatre étapes qui de Paris-Austerlitz le conduit aux Aubrais-Orléans par express; puis des Aubrais, par omnibus, à la petite station qui précède Vierzon, où il met pied à terre et où le chef de gare – M. Collot – le remet aux mains d'un passeur de métier, Florimond Maillet, dont la profession officielle est charpentier-couvreur. Diurne ou nocturne, le contrôle d'identité par les soldats fonctionnaires de la Wehrmacht se fait en effet à Vierzon-gare, soit à 2 heures 30 de Paris. Après Vierzon, plus d'intrusion dans votre compartiment de contrôleurs germaniques en uniforme. Guidé par Maillet jusqu'à la frontière champêtre du Cher et de l'Indre, le fugitif fera 120 kilomètres à pied pour atteindre Châteauroux par Issoudun.

A Châteauroux, libre de tous ses mouvements, sa respiration améliorée, mieux dans sa peau, il peut prendre un billet de troisième classe à destination de Toulouse, via Limoges. Etablis à un nom fictif, les papiers de Joseph Ginzburg sont parfaitement en règle. Pour avoir respecté les consignes de sa femme, notre pianiste de bar est sauvé. Juif et slave comme lui mais pianiste d'accompagnement, Norbert Glanzberg – sous des masques de guerre désopilants empruntés à notre folklore musical[1] – tournait de ville en ville avec Edith Piaf : pour des cachets quotidiens infiniment supérieurs. Nous n'insisterons jamais assez sur la probité nationale du ménage Ginzburg : il n'y a pas plus patriotes au monde que des immigrés insérés dans la patrie. Ces étrangers sont la force de l'Amérique.

Ainsi Gainsbourg – chantre obsédé du sexe, du vice, de la délinquance, de la violence, de la destruction, de l'accoutumance nicotinique, des

1. Bernard Lagamme, Laurent Dorémy, etc. Il deviendra le compositeur de *Grands Boulevards, Padam* (NDLA).

alcools forts – ainsi l'homme de tous les prosélytismes a été conçu par un couple qui fut un modèle de vertu civique, de pudeur de comportement, de conscience collective. L'on ne prendra jamais les époux Ginzburg en flagrant délit d'entorse au code sociétaire. Un moment guettés par le spectre de la dénutrition, ils n'enlèveront le pain de la bouche à personne. Un seul impératif de conduite les guide : la rigueur. Le plus grand fouleur de principes du siècle – leur fils – confesse aujourd'hui : « Même citoyens français à part entière, ils se sentaient toujours tolérés en France; ce devait être, fut-ce à longue distance, l'effet rétroactif du visa d'entrée. Avec l'étoile, les nazis ont inventé la carte de séjour permanente et visible. Méfiants, ils n'ont jamais fait confiance à nos visages. [...] Ma mère avait un plan mûrement médité dont l'exécution procédait d'une étude géographique approfondie. Elle connaissait le terrain où mon père et nous-mêmes allions nous aventurer comme le connaît, à l'avance, l'officier d'état-major qui prépare une conquête : par la lecture de la carte. Elle savait où elle nous menait. » Je crois pouvoir dire qu'aux yeux de Gainsbourg, vieux misogyne blasé, une seule femme eut jamais du génie : celle qui le mit au monde.

Il reconnaît que le port de son étoile de séjour présente un côté pratique dans la mesure où il vous évite de rébarbatives vérifications d'identité. Adoptant le profil incliné dans le métro ou les rues d'intense passage, de jeunes terroristes communistes n'hésitaient pas à arborer un faux astre de feutre, la police municipale leur fichant ainsi une paix méprisante mais utile. Vous ne risquiez dès lors que des rafles, mais ces lieux de capture massive étant connus, il suffisait de ne pas s'en approcher. Les juifs, en d'autres termes, étaient assignés à résidence comme le furent et le demeurent les prostituées urbaines de tous les temps.

Lucien a quinze ans. Il porte son âge sur son visage; il paraîtrait même, facile, un an de plus. C'est qu'il a déjà la taille immuable qu'il conservera jusqu'à l'âge adulte. A l'âge où les adolescents s'éveillant à la séduction des filles se font tirer le portrait tant et plus, l'un des futurs maîtres de la photographie en France n'a pas un sou pour se faire prendre en pied, en buste ou en gros plan. Aussi peu étoffé soit-il, il est une cible voyante avec son profil anguleux, ses orbites creusées par le rationnement et la hardiesse de son regard d'acier sombre. Aujourd'hui on se retourne sur lui lorsqu'on le croise car, allant peu à pied, il marche lentement. Autrefois il allait vite et – insolemment ou harnaché d'indifférence – c'est lui qui sans une salve fusillait les passants qu'il croisait.

La mythologie gainsbourienne veut qu'il ait décelé dans l'œil des miliciens du 9ᵉ arrondissement une haine sourde à son endroit, haine animée par une volonté de persécution. Wehmeyer n'est plus là, qui s'accrochera jusqu'à la mort à cette terre russe que Ginzburg père n'a jamais songé qu'à fuir sans retour. Sous la montée des frayeurs de sa mère, Lucien – affiche vivante – ne diminuera ni la fréquence ni l'intensité de son numéro provocateur. Il ne défie plus cependant les gens dans les yeux, l'index pointé sur son étoile de feutre, pour les obliger à rougir, se détourner ou clore un instant les paupières. Des lascars du Moyen Montmartre militant au P.P.F.[1] de Jacques Doriot, l'un d'entre eux, que le futur géant à la tête de chou a dû apercevoir au bar-tabac d'en face, fait partie – rue des Pyramides[2] – du service de

1. Parti populaire français.
2. Siège du P.P.F.

protection rapprochée du lourd tribun fasciste. Aux meetings que donne salle Wagram l'ancien député communiste de Saint-Denis, orateur hors du commun, il exerce un contrôle absolu sur les entrées. Une gueule lui déplaît, il cogne. Lucien, profil de rapace diurne à l'estomac creux, serait-il dénoncé ou pris sur la dernière marche, à la sortie du métro (les brigades territoriales excellent dans ce genre d'exercice : cela s'appelle « tomber dans la poêle ») qu'il serait déporté via Drancy et Compiègne. « Protecteur de ma petite maman, promu chef de famille par le départ de mon petit papa, je me suis – tout puceau que j'étais – déclaré adulte en un trimestre », se souvient-il. Et toujours ce gouffre de solitude. De l'Académie Montmartre à la rue Chaptal, pas un copain. Si, le Gaveau de son père. Il va sauver sa mère de l'emprise milicienne dans les circonstances ci-dessous.

Olga Ginzburg – rituellement – fait ses emplettes au marché de la rue des Martyrs. Son sac à provisions anormalement relevé, pour l'instant vide, dissimule la distinction sinistre. C'est bien un signe de la perversité nazie que d'imposer aux femmes (les hommes n'auraient-ils pas suffi ?) l'affront discriminatoire en forçant ainsi l'hostilité, le dédain ou la pitié peureuse d'un public de bas niveau. Non seulement le juif doit être différencié de ses semblables mais il doit encore en être haï. Aux marchands des quatre saisons Olga Ginzburg pose la question des ménagères économiquement faibles : « C'est combien ça ? »

Elle va voir plus loin, se ravise, revient, discutant les prix centime par centime. Lucien connaît son manège, sa lente inspection sempiternelle des fruits et légumes autorisés. Lors de sa dernière année à Condorcet, il la rejoignait deux fois par semaine, mercredis et samedis, après les classes du matin. Ce midi que Lucien musarde d'un étal à l'autre en réprimant son envie de voler, il entend soudain la voix bourrue du chef-milicien Clamagirand, féroce cerbère de quartier, qui interpelle sa mère et qui, pour peu, la brutaliserait presque :

– Si vous cachez encore un fois votre étoile, je vous arrête.

– Mais j'ai trois enfants, monsieur, et je suis française.

– Une mère française de qualité ne cache pas son étoile, elle la montre.

Là-dessus, dans un réflexe de foudre, l'enfant bondit, l'étoile au cœur (c'est le cas de le dire), pour admonester Olga Ginzburg dans une envolée ostentatoire du plus radical effet, qu'il débite avec le halètement du comédien, en gonflant sa poitrine :

– Maman, il faut que ton étoile brille, tu m'entends, comme une sœur du ciel.

– Vous avez intérêt, madame, à écouter votre gosse.

De telles anecdotes ne s'inventent pas. Mère et fils, les Ginzburg s'acheminent, le cabas rempli de topinambours, de blavets[1] et de blettes. Le quartier est contaminé. L'Etat de Satan y répand à profusion sa gangrène mentale. Ce jour-là pourtant, sonnant à la porte des Ginzburg, rue Chaptal, un courrier spécial arrivé du Midi remettra à Olga une enveloppe renfermant 50 000 francs Pétain en coupures de 10 000. Elle émane de Joseph. Aura-t-il fallu qu'il jouât des mains, le pianiste-patriarche, et qu'il fît des heures supplémentaires, pour accumuler une somme aussi importante en aussi peu de temps.

1. Champignons.

17

LA VIE COMPROMISE. – LACOMBE LUCIEN. – UN HIVER 44. – BASSOMPIERRE À LA HALLE AUX GRAINS. – MARTIAL JOCELYN AU SPEAKEASY. – *SWEET LORRAINE.* – DÉDIÉE À LA WEHRMACHT. – DOMINIQUE BÉRANGER PROTÈGE ET SAUVE JOSEPH GINZBURG. – AUX RACINES DE L'ENFANCE. – L'AMI DU PETIT PEUPLE. – GAINSBOURG TEL QU'EN LUI-MÊME.

Ici entre en scène un personnage dont la fréquentation inquiétante, attirante, dangereuse, n'eût point déplu au provocateur permanent. Après les deux Gainsbourg – père et fils qu'il devance par l'âge et la chronologie – il est le troisième Lucien du livre. Si je parle de lui, si je l'exhume de son terreau de fusillé des maquis, c'est qu'il a tenu un moment le destin des Ginzburg entre ses mains de braconnier.

L'été 1943, par l'ambassade d'une belle métisse tahitienne qui devait bientôt devenir ma maîtresse mais qui lui appartenait alors souverainement[1], je m'étais lié de franche camaraderie avec un agriculteur de peu de terre, au teint glorieux, au physique de jeune premier fruste dont – voici l'essentiel – le fraternel voisinage des cantons avait fait un des amis du dieu de mon adolescence : Dominique Béranger[2].

1. Diane Delsol. Voir *L'Héroïne*, J.-C. Lattès, 1987.
2. Idem.

Devenu par la magie studieuse de la caméra de M. Louis Malle « Lacombe Lucien » – un héros de cinémathèque – Lucien Lacombe[1] vous faisait au naturel l'effet d'un personnage du muet transplanté malgré lui dans le parlant. Comme s'il daignait à peine ouvrir la bouche en s'adressant aux paysans, pourtant fondateurs de sa race, ce Lucien-là ne s'exprimait que par monosyllabes. Il avait dans le regard le je ne sais quoi d'un croisé taciturne. La grâce, qui s'ajoutait au silence, était partout en lui : hormis dans les mains, qu'il avait vilaines et puissantes, des mains d'assassin d'animaux sauvages – trop développées pour son âge. Pilier de maison close, il vivait sur un train dispendieux – nous n'étions pas curieux de l'origine de ses ressources – et se confiait à l'économie. Il n'avait de dialogue libre qu'avec Béranger, ce qui nous amenait à penser (Ortega et moi, qui étions ses suivants) qu'ils étaient peut-être liés par de secrètes connivences. Brusquement, parce que j'intéressais passionnément Dominique, Lacombe s'intéresse à moi d'une manière vive et spontanée. Dans le quartette que nous formons une sorte d'aparté se crée : aparté de seconds rôles, Béranger, qui conduit l'attelage, n'y prêtant aucune attention particulière.

Un soir du mois de février 1944, à Toulouse, Lucien Lacombe – qui est porteur de cartes d'invitation – insiste pour que nous allions écouter à la Halle aux grains, tous les quatre, le grand prêtre du fascisme français combattant : Bassompierre. Paroles de feu portées par le débit d'un torrent, le recruteur de la L.V.F.[2] est le descendant direct du maréchal Bassompierre, complice du cardinal de Retz, que Mazarin fit enfermer à la Bastille sous la

1. Fusillé le 23 septembre 1944 par un peloton de F.T.P. du Lot.
2. Légion des Volontaires Français contre le bolchévisme.

Fronde. Nous avions entendu tous les commis-voyageurs du régime. « Bassom[1] » nous apparut le plus talentueux assurément parce qu'il était le plus jeune. Il nous retint le temps d'une exaltation spécieuse, vite évanouie dans le vent qui glaçait la salle ouverte. « Celui-là, me glissa Dominique en m'enserrant la taille, si on m'ordonnait de le descendre, je demanderais à réfléchir. » Le prédicateur Bassompierre, ce soir d'hiver, enflammait ses ouailles parce qu'il subodorait sa mort prochaine. Lacordaire égaré acquis à la cause de la Waffen S.S., Dieu était présent dans chacune de ses envolées même s'il ne le nommait pas. Communistes éduqués, nous étions ininfluençables. Nazillon cupide et luxurieux attiré par l'argent comme la martre des hêtres par le sang des oiseaux du marais, Lacombe s'enrichissait dans la délation. Béranger le savait-il? Si oui, il n'en parlait jamais, se contentant d'être son voisin de terre et son complice dans la pose des collets et des pièges.

Lucien ayant salué « Bassom », il nous invite dans un bar américain du square Wilson où, dit-il, se produit un pianiste parisien qui vaut le déplacement. Le bar est le Speakeasy; ce qui prouve bien que les autorités d'occupation toléraient l'anglais en tant que langue d'annonce ou de publicité lumineuse. Le pianiste – un homme distingué, vêtu d'un complet croisé de serge bleu marine gardant fort belle allure, mais dont les pointes du col de la chemise relèvent malencontreusement – répond au nom d'affiche de Martial Jocelyn. Déesse diabolique du hasard, la guerre offre une foule de situations extravagantes que nous chercherions vainement dans la paix.

Au répertoire de Martial Jocelyn figurent essentiellement les standards intercontinentaux de Duke

1. Le diminutif du grand recruteur.

Ellington : *Caravane, Solitude, Stompy Jones, Black and tan Fantasy, Satin Doll.* Etc., Martial Jocelyn interprète au clavier ces morceaux du grand compositeur noir parce que les officiers de la Wehrmacht présents dans la salle s'en régalent et applaudissent avec chaleur. Mieux vaut entendre ça que les orgues de Staline. Avec l'insistance des auditeurs gâtés, ils redemandent *Noire et triste fantaisie* dont les mesures finales consistent en une transposition solennelle de la *Marche funèbre* de Chopin. Ce premier soir il n'y eut pas d'incident mais une incidence : la pose d'une question insolite qui refroidit un moment l'atmosphère insouciante et déliée :

– Monsieur Jocelyn, interroge Dominique Béranger, vous connaissez certainement *Sweet Lorraine*? *Douce Lorraine?* Puis-je obtenir de vous la faveur de nous l'interpréter en façon de Teddy Wilson?

– Mais bien volontiers, acquiesce Martial Jocelyn.

C'est une provocation de Dominique à l'adresse des gradés allemands dont les rires suffisants l'agacent. Pis que patriote, Dominique est un terroriste. Assisté d'Ortega qui fait le guet, il abat à bout portant – déguisé en dominicain, les pieds nus dans ses sandalettes de spartiate – les agents français de la Gestapo. Complice charmé de mon ami, Martial Jocelyn – qui vit le répertoire de Teddy Wilson de toutes ses phalanges – enchaîne avec quelques succès que le musicien noir partage avec la clarinette de Benny Goodman : *Christopher Colombus, Sweet Sue, Avalon, Copenhague.* Une électricité de rébellion mentale se crée, qui serpente et zigzague. Nous en sommes à notre troisième bouteille de champagne : un Mümm cordon rouge on ne peut plus authentique dont Lucien Lacombe nous abreuve on ne peut plus généreusement. Dominique quitte alors notre table pour apporter, pleine à ras bord, une coupe de vin doré au sympathique pianiste : il a le génie des affinités immédiates. Il se rassied lorsque Miguel Ortega – pâle, le gosier serré par l'angoisse – demande à Lacombe, la voix basse, le sourire crispé :

– Où trouves-tu donc tout cet argent ? Qui te remplit ainsi les poches ? Une mère maquerelle ? La femme d'un riche prisonnier ?

– Non, répond l'autre, avec l'inconscience du débile radieux qui croit échapper à la justice des hommes. Je touche 100 000 francs Pétain par tête de juif dénoncé.

– Et par tête de communiste ?

– Deux fois moins. C'est dommage mais c'est ainsi.

Martial Jocelyn, que le peu de distance maintenait à l'écoute, est demeuré d'autant plus impassible sous la menace que Lacombe se révélait incapable de l'identifier, au nom du racisme, comme sujet inférieur. Moi non plus, dois-je avouer, car je ne me suis jamais intéressé aux syndromes de différenciation ethnique. Dès cet instant cependant, Dominique a redoublé d'attention, de prévenances, de rassurants sourires à l'endroit de cet homme dont les mains soudain paralysées restaient suspendues sur les touches blanches et sur les notes noires. Perle de l'humanité, Dominique était un marxiste chrétien. Lénine et Dieu cohabitaient en lui sans confession ni prière. Eloignant tout d'abord Lucien Lacombe du Speakeasy, puis de Toulouse, que n'a-t-il pas fait pour le pianiste de bar qui interprétait si allégrement *Sweet Lorraine* ? Il l'a ravitaillé en tabac, en savon, en nourriture. Il a fait partir à sa place, lui épargnant des démarches craintives, des mandats postaux. Il a écrit aux siens, les assurant de son appui matériel, spirituel et moral. Il lui a procuré – par des photos nouvelles et des tampons de mairie – une double fausse identité en un temps où deux état civils valaient mieux qu'un. Martial Jocelyn avait une adoration pour Dominique auquel il montrait fièrement un gros plan – en format portefeuille – « de son fils Lucien, étudiant en peinture, plus jeune que lui de quelques années seulement ».

Quarante-trois ans plus tard, le 18 juin 1987, à l'aube d'une nuit tuée verre après verre dans son hôtel particulier de la rue de Verneuil, lorsque Serge Gainsbourg m'a montré un portrait en médaillon de son père, j'ai reçu la révélation du passé comme un éclat aveuglant de bombe au phosphore. Martial Jocelyn – alias Marc Taillandier, alias Flavien Laborde[1] – n'avaient fait qu'un avec Joseph Ginzburg. Je ressentais presque une honte d'avoir ignoré cela jusqu'ici. J'éprouvais en revanche un orgueil légitime d'avoir eu pour ami un assassin, – justicier de la guerre – dont l'étoffe était celle d'un saint.

Tout cela pour prouver qu'après avoir cru longtemps ne pouvoir lui présenter que des différences subtilement cultivées, je me trouve lié à Gainsbourg depuis avant l'extase et le martyre de mes drogues. Je suis lié à lui du cœur de mes vingt ans, de ma plus verte jeunesse. J'avouerai même que je suis lié à lui du plus profond de mes racines terriennes. Il est le héros horripilant et fascinateur auquel je suis condamné de très longue date – et sans le savoir. Cette donne aveugle, sourde et muette du destin a fait que, dès que je fus confronté à lui pour ce livre – dont, il faut le dire, il n'avait aucun profit matériel et moral à attendre –

1. La deuxième identité procurée par Dominique à M. Joseph Ginzburg.

je posai sur ce modèle un regard que je n'avais précédemment posé sur aucun autre homme de mon siècle. Voilà pourquoi cette biographie partiale et attachée relève de la statuaire psychanalytique. Voilà pourquoi je me suis tellement appliqué à recréer Serge-Lucien depuis les profondeurs de sa nuit infantile. Qu'il soit son père ou non, l'enfant contient en puissance un capital émotionnel infiniment supérieur à celui de l'homme : puisqu'il est sa genèse, son grain, son bulbe. Une enfance est d'autant plus émouvante à traiter, elle nous enchaîne d'autant plus au champ de ses possibles que nous ne connaissons pas l'exact devenir de ses dons, lesquels sont soumis à des fortunes diverses.

L'incompréhension parisienne, la médiocrité des directeurs de galeries de tableaux et de leurs découvreurs ont laissé s'enfuir vers la chanson un postulant en qui s'exprimaient les trois talents qui font le peintre : sens du graphisme, sens du volume[1], sens de la coloration.

Mais, encore une fois, à quoi tenait la vie du père ? L'anéantissement de la famille reposait sur un mot : sur un nom. Dominique Béranger, visionnaire tragique, a vu d'instinct ce que ni moi ni « Lacombe Lucien » n'avions su voir.

Le 18 juin 1987 je me suis couché harassé, porteur d'une moisson de quatre-vingts pages de confidences que j'eusse été incapable de relire en vue d'un tri. Grand cauchemardier, j'ai fait d'entrée de sommeil un songe d'épouvante. Une musette à la main, je courais sur un quai nocturne, essayant dans ma foulée de rattraper un convoi d'enfants juifs se dirigeant vers la satanique Allemagne. A travers la paroi du wagon plombé je criais « Serge », le prénom qui m'était alors plus

1. « La forme marbrée », dit Delacroix.

familier que Lucien. L'hystérie du téléphone me délivra.

– Est-ce que tu as bien remis au chauffeur de taxi les cinquante francs de pourboire que je t'ai demandé de lui remettre? m'interrogeait Gainsbourg.

– Cinquante, non, répondis-je. Vingt, oui. C'est tout ce que j'avais sur moi.

– C'est bon, je réparerai demain.

Le lien de solidarité qui unit Serge au peuple artisanal de Paris est indestructible. Le mépris colossal dans lequel notre héros tient les grands de ce monde – et, en premier lieu, les politiciens gouvernants, réducteurs de notre liberté personnelle – le rapproche des petites gens. Gainsbourg mis à nu est sans mystère : il faut avoir la patience de déshabiller son âme que dissimule le masque de l'acteur.

Nous nous saluâmes au bout du fil. Je me souviendrai longtemps du soleil resplendissant qui, ce 18 juin, se leva sur le faubourg du Parc des Princes, entre Boulogne et Paris.

18

AU PAYS DE GIRAUDOUX, LA CONSCIENCE DE LA MORT. – L'AQUABONISTE. – LE MILICIEN BOUTUREAU. – LES DEUX ÉCOLES. – LA CASE DE L'ÉLÈVE LULU. – LE DIEU DE LA FORÊT. – ORADOUR. – ÉDOUARD HERRIOT. – LE CHAT DE GOUTTIÈRE D'ELSA TRIOLET. – LA FERMETTE DU GRAND VEDAIS. – LA VIE EST UNE PROVOCATION PERMANENTE.

MÊME le mal a une fin. Le malheur lui-même se lasse des malheureux. Fatigué jusqu'à l'écœurement des Horreurs de la guerre, Goya – un beau jour – se mit à dessiner des maternités : oui, des accouchements, des naissances – autant d'audaces dont l'imbécile pudeur catholique espagnole nous a privés. L'Etat de Satan ne pouvait survivre à ses théories délirantes. La jeunesse gausseuse d'aujourd'hui traverse ce passé allemand avec une hâte méprisante. Il a failli pourtant nous confisquer l'avenir.

« Le danger, dit Gainsbourg, c'est la conscience de la mort. » Jolie définition : on se croirait dans une pièce de Giraudoux. Justement, nous ne sommes pas dans son théâtre, mais dans sa genèse limousine. « Insensible, de toute évidence, à ce qui n'était pas Paris, je me souviens d'avoir regardé ma mère en franchissant la Loire, poursuit Serge. Il y avait sur son visage mobile et dans son regard la certitude d'un grand dessein qui était en train de s'accomplir : nous sauver de l'obsession des persécutés en nous éloignant des persécuteurs. Alors, ai-je pensé, train pour train, mieux vaut descendre vers le sud que se diriger vers l'est. » Toujours ce fatalisme d'intellectuel résigné qui lui inspirera, trente-cinq ans plus tard, un des plus beaux textes de philosophie populaire de tous les temps (*L'aquaboniste*).

Lucien Ginzburg, pourtant, va se mettre en frais pour la Haute-Vienne. A quinze ans, l'automne 1943, il n'est déjà plus l'adolescent dostoïevskien que l'on se figure. Par les améliorations de l'intendance maternelle dues aux enveloppes de Marc Taillandier, il a pris des centimètres, des formes, des couleurs. Il est plus près du Grand Meaulnes – nous devons le dire – que de l'élève Toerless[1]. Ce poids qui s'affirme sous la taille, cette puberté qui ne se contrôle plus, cette adolescence qui a grillé la seconde enfance comme un feu rouge fabriquent déjà cette fougue hétérosexuelle dont nous n'avons pas fini d'entendre parler.

Je pense qu'il a dû narguer les miliciens qu'il croyait avoir laissés au-dessus de la Loire. Comme la majeure partie de la population juive réfugiée en zone libre, les Ginzburg vivent sous le régime de la double identité. Un matin, à huit heures, l'adjudant-milicien Boutureau flanqué de deux hommes fait irruption au domicile des Ginzburg, 24, route de Brive, à Limoges : un rez-de-chaussée, deux pièces meublées où l'on vit à quatre.

– Vous usez de faux papiers n'est-ce pas? interroge Boutureau.

– Vous pouvez fouiller, répond Olga en se hissant d'une traction facile sur la table ronde de la cuisine. Les papiers recherchés se trouvent sous la

1. *Les Désarrois de l'élève Toerless*, roman de Robert Musil filmé par Volker Schloendorf (NDLA).

toile cirée qui recouvre la table. Olga Ginzburg est assise dessus. Les soldats-policiers de Vichy mettent le logement sens dessus dessous et ne trouvent rien. L'on se croyait à l'abri, en zone libre, de cette inquisition inepte; mais il n'y a plus de zone libre. Néanmoins une autre occupation, en ses limbes, change déjà de visage et de pays. A la semblance d'une maternité, l'histoire se prépare longuement : elle ne naît point d'une rose ou d'un chou.

L'alerte milicienne a terrifié Olga. Dès le lendemain, sans même en prévenir Joseph (qu'elle sait où joindre par courrier, mais il faut courir au bureau de poste et subir éventuellement l'espionnage d'un fonctionnaire), elle place Jacqueline et Liliane dans un collège religieux tandis que Lucien rejoint les pensionnaires d'un internat laïque.

Une étoile protège ces enfants sans étoile, qui croyaient respirer la poitrine libre, mais à qui un nationalisme pervers se fait un devoir de rappeler que leur race – pour élue qu'elle soit – doit être détruite.

Un lundi, à la récréation de 11 heures, le directeur du collège Georges-Clemenceau convoque l'élève Ginzburg-Taillandier :

– La visite des miliciens, dit-il, m'est annoncée pour demain mardi. Je dois cette précieuse information à une indiscrétion de l'administration préfectorale.

Puis, sortant de son placard une hache, il la lui remet :

– Je ne puis te garder ici. Fils de bûcheron, tu vas partir dans la forêt. D'abord pour t'y cacher. Ensuite, si le cœur t'en dit, pour y abattre un arbre.

– Quel arbre, monsieur? rétorque pertinemment Lulu. Ces arbres ne sont pas à moi. Aucun d'eux ne m'appartient.

– Tu déguerpis et tu t'arranges avec ta conscience.

Etonnant dialogue où l'adolescent met son directeur d'école en difficulté morale. La provocation allant à l'encontre du provocateur : cela, c'est tout Gainsbourg. Il n'est pas donné à tout le monde d'être moral dans l'immoralité. Comme le Petit Poucet, Lulu Taillandier se construit une hutte.

– Comment as-tu vécu dans la Brocéliande limogeaude ?

– Le premier soir, j'ai eu à négocier un orage. La fureur du ciel m'a surpris. C'était sublime... Le lendemain, petits garçons et petites filles faisaient la queue à la case du petit Lulu pour lui offrir sa gamelle. Au quatrième jour de cet exil forcé, je pus sortir de ma tanière.

Nous en avons pris notre parti : avec Gainsbourg la vérité prend toujours un aspect légendaire. Mais cette légende est vérifiable. Il se trouve même que, vérifiée, elle soit sur tous les points l'histoire exacte de notre héros.

Sanctuaire du crime de guerre, carte postale du musée de la damnation mémoriée, j'ai personnellement connu Oradour sous son visage ruiniforme, sept ans jour pour jour après son martyre. L'ombre portée du plus grand enchanteur du siècle, « le seul fort en thème de génie qu'ai connu la France[1] » – le normalien Jean Giraudoux, fils d'un percepteur de Bellac –, planait sur ces ruines, ajoutant au deuil, à la honte, à la démission de Dieu. S'il est des endroits où souffle la négation de l'esprit, Oradour-sur-Glane est bien le lieu type des grands abandons métaphysiques. Entré dans le chef-lieu cantonal par la porte du nord (la Glane coulait à droite, ses truites en surnombre, délivrées à jamais de l'angoisse du pêcheur, bondissant la

1. L'expression est de M. Edouard Herriot.

gueule ouverte hors du flot), on se laissait porter par son pas jusqu'à l'église. Le panneau que nous avions lu à l'octroi du bourg, les ordres que donnait ce panneau (« Voyageur de l'étranger ou de France, si tu passes par ici, je t'en prie, découvre-toi et avance en silence dans ces rues mortes ») nous avaient conduits devant le Saint-Lieu. Il n'en restait qu'une carcasse murale, sans charpente ni toiture, avec des trous sombres où étaient naguère les vitraux. Religieux ou irreligieux, hérétique ou séminariste, votre main – d'instinct – faisait pour vous le signe de la croix.

Descendant les degrés du ciel, le crépuscule allait s'abattre. Un frisson hyperléger, perceptible à peine, agitait les feuilles des charmes. On tue les hommes, les enfants et les femmes, mais un arbre échappe au massacre pressé. Sur un tableau vertical blanc, adossé à la façade ouest de Notre-Dame d'Oradour, les noms des morts étaient inscrits en lettres noires. A une inversion de syllabe près (ou un renvoi de voyelle ou un divorce de consonnes) ces noms, Forestier[1] en tête, appartenaient tous au folklore romanesque de Giraudoux. De haut en bas, puis de bas en haut, je parcours au moins trente fois la liste. (Un journaliste ne note pas en de tels lieux; de même il ne demande pas son identité à un miraculé de Lourdes; il fait fonctionner sa mémoire.) La plupart de ces fusillés brûlés morts qui tous avaient communiqué leur patronyme à des femmes étaient des communistes : les archives clandestines locales du parti l'ont prouvé.

Lorsque je fis à Louis Aragon le récit de mon pèlerinage, lui énumérant les noms des victimes appris alphabétiquement par cœur, il fut sous l'emprise d'un choc émotionnel intense. Aussi

1. Le Limousin de *Siegfried et le Limousin* (Grasset, 1922) préfiguration de l'Europe de 1992. (NDLA).

giralducien qu'il fût, l'idée ne lui était point venue d'associer en esprit Giraudoux à la division Das Reich, et l'horreur du génocide à une prose d'enchantement. Le plus rapide des cerveaux littéraires peut moins en ce domaine qu'un cerveau politique moyennement organisé. Avez-vous jamais vu pleurer Aragon, ce monstre sacré qu'on disait extrait d'un bloc de minerai? Eh bien, le tsar des poètes a sorti son mouchoir pour s'ôter une larme. Les Siegfrieds de Giraudoux – ce prophète de l'Europe – avaient exterminé tant de Limousins que l'Allemagne post-hitlérienne allait, croyait-on, en être marquée à vie. Quel écolier de Leverkussen ou de Bochum a-t-il jamais entendu parler par ses enseignants des pendus de Tulle, des torches humaines de Muissidan, ou des suppliciés d'Oradour. L'histoire – c'est sa force – avance au pas de course sur le dos de ses cadavres amoncelés.

– Dites-moi vite ce qu'est devenu le chat? me demande alors Elsa Triolet, fort émue de la larme d'Aragon, dont les sécrétions lacrymales devaient être rares. Il y avait en effet un chat sur la rive gauche de la Glane. C'était un félin noir, de gouttière et d'herbe, si souplement vertébré que je crus voir évoluer dans la tiédeur du soir – où le rossignol triomphant narguait tout ensemble les grillons, les morts, les fantômes de *La Folle de Chaillot* et de *L'Apollon de Bellac* –, que je crus voir s'insinuer dans l'espace crépusculaire une panthère naine.

Je n'étais pas à Oradour pour Oradour mais pour la pose à Bellac, sous-préfecture de la Haute-Vienne, du buste sur socle de Giraudoux qu'inaugurait M. Edouart Herriot, alors président de l'Assemblée nationale et inspirateur de la Troisième Force. Nous étions en cette circonstance – le photographe René Vital et moi – les envoyés spéciaux de *Paris-Match* sur le sol limousin. Fils d'un garagiste d'Asnières, Vital ne plaisantait pas avec l'honneur de la Résistance, que celle-ci ait été active ou passive. Comme nous entrons dans la Cité des Cendres, il me prie d'éteindre ma cigarette et de la jeter : j'obtempère. Comme le jeune matou sauvage concerné par mes travaux d'approche se civilise et se hasarde à venir à moi (le maître choisit son chien alors que le chat choisit son maître) Vital me commande de renier ma sensibilité animalière : je désobéis. J'ai offert mon félin noir, capturé avec difficulté, au président Herriot. Je suppose qu'il a coulé des jours heureux à l'hôtel de Lassay. Je sais qu'il y fut baptisé Charles, du prénom du général de Gaulle que le député-maire de Lyon exécrait. Elsa Triolet néanmoins était satisfaite : Charles – le témoin des fantômes – était un chat de riches.

Et pendant ce temps-là que devient notre héros? Le débarquement sur la côte normande ayant eu lieu le mardi 6 juin 1944 à 4 heures 32 du matin, la tragédie d'Oradour prend date devant les siècles le jeudi 8. Voici la relation lapidaire qu'en fait Gainsbourg : « Nous avons appris l'événement le surlendemain, au Grand Vedais, canton agricole du périmètre limogeaud. Nous habitons, à l'écart du bourg, une humble fermette que nous a permis de louer le travail pianistique de mon père. Un paysan, le père Chaussade, a répandu la nouvelle : " Un officier allemand ayant été tué, les représailles ont été sanglantes. Incendié, ses habitants, hommes, femmes et enfants enfermés dans l'église et massacrés au fusil-mitrailleur, Oradour est rayé de la carte. " En dépit de la courte distance (vingt kilomètres à vol d'oiseau) nous avons ressenti – mes parents, mes sœurs et moi – une frayeur abstraite. Oui, une sorte d'anxiété subjective venue de l'esprit; pas des tripes. Convenons-en tous ensemble, nous étions saturés d'émotions. »

Lucien n'a pas la perception physique du danger. Le sentiment du risque s'éloigne de lui chassé par le vague à l'âme post-pubertaire. Le grand lion à tête de porc annoncé par Léon Bloy est passé par-là; il a fait son œuvre. Les bombes soufflantes que les aviateurs alliés font pleuvoir alentour sur les nœuds ferroviaires pour retarder le mouvement des troupes germaniques vers le front le soulèvent du sol mais n'emportent pas Lucien. Il ne tressaille point. Cette invulnérabilité psychique est révélatrice : l'enfant prédestiné a gagné son combat contre l'Histoirc.

Responsable de la Résistance pour les provinces du Limousin, du Quercy, du Périgord-Agenais, de la Gascogne et du Rouergue (lesquelles rassemblent la plus grande concentration de maquis abritée par les forêts de France), le colonel Berger, alias André Malraux, a voulu traverser – conduit par son chauffeur – le désert calciné d'Oradour-sur-Glane. Son chauffeur m'a raconté qu'il était resté plusieurs jours sans voix. Aux premières heures de la moisson, les F.F.I., sans qu'un coup de feu soit tiré, libèrent le Grand Vedais. Ils doivent laisser derrière eux quelques éléments troubles puisqu'une bande de lascars, pistolet-mitrailleur au poing, envahissent la fermette.

– Tu es patriote, toi! s'exclame le chef, en regardant Joseph.

Les armes automatiques sont posées sur la table de chêne. Après un moment de silence tendu se produit un extraordinaire renversement de situation.

– Eh bien, la grande fille vient avec nous, ordonne le caïd de la bande en désignant Jacqueline. Allez, ouste, on l'embarque!

Lucien comprend alors ce qu'a compris son père

au premier coup d'œil. Ils ont affaire à de faux résistants, truands de région, basse racaille du fait divers. Entre les bandits et sa sœur aînée, Lulu s'interpose.

– On ne touche pas, persifle-t-il, en faisant à Jacqueline – station écartée, bras horizontaux – un rempart de son corps.

Qu'on y songe avec le recul du temps : la provocation est formidable. En protégeant Jacqueline Ginzburg de sa poitrine, donc en exposant son cœur aux balles des pistolets-mitrailleurs, donc en défiant la mort pour que la virginité d'une fille soit sauve, Lucien – le futur Serge – a tout acquis : le droit de déflorer les vierges, le droit d'assujettir les femmes (avec une préférence marquée pour les aryennes blondes) et le droit, l'imprescriptible droit, de posséder nos plus grandes stars, papillons de lumière éblouis par son incomparable talent musical ou – puisqu'il le veut ainsi – par sa laideur fascinatrice. Cette provocation – la plus dangereuse puisqu'elle débouchait sur l'imminente mort – émanait, rappelons-le, d'un adolescent qui jusque-là n'avait connu le plaisir que de sa main. Qu'importe. Lucien Ginzburg pouvait se vanter désormais d'avoir accompli à seize ans, sous les yeux de son père, un véritable acte d'homme. Je me doute que des frelons assoiffés de gros tirages emprunteront à ce roman de la réalité gainsbourienne des épisodes alléchants qu'ils placeront dans d'autres vies. Peu m'importe. Gainsbourg n'est pas seulement unique parce que cette vie exceptionnelle est la sienne; il est unique en second lieu parce qu'il était le seul à pouvoir assumer une vie qui le mène inéluctablement au mythe. Une vie vous échoit sur le dos comme le poids d'une fatalité céleste ou infernale; vous héritez du destin sans mot dire. Vous ployez et vous tombez à genoux; ou bien, au contraire, vous relevez l'échine et vous bombez le torse. Gainsbourg ne hissera jamais au-dessus de ses fortes épaules le drapeau de la conquête établie. Ce pacte d'acier qu'il a signé avec la vie lui a valu bien entendu d'autres admirations que la mienne; mais qui en a vraiment rendu compte? Personne. Gainsbourg est Gainsbourg avec ses vices et ses vertus, mais dans cette fin de siècle où le mot morale ne veut plus rien dire – il s'offre le luxe d'être moral dans l'immoralité et, bien sûr, immoral dans la morale. Tout homme a le vice du plaisir, peu d'hommes ont la vertu du courage. Ce qui fait la différence entre les hommes éprouvés, c'est qu'un homme désespéré prenne la mesure de son désespoir et – à pas timides ou assurés – s'engage à nouveau vers l'espérance. Quel homme au monde a été plus désespéré que Gainsbourg et quel homme au monde est passé plus courageusement de la désespérance à l'espoir? Quel homme au monde enfin – et c'est ici la vraie différence – aura autant profité de la vie? De cette vie qu'il aime comme la somme de tous les génies et de toutes les femmes en feignant de se moquer de la mort.

« La vie me tuera, dit Gainsbourg, et peut-être, le moment venu, serai-je heureux d'être sa victime. D'autres meurent du cancer ou d'une attaque cardio-vasculaire. Moi je mourrai d'une maladie très simple : le retrait exténué de la vie. »

Désormais un autre livre s'ouvre, une autre vie commence pour notre héros. Désormais nous savons tous que, l'Etat de Satan vaincu, il ne nourrira à son endroit aucune haine. Serge Gainsbourg sera un homme sans ressentiment.

LIVRE DEUXIÈME

Une légende dans le siècle

19

LÉGENDE ET POPULARITÉ. – PARIS PERDU ET RETROUVÉ. – PLÈBE ROYALE. – 1945. – RETOUR À LA MAIRIE : VIVIANE RECENSÉE. – L'APPRENTISSAGE DE LA NUIT. – ÉDUCATION SENTIMENTALE. – LA PLUS GRANDE PREUVE D'AMOUR. – DIX-SEPT ANS.

UNE légende, qu'est-ce que c'est ?

Le récit merveilleux et populaire de quelque événement du Moyen Age, écrit Littré, qui ne se trompe guère. Par extension : tout récit mythique et traditionnel. Plus actuellement, une légende est l'histoire d'une vie dont les actes dorés ou terribles – soit par les accélérations de la réussite, soit par l'accumulation des infortunes – fait l'objet de la part des vivants d'un culte romanesque ou d'une ferveur vivace qui se perpétuent quelquefois au-delà de la mort du héros. En d'autres termes, c'est une épopée personnelle transcendée par la réflexion et la mémoire collectives. Notre époque moderne est toute bruissante de ces fables individuelles dont les stars et les milliardaires ont l'apanage, et qui communiquent au monde – sous l'effet du gonflement médiatique – ses dimensions augmentées et ses couleurs spectaculaires.

La légende de Gainsbourg survivra-t-elle à son tombeau ? Sachons seulement qu'il s'est ancré dans son temps – cette fin de siècle – avec une ardeur si pugnace que peu lui importe la postérité. Un jour, sans raison apparente, les racines des plantes carnivores s'étiolent en terre. La légende de Gainsbourg dépérira en même temps que sa musique à gros tirages si celle-ci s'effondre un jour, l'œuvre étant indissociable de l'homme. Le message musical gainsbourien ne véhicule en lui-même aucune appréhension du futur; il est écrit et composé pour le présent immédiat. Aussi ce message est-il sans prétention. « La qualité n'est pas prétentieuse, souligne Gainsbourg. Elle est sûre d'elle, elle a confiance en soi. »

La légende de Serge commence sur le tremplin de Paris retrouvé. Les Ginzburg s'y réinstallent au lendemain de la Toussaint 1944 : dès qu'ils ont pu obtenir cinq places dans un train Limoges-Paris. Lucien dès lors entre réellement dans sa vraie jeunesse. Il n'en ressortira qu'à trente ans passés. Je serais plutôt enclin à croire, la fortune le comblant aujourd'hui de tous ses bienfaits, qu'il n'en ressortira jamais.

« J'appartiens, dit-il, à la plèbe royale du pavé de Montmartre. Mon signe distinctif est une gitane aux lèvres. » Par fidélité à notre personnage, nous serons forcés de nous répéter quelque peu. Trois obsessions dominantes vont faire de la jeunesse de Lucien Ginzburg l'équivalent d'un purgatoire passionnel. Chassé sans cesse du paradis par son goût de la culpabilité masochiste, il connaît à travers ce purgatoire imaginé les délices avant-coureurs des grandes punitions infernales. Si la perversité de Gainsbourg m'apparaît encore aujourd'hui toujours aussi douteuse, sa cérébralité, origine de toute perversion, ne fait en revanche aucun doute. Le cerveau de Gainsbourg ne débranche pas. Insomniaque, Serge ne prend pas de repos. Comme dans les cellules des condamnés à mort, son plafonnier reste allumé jour et nuit. N'aurais-je jamais vu dormir notre héros que j'eusse pu croire qu'il assumait son court sommeil quotidien les yeux ouverts, à la façon des reptiles trigonocéphales du Middle West, toujours soucieux de la présence de l'homme, leur ennemi. Assoupi au terme d'un effort créateur énervé ou victime d'une torpeur éthylique, Serge saisit au vol une conversation qui se développe, et y entrant comme dans un compartiment ouvert, il s'immisce dans le dialogue et y prend part; exploit somnambulique dont très peu de dormeurs sont capables, hormis quelques grands héroïnomanes dont je fus. Comme quoi, avec Gainsbourg, l'énigme toujours persiste et demeure. Pas moyen de lever le voile complètement; la vérité se dérobe.

Sa légende débutante s'alimente à trois sources vives : le tabac, la passion des femmes, une dévotion discontinue à l'art (qu'il soit technique et mineur comme le piano d'ambiance ou réfléchi et majeur comme la peinture). Quand il a dix-sept ans, à partir du 2 avril 1945, il fait si sérieux pour son âge – il paraît du moins si absorbé dans ses pensées – que les voisins des Ginzburg s'écartent de lui, rue Chaptal, lorsqu'il rentre au domicile familial. Moi qui le connais intimement, je l'imagine sans effort accablé de tout le poids de la réflexion que lui inspire la mutation du monde. L'Etat de Satan, que son fanatisme met au-dessus de tout reniement, va capituler d'une semaine à l'autre. Allons-nous assister à une formidable transformation libertaire du continent, comme le pensent tous ces naïfs idéalistes de gauche qui se sont enrôlés dans les bandes armées pour libérer le pays et qui en vérité n'ont libéré qu'eux-mêmes, pour retomber bientôt hélas! dans l'esclavage bureaucratique de la démocratie. « J'ai tout compris, proclame Lulu, historien oraculeux. Les Etats-Unis d'Amérique ont gagné la guerre mécanique et l'Union soviétique a remporté la guerre humaine. Vingt mille chars détruits d'un côté. Vingt millions de morts de l'autre. Comparez, camarades! J'écrase une larme en hommage coreligionnaire à Léon-Davidovitch Bronstein, dit Trotski[1], père fondateur de l'Armée Rouge, puis je passe mon chemin.

« Le recensement des putains, la longue file d'attente devant la mairie du 9e arrondissement – rue Drouot – pour la délivrance de la carte d'électrice (certificat d'honorabilité garanti pure France) c'était un spectacle pas " dégueu ". Moi, dévoué comme à l'ordinaire, j'accompagnais à ces séances de renombrement civique un petit tapin tondu – Viviane – que je protégeais. Il est bon pour la dignité publique que certaines mairies parisiennes soient éloignées des lieux de débauche ou de prostitution : le trajet Blanche-Richelieu-Drouot, avec ses quatre changements, décourageait les dénonciateurs. A l'état civil, les employés étaient les mêmes, à une exception près, que ceux qui m'avaient vu repartir, muets comme des croquemorts, mon étoile jaune sur la poitrine. Ils " godaient " tous pour Viviane, ma petite gosse de grande vertu. Fière revanche du môme Lucien.

« Au retour, dans le chemin de fer souterrain, je pelotai assidûment Viviane. N'ayant pas souffert de la faim, elle était ferme et dodue, avec un corps sans angle. Nous nous embrassions debout dans le wagon secoué. Tardivement tondue, car ayant échappé longtemps aux coiffeurs justiciers, elle cache sa brosse de criminelle sous un carré de foulard de soie de Piguet. Sous crainte que nous nous fassions prendre et que conséquemment elle soit poursuivie pour détournement de mineur (Vi-

1. A Mexico, le 20 août 1940 au matin, Staline, armant le bras de Ramon Mercader d'un piolet, fait assassiner Trotski.

viane figure au sommier de l'infamie en tant que putain collaboratrice) elle se refuse à mon désir. Je patiente parce que je sais que j'aurai le dernier mot. » Si nombreuses sont les amours de Gainsbourg inconnu que des centaines de pages ne suffiraient pas à les raconter. Cette passion de jeunesse est néanmoins exceptionnelle parce qu'elle unit dans une aventure lucide et sans espoir un artiste de dix-sept ans et une prostituée trentenaire qui a eu les lèvres trop douces avec les « brutes blondes[1] ».

Viviane lui a montré – précieuse relique – la trousse d'hygiène du parfait militaire germanique. Rien n'y manque : des sachets de permanganate de potassium au diurétique, des levures antivénériennes aux préservatifs; même le déodorant et l'onguent gris n'ont pas été oubliés. Viviane étant interdite d'asphalte de la Trinité aux Abbesses, de Clichy à Barbès, le couple s'en va faire sa nuit à Saint-Germain-des-Prés, Odéon, Montparnasse, n'hésitant pas quelquefois – lorsque les jambes sont légères – à repasser la Seine au pont Mirabeau. Lucien ne souffre pas : l'on n'est point jaloux d'une fille publique. Tandis que Viviane s'affaire à la fellation ou à la baisade (l'une n'allant pas sans l'autre le plus souvent), son chevalier d'empressement, son confident secret boit un verre au dernier comptoir ou tue le temps à bavarder – mais de quoi, mon Dieu? – avec le veilleur d'un hôtel borgne. Sa passe terminée, le client renvoyé de la chambre, Viviane – après de longues ablutions – fait une apparition de reine en haut de l'escalier qu'elle descend avec lenteur, en observant une pause sur chaque marche, nette, aguichante et conquérante, en total accord avec la profession qu'elle exerce et le revenu qu'elle en retire. Bientôt

1. Les jeunes nazis.

elle aura des chaussures de cuir, des bas nylon couleur chair, des fourrures et des bijoux qu'elle se procure avec les dollars des G.I.'s assujettis à son prodigieux savoir-faire. Son page et contemplateur y insiste : « Je suivais sans ressentir aucune douleur. Je découvrais la fascination de la nuit, les sortilèges clandestins de l'amour vénal et l'élégance silencieuse de ces mœurs quand le commerce entre l'hétaïre et le partenaire – entre l'offre et la demande – est irréprochable comme il se doit. J'ai reçu en toute complicité une singulière éducation sentimentale qui m'a marqué dans la mesure même où elle m'a appris à servir un amour sans être hanté par l'idée de recevoir en retour quelque compensation de lui. » (« Apprenons l'art, mon cœur, d'aimer sans espérance » : cet alexandrin miraculeux, que Louis Aragon citait avec fièvre, est du médiocre Rotrou.) La récompense viendra sous la forme de caresses savantes prodiguées debout en plein air, en appui contre un arbre, sur le banc d'un square ou dans les toilettes des restaurants de marché noir où rien n'est assez bon ni assez cher pour ces amants de la Victoire. Chaque fois par la suite que Serge sera en proie à une crise de misogynie furieuse, il se souviendra de Viviane – la tondue de la place Blanche – avec un attendrissement mélancolique. Ainsi Serge aura connu tous les raffinements de la volupté fellatoire avant même d'avoir pu découvrir – du moins par Viviane – le viril sentiment de possession que procure le coït.

Le fellatio, en ce temps-là, était un luxe d'érotomane. Un nombre très restreint de femmes le pratiquaient sur leurs amants ou époux, laissant cette insanité morbide à l'audace des homosexuels ou à la virtuosité alimentaire des prostituées. La pénétration, en revanche, était perçue comme une nécessité fondamentale par la génération provinciale dont je suis issu. Nous allions d'abord au nécessaire en nous autorisant par la suite des visées sur le superflu. Viviane, qui a formé Lucien au culte du priapisme bucco-génital, aurait pu du même coup le déformer en faisant de lui un narcissiste capricieux, exigeant, tyrannique. Il n'en fut rien. Viviane est le personnage de base du musée érotique gainsbourien parce qu'il infirme et détruit sa légende de misogyne caractériel. Non seulement la misogynie de Gainsbourg ne se fonde pas sur Viviane, mais elle lui succède, elle vient après.

– Pourquoi Viviane ne s'est-elle pas donnée à toi ?

– Va donc le lui demander toi-même si tu la retrouves vivante. Elle se refusait à moi par principe. Je ne veux pas, disait-elle, faire avec toi ce que je fais avec tous les autres.

– C'est donc qu'elle te mettait au-dessus de tous.

– Je te laisse libre de tes conclusions. Des questions d'horaire et de fatigue intervenaient. Un soir d'automne, rue Delambre, elle est montée dix fois entre 22 heures et minuit. Le travail de la bouche la reposait peut-être des efforts fournis par ses muscles vaginaux.

– La fellation, jusqu'à preuve du contraire, est la plus grande preuve d'amour qu'une femme puisse donner à un homme.

– Les prostituées, précisément, sont payées pour nous administrer ce genre de preuve. Je crois néanmoins que Viviane était éprise de mon sexe. Je crois qu'elle était fellatiquement amoureuse de moi. Nous avons rompu sans rupture. Cet amour par la bouche ne me suffisait plus. Alors, sans un sou, je me suis jeté dans les horreurs de l'amour payant.

Il a dix-sept ans, répétons-le.

20

NI AVEC TOI NI SANS TOI. – L'INGUÉRISSABLE MISOGYNIE. – UNE VIRILITÉ DOULOUREUSE. – RÉPÉTITIONS AU MIROIR. – QUITTÉ, TROMPÉ, TRAHI. – L'OBSESSION LOLITIQUE. – LE DÉGOÛT SURMONTÉ. – UNE ESPIONNE FAIT LA LOI. – LES HORREURS DE BARBÈS. – JUMEAUX AVORTÉS. – DISSOCIATION.

« JE citais à Gainsbourg, écrit Michel Clerc, le mot de sainte Thérèse : *Nec cum te nec sine te. Ni avec toi ni sans toi.* Les femmes c'est comme Dieu : on ne peut être heureux ni avec elles ni sans elles. C'est le drame du célibat[1]. »

Les biographes de Gainsbourg ne font état que de ses amours ou liaisons célèbres; ainsi de Jane Birkin, la femme-enfant qui, tant par la durée de leur passion que par le style personnel qu'ils ont apporté à la vivre, aura le plus profondément marqué sa vie. Lorsque Serge rencontre Jane, en mai 1968, il est un illustre quadragénaire riche en droits d'auteur, et dont la misogynie – puisqu'il est amoureux – brusquement cesse. Née au lendemain de sa séparation d'avec Viviane, son initiatrice au grand raffinement voluptueux, cette misogynie compte alors vingt-deux ans d'âge. Inextirpable, elle reviendra.

Je ne connais pas de meilleure introduction à la

1. Le laid qui plaît, dans *Tapis rouge*, Julliard, 1978.

misogynie de Gainsbourg que la définition qu'a donnée François Mauriac de Drieu La Rochelle : « Drieu est un pédéraste qui aime les femmes », disait l'auteur du *Désert de l'amour*. Gainsbourg, lui, est un hétérosexuel esclave d'un deuxième sexe qu'il traite de haut, qu'il exècre et méprise, mais que – nécessairement – il condescend à honorer du sien. Il ne peut se passer physiquement de ces compagnes dont la présence l'ennuie, la vanité l'insupporte et la faiblesse d'esprit lui inspire un accablant dédain moral. Il entre bien sûr dans ce dégoût souverain une part de comédie. Du désir à la répulsion, de la possession au rejet : Ginzburg – sa virginité perdue – sera condamné à ce mouvement perpétuel qui conduit le consommateur de l'orgasme à la répugnance. Nous retrouvons ce courroux physiologique chez Baudelaire (dont Serge est un exégète) lorsqu'il s'exclame : « On ne peut faire l'amour qu'avec des organes excrémentiels. »

Le Don Juan originel[1] – celui de Tirso de Molina – poursuivait les folles, les laides, les disgraciées. Casanova lui-même n'était pas regardant dans sa quête affamée de liberté érotique; les imperfections de l'âge pas plus que l'effroi du tendron ne lui faisaient peur; posséder c'est abuser. C'est pour cela sans doute que tous les séducteurs authentiques ont la virilité douloureuse; et que la vantardise et l'impuissance sont, sous le masque amer du triomphe passé, des ennemis alliables qui pactisent. La séduction de Gainsbourg, qu'il s'acharne à détruire avec la rage du repoussoir, échappe aux canons de l'orthodoxie; aucun de ses charmes ne s'y conforme. Forçant sans cesse sa nature ou l'exprimant a contrario, il se veut odieux alors que – fort bien éduqué – il est d'un civisme masculin

1. Juan Tenerio (NDLA).

extrême. Il cède à son humeur alors que son confort intellectuel est des plus apaisants. Il a tout, le monde est à ses pieds, et il part en guerre contre le monde. Ce sont là les travers du monstre sacré. Ours comme Flaubert, il est pourtant beaucoup plus près du Frédéric Moreau de *L'Education sentimentale* que du Rodolphe de *Madame Bovary*. Et puis, partout et toujours, il prend tout ce qu'il aime à sa charge. Lorsque nous ferons le bilan de sa vie, les femmes qui auront consommé Gainsbourg et qui se plaindront de lui seront rares : le plus grand mysogine du monde est le plus généreux des amants. A se fuir, puis à se poursuivre, et à s'efforcer de se rattraper au terme de cette poursuite schizophrénique qu'il propose à tous ses spectateurs, l'acteur finira par fatiguer ses neurones. Peut-être même, épuisé, mourra-t-il en scène, puisqu'il est en scène partout, puisqu'il se donne la comédie en tous lieux et places pourvu qu'il ait un témoin devant lui; d'où sa popularité extraordinaire (fondée sur un génie de la rencontre digne des personnages de Diderot) parmi les gens du hasard, de la rue, aussi bien du personnel des palaces ou de la main-d'œuvre de ses galas, récitals ou tournées. Le défaut-qualité ou la qualité-défaut de Gainsbourg acteur, c'est l'incontinence, la démesure, le trop c'est trop. Avec lui, le passage de la vie à l'écran s'est effectué avec une facilité indécente; comme une amusante formalité. Pourtant, c'est chez lui qu'il répète, du matin au soir, devant son valet de chambre et le livreur de spiritueux. Qu'il répète et qu'il se répète : jusqu'à ternir les miroirs de la buée qui jaillit de sa combustion intérieure.

– Est-ce que les miroirs, un jour, n'en auront pas assez de ta gueule?

– Jamais, m'a-t-il répondu. Avec eux, je fais semblant. C'est au-dedans de moi, dans mon espace approprié, que je me compose et me décompose, me dédouble et me multiplie. Ensuite je rassemble mon image éparse. Je la fragmente, je la brise, je la dissous.

La comédie, cependant, n'a jamais tué le comédien. Elle gave sa vie et alimente sa mémoire. Gainsbourg, lui, n'a nul besoin d'une mémoire nourricière : il ne joue que Gainsbourg. L'essence introuvable de Serge Gainsbourg, c'est dans l'amour qu'il nous faut la chercher. Démaquillé, le grimacier shakespearien pousse ici le jeu de la vérité jusqu'à réduire à sa plus petite parcelle le mensonge. C'est ainsi du moins que je me le figure malgré ses aphorismes exaspérants qui le font poser au phallocrate, au fellocrate, au spermocrate – donc au sexiste forcené. Ces excès font partie de sa frime misogynique. Plus il est ignoble plus il se plait. Le masque pourtant n'épouse pas les traits du visage. Don Juan plaqué, ça lui est arrivé souvent, Gainsbourg souffre le martyre. Don Juan quitté, il avoue sa misère et son esseulement. Don Juan trompé, il irait droit au crime si la morne raison ne prenait le pas sur sa jalousie véhémente. Comme les grands passionnels il est un violent. Ses lunes de miel – jusqu'aux plus splendides – ont été courtes. Toutes ses grandes amours se sont illustrées par de nombreuses crises. C'est son destin que d'être un amant voué à la traversée des tempêtes.

Tous les succès féminins de Serge Gainsbourg sont indissociables d'une recherche impérieuse de la beauté. Toutes ses maîtresses connues ou inconnues ont des qualités conquérantes. Reposant sur l'apparition de la pilosité et la poussée des seins, l'obsession lolitique – qui le fait frôler sans cesse, moins dans la réalité que dans son imaginaire, l'attentat à la pudeur – oui, cette hantise de la jeune vierge déflorable n'échappe pas à sa règle esthétique.

Enfants prépubères ou adolescentes postpubères (une vingtaine sont connues de moi), les illustrations du fantasme gainsbourien ont en commun cet attrait du fruit acide et défendu qui incite au viol. Qui avec « sa queue de pouliche », qui avec sa coiffure garçonnière en « tête de loup », qui avec sa nuque de petit rat, toutes sont ravissantes, filles de hauts fonctionnaires ou progénitures d'artisans. Aucune en tout cas ne considère Serge comme le grand ogre prédateur. Ni de près ni de loin aucune ne rappelle Charlotte Gainsbourg, fille de Serge et de Jane. J'en viens même à me demander si elles ne forment pas autour de leur idole un cercle thérapeutique susceptible de le guérir de sa misogynie. Sinon de la comprendre.

De cette misogynie si préoccupante pour notre héros et si assommante pour son interlocuteur, quelles sont les origines ? Tournant délibérément le dos à l'école freudienne, nous ne les chercherons pas dans l'inconscient, mais dans un passé responsable et lointain qu'une mémoire coriace continue de conjuguer au présent. Lorsque Malraux proclame « qu'il n'y a pas de choses sales en amour », il lave l'acte sexuel de toute souillure de vulgarité.

Les circonstances où le jeune Ginzburg contracte son aversion du sexe opposé sont incomptables. Répétitives, elles ont un effet rapidement cumulatif. De « l'overdose de baise » (terme typiquement gainsbourien) au ressentiment priapique, nous naviguons avec lui sur un bateau ivre. La découverte du plaisir engendrant l'exigeante répétition de ce plaisir – et ce plaisir, sous l'altération de l'usure, devant s'augmenter pour continuer d'être – nous nous entraînons dans un torrent échoué qui, à la semblance de certaines cataractes amazoniennes, enterre ses eaux. Dans sa révélation juvénile, la frénésie des sens conduit quelquefois à l'impasse sensuelle. Identiquement à l'orgasme toxique, l'intensité de l'orgasme sexuel exige la fréquence dont les abus nuisent à l'intensité. Du désir qui obsède à l'orgasme qui libère, la distance est courte; comme on la franchit en trois minutes, on s'épuise à la refranchir incessamment : jusqu'à la sursaturation, synonyme d'inappétence. L'âme s'écœure, le corps déclare forfait.

« L'amour, c'est le dégoût surmonté », écrit Paul Valéry. Qu'on me cite une définition de l'acte charnel qui convienne mieux au Gainsbourg des jeunes années de fureur sexuelle. A l'écoute, je suis preneur.

« Je ne suis pas encore atteint du grand mal d'amour dont on crève », me confie-t-il. Lucien a dix-huit ans, nous sommes en 1946 : en novembre, une loi scélérate de l'espionne Marthe Richard[1] la-très-chrétienne (loi votée à l'unanimité par une Assemblée nationale qui compte dans ses rangs de fieffés hypocrites) ordonne la fermeture imminente des quelque 3 960 maisons de tolérance recensées par le ministère de l'Intérieur. Ce à quoi n'avait pas osé s'attaquer Vichy – le droit à la liberté sexuelle de l'homme et du citoyen français – voici que le mouvement des députés républicains populaires vient l'abolir, soutenu par les parlementaires staliniens, nouveaux champions de l'hygiène patriotique. Les garnisons, les usines sont désespérées. Lucien, encore mineur, n'aura pu explorer les lupanars de luxe avec leurs tarifs haut de gamme : Le Sphinx, Le Chabanais, Le One Two-

1. Au service de la France pendant la Première Guerre mondiale (NDLA).

Two, Le Panier Fleuri, devanciers prophétiques des éros centers allemands d'aujourd'hui. Il aura connu, en revanche, de sordides amours; et, tout d'abord, pour se prouver qu'il est un homme, la craintive épreuve de l'affranchissement.

Le contrat verbal qui régit l'amour mercantile exige que l'on paie comptant. Pianiste et guitariste d'orchestres de bals populaires, Lucien gagne 200 francs[1] chaque fois qu'il se produit. Instrumentiste ambivalent, son père, Joseph Ginzburg, lui procure ses « cachetons » dont il fait son argent de poche hebdomadaire. Voici l'été, saison des fêtes patronales. Un mardi qu'il vient de tenir, en Seine-et-Oise, la guitare sèche et le clavier trois jours de suite, il est de retour à Montmartre avec un pactole : 600 francs. Le voilà à Barbès-Rochechouart, en fin d'après-midi, sous la lumière solaire déclinante. Alertes, un groupe de cinq prostituées arpente le trottoir au pas de raccrochage. Lucien est tellement troublé qu'il choisit au hasard, tremblant et livide, la plus physiquement ingrate. En regard de la prostitution hôtelière, clandestine et volante, l'amour en maison close présentait des garanties de sécurité, d'ambiance, de confort; l'on n'y baisait point contre la montre, les coïts n'y étaient pas réglementairement minutés. « Je rentre sans y rien voir dans ce cratère flasque et gluant, se souvient Lulu. Je n'ai pas la notion du danger vénérien ni de la contagion parasitaire. La verge turgide, les yeux fermés pour plus de concentration, je vais et je viens, solitaire égoïste ne m'occupant que de moi. Par spasmes éclatés, j'éjacule et je remplis Totoche. " Mon petit bonhomme, tu es doué, me dit-elle; mais fais gaffe : tu balances la purée trop vite. La prochaine fois, lime davantage

1. En monnaie d'aujourd'hui.

et plus lentement : pour me faire reluire moi aussi. " » Il n'y a pas eu de prochaine fois.

Tel autre jour, dans la chambre à papier à fleurs d'un hôtel propret de la rue Pigalle, il secoue, bien cramponné, un merveilleux petit tapin, juste nubile lui semble-t-il pour peu qu'il se fie à sa tendre et rudimentaire expérience. Complètement absente, les yeux fixés au lambris, la jolie gamine n'arrête pas de mastiquer son chewing-gum Clark tandis que Lulu l'exécute. Il avait ralenti, il accélère et finit son affaire.

C'est Gainsbarre, non Gainsbourg, qui me dicte ces lignes futiles de baiseur désabusé. Mais c'est Gainsbourg, non Gainsbarre, qui, quarante-deux ans après, collectionne les déceptions encore toutes fraîches.

Amant que pressure l'exercice de l'amour charnel, Lucien déjà est prêt à se sublimer. Il a dix-huit ans, il cherche, il veut autre chose. A défaut d'un idéal féminin [ce qui n'est point de son âge] il souhaite la compagnie d'une partenaire acceptable, car le changement – en vérité – l'intéresse moins, déjà, que l'habitude. Sous le multigame hâbleur perce déjà un monogame attaché. « Une liaison amoureuse régulière m'eût bien convenu, reconnaît-il. Comme elle ne venait pas, je n'allais pas me mettre à l'attendre, à la supplier de venir. Alors, impatient, j'ai foncé dans le tas. Je me suis jeté sur un nombre incroyable de femmes et de filles. »

Cet étalon impétueux qui court après sa « surdose de baise », ce n'est déjà plus le prochain Gainsbourg, c'est le futur Gainsbarre. Redondance et vantardise : Lucien n'a rien réduit de cette part de comédie qui pour autant qu'elle serve l'acteur dessert infiniment l'homme. Il ne la réduira d'ailleurs jamais. Cette impéritie produira Gainsbarre, excroissance égotiste déplorable, piège à dupes, bernicade luciférienne qui n'intéressera jamais que Coluche et les gainsbourophiles demeurés. En supposant que Gainsbourg s'identifie au Docteur Jeckyll et que Gainsbarre se prenne pour Mister Hyde, nous n'avons pas à attendre de ce dédoublement schizophrénique un dénouement spectaculaire à la Stevenson : nous serions floués. Gainsbarre et Gainsbourg n'ont fusionné qu'en apparence, sans s'être jamais adressé la parole. Fantômes quotidiens dissociés, ils auront passé leur temps à s'éluder. La lucidité du comédien est ici terrifiante; il y faut une constance de volonté et d'esprit de suite sans égale.

Monstre de psychologie à qui le Diable a toujours fait la courte échelle, faux cardiaque au cœur d'acier, faux psychopathe, faux dément alcoolique, faux usager de drogues hallucinogènes, faux délinquant sexuel qu'attirent les mineures mais qui n'y touche point, Serge – durant toute sa vie d'adulte – se sera énormément moqué de nous. D'ores et déjà cependant, notre pardon lui est tout acquis par son œuvre. Elle domine l'homme Gainsbourg de toute sa grandeur et de tout son éclat.

21

LA FEMME AU GARDÉNIA : OLGA TOLSTOÏ, LA PRINCESSE VIERGE. – NU DEVANT L'AMOUR. – LE GALETAS DE L'ARTISTE. – CONSENTEMENT ET REFUS. – UNE TRAHISON INEXPIABLE. – HÔTEL ALETTI, ALGER 1960. – L'OCCASION N'A QU'UN CHEVEU. – VENGEANCE DU POÈTE.

AU-DELÀ de ces motivations misogyniques qui toutes font regretter à Lucien les privilèges que lui accordait la petite fée Viviane (fée maternante, quelque part incestueuse) il en est une d'importance, qui laissera dans la peau du héros la cicatrice d'une plaie mal fermée. Gainsbourg, en vérité, n'a oublié aucune des femmes qui ont jalonné son itinéraire sexuel. Quel qu'ait été son parcours par la suite – postérieurement à Ginzburg – je ne pense pas qu'une maîtresse ait jamais oublié cet amant, pourtant misogyne forcené. Qui sait? rétorque-t-il.

Russe pour russe, lorsque Lucien fait la rencontre – dans une soirée « d'exilés non assimilés à l'Union soviétique » – de la princesse Olga Tolstoï, arrière-petite-fille de Léon, il émane d'elle un parfum envoûtant non identifié ce premier soir. Souvenirs olfactifs médités, il s'agit du Gardénia de Chanel qui marchait assez fort à l'époque puisque le N° 5 – record des ventes mondiales – ne le distançait que modestement.

Mais voici l'essentiel : alors que Lulu – le manant

des bals à l'accordéon – est corrompu par le grand putanat du trottoir exerçant des Batignolles à La Chapelle, Olga Tolstoï, princesse intacte, ne s'est point donnée. Nous sommes dans une comédie américaine, mais sur fond de gravité. En effet, l'argument du film est : l'artiste vagabond aux prises avec une héroïne errante, compatriote désargentée. Loin de Lubitsch, nous en appelons à Orson Welles. La femme au Gardénia tient entre ses mains le sort du musicien éperdument amoureux. L'homme, encore une fois, est nu devant l'amour : devant une jeune femme, c'est à lui-même qu'il est confronté. Ce don Juan a la conquête triste : ce n'est point un collectionneur. Mais, tel son légendaire modèle, c'est un obsédé.

Faisant à Olga Tolstoï une cour fébrile, il réussit à l'entraîner jusqu'à sa chambre mansardée d'apprenti-peintre. Le sort en est jeté : il ne veut point de « cet art mineur pour mineures »[1], la composition musicale. Il a secrètement choisi de se vouer à un art majeur pour personnes majeures : aussi laborieux et obscur fût-il, son destin sera pictural. Instrumentiste pour s'acheter des couleurs, peintre pour les répandre. Nous examinerons plus loin ses dons, sa lassitude écœurée, ses échecs.

Sombre soleil de sa vie de bohème, Olga Tolstoï franchit la porte de la chambre de bonne. Il la déshabille, ouvre le lit, la couche sur le drap inférieur qu'il ne recouvre pas. Le voici nu sur elle. Au lieu d'écarter ses cuisses, elle se ferme, soudain inaccessible. Que se passe-t-il ? Consentante il y a cinq minutes, la princesse vierge a pris peur.

– Tu crains le mal que je puis te faire, dit-il. Peu importe, tu reviendras demain.

A moins de vingt ans, il a déjà cette voix sourde, voilée, profonde, des grands fumeurs de tabac

1. Sa définition de la chanson. Voir *Mon propre rôle*, Denoël, 1987.

brun. Il a également déjà ce fair-play du gentleman trahi et désabusé mais que le ressentiment n'effleure pas.

La véritable politesse du désespoir ce n'est pas l'humour; c'est l'acceptation, l'indifférence forcée, l' « aquabonisme ». « Tu reviendras demain, faites confiance aux femmes, poursuit-il. Olga Tolstoï n'est jamais revenue. Une garce qui rejette le gamin que j'étais, cela tue en lui le futur homme. Un nombre incalculable de femmes criminelles se promènent en liberté, leur trahison impunie. »

La misogynie de Ginzburg s'aggrave. Pour cette princesse slave, il fomentait des ambitions sublimes. Il se projetait dans un avenir mirifique, exultant.

Ici s'ouvre nécessairement une parenthèse. Alors que tant d'hommes anonymes, nés sans une destinée particulière, sont devenus célèbres par les femmes et ont acquis un destin par la grâce de leurs bienfaits, Gainsbourg – de par son aptitude à la fierté naturelle – ne leur demandera rien : ni le crédit du nom protecteur ni celui de l'argent possible. Modestes ou riches, toutes ses maîtresses vivront de lui : soit par une carrière ascendante, soit simplement par un compte bancaire.

Victime de l'amour, il veut que la trahison dont il est l'objet soit inexpiable. De cette trahison, il se livre à des autopsies constantes. Il ne comprend pas encore la femme dont il a ce besoin physique qu'il ne s'explique qu'incomplètement. Valéry écrit quelque part que Dieu ne jugeant pas l'homme suffisamment seul, il a créé la femme pour élargir les bords et creuser la profondeur de son gouffre de solitude[1]. Cette solitude est insupportable à vingt ans : elle afflige. Elle est cependant indispensable au recueillement de la réflexion. Ainsi Lucien

1. Nous nous répétons à dessein.

a pu remarquer qu'à l'image des rêves nocturnes de persistance résultant de l'obsession sexuelle, la hantise du passé – par une transmutation temporelle qui nous échappe – nous promet quelquefois des projections troublantes, inattendues. Opérant dans notre inconscient, une alchimie du souvenir nous travaille et prend date pour nous sur quelque page d'un lointain agenda. C'est le phénomène du ressentiment mémorié.

Olga Tolstoï – la princesse vierge – avait fui la chambre d'artiste de Lucien Ginzburg. Douze ans après, Serge Gainsbourg la rattrape. Nous sommes en 1960. Il a trente-deux ans. Célèbre avec tapage – la notoriété ne le quittera plus – il est expressément convié par les services culturels du ministère de l'Information à se produire à la télévision d'Alger. Tous les lascars du métier, nous pourrions en citer une quinzaine, le mettent en garde : « Tu vas te faire tuer, Ducon. Reste ici. » C'est mal connaître Serge, entré désormais dans son grand cycle provocateur. « La châtaigne, ça me botte, réplique-t-il; je sens le plan[1]. » Alger est plongé dans un bain de terreur. Le directeur de la T.V. abattu par des tueurs du F.L.N., le show Gainsbourg est annulé. Le provocateur respire l'air de la guerre : il s'y attarde. Les journalistes dorment à l'hôtel Saint-Georges. Les politiciens, les officiels, les étrangers habitent l'Aletti. Somptueusement logé dans une suite de ce palace archicomble, Serge y retrouve au bar sa princesse fugitive. Olga Tolstoï est déchirée de le revoir. Le temps ayant fait son œuvre, et les soucis s'ajoutant aux années, elle lui apparaît misérable. Mariée et mère de famille, elle a mis au monde des « enfants médiocres et successifs ». Ses

1. Notre héros ne fait-il pas une confusion d'époque puisque, en 1962, personne n'employait le mot plan au sens d'idée, de projet, d'astuce.

travaux domestiques visiblement l'ont fatiguée. Serge, lui, ricane. Après la pauvreté de la bohème, voici l'éclat de la réussite. Avec l'argent de ses premiers droits d'auteur, annonce-t-il, triomphant et sadique, il a offert à Olga Ginzburg – sa maman – un superbe diamant de Cartier. C'est un beau parti à présent que ce peintre râté. La princesse déchue veut renouer, créer ce contact charnel qu'elle se sent, cette fois, capable d'assumer avec indécence. A sa proposition de baisade, les yeux de Serge font une réponse ironique et souriante : « Il est trop tard, ma petite cocotte. L'occasion n'a qu'un cheveu, dit le proverbe arabe. Il fallait la saisir. » Coupant court, il se dirige vers le hall pour gagner par l'ascenseur sa suite de l'Aletti.

Il y a là une cruauté misogynique typiquement gainsbourienne. Les femmes qui ont blessé Serge ne l'ont rendu ni homosexuel ni impuissant. Elles ont cependant contribué à durcir son cœur, devenu par certaines un verre opaque que le diamant ne raie plus. Je connais une star qui a hésité longtemps avant de casser sa liaison avec Serge, à une époque où les amants ne lui tenaient pas au corps. Elle redoutait la vengeance du musicien-poète.

22

L'APPEL SOUS LES DRAPEAUX. – LA CASERNE CHARRAS. LE FANTASSIN GINZBURG FAIT LE MUR. – LA PAIRE DE GIFLES DU LIEUTENANT PICARD. – FELLATION AU POSTE DE POLICE. – LE CAMP DE FRILEUSE. – DISCIPLINE ET PATRIE. – LES CONTRADICTIONS D'UN HOMME. – LES ARMES ET LES FLICS. – GAINSBOURG INTIME : UN EGO ALTÉRÉ. – CHARLOTTE, MON AMOUR. – L'AMERICAN LÉGION. – LE CLOCHARD HALLUCINANT. – HÉROS ET MERCENAIRES.

J'AI souligné la probité des Ginzburg; le civisme extrême et cette pudeur patriotique qui font que Gainsbourg, citoyen parfaitement français, se sent toujours l'invité obligé de la France. Les classes incorporables d'après-guerre (la mienne notamment) n'ont pensé qu'à sécher le service militaire. La débrouillardise de l'Occupation, haute école de tricherie, perdurait en nous, alimentée par l'idée d'un régiment inutile. Après la dégelée du printemps 40, il n'était plus possible aux âmes gouailleuses de prendre l'armée française au sérieux. Ce que nous aimions le moins en de Gaulle, c'était sa profession de soldat.

Le 3 août 1948, à vingt ans, Ginzburg est affecté à la caserne Charras, à Courbevoie, détruite depuis pour raison de vétusté insalubre. « Je déteste les déserteurs », dit-il. C'est une prise de position très ferme sur laquelle il ne reviendra pas. Ce nationalisme sourcilleux fait partie de ses contradictions.

Versé dans la biffe, il est le fantassin de deuxième classe Ginzburg. Trois semaines se sont à peine écoulées que, ne supportant plus la privation de femmes, il fait le mur huit jours durant, mettant le cap sur Pigalle et Barbès où il a ses habitudes. Qu'entend-il prouver au juste? Son impossible continence? Plusieurs fois, avant son incorporation, alors qu'il tirait des putains, il les a quittées sèchement, préférant aller s'achever dans les W.C. anonymes des bistrots. C'est là une fantaisie d'érotomane qui a son pénis bien en main. De Rousseau à Céline, maints intellectuels se sont livrés à l'infécondité du vice solitaire. Eduqué et chéri par Viviane, Lucien est narcissique de son sexe. (Le « noble outil », proclame alors Brando.) L'on ne saurait être plus honnêtement stupide : il se fait pincer, dès son retour à la caserne, juste devant le poste de garde.

« Retirez vos lacets de souliers, votre cravate, votre ceinturon, hurle le lieutenant Picard. Vous allez directement en salle de police. » Convoqué devant le colonel, Picard lui collant au cul comme une chemise, il s'entend demander sur un ton plus calme :

– Qu'avez-vous fait?

– Le mur pour aller baiser.

– Soyez poli s'il vous plaît.

– Je dis la vérité. Existe-t-il un autre mot pour la désigner? La vie aux armées est régentée par l'absurde : c'est vous qui nous poussez à la rébellion.

La sanction tombe : trois mois de prison qui seront ajoutés à ses douze mois de service régulier. Probablement raciste, Picard, qui ne peut souffrir l'attitude empêtrée de Ginzburg, s'énerve : « Saluez-moi, nom de dieu! » J'étais coriace, se souvient Serge. Perdant tout contrôle, le lieutenant lui claque par deux fois la gueule. C'est un vendredi.

Il est environ 18 heures. Les camarades se précipitent, qui ont été témoins de la scène. L'officier a commis une faute grave : aucun gradé n'a le droit de gifler un soldat.

A Charras, Ginzburg s'est offert une privauté rare dont la narration, quarante ans après, le plonge dans une félicité ineffable qu'augmente encore l'évocation de la démolition des lieux. En face du poste de garde occupé par le sergent de faction se trouve la salle de visite du poste de police. C'est un parloir sommairement construit en tôle. Une barrière de bois vernissé vous monte jusqu'à la ceinture que prolonge au-dessus un écran de verre grossier. Ainsi le sergent peut surveiller le mouvement des punis. L'astucieux Lulu porte la tenue kaki de combat. Jouissant de complicités audacieuses, il a convoqué la prostituée de service. La saisissant par les cheveux, il l'oblige à s'agenouiller durement, la bouche au niveau de sa braguette. « Tandis que je me répands dans sa gorge avec une volupté convulsive, me dit-il, je regarde impassible le sergent dans les yeux. Tout est en ordre. »

Le fantassin Ginzburg sera transféré au camp disciplinaire de Frileuse, à 140 kilomètres au nord-est de Paris. Cerné de barbelés, c'est un lieu de transit pour les durs de toutes les espèces qu'on envoie soigner leur rébellion en Allemagne. Il n'y a pas cependant que des fortes têtes à Frileuse. L'on y rencontre des garçons des arrondissements populeux et populaires de la capitale : 18ᵉ, 19ᵉ, 20ᵉ. (On a toujours observé dans l'armée des tendances discriminatoires, explique Gainsbourg. Le racisme n'y est ni religieux ni politique; il se fonderait plutôt sur la réputation de richesse matérielle de la classe israélite, que l'on envie, que l'on jalouse; il repose sur des inégalités qu'il transcende, insistant sur leur différence au lieu de les atténuer.) Lucien est retenu à Frileuse pour le motif de désobéissance avec évasion temporaire; son appartenance à la population juive du 9e arrondissement ajoute à la punition, croit-il, Comme il est intelligent, instruit et cultivé, que son quotient intellectuel est reconnu comme élevé, encore qu'il soit démuni de diplôme, on lui propose de préparer l'examen d'entrée à l'école des officiers de réserve (E.O.R.). Lulu oppose un non catégorique à la suggestion de son capitaine. La guerre d'Algérie qu'il ne prévoyait pas, il eût été obligé de la faire sans ce refus inspiré. « J'aurais eu les couilles coupées, qui sait? et cousues dans la bouche. »

La vérité d'un individu ne résidant ni dans ses certitudes ni dans ses doutes, nous devons la chercher dans ses contradictions, confessait Aragon dans sa période poststalinienne.

Les contradictions forcées, quelquefois grossières, de Gainsbourg font partie de son jeu provocateur. Un des aspects les plus déplaisants de la provocation gainsbourienne a trait à un militarisme éculé, qui ne fait plus recette : celui d'un bidasse qui se voulant héros rêve de croix de guerre. Ce sentiment de traîneur de sabre va de conserve avec le goût que Serge a pour les armes automatiques; avec le Magnum 357 qu'il dissimule, en cas d'agression, sous le coussin de siège d'un fauteuil ancien, dans sa salle de séjour et de musique. La presque totalité de ce qui est anormal le séduit à coup sûr; mais, tout de même, ces anomalies gainsbouriennes nous affligent d'autant que notre homme n'y gagne rien. Il s'agit là d'un comportement théâtral gratuit. Je suis persuadé pour ma part que si Serge se laissait aller à ses fantasmes de patrie, il s'habillerait de pied en cap de drapeaux tricolores en soie de Lyon.

On a beaucoup glosé sur sa version reggae de la *Marseillaise*, alors qu'autrement plus forte, elle n'est pas plus répréhensible en soi que l'interprétation swing qu'en donnèrent au palais de l'Elysée Django Reinhardt et Stéphane Grappelli pour le président Vincent Auriol. Applaudi à Strasbourg puis conspué à Marseille où un légionnaire le frappe (« Tout baigne... dans le sang[1] ») Serge, le 14 juillet suivant, se soûle à la garden-party de M. François Mitterrand en compagnie d'officiers du 1er régiment étranger de parachutistes. Mon intime conviction est que le prestige de l'uniforme le bluffe. Il signe des chèques très généreux au profit des œuvres de la police. Serge fait couramment appel à la brigade nocturne du commissariat du 7e arrondissement, sis rue de Grenelle. Il aime les flics, qu'il reçoit à bras ouverts et traite avec opulence. Il soigne les cocktails à base de gin qu'il leur prépare. Entre les forces de l'ordre du faubourg Saint-Germain et Gainsbarre, c'est l'« amour dingue ». A leurs impromptus cordiaux égayés de libations mais attristés quelquefois de vilains bruits de menottes, tous les prétextes sont valables. C'est une groupie de Grenoble qui, surgie du TGV et déposée par un taxi jusqu'à l'hôtel particulier de l'idole, ne maîtrise pas son élan nymphomaniaque. On ne la jette pas à la rue; on l'emmène au poste en la menaçant du dépôt. C'est un batteur de pavé ivre qui braille une ode à la lune et pisse dans la boîte aux lettres.

On n'empiète pas sur les marques de Gainsbourg. La surface urbaine où il se projette lui appartient. Autant il est irrespectueux des autres quand l'alcool flambe en lui, autant il abhorre le manque de respect quand son égocentre en fait les frais. Certains soirs, il est vrai, nous n'aimerions pas le rencontrer au coin d'un square. La réussite

1. Déclaration faite au micro de RTL, le surlendemain de l'agression.

ne l'a pas corrumpu. Courant 1987, il a fait des placements malheureux comme tous les capitalistes[1] : ses 150 millions de centimes perdus l'ont fait ricaner dans sa barbe poivre et sel. Ce qui prouve que ses lingots et son compte pharaonique régulièrement alimenté lui permettent d'avoir un moral financier intact. Pourtant il a changé, par la force de l'âge, depuis le camp de Frileuse où, sensible à la délinquance, il réarmait le moral des têtes brûlées. Aujourd'hui, il est inexorable à la supplique des fils de famille dévoyés qui tentent un kidnapping sur la personne de sa fille Charlotte. A ce propos, il m'a fermement déclaré : « Je suis un père sans pardon. » Pour peu, le célébrant insociable de *Bonnie and Clyde* voterait le rétablissement de la peine de mort si celle-ci faisait l'objet d'un référendum. Cela, c'est tout Gainsbourg, toujours imprévisible et toujours convaincu.

Contradictions, provocation, frime de cinéma parfaitement au point, ou sincérité véhémente? J'avoue que cette interrogation me hante d'autant qu'elle ne comporte pas de réponse arrêtée. L'insincérité des hommes m'obsède; je voudrais pouvoir lire la vérité en eux : en toute circonstance, à chaque instant. Il y a du psychiatre et du policier dans tout journaliste : je suis passionné par la nudité mentale de l'individu. Pour mettre à nu le cerveau de Gainsbourg, il faut se lever de bonne heure, lui-même le laissant toujours couvert de quelque sous-vêtement.

Les fréquentations militaristes de notre héros présentent un caractère anachronique, inconvenant et désuet. Son personnage de clochard soumis aux hallucinogènes ne se définit jamais mieux qu'à Pershing Hall, siège parisien de cette American

1. « Capitaliste, moi? au sens où je suis plein aux as, oui, dit-il; mais je n'exploite personne, que je sache. »

Légion[1] dont la réputation nous fait trembler – nous qui sommes passés au travers des horreurs de la guerre – et qui reste un des hauts lieux de sa fidélité éthylique. Dans ce rendez-vous d'anciens combattants aux physiques évocateurs (tous les Marines me font peur, même ceux de Stanley Kubrick) le munificent Gainsbourg tient bar ouvert.

La faune régulière de Pershing Hall, dont il est radicalement entiché, m'apparaît aussi spécifique qu'inquiétante. Un ancien G.I. d'Extrême-Orient, colosse obèse, expose autour de ses doigts boudinés pour plus d'un milliard de centimes de bagues. Contagieux dans cette ambiance sans retenue où la bière Blue Ribbon le dispute au Cuba Libre[2], l'héroïsme vantard des vétérans du Viêt-nam corrompt quelquefois les auditeurs les plus doux et les pousse à la confidence. Ainsi de Laurent.

Laurent est, parmi les compagnons quotidiens de Gainsbourg, un des plus dévoués. Il affiche pour lui une dévotion désintéressée, s'occupant de remettre ses rendez-vous lorsqu'il est empêché, harcelant son réseau personnel de taxis aux heures de pointe pour peu qu'un contretemps l'incommode, courant au bar-tabac avant la fermeture. Etc., etc. Auprès du clochard aux hallucinogènes, son dieu, il tient le rôle défini d'un affectueux pense-bête. Un jour il s'emballe et, dans un galop verbal déchaîné, il raconte sa guerre d'Angola où, dit-il, les corps-francs de Fidel Castro arrachaient au poignard les yeux des mercenaires. Ma stupeur est sans bornes. Dès lors nous ne nous dépêtrerons plus de cette terreur orale. Nous l'aurons au-dessus de nos têtes comme un nuage toxique. Le plus

1. 51, rue Pierre-Charron, 75008 Paris. Le local a été vendu en 1990.
2. Boisson composée de rhum et de Coca-Cola.

curieux est que Gainsbourg se complaît à l'écoute de cette barbarie tolérée par l'O.N.U. La sauvagerie primitive de l'homme s'affirme dans la guerre, non sa virilité.

Chef des services de sécurité de l'hôtel George-V, agent de la C.I.A., pourfendeur des commandos terroristes arabes, mais aussi mari modèle d'une jeune Française vivant à Paris, Bill Williams est un des amis les plus constants de Serge. Je ne sais où ils se sont rencontrés : à Hong Kong ou à Bangkok, peut-être? « Non, lui rétorque Gainsbourg, je te connais depuis bien avant ma naissance. » Bill Williams parle le français de Bigeard, de Massu, de Jouhaud. Avec les scrupules descriptifs d'un John Wayne ou d'un Stallone, il nous narre son combat au bras de fer, dans la jungle cochinchinoise, avec un G.I. du même peloton que le sien. Les deux hommes emprisonnaient dans chaque main un scorpion. Cet Américain sans remords jouit d'une mémoire d'ordinateur. « L'expédition politique » du Viêt-nam a coûté aux Etats-Unis 171 082 tués. Elle a fait 23 726 veuves et 22 594 orphelins. Bill, intarissablement, nous explique l'intrusion des grands reptiles venimeux dans le conflit armé, épisode qu'on a appelé la « guerre des serpents ». Il a vu mourir, empoisonnés en 45 secondes par une variété de cobra noir asiatique, deux camarades de son régiment de Virginie. Les Viets se glissent sous les tentes du camp, au crépuscule, pour y déposer, qui s'échappent d'un sac à goulot, les ophidiens à la morsure foudroyante et imparable. Dans l'atroce fournaise de la nuit tropicale, Bill dort avec son revolver 11/43 sous la nuque. La nuit où il devait mourir, il sent un froid visqueux et glaçant sur sa poitrine nue. Le cobra monte, il se dresse en appui sur sa queue, puis le dominant – prêt à mordre – il le regarde intensément dans l'obscurité. Alors il rebrousse chemin, descendant jusqu'à son ventre, car Bill a eu le réflexe primitif de ne pas ouvrir les yeux : le cobra d'Indochine aveugle et tue du même venin, du même crochet. Le reptile se glisse sur le châlit de son voisin. Comme celui-ci bouge en ressentant le long de sa jambe cette ascension visqueuse, Bill atteint son genou avec la balle qui fait voler en éclats la tête du serpent.

– Qu'a-t-on fait des corps de ces soldats victimes du cobra noir ? s'enquiert Gainsbourg avec l'avidité d'un môme qui veut savoir le dénouement d'une bande dessinée.

– Ils ont été rapatriés aux U.S.A., mais leurs familles n'ont eu droit à aucune pension, répond Bill. Ils sont morts par le serpent, non pour la patrie.

Qu'est-ce qui peut bien rapprocher un Gainsbourg d'un Bill Williams ? me suis-je interrogé, sans oser poser ma question à Serge. La sécurité de Charlotte, pardi !

23

L'ENFANT PROGRAMMÉ PAR SOI-MÊME. – LE PANTHÉON DU SOLFÈGE. – BRI-BRI ET SERGIO. – LES GRANDS HOMMES N'ONT PAS DE JEUNESSE. – UN HÉROS LITTÉRAIRE. – VISIONNAIRE DE SA VIE. – COMÉDIEN SANS ENTRACTE. – FIANÇAILLES AVEC LA MORT. – PREMIERS SURSIS. – LES SOLDATS DU FEU. – LA PÉRITONITE TUBERCULEUSE. – LE PROFESSEUR ROBERT DEBRÉ. – NATACHA.

JE soupçonne Gainsbourg d'avoir vécu inconnu avec la certitude affirmée qu'il deviendrait un jour célèbre et qu'en ce domaine le plus tôt serait le mieux. Je le soupçonne de s'être composé, enfant, le destin programmé qui le rendrait illustre. Nul ne l'ignore, je ne me prête pas aux séductions gratuites. Or, comment se fait-il que, par le charme d'un glissement auquel pourtant je me refuse, la biographie de mon héros qui se voulait objective, prenne çà et là les allures d'un travail d'apologiste ? Gainsbourg me certifie qu'il est d'ores et déjà détaché de l'image que je vais remettre de lui ; il n'a jamais posé devant mes pinceaux, mes couteaux ou ma brosse avec la prétention de la durée. Le Panthéon du solfège où je le vois entrer (songe facile, autorisé par son art) peu lui chaut. Il nous le proclame avec une moue spartiate et désabusée : « La postérité, j'en ai rien à cirer. » Ici, il ferait mieux de se taire. Si la télévision donne encore, en l'an 2020, le clip de « Mon légionnaire », les os épars de

Gainsbourg se rassembleront pour un garde-à-vous d'orgueil et de contentement.

Autrefois, faisant partie du cénacle fort restreint de Brigitte Bardot, je l'appelais familièrement Bri-Bri : comme Vadim, ses intimes empressés, son producteur Raoul J. Lévy, ses très proches. Aujourd'hui je suis bien le seul journaliste à désigner Gainsbourg par le diminutif italianisé – Sergio – dont l'a baptisé Birkin en leurs années de passion et qui lui demeure seulement par elle. Du peu de gens auxquels je me confie, tous me disent : « Tu es tombé moralement amoureux de Gainsbourg. » Ce à quoi je réplique : « Je me suis intellectuellement épris de lui. » L'enchantement exercé par le personnage (ses manigances corruptrices, ses entreprises de perversion de la pensée) opère au maximum du possible. Je dois être touché par la provocation érigée en système. Mon immunité s'amortit.

L'on nous assure que les têtes illustres de ce siècle (de Gaulle, Mauriac, Sartre) n'ont pas eu de jeunesse. (Malraux lui-même, qui détestait son enfance, n'a commencé à se tolérer qu'après vingt ans.) Il faut entendre par là que ces grands hommes, obscurs en leurs premiers temps, sont sortis du rang en silence pour ne faire parler d'eux qu'après coup. (« Je n'ai pas connu les flagrants délits de l'âge fou, me confiait Malraux, le plus intelligent de tous, le plus ouvert, le plus sensible. J'ai contrôlé l'irruption des sens. ») Ce n'est pas sa vie actuelle si amplement médiatisée, ce n'est pas son quotidien de mythe vivant qui font de Gainsbourg un héros littéraire et – à mes yeux – l'archétype du personnage d'une biographie moderne. Ce sont ses années d'apprentissage où la vache enragée prépare et amorce un alléchant avenir. Lorsque le professeur Jean Delay consacre deux décennies (œuvre stoïque, travail de titan) à nous évoquer « La Jeunesse d'André Gide », la part de l'interprétation est immense. Et celle de Mondor transpirant sur Mallarmé, celle de Sartre suant sang et eau sur Genet ou Flaubert ! C'est ce qui différencie, me direz-vous, l'essai prémédité de longue date du récit biographique non romancé. La vie de Gainsbourg peut présenter tous les débordements, excès et extravagances d'une biographie romanesque, elle ne réclame ni analyse ni interprétation. Suite ininterrompue d'actes autonomes et authentiques, se suffisant à elle-même, elle se passe de l'une et de l'autre.

Que m'importe, au fond, que l'insincérité (ou la sincérité quelquefois douteuse) de Gainsbourg me taraude et me chagrine ? Ce qui compte et qui m'attache, ce sont les années de Lucien Ginzburg improvisées, inventées, jetées sur le pavé, puis aussitôt vécues avec une vigueur opiniâtre. C'est au jour le jour, heure après heure, cette autodistribution accélérée et incessante de cartes à jouer, de moments à vivre. C'est cet inlassable pouvoir de renouvellement d'une imagination jamais prise en défaut, ne manquant jamais de souffle, aussi éloignée fût-elle de ses racines. Ginzburg enfant fut le juste visionnaire de la vie de Ginzburg jeune homme.

Ginzburg adolescent fut l'anticipateur prophétique de l'adulte Gainsbourg. Autant qu'il puisse nous surprendre, notre héros n'est jamais surpris par rien ni personne. Rien ne l'étonne plus désormais ; plus rien ne le bouleverse ou le trouble. Peut-être même pas la mort. Car Sergio l'a fréquentée, la mort. En prévision de son fatal dessein, ils se sont liés – les diaboliques – par les bouts de chemin accomplis ensemble. Qui plus est, ils se sont provoqués d'abondance. Portait-elle un masque ? Lui parlait-il à visage découvert ? A-t-il percé son grand mystère ?

« Je n'attends plus aucune surprise ni de moi-même ni de la vie », m'a souvent répété Gainsbourg, avec la résignation princière du grand orgueilleux qui a réussi.

« Victor Hugo était un fou qui se croyait Victor Hugo », écrivait Cocteau, non sans quelque hermétisme. Entendez que l'emphase mégalomaniaque du poète, sa gonfle sacrée le hissaient au-dessus de tous et de tout, à l'égal de Dieu. Ginzburg, lui, était un fou qui se croyait Gainsbourg; un fou dont la vie nous démontre chaque jour qu'il avait raison de se donner pour tel. Rien n'a été laissé au hasard dans cette vie qui ne défraie plus depuis longtemps la chronique, mais qui l'effraie encore et l'effraiera jusqu'au jour où la provocation deviendra l'épouvante du moment suprême. Mais qu'est-ce qui peut aujourd'hui épouvanter Gainsbourg? Le génocide atomique? La guerre des étoiles? Le péril terroriste? Laissez-moi rire ou plutôt ricaner comme lui dans ses face-à-face avec son destin.

De la mort, notre héros a une expérience régulière et suivie. Leurs rapports, nourris d'accidents de hasard, ne laissent pas de nous abasourdir. L'on pense à des fiançailles prestement célébrées – le temps d'un baiser de givre appliqué sur la bouche : la mort le donnant, Gainsbourg, le recevant – puis rompues, puis recommencées. A quand le vrai mariage avec voyage de noces immobile? Notre provocateur, en prenant tant de risques, ne s'offre-t-il pas des brouillons mortuaires? Ne tourne-t-il pas des bouts d'essai en vue de ce film qui nous accable de son mystère et que nous pourrions intituler *Le pays sans mémoire*? Gainsbourg disputera jusqu'au dernier soupir la vedette à la mort. Il se veut en haut de l'affiche, à parité d'importance avec elle. Il ne veut surtout pas d'un second rôle, ce n'est pas pour lui. Il mourra avec les félicitations et les enlacements de la dame à la Faulx, son amoureuse et sa rivale.

« Je suis l'éternel sursitaire de la mort, s'exclame Gainsbourg, avec une franchise considérable. Mon berceau, du reste, était si près de mon cercueil que je n'ai point failli naître. Tout ce que je vis de grand – amours et peines – je le vis en frôlant le dernier abîme. »

Lulu a sept ans, quand une grosse Packard noire – catafalque de maître – manque l'écraser. Lulu (songez-y) ne pouvait être victime ni d'une Citroën, ni d'une Peugeot, il lui fallait pour mourir les roues d'une voiture américaine de luxe. Nous sommes en 1935, l'année de l'offensive diplomatique française en Italie conduite par le président Pierre Laval. Lulu quitte à 16 heures 30 l'école communale de la rue Blanche, établissement mixte où, s'étant aperçu que les fillettes n'avaient pas d'appendice, il en a déduit que leurs organes étaient abrités, protégés, défendus – à l'inverse des siens, déjà virilement exposés. Il s'engage donc comme à l'accoutumée, sans varier d'un pas, dans la lente remontée de la rue Blanche. Cette artère est à sens unique. Dans la perspective, la dévorant jusqu'au ciel, la caserne des pompiers de Montmartre avec sa longue échelle mécanique. Son père Joseph Ginzburg lui recommande sans fin, lorsqu'il parvient au bout de la rue, de « prier un monsieur de le faire traverser ». L'homme le prend par la main : ça marche à tous les coups. Ce jour-là, Lulu s'aventure seul. Débouchant de la place dans l'agitation de l'après-midi, la Packard fonce sur lui alors qu'il atteint le milieu de la chaussée. Klaxon d'alarme, cri d'effroi. Renversé, il tombe presque, mais retrouve l'équilibre par un rétablissement lombaire vigoureux. Attroupement; manifestation colérique des passants qui, prenant fait et cause pour l'écolier, conspuent le chauffeur en livrée.

Lulu a la révélation de ce fulgurant réflexe d'énergie nerveuse que les grandes personnes désignent sous le terme d'instinct de conservation. Cet instinct, dès lors, ne cessera chez lui d'atteindre au prodige. La seconde révélation dont il fait l'objet le transforme en petit phénomène. A partir d'un accident évité de justesse et qui aurait pu être mortel, Lulu Ginzburg vient de découvrir – avec le premier coup de chance – le premier témoignage de la considération humaine. On le félicite, on le congratule, on l'admire. En ce jour-événement, il vient de séduire, à sept ans révolus, son premier public adultc. En Gainsbourg plus quc chcz quiconque, la mémoire consiste en une réinvention du passé embellie par le temps; il n'y aurait pas de création sans une ombre de mythomanie.

Réimprégné par le choc du souvenir, le musicien-poète nous propose à partir de ce fait divers, un amalgame sentimental. Il y a cinquante-trois ans que l'enfant renversé par la Packard a pensé mourir. Pour célébrer cette résurgence, on appelle à la rescousse le folklore montmartrois et l'uniforme. Sous l'homme attendri, c'est l'écolier communal de la rue Blanche qui interroge :

Gainsbourg : – Connais-tu au moins la devise des Sapeurs-Pompiers de Paris?

Moi : – Non, et je m'en excuse.

Gainsbourg : – Alors, retiens-la. C'est « Sauver ou périr ».

La sympathie qu'a Sergio pour les soldats du feu est réelle et participante. Les pompiers, avec leurs camions hurlants, continuent de hanter les passages privés de sa mémoire. A la tombola 1988 des sapeurs de la capitale, je l'ai vu acheter d'une seule main 500 billets à 5 francs pièce.

Qu'il est triste d'être marqué du septième sceau à l'âge où l'adolescence vous secoue de ses premières montées de sève. Le troisième sursis de Lucien est au-dessus de tout soupçon de comédie. Lycéen à Condorcet, il a treize ans quand en 1941 – an II de l'occupation satanique – une péritonite tuberculeuse se déclare dans son organisme sous-alimenté qu'elle enfièvre. L'on en mourait alors dans 95% des cas. Joseph Ginzburg mande vivement un généraliste. « Il faut ouvrir de toute urgence, présume le médicastre approximatif. C'est le bloc chirurgical ou la mort. » Un petit Israélite à l'hôpital : ingrate destinée en ces temps inhumains. D'autant que les finances familiales sont au plus bas. Joseph Ginzburg – le bon pianiste – hésite à consulter un spécialiste de grand renom : le prix de la visite est au-dessus de ses moyens. Olga Ginzburg, dans les transes les plus affligées, supplie de lui conserver vivant le fils anciennement indésirable auquel elle est maintenant corps et âme attachée. Le salut des Ginzburg leur viendra d'un homme à la science sans lancune, rehaussée d'un charisme extraordinaire : le professeur Robert Debré, génie des affections du jeune âge. « La seule maladie de l'abdomen que l'on n'opère pas, dit-il aux malheureux parents remontés par sa présence, est celle dont est atteinte votre garçon. » L'anémie a provoqué chez Lucien une inflammation microbienne du péritoine. M. Debré ordonne un traitement pointilleux, complexe et compliqué dont on ne sera assuré de l'efficacité curative qu'au bout de trois semaines. « Il n'est point certain, dit-il, que d'ici à cette période la température tombe. » Pendant vingt et un jours, livide, les joues en feu, respirant faiblement, Lucien oscillera entre une petite vie chancelante et une mort goulue qui ne désarme pas. Sauvé, il sera d'une faiblesse extrême. Le professeur multipliera les visites et négligera sciemment d'envoyer ses honoraires. Joseph Ginzburg devra insister beaucoup pour lui acquitter le prix de la vie de son fils. Il est donné à bien peu d'hommes d'être des saints ou de se comporter comme tels.

« Le professeur Debré avait un plan », conclut aujourd'hui Gainsbourg, la bouche oraculeuse, la gouaille doctorale. Au cours de sa vie qui fut longue et laborieuse, l'illustre médecin, en entendant notre héros sur les ondes, a eu l'occasion de se remémorer le dramatique acharnement d'un gosse qui voulait vivre et dont il assura par son dévouement missionnaire la singulière destinée.

Lorsque Natacha – fille de son premier mariage avec la princesse Galitzine – fut saisie d'une allergie au gluten, Lucien fit appel au Pr. Robert Debré. De Natacha, femme-enfant d'une remarquable beauté, Serge ne peut s'empêcher de montrer, qu'il sort d'un tiroir toujours à portée de sa main, la photo dont il écrit oralement la légende : « Naufragée, survivante et captive d'un amour brisé. »

24

MALRAUX, HEMINGWAY : LES GRANDS HOMMES ET LA MORT. – L'HOMME-DIEU ET LA DÉESSE. – UN RAISONNEMENT EXISTENTIEL : SARTRE DÉVOYÉ. – *MON LÉGIONNAIRE.* – COMMENT ILS VIVENT, COMMENT IL VIT. – D'UN SURSIS L'AUTRE. – L'AMERICAN JOINT COMMITTEE. – TEMPÊTE SUR BARBÈS.

CONSACRONS un deuxième et un troisième chapitre à la mort pour pouvoir enfin ne plus nous occuper d'elle et l'abandonner à ses noirs travaux. Qu'ils soient de hasard ou qu'ils soient de santé, les sursis de Ginzburg-Gainsbourg nous donnent le vertige par leur nombre. Tous sont crédibles pourtant : Lucien-Serge ne fabule pas, il hyperbolise. Ici encore, plusieurs fois, le comédien aux rictus creusés comme autant de ravines prend le pas sur l'accidenté ou le grand malade.

Malraux (qui fut à plusieurs reprises tenté par le suicide, notamment au lendemain de la crise cardiaque qui emporta Louise de Vilmorin, sa dernière compagne) avait avec la mort un dialogue noble et respectueux : il subissait son obsession depuis l'âge de seize ans. Devant la mort, Hemingway faisait volontiers montre de fanfaronnade : nous savons tous où ses enflures vantardes l'ont mené. Seul sur le proscénium du théâtre, Gainsbourg pavoise devant la mort. Pour quelques spectateurs disséminés au premier rang, il hisse au grand mât du vaisseau funèbre le drapeau noir de sa propre piraterie. Je l'ai vu – comédien tragique – jouer cet acte basé sur l'ignorance feinte et le défi. Voltaire ne se moquait point de Dieu, il le niait. Gainsbourg le nie et il s'en moque.

Il envoie tout au diable. Il fait comme si, pour lui, le sentiment de l'au-delà finissait avec le dernier battement de cœur de l'homme. Sa morale, sentimentale et passionnelle, était fondée sur l'irrespect et le mépris (revoir son rapport misogynique avec ses concubines). Pourquoi s'agenouiller devant l'Homme-dieu tandis que l'on se moque de la déesse-Femme comme de son premier baiser. Notre provocateur permanent est un pyromane qui met sans cesse le feu à la forêt des superstitions. Nous autres chrétiens sommes traumatisés par cette attitude parce qu'elle profane le mystère sacré de la mort. Au fond Gainsbourg a sur l'approche du néant la position d'un Sartre qu'auraient dévoyé trente ans de music-hall, de fantasmes de toutes sortes, de rapports canailles avec un vedettariat sans idéal.

D'aucuns nous ressassent : « On ne meurt jamais. » La mort étant nécessaire à la conservation de l'espèce, on meurt toujours – et les guerres en ce sens aèrent les populations comprimées. Ce que je reproche au discours gainsbourien (du moins dans son énoncé) c'est d'occulter que toute vie est la somme juste – l'addition globale où aucun acte ne manque – d'une existence et d'une essence fusionnées jusqu'à l'osmose, et dans l'espace et le temps unies. Pour l'acteur qu'il est avant tout, sa vie est autant ce qu'il dit que ce qu'il fait. Nous sommes pourtant ce que nous faisons, non ce que nous pouvons dire. Personnage monstrueusement libéré, Gainsbourg n'éprouve aucune peur métaphysique, et c'est bien là ce qui m'intrigue et me stupéfie. Vivrait-il peureusement, à l'économie, aux aguets de la mode, que son cas ne m'eût inspiré ni méditation, ni sympathie. Mais, homme de tous les dangers, il prend tous les risques – et plus les mois s'amoncellent au calendrier, plus les années sont dangereuses pour ses jours. Plus il vieillit (vieillir, appliqué à lui, est un verbe infamant), plus il dépense et se dépense. Or, plus il aura les moyens de sa volonté artistique (le clip de *Mon légionnaire* est un succès de l'image et du son liés[1]), plus les conditions de son énergie physique risquent de lui faire défaut. Lorsque je songe à la manière avaricieuse et calculée dont les méthodistes de la conservation « music-hallienne » [l'adjectif est de lui] s'écoutent et se regardent vivre, un ressort d'amour me projette dans les bras de Serge. Sa capacité frénétique à profiter de tout est admirable, car il en vient – le barbare affamé – à se désintéresser de son futur, lequel lui est pourtant compté, pour user et abuser de son présent : pour l'épuiser même. J'en viens à penser que le dessein profond de Gainsbourg est de se confondre avec cet ennemi insurmontable de l'homme : le temps, afin que le trajet qu'ils auront parcouru ensemble marque le siècle musical de son sceau. Là est la vérité du personnage défardé, dégrimé, rasé à vif et sortant de scène : ce que Gainsbourg n'a pu obtenir par un art majeur – la peinture – il l'a obtenu, au jeu d'un nécessaire rabattement, par la musique et par la poésie. Une poésie non pas faite pour tous, mais pour le plus grand nombre.

Lorsque, sacrifiant à son exigence de la durée, il me dit, en ajoutant un adverbe à la citation de Lénine, qu'il prend à son compte en la hissant à la première personne du singulier : « Je suis un mort

1. Ce chapitre a été rédigé le 24 septembre 1988, alors que Luc Besson (le cinéaste de *Subway*) vient de nous présenter le clip qu'il a réalisé sur la chanson (de Monnot et Asso) interprétée par Gainsbourg.

éternellement en sursis », je lui réponds que c'est le lot de nous tous, que la menace débute à la maternité, que le couple vie-mort nous propose soit à un destin accompli soit à une existence anonyme. La particularité première de Lucien Ginzburg, c'est d'être toujours sorti des normes de la vie courante pour s'assurer une destinée.

Sous l'occupation allemande, nous l'avons vu – enfant prodige et acteur consommé – se comporter avec la milice et un nazi de charme. Parvenu en zone libre, sa provocation trouve son second souffle naturel. Lucien refuse d'être pris en charge par l'O.S.E.[1], œuvre de bienfaisance internationale dépendante de l'American Joint Committee, qui élève clandestinement les enfants juifs, sans distinction de nationalité ni de classe sociale, et qui dispose au château de Montintin[2] de 400 lits et d'autant de places de réfectoire. Par un convoi ferroviaire protégé par la Croix-Rouge, il pourrait passer en Suisse. Non, il veut partager les frayeurs de sa mère et tenir tête le moment venu aux maquisards véreux. Séjournant seize mois au pays limousin, il ne retiendra pas un mot de patois. « Ma langue, dit Gainsbourg, est le français tel qu'on le parle à Paris. »

Autant nous nous perdons dans le dédale méandreux de ses aventures sexuelles, autant nous retrouvons aisément le filon de la mort. L'automne 1945 (alors qu'il a dix-sept ans et qu'il est donc inadmissible au bordel), Lucien sort, insoucieux et soulagé, d'un hôtel de tolérance, boulevard Barbès, juste à la hauteur du métro. « Il souffle un vent de novembre force 4 », se souvient-il avec cette mémoire des perceptions qui est très supérieure chez lui à la mémoire intellectuelle ou à

1. Organisation du Secours aux Enfants.
2. Canton de Marnac, Haute-Vienne, résidence de Poulidor.

celle des sentiments. « Une bouffée glaciale arrache d'un échafaudage voisin un panneau de tôle ondulée. » Il se plaque contre le trottoir et croise les mains sur sa nuque. « J'ai réagi au vacarme, dit-il. L'ouragan occiseur m'a épargné de quelques centimètres. » Dans le petit salon de la rue Chaptal, la nuit tombée, Joseph Ginzburg est au piano. Il n'a jamais vu son fils dans un pareil état. Son front transpire une sueur de givre; il claque des dents. Commentaire du provocateur, quarante-trois ans après : « On m'aurait emboîté, comme les pauvres, dans un cercueil de sapin blanc. Aujourd'hui, j'aurais droit au bois d'acajou, aux clous et aux poignées d'argent. » Cependant – force est d'en convenir – Gainsbourg échappe toujours, en dernière limite, aux pièges impromptus du malheur.

Suicidaire, la mort ne veut pas de lui. Pourchassé par elle, il s'en arrange.

25

CŒUR EN SURSIS. – PRÊTRES ET MÉDECINS. – LE FIDÈLE PATIENT. – L'INFARCTUS DU MATIN. – LES CONVOYEURS DE LA MORT. – L'IMAGINAIRE ET L'INIMAGINABLE. – L'HÔPITAL AMÉRICAIN DE NEUILLY. – ONASSIS. – LES HUIT VENTOUSES. – LE FOU A DEUX TÊTES. – JANE ESPIÈGLE ET SAINTE. – LE PRIX DE LA LUCIDITÉ. – HABIT ROUGE. – CONVALESCENCE A JOCELYN. – DÉPRESSION SUR UNE DENT. – HAUTE DÉMENCE.

Voici venu le temps des sursis cardiaques.

– Les hommes qui ont la plus grande appréhension de la mort, lance Gainsbourg, sont les ecclésiastiques et les médecins.

– Bien sûr, je réplique, puisque leur fonction professionnelle est – pour les premiers – d'apprivoiser la mort par des illusions ou par des mystères; et – pour les seconds – de la chasser par la science. Je comprends donc qu'ils soient parmi les plus angoissés du monde : sauver des âmes ou sauver des vies, leurs programmes se ressemblent.

Entre le malaise et la crise, il y a la distance du mot juste ou exagéré. La provocation va souvent de pair avec l'imposture du vocabulaire. Que notre héros ait souffert du cœur au sens figuré et au sens propre est une évidence reconnue. Qu'il ait failli en mourir est indéniable. Entre les malaises oubliés et la crise inoubliable, entre les alertes – vraies ou fausses – et le sursis de survie, se situe le no man's land, le terrain vague semé d'herbes folles où l'imagination gainsbourienne ne se laisse ni capter ni circonscrire. Nous pourrions à posteriori morceler l'espace et le temps du musicien-poète, introduire des recoupements, vérifier les prescriptions médicales. Vaine entreprise, la mémoire du cœur du héros nous contredirait.

La morale fondamentale de toute vie est que l'impunité physique n'existe pas plus pour les tares d'un homme que pour ses excès. Serge vient d'avoir cinquante ans, en ce printemps 1978, lorsqu'il va payer pour sa déraison suicidaire; il consomme de 140 à 160 Gitanes par jour mais en allant alors jusqu'au bout de sa cigarette comme en témoigne le dépôt cérotique qui brunit ses doigts. Par rapport à Cocteau, l'infarctus du myocarde est chez lui en avance. Sa montre-bracelet indique 8 heures lorsqu'il subit, rue de Verneuil, l'effroyable réveil d'un coup de poignard dans sa poitrine. Dans l'hôtel particulier dont il s'est rendu propriétaire voici dix ans, il est seul. Les filles – Kate et Charlotte – sont parties pour leur école respective. Leur mère – Jane Birkin – tourne en extérieurs *Sept morts sur ordonnance*. Fulbert, le valet de chambre, n'arrive qu'un peu plus tard. Dans un flou de sa conscience, Serge décroche le téléphone; et, la vue brouillée, la main tremblante au-dessus du cadran, parvient à composer son numéro d'appel au secours.

– S'il vous plaît, il me faut un cardiologue de toute urgence, susurre-t-il d'une voix qui s'étouffe. Il communique son adresse et, croyant pousser son dernier soupir, il remercie. Depuis nous avons rêvé sa mort sur l'alexandrin de *Britannicus* : Serge Gainsbourg se meurt, Serge Gainsbourg expire. C'était sous-estimer son système immunitaire de défense. On lui a fait l'honneur de lui envoyer – dans un mugissement discontinu de sirène – la grosse artillerie salvatrice qui ne se déplace que pour les puissants du jour. Il a droit à la V.I.P. Priority. En vertu de cette distinction sociale, tout le saint bazar à fouiller un organisme humain à bout d'arguments est du voyage. Dans ce beau camion si grand qu'on croirait qu'il assure la collecte du sang parisien, l'efficacité des appareils le dispute à la sophistication. Matériel de radios et de scopies, transfuseur, trépieds à perfusion, bonbonnes de sérum physiologique, marques d'oxygène, plateau de seringues tous calibres, coffret à outils chirurgicaux de première nécessité, rayons X et ultra-violets, appareils d'électrocardiologie et d'électro-encéphalographie. Etc., etc. Comme pour un chef d'Etat, tout y est.

L'ambulance grand luxe stoppe devant l'hôtel mais son gyrophare continue sa rotation d'alarme. Je me répète : Gainsbourg jouit d'une cote d'amour sans pareille auprès des administrations de la nation. Orphée sans lyre, orphelin et clochard, c'est sa dégaine de vieil enfant trouvé mais inadoptable – et inadaptable à notre civilisation – qui doit émouvoir le fonctionnaire en uniforme et l'employé municipal en civil.

Les convoyeurs de la mort ont mis pied à terre et, devançant le spécialiste des maladies cardiaques qu'ils véhiculent, ils se présentent à la porte. Miracle au faubourg Saint-Germain : de retour à l'instant, Fulbert est là pour ouvrir. Après quelques constats visuels et tactiles aussi précis que brefs (pouls, pression artérielle, symptômes coronariens, examen de l'œil, flexion du pouce sur la tempe...), le responsable de l'équipage interroge un Gainsbourg désarmé pour la première fois.

– Avez-vous, monsieur, une clinique médicale ou un complexe hospitalier où vous aimeriez aller par préférence naturelle? Si oui, veuillez nous indiquer cet établissement, je vous prie.

– L'Hôpital Américain, articule Serge entre ses

spasmes. Pour le restant de ses jours s'il conserve la vie (il en fait le serment mental) les masques jetés seront remisés au magasin des accessoires. Le grimacier shakespearien ne frime plus. Il fait vœu de sincérité absolue, solennellement, devant Jehovah, son dieu tutélaire : « Je réduirai en moi, je le jure, toute part de comédie. J'exterminerai en moi l'idée fixe du jeu jusque dans son concept, dans sa notion frivole. Dans sa notion frivole. » Le tam-tam sourd de son cœur vaincu répercute ces sombres échos.

Dix ans après, jour pour jour, notre grand comédien tragique, sa peur désamorcée, me faisait cette confidence grave : « Nous sentons l'approche imminente de la mort à la privation instantanée de tous nos moyens de ressource. C'est si brusque et si violent qu'on éprouve un déracinement tellurique. Nous sommes arrachés à nous-mêmes par les quatres pôles à la fois : le nord, le sud, l'est et l'ouest. Ton identité ne se dissout pas, on te la confisque. »

Nous ne savons pas tout, loin s'en faut. Il nous reste à nous familiariser – non pas avec l'imaginaire gainsbourien que nous connaissons pour l'avoir fréquenté, mais avec l'inimaginable. Impeccables dans leur blouse immaculée, les ambulanciers (« deux lascars patibulaires », bien sûr) présentent à notre héros une couverture bleu poilu 1914. En rébellion devant cette horreur qui choque son sens esthétique, Serge veut bondir hors de sa couche pour aller chercher dans la bibliothèque des plaids d'Hermès en cachemire beige, ornements somptueux. Le premier lascar – Terence – essaie de le contraindre à l'immobilité : « Si vous faites un pas de plus, monsieur, le caillot que vous avez au cœur vous monte inévitablement au cerveau. Vous savez ce que cela signifie, je suppose : l'asphyxie cérébrale. »

Se rendant, titubant, à sa bibliothèque au mépris de la mort, le provocateur – frappé de folie tabagique – s'empare de son attaché-case et le bourre de paquets de Gitanes, n'hésitant pas à les écraser pour qu'il en contienne davantage. L'intoxication nicotinique chez Gainsbourg, c'est cela : une démence persécutrice comparable par le besoin (par le besoin seulement, non par les ravages) à la folie de la drogue chez l'héroïnomane. Il revient dans la chambre avec son butin secret pour infliger aux « lascars » un second acte de désobéissance infantile. Il refuse de descendre l'escalier sur le brancard. Pourquoi ? Parce que s'il descend ainsi, se dit-il, il ne le remontera plus jamais à pied, c'est-à-dire vivant. Se rapprochant de lui, le deuxième lascar – Réginald – lui annonce avec une fermeté laconique :

– Je vous préviens, monsieur, vous risquez votre vie.

– Parfait...

– Vous voulez nous empêchez de faire notre devoir ? Dans ce cas vous auriez pu, par simple politesse, nous éviter le déplacement.

« Les gars, à fond la caisse, direction Neuilly ! », ordonne à voix basse le médecin-responsable aux ambulanciers. A travers son angoisse qui lui martèle les tempes, Serges a perçu les mots. Dépression, désespoir, misère de l'homme abandonné qui n'a aucune solution, aucun recours, aucun plan à opposer à la fatalité dévastatrice. Secoué une deuxième fois par sa turbulence cardiaque malgré la position horizontale, puis aussitôt plongé dans de nouveaux abîmes de terreur – l'espace vivant, le champ de survie, se rétrécissant de seconde en seconde –, Serge s'est mis à pleurer. « Ce sont les larmes du condamné à mort, dit-il. Que tu marches seul au supplice, que l'on t'y porte ou que l'on t'y soutienne, tu chiales. La guillotine cardiaque est tout aussi effrayante – fais-moi confiance – que l'échafaud coupe-tête. »

Gainsbourg se laisse glisser dans l'ambulance qui évoque un blanc catafalque pharaonique. Air conditionné aux odeurs de phénol et de menthe. Deux sirènes aux abois hurlent continûment. Feux rouges brûlés. Une impression intempestive de fatuité envahit Serge qui retrouve, avec sa lucidité, la platitude de l'après-crise. Mais il vit à la Concorde, il respire à l'Etoile; porte Maillot, son cerveau vacille. Le cauchemar manque de relief. L'Hôpital Américain où il vient pour la première fois a des allures d'ambassade. « L'on y rêve de bals dans la pire douleur », disait Scott Fitzgerald, qui manqua y mourir d'une diphtérie. Bien que totalement inconnu aux Etats-Unis (hormis d'une poignée de musiciens d'avant-garde), Monsieur Gainsbourg est reçu comme un grand personnage français. A son étage, à trois chambres de la sienne, le milliardaire grec Aristote Onassis – vieil Argonaute – capitule doucement devant la mort.

Le séjour de notre héros à l'American Hospital péchant par trop d'incohérence, je ne prendrais pas de plaisir à le raconter par le détail. Aussi, avec sa permission, je l'abrège. Au premier stade, son état étant jugé comme très préoccupant, il restera 72 heures sous haute surveillance et sous soins intensifs. Rousseau, dans ses *Confessions*, nous démontre avec éloquence que l'acuité de la mémoire individuelle est fonction de la persistance des maladies et des dommages qu'elles font subir à notre organisme. Gainsbourg se souvient des épisodes de son infarctus avec une fidélité stupéfiante. Ses anges gardiens – Miss Stappelton et Miss Zimbalist – lui ont offert un petit chien en peluche, qu'il a baptisé incontinent « Gain-Gain[1] ». Deux

1. En souvenir de Brigitte Bardot. Voir plus loin.

caméras, fonctionnant vis-à-vis, filment les spasmes thoraciques de Gainsbourg, les palpitations de ses hanches, les soulèvements et les affaissements de son buste, ainsi que les humeurs de son torrent circulatoire et l'inactivité de son abdomen : à toute heure du jour et de la nuit.

Huit ventouses cernent son cœur, qui font action de pompe sur la peau de son muscle pectoral gauche. Il pousse le scandale jusqu'à les arracher. Sur l'écran du téléviseur le profil des pulsations s'abaisse aussitôt pour finir en une ligne horizontale. Le champ du récepteur devient uniformément noir, la ligne – sinueuse, verdâtre et dentelée – ayant disparu. De tel cas de figure ne sont hélas! que trop fréquents dans les blocs opératoires mais ils ne sont pas provoqués. A la seconde, la sonnerie d'alarme diffuse l'imminence du danger de syncope mortelle. Les infirmières se précipitent.

– Puis-je fumer, s'il vous plaît? demande Serge avec la politesse de l'innocence feinte.

– Surtout pas, monsieur! s'exclame Miss Stappelton, tombée en toute honnêteté dans le panneau de la provocation.

– Vous allez faire tout exploser, renchérit Miss Zimbalist, accourue en renfort. Il y a de l'hydrogène dans la pièce.

– C'était une plaisanterie.

Et de sourire, un rictus profond creusé de part et d'autre du maxillaire, une poche jaunâtre sous les yeux. Toute pitrerie de cette taille appellerait un châtiment. Passant au travers de la sanction disciplinaire, notre clochard hallucinant demeure – en ce domaine – impuni.

« Les plus grands fous du royaume appartiennent au roi, écrit William Shakespeare; mais il arrive quelquefois que les rois d'une certaine espèce soient encore plus fous que leurs plus grands bouffons. » Gainsbourg Ier est le dément d'un roi qui s'est dédoublé afin d'avoir deux têtes et de pouvoir jouer, à l'envi, au bouffon royal. Au bouffon grandiose. Assuré de l'impunité par sa double qualité – incorrigible et indestructible – il jouera jusqu'à la fin de son temps terrestre : en rêvant de mourir d'épuisement théâtral. Surtout pas seul. Devant un public de préférence. Dans un studio de télévision, par exemple, où sa mort filmée en direct serait suivie par des millions d'auditeurs ébahis.

Je pense que notre provocateur national souhaite à sa vie cette apothéose finale.

Le désir impatient de fumer tracasse et chagrine notre héros à la façon d'un cancer mental. Sans doute souffre-t-il plus que tout autre du phénomène d'assuétude tabagique, et sans doute l'endure-t-il comme une passion : au sens calvaire du terme.

Incarnation parfaite du dévouement conjugal amoureux, Jane Birkin fait son entrée à l'Hôpital Américain avec des brassées de fleurs, des piles de photos de famille, des montagnes de cassettes, de sachets de bonbons. Chaque après-midi, entre 14 heures et 20 heures, elle mobilise un taxi, qu'elle s'attache en exclusivité, pour ses encombrants transports. Dans le clan Gainsbourg, on se soucie du travail populaire que l'on gratifie de pourboires princiers. Sergio maugrée : « Apporte-moi des déodorants. » Subterfuge de potache pour pouvoir se griser de ses Gitanes sans qu'on lui « brise les noyaux ».

Le toxicomane héroïnal ou cocaïnique est lucide devant sa drogue; c'est devant la disette de poudre qu'il perd le contrôle de ses nerfs et que déraille son train mental. Chez l'intoxiqué nicotinique, *la sujétion du manque est déjà privative d'effet*;

d'où, chez Gainsbourg, ces amoncellements fastidieux de provisions de cigarettes. Toujours anticipé, l'état de besoin s'exaspère chez lui de sautes d'humeur cyclothymiques qui sont liées aux pulsions de l'heure, au climat de la journée. Cependant son tourment est multiplié et cumulatif; puisque, à l'angoisse du manque, s'ajoute l'absence de créativité, la disparition du nécessaire bonheur d'écrire et de composer ou de composer et d'écrire. « La nicotine m'assure l'équilibre nerveux », conclut Serge, qui commence à fumer dès qu'il ouvre un cil; alors même que sa consommation de boisson n'est pas forcément tributaire des jeunes heures du jour, la mise en train de ses activités est conditionnée par les vingt premières cigarettes. « Là-dessus, sur cette base paisible, poursuit-il, vient s'établir comme en surimpression la nappe éthylique génératrice de lucidité qui me force à la création dans un premier temps; puis, dans un second temps, à l'autocensure de mes textes et à leur révision. Moralité : sans alcool fort ni tabac brun, plus de Gainsbourg, plus de Gainsbarre. » Plus de Gainsbourré non plus. Donc plus d'acteur.

A l'American Hospital, la névrose de manque de Serge est aussi dramatique que spectaculaire. Dans le luxueux décor mural qui l'encadre et l'étreint, dès qu'il se dresse debout, ses jambes se dérobent. Il est l'homme qui a perdu son centre de gravité et que tout fuit : jusqu'à son ombre. Electronique en l'occurrence, sa mémoire, à ce propos, flamboie de mille feux aveuglants; privé de vie, il enregistra les mille et un supplices de sa mort. Il va devoir rester un mois – tout un long mois – dans cette pension pénitentiaire pour nantis internationaux dont le prix quotidien serait inconvenant à révéler. (L'on comprend que Marlon Brando, qui a le snobisme des classes méritantes, ne veuille surtout pas y mourir en cas de blocage géographique à Paris.) Désastreusement, Gainsbourg – aspiré par l'obsession de griller des clopes – va du lit (recouvert des plaids de cachemire d'Hermès) à la salle de bains, puis de la salle de bains au lit. Grainsbourg n'est certes pas un surhomme mais il est un géant de la vie; de la vie qu'il déifie chaque jour et chaque heure, païen monumental.

Jane – cette Anglaise restée par amour sur le continent – lui ramène, sous sa forme vaporisable, le déodorant de Guerlain tant attendu. (Gainsbourg est snob au-delà du snobisme : « Encore plus snob que ne l'était Aragon », je lui rabâche.) Exprimée sur le plus affable des tons, la menace de Miss Stappelton et de Miss Zimbalist est : « Si monsieur sort de son lit où il est assujetti par la perfusion sanguine, il court le risque d'embolie. » Sergio veut bien rester immobilisé sur sa couche, jouer les gisants avec discipline, mais à la condition de pouvoir vicier de fumée ses alvéoles pulmonaires. Jane s'insurge devant le fou (« Il agit comme un gosse capricieux », dit-elle) – puis elle se fait, de guerre lasse, sa complice rompue. Il est impérieux tout de même que ces bécasses américaines ne hument point la fumée du caporal supérieur. Sur la table de nuit de Serge se distingue un petit flacon où stagne la médication pilulaire dont il respecte à la lettre la posologie (4 comprimés par jour : 2 à midi, 2 le soir). Il manigance, le pervers, il procède à des transvasements subreptices et rapides, car l'eau du verre à boire lui est immédiatement confisquée. Les pilules cachées dans une main, il éteint ses mégots dans le flacon incliné, car la quantité d'eau introduite en cul de verre n'est active qu'à un niveau inférieur : il faut l'atteindre. Calcul d'adolescent, astuce de parade clownesque : tel est Gainsbourg. Partout où il va, fût-ce aux frontières du néant, il emmène la comédie avec lui.

Le plus grand acteur de ce siècle expirant – Marlon Brando – ne joue pas dans la vie : il se réserve pour le studio de cinéma ou pour l'estrade politique. La scène où se produit impromptu Gainsbourg échappe aux normes de sécurité; imprévisible, nous ne savons quel danger, quelle foudre il attirera sur nous.

Dans l'hôpital le plus hôtelier mais aussi le plus strict d'Europe, la discipline se relâche à l'appartement 42. Nous devinons aisément l'émoi professionnel de Joyce Stappelton et de Dolores Zimbalist préposées à la surveillance de cet énergumène qui maintenant parle le russe de Pouchkine et de Tchekhov.

« Ça sent bon, chez vous, Monsieur Gainsbourg », hasarde Joyce, qui est originaire d'un Etat du nord : le Connecticut. Et comment que ça embaume! Jane ne laisse pas d'apporter le spray d'« Habit rouge », la ligne qui fait alors fureur chez les messieurs. Gainsbourg parvient toujours à donner le change mais c'est chaque fois par l'entremise d'un abus de confiance ou par la corruption d'une conscience détournée.

« S'arrêter de fumer, rien de plus facile : je l'ai fait mille fois », disait Bernard Shaw. « Eveillé, je puis m'interrompre de fumer toutes les 15 secondes », surenchérit Gainsbourg, avec sincérité. S'il avait été voué au cancer de la gorge, celui-ci se serait déclaré depuis longtemps. Les chanteurs, gens d'organe, évitent chanceusement cette affection dont le seul spectre nous terrifie.

Le trente et unième jour, comme prévu, Sergio quitte la clinique de cardiologie de l'Hôpital Américain. Onassis en est sorti les pieds devant, faisant de Jackie Kennedy une veuve pour la deuxième fois. A Jocelyn, dans le Morbihan, où il se retape, Sergio s'éprend des asphodèles et des éphémères qui courent autour des étangs ou se penchent de plus près sur leurs eaux. Dans sa séculaire sublimité poétique, le Combourg de Chateaubriand est tout proche. Un après-midi de la fin mai, tandis que le moment crépusculaire s'avance, Sergio annonce à Jane : « Je vais faire un tour. » Dément conjugal, il saute le soir même dans l'express de Paris où il se découvre, au miroir des W.-C., un point noir sur une canine. Après son escapade insolite, le rendez-vous chez le stomatologue constitue le prétexte idéal pour ne pas regagner la romantique Bretagne. Sergio veut alors, loin de Jane, pouvoir fumer tout son saoul. Il est loin de se douter que deux ans plus tard, à l'heure des comptes loyaux et déloyaux, cette fugue stupide – n'ayant eu d'autre mobile qu'un prurit d'impatience suicidaire – pèsera d'un poids décisif dans la balance de leurs destins en voie de séparation. En perdant Birkin appelée à vivre un autre amour (celui-ci sans fantasmes) Gainsbourg perdra tout. La mère, les enfants, la muse, la compagne fidèle mais saturée, l'amante, la sœur. Tout, hormis son génie qui, tel le phénix fort d'une nouvelle envergure, renaîtra des cendres de cette passion tombée en déshérence, mais jamais éteinte pourtant.

La provocation à la mort avait réussi au provocateur souverain. La provocation à l'amour lui sera fatale.

26

ARCHITECTE EN HERBE. – LA CITÉ SOCIALE. – LA GRANDE CHAUMIÈRE. – LE COUVREUR D'EUGÈNE DELACROIX. – FRANCIS BACON. – GINZBURG TROUVE SON MAÎTRE. – GROS PLAN SUR ANDRÉ LHOTE. – PICASSO ACCUSE : MORT AUX AMATEURS. – AVIS DE RECHERCHE CONCERNANT QUATRE CENTS TOILES DISPARUES. – LA JUSTICE SELON PAUL KLEE.

D'AUSSI loin que nous prenions son train – soit en gare de départ, soit en début de marche – l'entière jeunesse de Lucien Ginzburg nous apparaît vouée à deux grands appels contradictoires : la musique à succès et l'art pictural. Comme il a réussi de la manière que l'on sait dans la première discipline, nous avons jeu facile à affirmer maintenant que la composition musicale correspondait chez lui à une vocation fervente. Nous ignorons tout en revanche du sentiment artistique qui a nourri ses années débutantes; tout de cette passion contredite et d'autant plus douloureuse que l'insuccès l'a retirée de son programme. Nous avons vu Lucien, sous l'Occupation, suivre les cours de l'Académie Montmartre, alors qu'à douze ans – soit quelques lunes plus tôt – il a voulu être architecte. Aussi consistant qu'il ait été, le projet – dans la précocité de son esprit visionnaire – n'a pas résisté aux aléas de l'époque : les travaux publics étant devenus la priorité de l'armée allemande, le temps ne se prêtait pas à la construction des grands ensembles immobiliers surgis d'un cerveau d'enfant prodige. Ce que nous pouvons dire, c'est que l'enfant précurseur traçait sur ses cahiers d'écolier des croquis de tours, de gratte-ciel, de hauts donjons d'habitation pour familles nombreuses; un Pouillon des limbes en quelque sorte obsédé par le sortilège des logements sociaux. Rêveur éveillé, Lucien inventait alors, dans ses songes, une Amérique citadine de bande dessinée, transportable et transplantable dans la banlieue parisienne.

Nous retrouvons notre héros en classe de première au lycée Condorcet d'où on le renvoie pour motif d'insolence. A son professeur de latin-grec[1] (« antisémite notoire », accuse-t-il, mais était-on ouvertement raciste après la Libération?) il a fait un bras d'honneur en refusant de se rendre au tableau noir. Les dés sont jetés. Epargné par ses parents des privations d'une bohème famélique et lésinante, Lucien choisit la vie d'artiste dans son aspect le plus positif. Nourri, vêtu, logé, n'ayant de véritable souci que d'argent de poche pour aller chez les hétaïres, il s'inscrit à la rentrée de novembre 1945 (donc à dix-sept ans) au cours de la Grande Chaumière. Il vit alors sa pleine saison d'amour avec Viviane, la prostituée tondue, qui lui offre par séries de quatre, pour essayer de le rationner, ses cigarettes au marché noir. Armé de zèle, entretenant en lui un feu sacré auquel il n'est pas permis de laisser s'assoupir ses flammes, Lucien Ginzburg est la proie d'une passion qui n'aboutira jamais : la peinture.

Ce n'est pourtant pas que les dons lui manquent. L'esprit encyclopédique affûté que maints étu-

1. Il est à croire, selon Gainsbourg, que Condorcet était le bastion du racisme dans les établissements secondaires; et, surtout, que les profs de latin-grec se montraient racistes au-delà de toute expression (NDLA).

diants appliquent à la science universelle, Lucien l'affecte à la connaissance des arts. Visant à l'infaillibilité, il se compose un bagage étendu pour asseoir sa technique. Ces mois obscurs qui restent liés dans sa mémoire à la nostalgie de l'échec compteront nonobstant parmi les plus beaux de sa vie.

A l'Académie Montparnasse, l'élève Ginzburg, qui est « pourri de dons », fait l'apprentissage technique du génie. Il est possédé d'une sorte de sens orphique du graphisme. Oui, possédé est le mot qui convient. Une qualité que rien ne borne ni ne lie, l'imprègne. Une acuité visuelle inouïe permet à sa perception rétinienne d'enregistrer la forme de l'objet et d'en traduire les traits avec une maîtrise stupéfiante.

« L'artiste, proclame Delacroix, se doit de cerner un couvreur tombant de la toiture dans le temps qu'il met à tomber. » Dans son imaginaire, Ginzburg capte la chute d'un corps en même temps qu'il la dessine réellement sur le papier. Il pratique la technique de l'instantané photographique manuellement appliquée à la création. Capture oculaire du mouvement suivie dans la minute d'une technique picturale avancée : ce par quoi avait commencé Picasso, s'inspirant de Raphaël et de Poussin, Ginzburg le poursuit en de foudroyants exercices. Il dessine et il peint en simultanéité parfaite, troquant dans la seconde le crayon pour le pinceau. Parmi les élèves de la Grande Chaumière, il passe pour un phénomène d'une virtuosité sans limites.

Ne l'appelle-t-on pas « Ginzburg, l'as des as »? D'une habileté qui tire profit de sa foudre, il est capable de dessiner à l'encre de Chine une aiguille à coudre avec les pleins et les déliés, c'est-à-dire avec le chas inclus.

Pourquoi dès lors restera-t-il méconnu? Quelle

guigne d'échec le poursuivra donc ? Pendant treize ans pour la première phase (1945-1958) puis ultérieurement, le mystère Gainsbourg artiste peintre ne laissera pas de s'épaissir. Nous appartenons pourtant à un siècle où le talent le plus ignoré finit par percer et venir au jour. « L'incompréhension aveugle du marchand de tableaux est aujourd'hui dissipée, écrit Francis Bacon[1]. La curiosité aidant, tout s'expose. Moi je peins pour être acheté. »

Il fallait à l'élève Ginzburg un petit maître qui fût en même temps un grand professeur, qui alliât les qualités du peintre moderne aux vertus pédagogiques de l'enseignant. Cette entité humaine, ce moraliste du tableau qui exercera sur Ginzburg – surdoué mais indiscipliné – une influence prédominante est André Lhote. Les historiens de l'art contemporain classent Lhote parmi les cubistes, tout en le situant au milieu des meilleurs qui font suite au patron – Braque – et au monstre multivalent : Picasso. S'il n'empêche pas les Trois Grands (Gris, Léger, Villon) d'exister derrière eux, ils ne lui font point d'ombre. L'aventure tout intérieure de Lhote est une longue marche empirique et tâtonnante. Il est né à Bordeaux, où son père – fonctionnaire municipal – occupe l'emploi d'inspecteur des cimetières. Enfant, André collectionne les perles tombées des couronnes. Adolescent, il fréquente la place Mériadeck, où se tient le marché aux puces girondin de l'art colonial. Fasciné, il y découvre un lot inestimable de masques nègres. La démarche du jeune Lhote est passionnante; autodidacte têtu, il apprend tout par lui-même, recevant exclusivement la connaissance par ses sens. Marié en 1909, il est contraint – en pleine lune de miel –

1. Pendant qu'il tournait *Dernier tango à Paris* (en 1972) le metteur en scène Bernardo Bertolucci emmena son équipe – à la tête de laquelle figurait Brando – découvrir au Grand Palais la grande rétrospective Francis Bacon, « le Vélasquez de l'an 2000 ».

d'abandonner le lit conjugal, car il vient d'être reçu (le premier en France) à la Fondation Bonjean, émanation de mécénat réservée aux seuls époux, mais dont le règlement stipule que, pour bénéficier de la bourse, ils feront vœu de solitude sédentaire et de chasteté spartiate. On vit à Villefreux l'emploi du temps programmé d'une communauté masculine et fermière. Il est expressément défendu de se rendre à Paris pendant un an. Lorsque Lhote quitte sa cure monastique avec un chargement de trente toiles (matière suffisante à une exposition), il croise un inconnu arrivé pour prendre possession de sa cellule : Raoul Dufy. Sa moisson d'alors est une succession d'œuvres fortes, dont l'une des plus violentes – *Rugby*, aujourd'hui au musée d'Art Moderne – lui a été inspirée par ce sport rugueux importé d'Angleterre et très populaire à l'époque chez les étudiants bordelais.

Il fallait que Lucien Ginzburg rencontrât ce coloriste hardi, épris de la rudesse des volumes, mais concepteur graphique avant tout. La Grande Chaumière est son Collège de France. Lorsque Lucien s'y parachute, Lhote a publié la série complète de ses Traités (*du Paysage, de la Figure, de la Peinture égyptienne...*) qui traduits dans le monde entier y font partout autorité. Son cours du Montparnasse est si couru qu'on s'y dispute l'attention du maître dans un sentiment d'émulation parmi les plus vifs qui soient à Paris. Lhote a la vertu charismatique de l'artiste qui préfère transmettre son art plutôt que de s'enrichir de lui. Il agit comme un révélateur irrévocable de l'œuvre d'art. Elève très peu ordinaire, Ginzburg aspire d'emblée à devenir son disciple extraordinaire. L'effet Lhote engendre chez lui une volonté de dépassement. Deux hommes – deux professeurs – sont demeurés au-dessus de l'oubli dans l'estime gainsbourienne : Robert Debré et André Lhote. « Toutes les tendances de l'art pictural ancien et moderne s'exprimaient en lui, dit-il du second. Dans un langage et à travers un trait qui me paraissaient être la forme la plus haute de la civilisation. De la civilisation du sensible. »

L'intelligence et la sensibilité de Lhote sont à la base de l'évolution de Ginzburg, qui ont eu pour conséquence directe de jeter en lui les fondements d'une morale de la création. Les comédiens, les chanteurs s'expriment assez couramment avec un arsenal de crayons, de pinceaux, de tubes. [Nous pensons à Trenet, à Marais]. C'est une manière d'exorciser leurs fantasmes.

Les écrivains[1], quant à eux, éprouvent des difficultés à se mettre à la pâte ou au crayon. Retraité de son ministère, Malraux croquait avec une passion scolaire Parabole et Lustré – les chats de Louise de Vilmorin – en s'efforçant de les surprendre dans des attitudes que réprouvait leur naturelle pudeur. (Expulsant ses excréments, le félin domestique – surtout s'il appartient au sexe femelle – est l'animal le plus « honteux » de la faune universelle.) Les portraits de Cocteau, les cauchemars qui illustrent *Opium*, font partie d'une poétique de la réalité contemporaine. Hugo peut être comparé au Shakespeare du graphisme. Il continue Dürer et il prédit Paul Klee. Mais tous ces gens-là sont des amateurs. Ce mignon péché – l'art – sert d'exutoire à leur oisiveté quand ils rentrent leur plume; en s'y livrant, ils se délivrent en s'occupant. Les peintres du dimanche, qui tuent le dimanche et la peinture, étaient haïs de Picasso. « Le ministre de la Culture, m'interpellait-il[2], devrait exiger des artistes peintres une carte nationale professionnelle

1 Ils comptent parmi eux un peintre authentique qui n'a pas longtemps supporté d'être pauvre et méconnu : Jean Dutourd (NDLA).

2. A une foire aux croûtes de la pinède de Juan-les-Pins, sous Malraux-de Gaulle.

qui leur permettrait d'exercer leurs activités comme vous y autorise la vôtre – journalistes – dans les conditions déterminées par la loi. Nous connaissons deux artisans de génie à qui le cerveau était descendu dans les mains : le douanier Rousseau et le facteur Cheval. Après eux, c'est le désert infini de l'amateurisme. Il faut atomiser ce désert. »

Pas un seul jour de sa vie, Lucien Ginzburg n'aura été un peintre amateur. Alors que la musique de complaisance deviendra son violon d'Ingres par la coalition des adversités, auparavant la peinture aura ruiné Ginzburg, lui enlevant son énergie d'ambition, son potentiel de créativité, son espérance, sa jeunesse. Pourtant, à l'opposé d'un profane dépensant ses loisirs, il se défonce à la besogne. De ce bûcher passionnel qui commence à le brûler dès la première lumière et qui l'anéantit de fatigue le soir venu, il fait sa vie, s'y consumant jusqu'à en perdre le sommeil, le manger, le fumer et le boire. Que sont aujourd'hui devenues les quelques quatre cents toiles de Lucien peintes en dix ans de folie de travail et sélectionnées parmi des kyrielles d'autres ? Serrées au secret dans tel musée féminin, défendues de l'inquisition critique dans telle chambre forte, incendiées, piétinées, passées au pilon, sadiquement morcelées pour finir aux égouts de Montsouris ?

Paul Klee, pour qui Serge a toutes les admirations, croyait en une justice immanente qu'il savait rendue non point par Dieu, non point par les hommes, mais (confessait-il) par quelque « haute essence ». Le refus des galeries de montrer ses toiles ayant entraîné le naufrage du peintre découragé nous pousse à penser que le provocateur souverain a dû par ce rejet cruel subir sa pénitence.

27

MATISSE AUX AVEUX. – LA PEINTURE CARACTÉRIELLE. – LÉONARD, INGRES, CÉZANNE ET LA BOUTEILLE DE JUAN GRIS. – BACON FAUSSAIRE DE VÉLASQUEZ. – GINZBURG VOYEUR CLANDESTIN. – LE DEVOIR ET L'ESSAI. – ÉLOGE DES PROPORTIONS. – PASSAGE DE FERNAND LÉGER. – DES CUBES AUX TUBES. – LA CLASSE BUISSONNIÈRE DU VENDREDI. – INJUSTICE DE L'ÉCHEC. – LA VIE EST UN HASARD CONTRAIRE AUX DESTINÉES.

AUCUNE passion au monde n'est supérieure à celle de peindre. « Une passion ! Plus que cela, une rage, disait Matisse. Nous sommes tous des enragés. »

« A force de sujétions et de diktats, ce métier nous asservit, avoue Magritte. Sa tyrannie est double puisqu'en nous enchaînant au travail il nous assujettit à son capital. La peinture, art sacré, fait de l'artiste son esclave. Vous connaissez un peintre qui soit un homme libre, vous ? » (Magritte ne se plaint pas de son sort d'esclave consentant, il le radioscopie.) La peinture doit frôler quelque part la folie : « Nous sommes essentiellement des caractériels passionnés, m'expliquait Picasso. Tous, tous, tous. Sauf les mauvais peintres qui – eux – ont la fraîche innocence de la source. »

Ce métier, lorsque Ginzburg s'attelle à son étude, s'étend sur plus d'un millénaire et demi d'histoire : du Quattrocento jusqu'au-delà du demi-siècle actuel. Le choc des écoles, avec ses épisodes et ses péripéties, illustre en le bornant cet itinéraire fastidieux. « Le dessin est lié à l'avenir du monde, proclame Léonard de Vinci. Le cerveau produit ma pensée, le dessin la cerne et la fixe. » Le dessin procure la liberté à une imagination qui sans lui resterait prisonnière de l'esprit, forclose en ses limites. « Dessinez, dessinez, dessinez », recommande sans fin Ingres de Montauban aux jeunes troupiers de l'art, contemplateurs de ses épures. Dans sa frénésie sensuelle à retenir les formes, Cézanne prétend qu'un caillou mérite autant d'attention qu'un visage. « D'une bouteille, Cézanne fait un cylindre, constate Juan Gris, le cubiste madrilène du Bateau-Lavoir. Moi, d'un cylindre je fais une bouteille, triomphe-t-il. Une certaine bouteille. »

Ginzburg le libertaire, Ginzburg le mécréant est entré dans l'esclavage et sa pieuse fascination. Délaissé par Viviane qui emploie cette thérapeutique de choc afin qu'il aguerrisse son sentiment vis-à-vis d'elle (le résultat étant qu'il s'enfonce d'un degré supplémentaire dans la misogynie), l'élève d'André Lhote transforme radicalement son comportement quotidien. Devant cette aptitude à croire en l'absolu de l'art, ses vilaines attitudes (détachement frimeur, langage persifleur, muflerie : les mêmes qu'aujourd'hui) s'effacent. Dans son entourage on croit volontiers qu'il a découvert un sens spirituel à la vie. Militaire à Courbevoie ou au camp disciplinaire de Frileuse, il ne s'éloignera pas de sa vocation. Rendu à la vie civile à la veille du demi-siècle, et fier d'une majorité légale que singularisent de hauts faits sexuels, il va sortir du temps des aventures vénales pour entrer dans l'ère des maîtresses choisies. Aucune néanmoins ne le distraira de sa « passion caractérielle ».

« Pour assimiler un aussi vaste enseignement en si peu de mois, il fallait avoir l'esprit dédalique, dit-il. Oui, il fallait être habité par les démons du dédale et du labyrinthe. Les peintres d'autrefois n'allaient pas à l'école : ils apprenaient sur le motif, dans l'exemple cordial du maître. Il n'y avait ni banc de classe ni pupitre à Pont-Aven. Gauguin n'y donnait point de cours, mais il peignait. Ma génération aura été une des premières, ce me semble, à fréquenter d'une manière constante les académies de peinture. »

L'enseignement de l'Académie Montparnasse se décompose en trois parties : le cours théorique du professeur, le déplacement au musée, moments d'intense joie pour la jeunesse; le devoir (ou épreuve) de l'élève qui, une fois exécuté, est publiquement examiné et jugé par le maître. Ginzburg est lhotiste, disciple de Lhote, et son lhotisme le réjouit. « Tout art majeur impose une initiation », déclare André Lhote devant sa juvénile assemblée. C'est une si naïve vérité qu'elle nous apparaît difficilement concevable dans la bouche d'un peintre de talent. Le futur artiste peintre ne peut prétendre acquérir la maîtrise en s'extasiant devant les chefs-d'œuvre du musée Picasso. Pareillement une approximation livresque se verra privée d'efficience. L'introduction à la méthode de Léonard de Vinci[1] ne nous fait pas accéder à la félicité ineffable de Mona Lisa ou de la Vierge au rocher. Pas plus que Malraux soi-même ne nous livre avec *Le Triangle noir*[2] les clés d'une pénétration définitive de l'univers de Goya. Inspirés par une admiration intellectuelle érudite, ces essais initiatiques collaborent certainement à notre connaissance : et si une visite au musée les gomme de notre fonds de mémoire, du moins nous communiquent-ils une envie panique de courir sur les lieux où sont exposées les pièces maîtresses des géants.

1. Paul Valéry, Gallimard.
2. *Idem.*

Qu'il soit public ou qu'il soit privé, qu'il s'agisse de collection nationale ou de collections particulières, rien ne vaut l'apport du musée; il est irremplaçable. Peintre à la cour de Philippe II, Vélasquez s'éclipsait sur les traces des génies italiens. Francis Bacon, qui sait être un copieur d'une dextérité démoniaque (et le cas échéant un faussaire qui vend très cher ses faux) a passé des centaines d'heures debout au Prado, silencieusement extasié devant les ors, les pourpres et les bruns-noirs du géant espagnol. Il faut copier, imiter le vrai par le faux, confisquer les formes et voler les couleurs. Puis retourner dans sa mansarde, barbare sans vergogne, son butin sous le bras.

Pour cette longue période qui va de la fin de la guerre à la fin des années 60, le plus grand délinquant de l'art – entré en clandestin, il contrefait souvent sans autorisation –, le plus grand gourmand parmi les voyeurs de plaisirs de cimaises, le plus habile copieur-faussaire sera certainement Ginzburg.

Quelqu'un va troubler la fête – l'harmonie laborieuse – qui existe, à la Grande Chaumière, entre, d'une part, l'élève Ginzburg et la conception générale de la classe; et, d'autre part, l'exécutant Ginzburg et sa conception personnelle de l'art.

Ce quelqu'un est un poids lourd du cubisme : Léger.

« Apprendre est grand, enseigner est ridicule » : cette formule, qui continue à réjouir tous les rousseauistes, Picasso l'a reprise à son compte. « Je veux bien qu'on m'apprenne – je suis ici pour ça – mais je ne veux pas qu'on m'enseigne la science infuse de l'art et – surtout pas – que l'on corrige arbitrairement mes essais » : Ginzburg surenchérit et – naturellement déjà – en rajoute. Notons au passage ceci : il ne dit pas devoirs – la notion du dû, de la dette scolaire, heurtant le caractère anarchique de son tempérament – mais essais. Il possède déjà ce choix maniaque du mot qui dix ans plus tard fera la force originale de ses lyrics, de tous ses lyrics.

« Lhote ne me corrige pas, il insinue discrètement l'urgente nécessité de certaines retouches à apporter à mon essai, dit-il comme s'il retournait soudain, quarante années en arrière, à l'âge d'or de ses vingt ans. Il me comprend, il compose avec ma création. Peu lui importe de me noter – c'est-à-dire de me juger : il assimile mon cheminement intérieur et en examine – avec les scrupules les plus attentifs – les résultats. C'est une démarche exemplaire, non? Car l'élève, il me semble, a le droit d'émettre une opinion sur son maître. »

Qu'apprend donc André Lhote, cubiste modeste, à l'immodeste Lucien Ginzburg? Les cubistes étant pour la plupart de merveilleux coloristes, il lui apprend l'art des tons clos dans une géométrie limitée, stricte toujours, parcimonieuse quelquefois. « Le tableau n'existe pas sans ses proportions, dirait Picasso. A toi de choisir, donc de limiter ta surface. » Le problème d'un tableau, en apparence et en réalité, ce sont ses limites. Ginzburg a reçu 5 sur 5 le quadruple message cubiste de la mesure, de l'équilibre, de la plénitude, de la rigueur. Toutes les toiles de Braque – le patron – poussent à cette définition du cubisme : la rigueur dans la plénitude. « Le cubisme, c'est la raison mathématique, note Ginzburg. Lhote m'a guéri de ma folle propension à m'étaler sur la toile. » Quand l'affectivité entre dans l'art et favorise une correspondance, que demander d'autre? Il fallait hélas! que le dialogue Lhote-Ginzburg s'interrompît, qu'il s'altérât sinon. Dans ce ciel idyllique, trop bleu pour la permanence, surgit une déconvenue. Elle est monumentale et nous procure une juste idée de ce qu'était notre provocateur aux alentours de ses vingt ans. Déjà il tenait tête, il ne démordait pas. Lorsqu'elle est réellement incarnée dans un individu, la provocation a le mérite – quelque risque qu'il coure et quelque péril dont il soit menacé – de ne jamais rentrer ses griffes. Voici une nouvelle preuve de la prédestination de Gainsbourg à épater le commun des mortels, à défier la conscience collective et – par cette attitude au-dessus du reniement – à gagner une popularité dont l'enjeu le séduit d'autant plus que le gain n'est pas évident. Le meilleur dans Gainsbourg vient sans doute du fait que la lâcheté soit un sentiment ignoré de lui. Alors que tant d'hommes – de toutes les disciplines et de tous rangs – sont lâches, il échappe à l'empire de la couardise, de la crainte et du tremblement. Pour parler par allégorie, Gainsbourg c'est toujours le courage qui donne des ailes à la peur, jamais la peur qui donne des ailes au courage.

Lucien s'attaque à forte partie : au numéro trois de l'art moderne vivant; à celui qui fait suite à Braque et Picasso eux-mêmes; et – de surcroît – à un héros de notre temps. Il s'attaque à Fernand Léger, lequel est tout ensemble une légende, un mythe de société et un catalogue universel, proie des marchands, des courtiers, des intermédiaires.

Il faut leur rendre cet hommage : l'homme et le peintre Léger ne font qu'un; un seul et même individu, pétri dans une même pâte : compacte, monolithique, unitaire. L'homme est à ce point engagé dans sa peinture que le biographe passionnément épris d'elle pourrait raconter sa vie – moment après moment – par chacun de ses tableaux. Exposée au Salon des Indépendants de 1910, sa première toile authentique (auparavant, du talon, il en a crevé plus d'une centaine) s'intitule *Nus dans la forêt* : il a mis vingt-deux mois à la peindre; c'est dire qu'il l'a reconstruite et repeinte une trentaine de fois. Ce normand de l'Orne, fils d'agriculteur, est hanté par les arbres et la masse humaine brute : par l'écorce et par les corps. Sympathisant communiste, il est tellement au-dessus du commun stalinien qu'Aragon lui-même donne complaisamment sa langue au chat dès qu'il s'agit de le classer. Hormis qu'il pense à gauche – à gauche toute – malgré la substantialité de son compte bancaire, Léger est un citoyen politiquement inclassable : aussi bien radical païen que trotskiste. Quand on installe *Les Constructeurs* à la cantine des usines Renault, à Billancourt, les métallos ricanent. Comment, contestent-ils, peut-on visser des boulons avec des mains pareilles? Cette réaction vexe Léger, fils du peuple et Michel-Ange futuriste du peuple, cohérent dans son dessein : un travailleur à la chaîne n'a pas les mains d'un pianiste ou de Gérard Philipe enlaçant Presles, Morgan ou Darrieux. Lorsque huit jours plus tard il se pointe au réfectoire de la forteresse syndicale – cela dans le seul but de vérifier le degré d'acclimatation visuelle du monde ouvrier à sa peinture – les métallurgistes ne rient plus : ils se sont habitués au volume, à la puissance, à l'activité de ces mains fraternelles. Peintre du fantastique social et de la civilisation industrielle, Léger – dissident du cubisme – est l'inventeur du « tubisme » : à partir de rosaces de cylindres, il évoque la machine-outil, la progression du siècle au détriment de l'homme écrasé. Ce que nous n'avons su voir ni les uns ni les autres à l'aube du pop'art. « Les proportions sont mon seul souci esthétique, déclare-t-il. Après vient la couleur. » Léger entraîne le respect parce qu'il est le peintre de l'homme. Gazé à l'hypérite sur le front de Champagne, il fut brancardier à Verdun. La guerre et la mort le connaissent. Le musée d'Art Moderne de New York lui offre ses cimaises : « Il est un peu notre frère français », dit le grand romancier John Dos Passos.

C'est donc à ce géant multinational qui « travaille » la musculature des plongeurs, des boxeurs, des portefaix et la peine planétaire des hommes que Ginzburg s'oppose. Que lui reproche-t-il? Son puritanisme professoral, son rigorisme académiste, ses lieux communs et ses ellipses fumeuses de pédagogue pompier. Rien que ça! « Je n'aimais pas sa facture conceptuelle, dit-il, et je haïssais ses corrections. » La coupe de l'antipathie déborde. « Léger, trop lourd pour moi. » Le vendredi est le jour sacro-saint du grand maître. Ce jour-là, la classe se met à l'heure du fanatisme religieux. On retient son souffle. Sur le chevalet la main tremble. Le vendredi, Lucien disparaît à la recherche d'une ou de plusieurs filles. « Par mon absence, dira-t-il, je confisquais à Léger le plaisir de me dispenser son numéro critique et je le privais partiellement – au quarantième environ de ses appointements – d'une justification de salaire plus établie selon moi sur le prestige de son nom que sur l'efficacité de sa maîtrise enseignante. » Rien que ça! Ce M. Léger n'était en somme qu'un prof d'avant la révolution étudiante de mai 68. Le provocateur Ginzburg est devenu contempteur.

Ce grand artiste doublé peut-être d'un enseignant primaire et redondant avait fondé dès 1928 l'Académie Fernand Léger. Ce qui ne l'empêcha point, à son retour d'Amérique, d'accepter de donner des cours. Ce qui prouve que, sa gloire établie, il n'était pas forcené de peindre pour peindre, donc de thésauriser des milliards comme Picasso, Matisse ou Magritte. En 1953, submergé par le nombre toujours croissant d'élèves – arrivant de Hong Kong, des U.S.A., de Chine populaire, d'Uruguay – il ferme à jamais les portes de son académie. Le 17 août 1955, à l'âge de soixante-quatorze ans, il s'éteint dans son appartement-atelier de la rue Notre-Dame-des-Champs. Il se trouve que les hasards heureux de mon métier – ajoutés à l'amitié de Zadkine – m'ont attaché à cet homme avec lequel j'ai marché plusieurs fois jusqu'au jardin du Luxembourg. A l'inverse de Picasso qui n'arrêtait pas de faire son paon et son paradisier devant les reporters, Fernand Léger exécrait ce qu'il appelait (sans trop savoir pourquoi) le « journalisme publicitaire » ou le « cinéma photographique ». J'ai aimé cet être calme et pudique de façon constante et respectueuse. C'était un très grand format. Avec son nez de kermesse et sa corpulence élargie, il me faisait parfois penser à Blaise Cendrars dont il n'avait cependant pas l'esprit tendu vers l'aventurisme. Pur, entier, fermé dès l'enfance au catéchisme restrictif du « sérieux de la vie », Léger avait quelque chose d'exceptionnellement remarquable : politiques ou autres, il rengorgeait toutes ses déceptions. Il fuyait les salons où Picasso et Thorez – complices bons vivants – se plaisaient et se complaisaient. S'il avait eu de Léger une approche exacte et sensible, Ginzburg ne fût jamais devenu Gainsbourg. Peut-être fut-il devenu un peintre, admis, reçu, adulé? Qui peut savoir?

Lucien a vingt-sept ans lorsque Fernand Léger nous quitte, assuré d'une postérité qui ne prendra fin (le devrait-elle) qu'au jour J du génocide universel. En 1955, le peintre Ginzburg n'a toujours pas percé. Comme je lui demandais ce qui se passait alors dans sa tête devant ce surplace impatientant, il me répondit par cet alexandrin inconsciemment admirable, dont il n'a mesuré – dans l'instant – ni le mètre ni la portée : La vie est un hasard contraire aux destinées. Rien que ça!

28

UN GAINSBOURG INCONNU : LE VISITEUR DU LOUVRE. – SOLITUDE ET SILENCE : UN LIEU SAINT. – PLEINS FEUX SUR JÉRÔME BOSCH. – LA TRINITÉ RÉALISTE. – HOMMES GALANTS ET FEMMES NUES. – GUSTAVE COURBET COMME FLAUBERT. – L'ATELIER DE L'ARTISTE : LA MAîTRESSE NOIRE DE CHARLES BAUDELAIRE. – CHASSÉ DU TEMPLE. – DIX MILLIONS MANQUENT A JANE. – *L'ENTERREMENT D'ORNANS.* – LES BIENFAITS D'UNE VOCATION. – BONJOUR, MONSIEUR COURBET.

FERNAND LÉGER sera vite oublié. L'Académie aux trois mille et une merveilles, pour Lucien, c'est le Louvre, temple éternel où les évangiles sacrés, figés dans leurs cadres, se laissent consulter, circonscrire, expliquer, confesser, mettre à nu. Il faut avoir visité notre premier musée national sous l'égide du professeur Gainsbourg pour se fortifier à la fois de toutes ces certitudes : le religieux élève qu'il y fut, le copieur surdoué qu'il y devint, l'amoureux solennel et total qu'il est resté de ces lieux majestueux et graves; par-delà sa passion déçue, ce pèlerin de l'art fait communiquer sa flamme au visiteur qu'il accompagne, flamme qu'il s'apprête à transmettre à sa fille Charlotte et à son fils Lucien. L'on ne garde pas un tel feu pour soi; il faut qu'on le partage avec autrui; plus de gens il dévore, mieux ça vaut. Mystique du Louvre, Gainsbourg est un fou des musées de France, d'Europe et du Nouveau Monde. Sans aucun ressentiment il revient aux dieux qui n'ont point voulu de lui.

Dans les salles du Louvre, j'ai vu Serge accablé d'une pesanteur inaccoutumée. Je l'ai découvert transfiguré. De plus – et le détail est révélateur de son mysticisme pictural – voilà bien le seul endroit au monde où il n'ait pas été saisi, devant moi, de l'impérieux besoin de fumer. « Ici l'on devrait se déchausser comme sur le seuil d'une mosquée, dit-il, et entrer les pieds nus. » Le bavardage au musée, les touristes étrangers qui manquent de respect, les provinciaux qui se perdent, les couples qui s'enlacent : il ne supporte pas « les blaireaux ». L'homme accuse, véhément.

L'artiste est inexorablement seul. Il n'y a de réflexion puis de création artistique que dans la solitude. La solitude ajoutée au silence. Au Louvre, en tout début d'après-midi, règne le silence des lieux saints. Lucien y vient six jours sur sept certaines semaines comme pour une longue prière ininterrompue. « C'était, dit-il, une initiative personnelle inlassable, sous-tendue par une exigence. Inlassable car insatisfaite. Au Louvre, je n'ai jamais pu épuiser le sentiment de ma jouissance " physique ". (Tu places le mot physique entre guillemets.) Le temps, stupéfié, suspendait son vol. Je marchais sur des ailes. » Ce que Gainsbourg nous décrit – cette ineffable paix active – avoisine l'extase.

Les livres d'art sont loin. Le charme de la méthode Lhote s'amenuise. Malraux n'a pas encore publié sa *Psychologie de l'Art.* A l'époque, la littérature de vulgarisation est embryonnaire (« L'édition a des aspects honteux »). Lucien fait sa première fixation sur Jérôme Bosch; puis, partant de l'exemple, il étend sa passion aux naïfs du Moyen Age. Jérôme Bosch était-il un naïf? Catégoriquement, Malraux dit non. Aussi formel, Picasso dit oui. Gainsbourg conclut aujourd'hui : « C'était un naïf attardé. » Là-dessus, il démontre que Bosch est un révolutionnaire moral. A preuve : avant lui, l'on ne voyait aux cimaises que des *pietàs*. Avec son avènement, tout change au tableau d'honneur des murs. En réaction contre la posture figée à héroïne unique, il introduit le mouvement dans la toile en multipliant les personnages. Bosch invente le protagonisme. Ces scènes religieuses de Bosch (il invente aussi le fresquisme du nord) ses successeurs dans le temps vont les adapter à une humanité détachée du divin ou qui du moins n'en tient pas compte. L'influence est considérable. « Un naïf n'a jamais été aussi en avance sur son siècle, sur plusieurs siècles » : Malraux. « Si, puisque le naïf fait une peinture surgie de son inconscient », rétorque abusivement Picasso. L'on pouvait croire alors, chez Gainsbourg, à une confusion vague de l'âge et de la perception. (Il a vingt-deux ans lorsqu'il commence à fréquenter assidûment le Louvre.) Il n'en fut rien. « Hormis pour les Espagnols – Vélasquez : *La Reddition de Breda*; Goya : *Les Horreurs de la guerre*; Picasso : *Guernica*, mais n'obéissent-ils pas à un ordre dicté du dedans, à une commande intérieure ? – ce n'est point son époque qui fait l'artiste, c'est l'artiste qui colore son temps, le devine, le devance. » La séduction orale de Gainsbourg parlant de peinture nous remémore la fascination qu'exerçait Malraux sur ses aréopages de salons.

Nonobstant, dans le cerveau de Gainsbourg jeune tout était ordre, calme et volupté logique avant la révélation qu'il a de Gustave Courbet. Une révélation, qu'est-ce que c'est ? Une découverte qui tire furieusement à conséquence : quelque chose comme la transformation de la vision du monde de l'individu concerné. Curieusement (oui, c'est pour le moins inattendu) Courbet, en se révélant à

Lucien, introduit en lui le désordre, l'emportement, le charivari. Dieu sait si sa peinture est aujourd'hui apaisante pour l'œil du riche, tout autant que le sont celles de Corot et de Delacroix, ses contemporains de la trinité réaliste. Aux yeux de Lucien, Courbet est un visionnaire immoral plus encore par l'audace de ses sujets que par la façon dont il les traite. Il s'agit d'un art de la dégarniture et du remplacement. Les ensembles muraux dont on se régalait les jours de vernissage font siffler Courbet dont l'anticonformisme frise l'anarchie. Sur de belles surfaces limitées par les maîtres anciens et qu'il nettoie par le vide (« c'est un négateur », dira Cézanne) il se livre à un repeuplement immédiat et progressif grâce à un coup de pinceau d'une épaisseur, d'un relief, d'une densité magistraux. Les idoles des fables saintes ont disparu, faisant place à des paysans, puis à des aristocrates, puis enfin à des hommes galants représentés en compagnie de femmes nues qui font commerce de leurs charmes. Nous sommes dans l'antichambre de la maison de rendez-vous ou dans le salon du lupanar où l'on choisit sa pointure. Le tableau baigne dans une atmosphère de gêne (celle de l'acte physique imminent) qu'intensifie la puissante sensualité flaubertienne de Courbet. « Il est le peintre de la matière », dit Gainsbourg. Comme c'est vrai. Les provocateurs se rencontrent ou se retrouvent dans le temps. En introduisant le scandale dans l'art, Gustave Courbet (même prénom usuel que Flaubert) fait basculer l'art dans la chronique scandaleuse.

Où la sensibilité sexuelle du maître se manifeste le plus, au dépit d'un classicisme épuré dont la raison d'être était de la contenir, c'est dans *L'Atelier de l'artiste.* Dans la version originale du tableau, Baudelaire avait à son côté une maîtresse noire, *servante au grand cœur dont il était jaloux.*

« En ces temps de bonnes mœurs, s'insurge notre héros, comment un intellectuel blanc pouvait-il être collé avec une négresse? Im-pen-sa-ble, n'est-ce pas? Im-pen-sa-ble. Alors M. Courbet a dû faire disparaître au couteau toute trace de la scandaleuse compagne du poète. » Cet acte de subordination est archiconnu. Mais Lucien n'a que dix-sept ans lorsqu'il découvre la coupable anomalie et s'en émeut, le sang aux joues, comme un esthète pubère. Qui plus est, le musée du Louvre – qui a fui lui aussi devant l'envahisseur – vient de regagner ses pénates après cinq années noires passées au secret dans les caves municipales de Montauban et les pièces féodales du château du Montal, près de Saint-Céré.

Douloureusement, Lucien sait que Courbet, qu'il idolâtre, a triché. Voulant faire admettre aux visiteurs présents le principe qui anime sa bonne foi – à savoir que le scandale n'est pas fonction de ce que l'on montre mais de ce que l'on cache – il veut voir de plus près, comme à la loupe, les traces de l'inepte occulation. Le gardien s'interpose; mais Lulu résistant, il appelle à l'aide. L'impétueux élève est jeté dehors.

Pour lui l'heure a maintenant sonné d'arrêter sa technique classique, de s'y tenir et de s'y maintenir. Les leçons de Lhote, les cours de Léger n'ont porté aucun fruit. Les cubes, les tubes, il ne connaît plus. L'abstrait s'en tient aux formes mortes. Le figuratif, lui, glorifie la chair vivante. Ginzburg ne peut être que figuratif. Il voit grand, à la mesure du précédent siècle. Il voit grand et doit se décider à démarquer plus grand que lui. Obsédé de Vélasquez, Francis Bacon reprendra de lui de nombreux thèmes mais en les arrachant à la gangue de l'histoire et en leur faisant traverser le miroir des siècles épurateurs. Le tremblement du temps qui passe baigne certaines de ses toiles à la façon d'une vapeur d'irréelle rosée. Choisie, la méthode picturale de Ginzburg porte deux noms : Courbet et Manet. Rien que ça! Ce qui ne laisse pas de nous émouvoir, ce sont les ambitions que caresse notre jeune homme. Ainsi, en ces années 50, il veut restaurer le classicisme flamboyant des deux lions éteints : Manet, qui est inscrit dans l'impressionnisme; et Courbet, qui n'est inscrit dans aucune école ou clan modernes puisqu'il est un ancien, un homme d'avant, sur qui repose en partie la nouveauté du siècle. C'est bien cette admiration aveugle, cette cécité éclairante qui encore une fois nous confond. La lumière est venue à Gainsbourg d'un chef-d'œuvre : *L'Enterrement à Ornans.*

D'émotion éperdue, il en pleurait au Louvre. De la même émotion à peine tempérée par le flux des ans, il pleure encore aujourd'hui : au rendez-vous de la soixantaine. C'est donc à Gustave Courbet qu'il doit son ardeur généreuse de peindre; sa volonté d'une remise en question quotidienne; ainsi que le drapeau blanc hissé pour un court armistice sur le front de la provocation. Ginzburg s'est assagi. Il n'agresse plus personne. Entre deux rapports profonds, il ne menace plus les femmes de quelque punition au fouet du marquis de Sade.

Bonjour, monsieur Courbet. De nous à votre outre-tombe, cela valait bien un salut. On a dit de Victor Hugo qu'il aurait fait un ambassadeur admirable. Lucien Ginzburg aurait fait un admirable guide, surtout s'il s'était agi d'expliquer notre peinture et ses œuvres aux jeunes étrangères processionnant au Louvre en cet été 1989.

29

L'ÉCOLE DE PARIS AUX OUBLIETTES. – RACISME DE L'ART. – DU NON-PARTAGE DES PASSIONS. – OÙ L'HISTORIEN EXTERMINE LE PEINTRE. – DE JÉRÔME BOCH À DADA. – UN FILS TRÈS CONVENU. – DELACROIX, CHIRICO : MÊME COMBAT. – LULU-LA-REVANCHE.

LES révélations se multiplient et il subit leur empire. Si les noms de Modigliani, Kisling, Soutine (tous immigrés qui, l'ayant devancé sur le sol de France, ont tous fait carrière aux cimaises) – si ces noms n'affleurent jamais à la surface du long monologue fluvial gainsbourien, c'est que Lucien a la passion des musées, non des galeries. Les premiers sont les gardiens de l'éternité picturale; les secondes sont des lieux de passage où papotent les journalistes d'art.

J'avoue avoir été surpris que Serge n'évoquât à mon ouïe aucun des grands pinceaux issus de sa race émigrée, et les maîtres fondateurs de l'Ecole de Paris notamment. Sur Marc Chagall, son néo-primitivisme féeriste, son foisonnant plafond de l'Opéra, rien. Sur Pascin et l'érotisme énervant de ses nus, quelques mots – originaux ou rapportés – paraissant tous obligatoires : une politesse avare de bon aloi. Si Gainsbourg se ferme à l'admiration (mis à part Modigliani) c'est que ces gens-là ne sont pas de sa famille. Toute exigence créatrice –

du moins dans la phase où s'échafaudent le choix et son corollaire sensible : la préférence – est discriminatoire.

Je le pense : à partir de thèmes de connaissance et de raisonnement on ne peut plus à l'opposé de ceux d'Elie Faure ou de Malraux, Gainsbourg est une histoire de l'art vivante et ambulante. Il parle de la peinture comme des femmes ou de la musique : fameusement, avec une sensualité empirique et débordée. Entre l'historien et l'artiste s'érigent des murailles impénétrables. Autant l'on peut se pénétrer d'une œuvre, autant l'échange est difficile avec son auteur; une passion créatrice ne se partage pas; la passion c'est la certitude du non-partage. Autant l'historien s'attache à la passion du peintre, autant il s'échine à nous la faire vivre, autant il se trouve dans l'incapacité absolue de la reprendre à son compte, de la vivre lui-même. Autant il s'en éloigne. Valéry n'est pas plus Léonard que Degas; Aragon n'est pas Matisse ou Malraux Goya; pas plus d'ailleurs que John Riskin n'est Amiens[1]. Gainsbourg jeune était les deux à la fois : le peintre trimant sur sa toile et le critique-historien la jugeant avec une objectivité fataliste. Je le présume aujourd'hui : Gainsbourg le critique savant, Gainsbourg l'historien, a arraché ses pinceaux au peintre Ginzburg.

Au commencement de la création s'est esquissée une démarche. L'initiation de Gainsbourg (l'initiation révélée) est entièrement fondée, ou presque, sur une dictature de l'exclusive.

De Jérôme Bosch au surréalisme (Dada, sous-entendu Picabia[2], compte énormément aux regards de Gainsbourg) l'itinéraire gainsbourien est –

1. John Ruskin, *La Bible d'Amiens*, ouvrage monumental sur la cathédrale, préfacé par Marcel Proust. Mercure de France
2. La formulation est de Gainsbourg.

sous son aspect trompeur de grand écart – limité, hésitant, rétréci. C'est par sa sincérité qu'il nous touche, tiens donc! L'éblouissement répété des musées s'estompe devant ce drame de la solitude et du désespoir qu'est la confrontation de l'artiste avec sa toile vierge. De l'abcès de fixation initial – Bosch – au pôle d'aboutissement – Dali – nous laissons de côté les délices faciles pour arriver à cette conclusion : l'abstrait (Picabia est avant tout surréaliste) a séduit Gainsbourg sans le conquérir. Bien sûr qu'il veut être de son temps, la belle malice! Bien sûr que Courbet ça date. Rien ne date davantage que la postérité, antichambre de l'immortalité. Pour les incertitudes du futur nous avons le musée d'Art moderne à New York City. Que la cause soit entendue une fois pour toutes.

Le plus grand peintre abstrait de notre temps – Kandinsky – a-t-il jamais existé pour Gainsbourg? Evacué avec l'eau du bain, on n'en parle pas, on n'en parle plus. Toute la création de Lucien Ginzburg sera liée jusqu'à l'assujettissement à la discipline des formes. « La couleur est une sur-création, dit Gainsbourg. Mais en tant que sur-création, elle vient après l'absolu de la forme : après ses contours arrachés à l'espace vierge, après son volume, sa densité, son poids. » Répétons-le quitte à nous faire taxer de rabâchement : sa technique classique arrêtée, donc choisie, Ginzburg est le fils ambitieux de Courbet et de Manet; proscrits de l'aventure, « formistes » convaincus, ces gens ne prennent aucun risque pas plus avec les corps qu'avec l'espace qui les contient, qui les enferme. Lorsque Courbet peint *Chillon*[1], la masse du château (sévèrement proportionnée) sort des eaux

1. Propriété de Maître Maurice Rheims (NDLA).

lémaniques bien avant que la couleur (c'est une évidence par tous les yeux ressentie) n'en ait ocré sombrement les murs. Lorsque Manet, tout impressionniste qu'il soit déjà catalogué, peint *Le port de Boulogne*, nous ressentons tous comme une évidence physique que l'expression formelle des barques de pêche précède l'impression fluctuante du miroitement des eaux marines. « Même secondaire, mes admirations ont été primordiales », reconnaît Serge. Ainsi de Géricault, de Delacroix, de leurs « grands machins ». Combien de fois aura-t-il copié, grandeur nature, *Le Radeau de la Méduse*?

Picabia, moi je veux bien. A la suite de Gainsbourg, je veux tout : je suis là pour suivre. Restons sérieux tout de même. La culture classique de Lucien Ginzburg est complète et irréversible. La culture moderne de Serge est incomplète et provisoire qui ne demande qu'à évoluer vers l'enrichissement.

Le surréalisme a des représentants prestigieux, coloristes exceptionnels : Salvador Dali, Max Ernst, Magritte – et son archange onirique, son saint : Paul Klee. Mais tous ont un devancier dans la chronologie comme dans l'expérience : Chirico. Par les fenêtres ouvertes de son boudoir de château fort, Sade jetait aux fauves affamés de la cour ses partenaires insuffisamment corruptibles ou profanes maladroites. Les gladiateurs nus de Chirico combattent le lion au corps à corps. Les dadaïstes picturaux qu'aime Gainsbourg sont des figuratifs « formistes » illuminés par leur imaginaire. De Delacroix à Chirico n'existe-t-il pas une filiation directe?

En vérité, le drame de Lucien Ginzburg peintre est d'avoir voulu forcer l'aube du demi-siècle, moderne et moderniste par excellence, avec des convictions classiques. Les années 50 ne lui ont pas pardonné cette double erreur d'éthique et d'esthétique. Mais toute la seconde moitié de ce siècle sera obligée bon an mal an d'ingérer en chansons sa revanche vengeresse.

30

UN DON JUAN DE DOSTOÏEVSKI. – GAINSBOURG VU PAR SARTRE. – TRIO SEXISTE. – BRIGITTE BARDOT, LA DÉESSE ANDROGYNE. – TOUTES LES FEMMES EN SONT FOLLES. – CHIRURGIE RÉPARATRICE. – SANS OBLIGATION NI SANCTION. – LA PRINCESSE GALITZINE. – RACE DES VAINQUEURS. – BÉATRICE. – JÉRÔME BOSCH AU PRADO. – LA PROVOCATION INSOLITE.

En ces années d'incessante frénésie créatrice (1950-1958) notre héros nous fait penser à un don Juan qu'aurait imaginé Dostoïevski, toutes tendances homicides ou suicidaires exceptées. On peut voir la vie et l'amour en noir sans être pour autant hanté par l'idée de la mort. « Si Dostoïevski s'était attaché à construire le portrait d'un séducteur – et que ce portrait eût dominé un roman comme les jeunes gens dominent l'œuvre de Stendhal – le modèle, j'en suis persuadé, nous aurait amené à des comparaisons, voire à des équivalences, avec Gainsbourg » : ces mots sont de Sartre. Il me les a dits au lendemain d'un show télévisé qui eut un retentissement national[1].

Entre vingt et trente ans – sa dernière décennie obscure et difficile – la vie privée de Ginzburg est marquée par un défilé ininterrompu d'appétissan-

1. Le show Bardot de la nuit de la Saint-Sylvestre 1967, œuvre d'Eddy Matalon, au cours duquel fut créée en images la complainte de *Bonnie and Clyde* (duo B.B. – Gainsbourg).

tes créatures, et qui ne sont point des gamines, figurez-vous. Tandis que sa virilité est de plus en plus mise à l'épreuve, nous nous rendons compte combien l'acte sexuel, dans son animalité, est nécessaire à son équilibre. A l'époque, Marlon Brandon – son contemporain assez strict puisque son aîné de seulement quatre ans – parle des femmes dans des termes approximativement semblables aux siens, sauf qu'ils comportent (du moins en public) plus de décente mesure. Mais leur misogynie commune présente ce caractère bestial, primitif, dogmatique du misogyne caractériel. L'on poursuit de ses érections des compagnes qu'on boute hors du lit sitôt que s'est produit l'apaisement des sens. Pour recommencer une identique séance avec une autre. « Il faut choisir d'aimer les femmes ou de les connaître », écrit Chamfort.

Ce que ne supporte pas Ginzburg, c'est l'insipide vanité de la psychologie féminine en même temps que l'instabilité fondamentale du comportement féminin. Bref, c'est un sexiste. Un sexiste forcené et narcissique, ne pouvant souffrir que les secrets de son corps ne soient point remarqués, honorés, vénérés, adulés. Comme il a une vocation d'éducateur sexuel, voire de pédagogue érotique, sa propension à se détacher des partenaires adultes pour se fixer sur l'ingénuité perverse de la puberté ne cessera de progresser en lui, l'âge venant.

Bientôt exaspéré par la rencontre de Gainsbourg avec la femme-enfant Brigitte Bardot, déesse androgyne, corps pour la statuaire et profil d'éphèbe gourmand, ce fantasme lolitique est compréhensible. (Il faut nous rendre à l'évidence : le talent, le génie font route avec l'ambiguïté.) Ce qui échappe à notre entendement, c'est le fantasme gainsbourien de la laideur supposée, laideur érigée en handicap dont on vient à bout par la création, ses succès, ses mérites. Ce que je ne parviens pas à analyser, c'est que Gainsbourg se soit volontairement affublé – et d'assez bonne heure : en pleine jeunesse triomphante – du complexe de répulsion. Star mythique, B.B. – le découvrant dans un rôle secondaire, l'appelant « Gain Gain » et se prenant de sympathie pour lui – le tiendra un moment pour un personnage timide, un clown blafard; mais prenant très vite les dimensions de l'homme, elle redressera son jugement et l'aimera. De toute manière, le complexe du « laid qui plaît » ne vient pas à Gainsbourg des femmes qui toutes lui trouvent soit « la quintessence du charme slave », soit « un vague à l'âme de génie », soit « le masque du tragédien solitaire », soit « l'œil de cendre du condamné », soit « le faciès de l'accidenté mortel », soit « l'air déboussolé d'un vieil orphelin perdu ». Etc., etc.[1]. Que son humeur misogynique les réduise à l'état d'objet ou que sa passion palpitante les élève au-dessus de leur taille, Serge touche les femmes plus encore qu'elles ne le touchent. Alors, ce complexe de l'amant qui s'enlaidit à discrétion par une sorte de mégalomanie négative, par un acte de masochisme intellectuel – ce complexe qui refuse le défouloir, assurément que notre héros se l'est inventé. C'est son acte mental gratuit. S'il était si laid qu'il s'efforce de le laisser entendre et paraître, lui qui est si puissamment photogénique, il serait ridicule en regard de la beauté de ses propres enfants et grotesque vis-à-vis des nombreuses maîtresses dont il reçoit le bovarysme éperdu comme l'hommage le plus flatteur.

1. Ce sont quelques-unes des réponses à une enquête écrite, répartie sur cent femmes et entreprise avant la rédaction de cet ouvrage (NDLA).

Un jour que je lui demandais pourquoi, puisqu'il se trouvait si abominable, il n'avait pas recours aux améliorations de la chirurgie esthétique, je me suis entendu répondre, avec une insincérité atterrante : « Les erreurs de la nature ne se laissent pas réparer. » En fait, Gainsbourg est si satisfait de sa gueule qu'il faudrait un accident grave pour qu'il la livrât à la réparation du bistouri, du scalpel, des sutures. A preuve : le calvaire d'un Montgomery Clift, par moi raconté, le fait blêmir[1]. Inadmissiblement, la provocation chez Gainsbourg dépasse quelquefois les bornes de la comédie humaine. Ni vous ni moi n'y pouvons quelque chose; la société non plus. Confortés par une longue expérience, l'homme et l'acteur qui ne font plus qu'un à tout jamais, sont ainsi : conciliables dans la démesure, incorruptibles dans l'excès.

Serge Gainsbourg ne craint aucune forme de répression sociale : sans enfreindre cependant la loi, il vit dans une morale sans obligation ni sanction.

Coexistant dans une complicité tacite, orgueilleuse, sans jalousie, plusieurs femmes vont l'aider au cours de sa décennie sans argent. Un homme dénué de séduction n'obtiendrait pas ce tableau de chasse ni ce concours de dévouement. S'arrachant, à Paris, à la pénétration de Lucien qui se refuse à elle onze ans plus tard à Alger, nous avons croisé la comtesse Tolstoï habitant le 15e arrondissement puis en séjour marital à Alger où elle a accouché de deux enfants. Le sang russe du roturier Ginzburg le pousse ténébreusement vers le sang bleu de la Russie blanche en exil à Paris puisqu'il vit élégamment avec la princesse Galitzine

1. Allusion au terrible accident de voiture, imputable à l'état d'ivresse *(sic)* dont fut victime le grand acteur de Hollywood.

une aventure sensuelle discrète ou qui, du moins, ne s'évente pas.

Cette Galitzine est un mélange émoustillant, à proportions changeantes, de Madame de Clèves et de Nathalie Paley (l'irréelle beauté du film *Les Nuits moscovites* que le couturier Lelong arracha en 1935 à l'influence délétère de Jean Cocteau). Avec l'obscur Ginzburg – élève peintre et pianiste amateur – et la princesse sans fortune ni couturier, nous sommes en plein roman russe; un roman où – selon les vers de Maïakovski – « la barque de l'amour s'est brisée contre la vie courante ». Les défaites de la vie cependant ne traduisent pas toujours les débâcles du cœur. La princesse Galitzine et Ginzburg ne se quittent pas : on les sépare. Dans la maturité de l'après-vingtaine, Lucien est athlétiquement magnifique. Horripilant de snobisme certes mais citoyen généreux et distingué, un homosexuel parisien très en vue dans la société des journaux et des lettres se souvient de l'avoir frôlé à demi nu sur les planches, à Deauville, alors qu'en retard et fort pressé, il allait prendre son relais de piano. « Quel torse, quelle attaque de reins, relate le pédéraste. Franchement, il m'a rappelé Serge Lifar au moment même où Diaghilev venait de le découvrir[1]. » On oublie trop souvent (mais son veule laisser-aller, sa provocation vestimentaire qui sent la rapine à dessein vont à l'encontre de notre mémoire intentionnelle) – on oublie que Gainsbourg appartient à cette race robuste qui fit la révolte du cuirassé *Potemkine* et l'épopée militaire de Stalingrad. D'ici à quelques chapitres, lorsqu'il sera devenu célèbre, une double rumeur voudra qu'il ait fait un enfant à la princesse Galitzine (dont il assumerait la charge) et

1. Le marquis de Cuevas fut également impressionné par l'excitant charme russe du pianiste Ginzburg Junior.

qu'il l'ait épousée, celle-ci n'ayant concédé aucun effort pour démentir.

C'est avec Galitzine qu'il franchit dans un wagon pullman du Paris-Madrid la frontière à Irun. Motif de ce voyage d'amoureux : l'étude de la grande peinture européenne au musée du Prado. Dans un bavard va-et-vient de touristes, juillet prend fin. Madrid transpire sous une canicule africaine. Le Prado ne désemplit pas où, selon Ginzburg, « s'entassent les blaireaux américains qui contemplent les princesses dégénérées, filles du pinceau des maîtres ». (Je n'ai vu pour ma part, dans un silence religieux de basilique[1], que peu de dégénérescence au Prado.) La peinture espagnole est tragique qui a pour sujets essentiels des destinées sans divertissement. L'apparat, la solennité du pouvoir royal, la pompe de la mort et l'ombre de Dieu la dominent. Les femmes n'y sont point des séductrices, qui ont pour mission de régner ou d'aimer les rois. Lors de sa première visite au Prado, Montherlant, de son propre aveu, y fut saisi d'un ennui sublime. Mais n'était-ce pas la pesanteur de la majesté?

Dans la salle des Flamands, l'œil irréligieux de Ginzburg repère en fond de perspective le *Jardin des délices*, triptyque de Jérôme Bosch. Dans toute sa vastitude, c'est la symphonie silencieuse du plaisir qu'il évoque. Les « blaireaux américains » s'affairent, jouant des coudes devant le chef-d'œuvre, geste impie qui a le don d'énerver notre héros. Propulsé par son humour hypercorrosif, celui-ci, pour faire diversion, s'agenouille avec emphase devant un radiateur, les fesses étroitement prises dans son blue-jeans passé à l'eau de Javel l'avant-veille.

« Wonderful, terrific, fabulous! », se serait exclamé un touriste yankee désignant Ginzburg à

1. J'y fus deux fois à la même époque : le plein hiver.

sa femme. « Quelle merveilleuse sculpture surréaliste, n'est-ce pas, darling ? » La provocation, sous son aspect instinctif d'impromptu, était plus grotesque qu'offensante. Galitzine et Lucien – les amants du Prado – s'en sont longtemps amusés.

31

L'HUMOUR S'AVANCE MASQUÉ. – LE BRONX. – MASSACRES AU CONGO. – BLACK PEOPLE. – L'ESSENCE TRAGIQUE DU RIRE. – HUMOUR ET PROVOCATION, COUPLE INALIÉNABLE. – LE DIABLE REVIENT AU LOUVRE. – LA VÉNUS AU MIROIR, PREMIER SEX-SYMBOLE. – LE TITIEN PRÉFIGURE BARDOT. – INSOLENCE DE L'HERMAPHRODITE. – LES VINGT ANS DE B.B. – THE VOICE : LA VOIX. – LA DÉESSE DÉMÉTER. – ET BARDOT RECRÉA GAINSBOURG.

A LA semblance de l'amour, l'humour s'avance parfois masqué. L'on veut qu'il soit « la politesse du désespoir ». Je pencherais plutôt pour cette définition : l'atrocité qui crucifie la joie. « L'humour, dit Gainsbourg, c'est le couteau qui crève les yeux des aveugles. » L'humour gainsbourien a une double qualité intrinsèque : c'est d'être juif et d'être noir. C'est dire qu'il est foncièrement sombre, qu'il glace le sang, qu'il horrifie. Chaque fois qu'il revient des Etats-Unis, nous savons tous que Serge ramène une provision d'histoires – qui de Saül, qui d'Isaac, qui de Harold – glanées dans le Bronx, le quartier juif de New York, et qu'il raconte avec ses dons d'acteur confidentiel, lequel s'efface modestement devant la farce de son récit. Eh bien ! ces histoires, toujours inédites, sont toutes, sans exception, des histoires originales de Ginzburg soi-même. Iconoclaste de sa race, le provocateur impuni les invente à tout bout de champ dans le Concorde, son appartement de palace, le West Side, Harlem ou le Queen's. J'ai su que Gainsbourg était un improvisateur surdoué du jour où je l'ai entendu discourir devant un cénacle de diplomates centrafricains de la répression sanglante dont furent victimes, par l'armée belge, les rebelles du Congo. N'ayant jamais mis les pieds à Léopoldville, tout était inventé, tout était faux, mais tout pourtant paraissait vraisemblable : car plus l'humour enlaidit la réalité plus celle-ci nous semble crédible. Même un Céline n'aurait pu imaginer d'aussi délirants massacres. Le génocide cambodgien était dépassé. L'on eût dit le comte de Lautréamont, champion de la cruauté juvénile, volant au secours des insuffisances mortifères de Goya. Un rire irrépressible, fusant, tordait les entrailles des hauts fonctionnaires de l'UNESCO. « On rencontre de solides vertus dans votre bon peuple noir », conclut Gainsbourg avec la majesté crapuleuse d'un chef d'Etat en blue-jeans[1].

Lorsque Littré, qui commet si rarement d'erreurs, définit l'humour comme une gaieté d'imagination, il se trompe. L'humour procède au contraire d'une humeur accablée et accablante. Spontanément, il déclenche un rire dont la pesanteur nous recouvre. Le grand humour noir de Gainsbourg engendre un rire insoutenable. Il en reste un rictus profond, une ravine grimacière. Nous descendons ensuite dans un puits de réflexion. Propre de l'homme au même titre que les larmes ou la pensée, le rire est un phénomène d'essence tragique. Celui que déchaîne Gainsbourg – celui dont il se nourrit lui-même – n'échappe pas à la règle; il la confirme. En notre héros – théâtre intégré dont ils ne sortent pratiquement pas – la

1. La scène se passait dans les salons de l'hôtel Raphaël, avenue Kléber.

provocation et l'humour, couple inaliénable, ont partie absolument liée. Ils ont assumé sa survie; ils assurent sa vie même; ils sont le pain et le vin nécessaires à son existence. Ils constituent pour lui un arsenal immunitaire à toute épreuve. Masque de protection contre le malheur, l'érosion des ans, l'humilité de la solitude; source de réarmement moral, batterie énergétique où se rechargent ses accus si souvent mis à plat, dard fécond qui aiguillonne l'orgueil créateur quelquefois déshérent; puits sans fond, fosse abyssale insondable où il retire la force quotidienne d'être à la fois un interprète et un démiurge, ils sont son Actor's Studio et sa Comédie-Française. Et surtout ce phosphore, ces protéines intellectuelles qui redressent son cerveau, y font effervescence, y produisent albums et récitals. Chez Gainsbourg – je le sais d'une manière indubitable – le créateur sauvera le provocateur impénitent et impuni. Comme – et c'est une façon de se renvoyer l'ascenseur – l'humour et la provocation l'ont enlevé à la nostalgie, à la paralysante nostalgie de son échec pictural. Bref, l'homme a du coffre et nous le fait savoir.

Le diable est revenu au Louvre. Pour y contracter, révélés par des poussées de fièvres nouvelles, de nouveaux abcès de fixation qui, ne mûrissant pas, ne chasseront pas leurs humeurs infectieuses. Il traverse une période italienne faste au cours de laquelle il s'éprend de Mantegna, le géant des crucifixions[1]. Dans les copies qu'il en ose, la vélocité de son coup de crayon est telle que les flèches pénétrant la chair du supplicié créent au point d'impact un tremblement vibratoire; il devra tempérer sa fougue exécutive[2]. Il s'éprend de *L'Annonciation*, de Giotto; de *La Vénus au Miroir*, du

1. Des traces de clous partout, écrit Hemingway.
2. Il s'agit de l'archicélèbre *Martyre de Saint-Sébastien.*

Titien. Entre-temps, au fil des heures, attablé à ses copies, il s'est épris de bien d'autres. Dernier apport de sa quête analytique, l'Italie lui a été révélée (à lui, l'Occidental héréditaire de l'Est) comme une récompense des dieux à sa fidélité studieuse : on ne voyait que Ginzburg, au musée du Louvre, certains trimestres de certaines années. De l'extase religieuse aux déshabillés charnels, Lucien – mystique de l'art – en a pris plein les pupilles. En ultime ressort, la délicate Italie l'a vampé.

Attardons-nous longuement sur la *Vénus* du Titien car ici la fixation devient tout à fait sérieuse. La température monte. La psychologie de l'art bifurque sur l'érotisme et ses prolongements de cinéma. Devant le jeune homme Ginzburg la vague oscille, la mer moutonne. Il s'enlise dans la nappe des syrtes. Quelle est donc la cause de cette perte de pied? Un éblouissement d'origine purement optique mais de caractère prémonitoire, où s'excite la science du devineur.

La *Vénus* du Titien pose de dos. Nous ne voyons de son visage que le reflet que nous transmet son miroir. Sa nudité révèle une croupe fortunée, à la chair réelle et palpable, sur laquelle fantasment depuis que le Louvre a ouvert ses portes les sodomites affirmés et les mâles en général.

Nous sommes en 1954. Ginzburg copie à tour de poignet cette *Vénus* qui l'obsède car elle lui résiste – oui, elle résiste à ses couleurs – dans son atelier humide et nu. Si elle s'abandonne à ses crayons, elle se refuse à ses pinceaux. Elle n'en demeure que plus son songe sexuel de célibataire moins endurci qu'il n'y paraît. Attaché à un jupon unique, il se trouve à ce moment-là de sa vie en phase de monogamie fidèle. Sur ses carnets d'artiste pauvre, il note, hanté par cette Vénus au miroir qu'il ne peut reproduire : « Elle est l'incarnation enchanteresse du style hermaphrodite caractéristique de la décadence romaine : deux sexes réunis en une seule et même personne de sexe féminin. Se méfier toutefois de la persistance de l'émotion. Il y a là matière à rêve. Mais à rien de plus que du rêve. »

Il n'empêche que l'ambivalence du désir se fait insistante. Employer le mot bisexualité, qui n'existe pas à l'époque, équivaudrait à un néologisme. C'est pourtant bien de cela qu'il s'agit : d'un cas d'androgynie, la femme bisexuée polarisant les deux tendances masculines du mâle : l'hétérosexuelle et l'homosexuelle, cette richesse du sentiment sexuel ayant trouvé son célébrissime exemple – et le plus accompli, dit-on – dans l'éclatante personnalité d'Alexandre de Macédoine.

Quand en 1967, Brigitte Bardot fut introduite au palais de l'Elysée pour y être présentée au général de Gaulle, Malraux, l'accueillant, s'écria les bras en corbeille : « Mais, c'est Vénus! »

Cette Vénus de Passy a vingt ans en 1954 lorsque Lucien Ginzburg – peintre inconnu – inconsciemment la découvre au musée, la copie, la contrefait, la falsifie, s'efforçant de la fixer sous sa forme dorsale de modèle éternel. Ses cheveux d'un blond naturel flamboyant – le blond titiénique accentué – jettent l'incendie sur sa nuque. Son insolente académie, que l'on commence à montrer nue sur la plage, sème le trouble dans les esprits et les mœurs. Lorsque le mythe B.B. éclate, en 1956, avec *Et Dieu créa la femme,* l'artiste peintre Lucien Ginzburg, alors âgé de vingt-huit ans, n'est toujours pas sorti de l'ombre. Mais cela va venir, et ça vient. Le rayon de soleil s'infiltre sous la porte.

Lorsque « Gain-Gain » fait la connaissance de Bri-Bri, en 1960, notre star internationale (la seule que la France ait jamais produite) se trouve à la périhélie de sa destinée : on la paie 135 millions de centimes (salaire hollywoodien) pour un rôle. Gainsbourg, avec son flair divinatoire, a dénombré d'emblée les possibilités que pouvait offrir aux producteurs de microsillons l'originalité de sa voix poivrée, acidulée, suave, sensuelle, avec cet atome de fragilité qui vous coupe l'air dans la gorge dès qu'elle chantonne une phrase incomplète ou seulement quelques syllabes.

Cet organe, ce cristal diamanté d'une fille de famille passée à la canaillerie du spectacle, est une pure merveille. Le marché musical américain est à conquérir. Que Gainsbourg ait pensé à cette conquête, voilà qui est une certitude. Qu'il ait eu de la suite dans son idée, ceci est une autre histoire. « On travaille en amateurs et on s'aime en professionnels », dit-il vaguement de cette idylle dont il répugne à parler. À parler nûment, veux-je dire. Pendant le temps (fort court et fort vite écoulé) qu'a duré cette romance grave, une hantise effrayante séjournait dans le crâne du don Juan dostoïevskien : garder Brigitte envers et contre tout. La garder contre toutes les puissances, ensemble liguées, de l'argent, de la gloire, de la société jalouse et malfaisante. Si Gainsbourg, jetant « Gain-Gain » aux orties, a grandi dans une passion, c'est bien dans celle-ci. Si une femme – adulte dans un couple alors que la cadette – a contribué à l'établissement d'une destinée masculine, c'est bien B.B. Dans le cœur de Gainsbourg – ne nous y trompons pas – elle est inamovible, statufiée, immortelle. S'ingénierait-il à la renier qu'elle se ferait plus présente, y pesant d'un poids plus lourd. Un provocateur peut jouer avec tous les sentiments, sauf avec la mélancolie, miroir du souvenir. Bardot, Gainsbourg sont des formats difficiles à oublier dans leur étoffe de feu dont ou fait les étoiles.

Le rôle qu'a joué Brigitte auprès de Serge rappelle celui de la déesse grecque Déméter qui exposait ses enfants sur un gril pour les fortifier par le feu des braises ardentes. Que Serge se soit durci à son contact, qu'il soit devenu diamant alors qu'il était verre, voilà une évidence. Une chose est cependant à déplorer : pourquoi la plus grande vedette française de tous les temps et notre plus grand musicien-parolier n'ont-ils pas fait plus longtemps route ensemble sous les constellations?

Brigitte Bardot se doute-t-elle de ce qu'elle a irréparablement perdu au profit de Jane Birkin?

« Connerie! » lance l'aquoiboniste Gainsbourg en haussant les épaules et en tirant sur une de ses cigarettes qui, à l'inverse des flammes humaines, ne s'éteignent jamais.

32

CINQUANTE-SIX LIAISONS. – L'HOMME DEVANT LE SYNDROME DE L'ABSTINENCE. – ÉLISABETH, ÉLISABETH. – CLANDESTINS CHEZ SALVADOR DALI. – LA CHAMBRE À COUCHER DE GALA. – AMANTS LIBRES ET NUS. – ASTRAKAN ET ACAJOU. – « LA FEMME EST L'AVENIR DE L'HOMME ». – TURNER. WHISTLER. PICASSO UNE FOIS ENCORE.

LA comtesse Olga Tolstoï avait les cheveux auburn. La princesse Galitzine les portait châtain méché. (Mais saura-t-on jamais où se cache le naturel sous l'artifice adéquat des teintures.) La compagne qui fait du don Juan aux pinceaux un monogame accidenté mais assujetti est une brune de type russe qui répond au prénom d'Elisabeth et qui – trop indépendante pour se laisser enchaîner – aime à voir venir, à étudier le client avant de lui abandonner son cœur. L'homme Ginzburg a eu, en ces temps difficiles où la renommée le fuyait, cinquante-six liaisons « constructives » (pas des coïts à la sauvette, de vrais rapports interrompus puis renoués). « Moitié légume moitié mec[1] », comment son pylône a-t-il pu fournir autant de décharges, de « coups d'épilepsie synchrone[2] » sans que lui ait été infligée la sentence d'une impuissance prématurée.

1. *L'homme à la tête de chou.*
2. *Love on the beat,* où nous entendons les cris d'amour de Bambou possédée.

« Love on the beat, Love on the beat » : insistant comme le bourdon de Notre-Dame, le cri d'amour gainsbourien crèvera-t-il un jour le tympan des amants de France? Autant d'agacement qu'elle puisse nous causer, la petite légende sexuelle du presseur de tubes de couleurs s'intègre forcément dans la grande légende du fabricant de « hits ». Devant le sexe de la femme, l'homme Ginzburg est confronté à l'angoisse métaphysique du vagabond qui, entré clandestinement dans une villa, assiste suffoqué au bain de la maîtresse, « le cœur percé de part en part ».

« Le malaise dont j'aurai le plus souffert, m'avoue-t-il, est le syndrome de l'abstinence : cet ensemble de symptômes qui prouve l'urgence du désir. D'une heure à l'autre, je croyais en crever. L'on n'en meurt point. Ce serait une mort trop facile. » Il faut reconnaître à Gainsbourg cette qualité complémentaire : il n'entre aucune frivolité dans la composition de son personnage. Si le libertinage présente quelque frivolité, l'érotisme – lui – n'en présente aucune.

Protectrice méfiante qui sait si bien prendre la mesure des hommes, Elisabeth est la secrétaire de Georges Hugnet, poète surréaliste successivement passé à l'édition de luxe à tirage limité puis au commerce des tableaux de maîtres; disons pour être juste qu'il conseille davantage marchands et clients plutôt qu'il ne vend; le marché de l'art a ses éminences grises : Hugnet est une de celles-ci. Elisabeth et Lucien sont physiquement très liés. Ils se sont rencontrés, la première fois, dans une galerie de la rive gauche. Ils ont tellement d'atomes crochus que leur sympathie paraît insécable. Elisabeth, intellectuellement excitée, ouvrira bientôt à Lucien ses bras et ses jambes.

Par un ami que la déontologie la plus élémentaire nous interdit de citer, Elisabeth obtient les clés de l'appartement de Salvador Dali, sis boulevard Saint-Germain. Celui qu'André Breton, par le jeu de l'anagramme, a surnommé « Avida Dollars », travaille alors à Cadaquès, dans sa Catalogne natale. En quatre années de guerre, Dali a fait fortune aux Etats-Unis en y signant les portraits des dames de la haute société new-yorkaise. Avec son capital, il a également rapatrié son génie. Amants clandestinement introduits, Elisabeth et Lucien vont s'offrir au séjour parisien du peintre milliardaire un long week-end « de baise et d'art ». Les éléments du décor et les toiles – le peuplement des murs – tout y est sublimisé jusqu'en son détail : Lucien en est ébloui. La frénésie du luxe les impressionne moins cependant que le goût recherché qui a présidé à ces élaborations dispendieuses. Un couloir sans fin divise le vaste séjour.

Le salon est tendu d'astrakan noir, lequel a pour effet d'agrandir l'espace de la pièce en une savante illusion et de la réchauffer dans le même temps. La salle de bains est à la romaine, avec la baignoire en son milieu. « J'y pensais moins à l'hygiène du corps qu'aux ablutions caressantes », se souvient Serge. Un drap rose, dont les bords parviennent seulement à mi-hauteur des côtés, recouvre le fond du bassin de marbre : ce qui donne une idée de ses proportions. Montant de sabots d'or où sont contenus les galets de senteur, de précieux parfums s'échappent. La chambre à coucher de Gala Dali est celle d'une impératrice du demi-siècle dont les talents de pouvoir et de beauté se doubleraient de ceux d'une collectionneuse.

Dans ce musée privé qui participe du catalogue d'un musée imaginaire contemporain, Lucien ne laisse pas d'admirer les dessins pornographiques de Dali. (– Pornographiques ou érotiques? je m'enquiers. – Pornographiques, exclusivement pornographiques, tout pleins de l'indélicatesse criante du porno. L'érotisme suggère. La pornographie hurle et, outrepassant les frontières du goût, elle offusque la sensibilité. Elle est faite pour ça, n'est-ce pas? C'est là son rôle. Dans le porno tu baises. Dans l'érotisme tu regardes baiser.) Chirico, Miró, Picasso, Max Ernst, Rouault... tous sont là, qui entourent Dali. Tous répondent présent.

Amants libres et nus, Elisabeth et Lucien sont restés trois jours entiers à se posséder dans la chambre impériale. Ils n'ont pas osé ouvrir le lit carré de Gala. Pas de profanation : ils ont préféré s'élancer sur le tapis d'Orient qui l'entoure, couvrant la moquette à moitié. De même ils n'ont touché ni à l'armoire aux alcools ni au réfrigérateur pharaonique. C'est la faim – et pour Ginzburg le manque de cigarettes – qui les a fait quitter, le quatrième jour au matin, ce souverain séjour. Ils étaient trop émus pour s'y comporter en vandales. Ils s'y sont conduits comme des gens du monde qui – les aurait-on découverts – eussent été traduits en justice. Car Dali ne pardonnait à personne : pas plus aux faussaires qu'aux violeurs de domicile. Longtemps Lucien conserva dans sa mémoire le souvenir du salon de fourrures noires rutilant de l'éclat des meubles d'acajou.

Ce n'est là qu'un intermède dans une vie jalonnée d'anecdotes. Ce sur quoi il nous faut insister, c'est l'importance du rôle tenu par la fine, la sensuelle Elisabeth dans l'existence anonyme de Ginzburg; c'est sa constance à l'aimer, à l'aider par son encouragement, à le soutenir par son appui matériel en ces années particulièrement indécises, les dernières d'avant la célébrité. Le jour où sa passion sexuelle entre dans une zone d'accalmie, Lucien témoigne à sa compagne plus d'amour encore que par un récent passé. C'est qu'ils partagent ensemble, et à parité permanente, de trésor rare si souvent mal partagé par les amants :

l'intelligence. Alors, comment Ginzburg serait-il sexiste et misogyne devant une belle femme de son âge qui lui en impose moralement et le maintient en activité compétitive. La femme n'est-elle pas l'avenir de l'homme, comme le proclame Aragon.

Renseignements pris, Elisabeth a été la seule, en ces années dont nous ne savions quasiment rien de notre héros, à croire tout ensemble en l'homme et en l'artiste. La secrétaire de Georges Hugnet est le témoin capital des espérances taciturnes du peintre et de ses illusions peu à peu perdues. Pour l'instant – et bien que nous nous acheminions vers la rupture inéluctable – Ginzburg ne lâche pas la peinture et la peinture ne lâche pas Ginzburg. Il persévère à découvrir, à s'éprendre, à copier. Avec Turner, il a la révélation du pré-impressionnisme; il est bien vrai que certaines toiles du « Grand Anglais » préfigurent prophétiquement Monet, Morisot, Degas, Sisley, et jusqu'à Renoir. Son ultime coup de foudre avant la renommée sera pour Whister, le portraitiste attendri de Saint Mallarmé l'Esotérique[1]; ce qui dénote chez Ginzburg, tout de même, un fantastique renouvellement de la passion.

« Les autres cherchent, moi je trouve », disait insolemment Picasso. Ginzburg n'a trouvé que Gainsbourg. Cela ne devait pas suffire. Cela n'a pas suffi.

1. L'expression est d'André Gide (NDLA).

33

L'INÉVITABLE BOHÈME. – L'ORGUEIL DU MÂLE. – ARRANGEUR COLORISTE. – MARILYN SORT DU NOIR. – NORMA JEAN BAKER, LA SUICIDÉE D'HELENA DRIVE. – B.B. L'OSSATURE ET LA CHAIR. – JOSEPH GINZBURG DÉNOUE LA CRISE. – LE CIGARE DE ZANUCK. – DANS PARIS BY NIGHT, LA NAISSANCE D'UN COMPOSITEUR.

LA bohème qu'il ne croyait pas connaître, la bohème dont il se savait préservé par le dévouement parental (un dévouement qui quelquefois touchait au sacrifice) voici qu'il fallut un jour que Lucien Ginzburg fît sa connaissance. Comme les galeries hésitent à l'exposer, aussi ardemment qu'il puisse peindre, il ne vend pas. Ne vendant pas, il ne dispose d'aucun moyen de ressource. Aucune « vaisselle de poche[1] » ne leste les poches de son pantalon de velours d'artiste tout taché de traces de couleur. Lorsqu'on fréquente Gainsbourg dans l'opulence, donateur prodigue pour ceux qu'il aime et bienfaiteur des petites gens, l'on ne peut s'empêcher de penser ce qu'il a dû souffrir d'être un nécessiteux.

« Je ne voulais point qu'Elisabeth me versât, dit-il, la dîme de l'habitude et de la fidélité. »

Pour gagner son « premier pognon de fouille[2] »,

1. L'argent du même nom.
2. *Idem.*

il se fait arrangeur coloriste. Il est certain qu'ici encore il innove. Les photos de star, les scènes de film exposées sous verre ou à l'air nu dans le hall des salles d'exclusivité ne vont pas de connivence avec le cinémascope en technicolor; pas plus que celles qui ornent les vitrines des façades de part et d'autre de l'entrée : elles ont été tirées en noir, ce noir qui confère au visage une unité si précieuse. Disons que le progrès les a prises de court. Au tarif de 1 franc la photo (100 centimes) Lucien, qui emploie l'aniline, colore continûment. Il rougit la bouche de Marilyn Monroe dans *Asphalt Jungle*, passe ses ongles au carmin dans *Niagara*, rosit ses pommettes dans *Rivière sans retour*, la maquille entièrement pour *Comment épouser un millionnaire...* L'artifice est indélébile. Le rouge à lèvres et le fard ne disparaîtront plus. Grâce à l'aniline, les trois couleurs primaires s'étendent à l'ensemble du spectre. Aux Champs-Elysées les directeurs de salle, constatant les vols de plus en plus fréquents des portraits de Marilyn, recommandent la vigilance à la caissière, aux ouvreuses, au contrôleur. Ce ne sont ni Ava Gardner ni Elizabeth Taylor ni Grace Kelly qui font l'objet de cette rapine amoureuse, mais seulement l'ineffable star encore embellie par les pinceaux de martre de Lucien Ginzburg.

La mort, comme le soulignera Malraux, transcendera en destin la vie de Marilyn. Ce n'est pas la mort cependant qui apportera dans le répertoire grandiose composé par Gainsbourg pour Birkin (*Babe alone in Babylone, Norma Jean Baker...*) la déification de la star « aux strass et au stress ». Le dialogue muet entre la déesse et son idéalisateur remonte à une décennie ou presque, avant le suicide accidentel d'Helena Drive. L'amour du maquilleur attaché à sa vedette est contemporain de ce début des années 50 où il travaillait son visage au pinceau tout en s'efforçant en vain de capturer une gouttelette de mercure pour rehausser d'un éclat de diamant ses boucles d'oreilles. Une future vedette allait bientôt prendre le rang, lui faire suite dans ses séances de coloration faciale : Brigitte Bardot.

Les mythologies sont tenaces : nous les portons enracinées en nous.

Mille photos à égayer par semaine : c'est le bagage publicitaire moyen qu'utilisent à l'affichage les firmes cinématographiques américaines présentant des films nouveaux sur Paris. C'est à peine si, avec ce maigre pécule, il peut s'offrir ses cinq paquets de Gitanes quotidiens. Il en vient bientôt à proposer ses services aux producteurs français et italiens, dans l'attente anxieuse du jour où les actrices seront représentées sous vitrine par de resplendissants ektachromes. Il se livre à ses travaux d'amélioration iconographique à partir d'une table lumineuse car il a besoin, dit-il à Elisabeth, d'une clarté profuse afin de pouvoir déceler les tons exacts qui conviennent à la carnation particulière de chaque star. Le futur photographe aux éclairages si personnels que sera Gainsbourg – l'artiste torturé de talent, d'idées, d'angles de prise – a donc commencé sous Ginzburg son auto-apprentissage par l'étude des ossatures et des chairs, et, là-dessus, par l'application des teints à leur convenance. Il est certain, dit-il, que l'Eva Marie Saint de *Sur les quais*, fiancée pure, ne pouvait être traitée comme la Kim Novak de *Picnic*, amoureuse cruellement désillusionnée, ou comme l'entraîneuse de saloon de *Bus Stop*. Les multiples expressions de la création chez Gainsbourg ont toutes – et la musique singulièrement – des origines lointaines.

Il élabore sa peinture dans une humilité monastique qui dégénérerait en misère et famine si ce n'était Elisabeth. Faute de pouvoir payer pour la pose des vendeuses de Prisunic[1] et des prostituées dont il devine l'académie sous le vêtement, il peint sans modèle, de mémoire et d'imagination. A l'époque, Lucien Ginzburg, sans avenir ni ressources, s'enfouit dans un anonymat laborieux. Pour ce pauvre réduit à un économat drastique, les prix des matériaux à peindre ne cessent d'augmenter.

La bohème est un âge romantique révolu. Le goût de la provocation n'habite plus Lucien, mais seulement celui du silence. D'un silence découragé. Une grave crise intérieure se noue telle une redoute dangereuse. Joseph Ginzburg, le bon médecin psychologue, la dénouera par la solution du piano-bar. En vingt-quatre heures il procure un travail fixe à Lucien auquel on fait remise, en tant que fils de Joseph, de l'essai obligatoire qui préside au refus ou à l'engagement.

Devant son piano, empreint d'une sévérité taciturne provenant sans doute de sa difficile concentration dans le bruit, le visage du jeune homme est d'une distinction cassante, lointaine, inaccessible. Le provocateur silencieux se sépare tout net de ce monde des vanités nocturnes qu'il distrait sans joie pour gagner son droit à la passion de peindre. La chevelure surabondante et noire, court coupée au rasoir, est rabattue sur le front à deux centimètres : le style romain mis à la mode par Brando dans le *Jules César* de Mankiewicz. Ne me doutant pas un instant qu'il allait devenir Gainsbourg dans un fulgurant délai (c'est-à-dire être un autre et, nouveau personnage flamboyant, entrer de plain-pied dans sa comédie pour n'en plus jamais ressortir), l'impression initiale qu'il m'a laissée est celle d'un minéral brut, intouchable et distant, se refusant à communiquer avec l'univers autrement que

1. De Prisu, dit-il.

par son piano. Quel silence hautain vraiment, et qui contraste avec le déploiement fluidique de son jeu, rendu plus immatériel encore par de grandes plages d'improvisation impromptue, renouvelées en permanence. La solennité provocatrice est dans l'homme – dans son silence fuyant, dans sa répugnance tacite à composer avec un public qu'il ne veut pas charmer, qu'il ne veut point séduire; elle n'est pas dans le musicien. D'aussi précisément que je me souvienne, j'ai conservé du premier soir le sentiment d'un intellectuel slave immigré mais adapté à la vie française, inclus malgré lui dans ce système parisien qu'il paraissait détester franchement. (Au fil des années d'incessant tapage, le cosmopolitisme de Gainsbourg s'est beaucoup amenuisé. Serge est entré peu à peu dans notre ethnie nationale; aujourd'hui il fait à ce point partie du patrimoine tricolore que maints de nos compatriotes, pourtant vétilleux sur les problèmes raciaux, occultent complètement l'idée de ses origines[1].) Ce premier soir, il était réellement le musicien pianiste sans nom, crispé au début puis détendu par la suite, affublé du pseudonyme cocasse de M. Coda, emprunté à la codification musicale. Frank Coda, quelle cinglante ironie!

Mettons-nous à sa place. Peintre maltraité, convaincu d'être le sujet d'un abus d'injustice, il est mal dans sa peau de pianiste virtuose. Le provocateur caractériel qui ricanera au nez de la société ne se vengera après tout, ce faisant, que des humiliations qu'elle lui a fait subir. La provocation était en lui, naturelle : il est né provocateur. Profondément enracinée (il a presque trente ans), elle se renforce en lui par la volonté d'obligation – le contrat de vanité ridicule mais payante – qu'il

1. Ainsi le jeune Alexandre Jardin, phénomène actuel de l'édition française. Pour ne citer que lui.

doit à ces nuits montmartroises. Il aurait pu devenir Raskolnikoff ou flatter en lui les tendances sadico-morbides d'Aliocha : il est resté Ginzburg. L'applaudit-on chaleureusement pour une exécution particulièrement réussie (ce sont toujours les mêmes morceaux que le public réclame et redemande) qu'il se soulève avec effort de son tabouret : pour saluer puisqu'il le faut. Un Américain – producteur de cinéma de surcroît (il s'agit de Zanuck) – lui offre-t-il un havane à son chiffre que Ginzburg nonchalamment le dépose à la surface de son cendrier bosselée de mégots, ne le consommant qu'à la fin lorsqu'il titube de sommeil, de fatigue accumulée, de l'ivresse des whiskies secs.

Ginzburg n'a contracté que plus tardivement ce goût coutumier de l'alcool qui, s'il lui apporte l'indispensable lucidité de jugement sur son œuvre, encrasse ses artères et les alourdit. Les préjudices que font subir à notre héros les heures blanches des fêtards du Paris by Night sont considérables. Il s'en fout ! La nuit fait partie de sa provocation, qui le délivre de l'emprise de ses ténèbres cérébrales.

Ginzburg a déjà l'oreille absolue : il lui suffit de percevoir pour retenir, et de ressentir pour engranger. Sa mémoire sonore sans faille peut solfier tous les airs classiques ou complaisants. Je suis persuadé que plusieurs des grands airs du répertoire gainsbourien sont venus à la vie – après de lentes parturitions peut-être et des accouchements délicats – en ces nuits de désespérance, de contrition colérique, de beuverie solitaire au milieu de tous.

34

DANS LA NUIT DE NÉON. – LA MAIN DU MUSICIEN DE JAZZ. – NI FAMILIARITÉ NI POURBOIRE. – LUCIDE, TROP LUCIDE. – LE COUP DU NON-VOYANT. – TUBES, SOUS-TUBES, SUPERTUBES. – LADY DAY, RESTEZ AVEC NOUS. – DE THELONIOUS À DAMERON. – LULLABY OF THE BIRDLAND. – DE SHEARING À BORGES. – PARIS SE DÉPEUPLE. – UN LIEN VITAL.

SELON qu'il joue dans des night-clubs huppés où la clientèle de consommation – sélectionnée au tarif du champagne – est aussi élégante que diserte, ou qu'il se produit dans des salles ouvertes à tous où maraudent les prostituées de demi-luxe, Lucien se vêt d'un smoking ou d'un costume croisé de serge bleu marine. La nuit est son domaine : il l'aborde toujours impeccablement net. Comme un gigolo pauvre dont la mise se charge de communiquer l'illusion de la richesse. De Notre-Dame-de-Lorette aux Abbesses, le néon ruisselle. Rue Fontaine, rue Frochot, rue Pigalle, Lucien – le pianiste aux doigts imprégnés de nicotine – est non seulement connu mais populaire parmi le personnel des boîtes. Populaire par son secret non divulgué, car le mystère d'un homme attire toujours ses semblables. Derrière son prénom dont il se séparera le moment venu comme d'une croûte sèche au genou de l'adolescent, il s'abrite comme s'il s'agissait d'une autodéfense. Par René-Jean Ottoni[1] (Montmartrois indéracinable qui habite la courtoise avenue Junot, artère culminante de la Butte) j'ai su qu'il était le fils de Joseph Ginzburg, « un des meilleurs pianistes de bar en fonction sur la place de Paris ».

Il est aussi ardu d'entrer en contact avec Lucien que de se renseigner, au-delà du vague état civil, sur le contenu de sa substance humaine. Le génie n'est pas causeur. Lulu le nicotinomane n'a pas le toucher de clavier d'un pianiste d'ambiance mais « la main physique » du musicien de jazz. Comme je participe sur Europe nº 1 au générique d'une émission produite par Frank Tenot et Daniel Filipacchi[2], je suis immergé dans la musique rythmique noire. Traditionnels, standards, classiques du jazz mélodique : le répertoire de l'homme aux ongles de cire est universel. Là est le régal bien entendu pour ce public ébahi qu'il tient à distance respectueuse en s'interdisant de le conquérir. Ni familiarité ni pourboire : voici sa fière devise provocatrice. Le musicien ne fait pas la manche, il ferait plutôt l'aumône aux clochards. Entre 10 heures du soir et 4 heures du matin – soit 6 heures de tabouret – 90 morceaux lui sortent des doigts au débit d'un morceau toutes les quatre minutes. Il y faut – évaluée au bout à bout, pièce après pièce – une prodigieuse accumulation de mémoire. L'enseignement de Joseph Ginzburg porte à retardement ses fruits. Né – qu'il le veuille ou non – dans la musique de complaisance, Lucien en a fait pendant trente ans l'inconscient apprentissage. De son Louvre sonore ressortent, dépoussiérées, des

1. Un des rares journalistes en qui j'ai senti passer le souffle du génie (1922-1963).
2. Le magazine, chaque lundi (22 h 30-24 h), de « Pour ceux qui aiment le jazz », devenu depuis une émission-culte.

matrices de 78 tours qu'il accommode d'une gravure, d'un pressage nouveaux.

Déjà l'art de l'exécutant se révèle indissociable de celui du futur compositeur. Mais le futur, pour Lucien, c'est demain. C'est demain qu'il sera Serge. Du déploiement mémorié du cerveau – source intarissable et paisible – au gestuel exécutoire, la pratique (d'heure en heure, de soir en soir) joue le rôle déterminant d'un *dynamiseur* pondéré qui, au lieu de pousser à l'accélération des effets, retient le cours du morceau, l'assagit, le tempère. « Le soliste doit se méfier des emballements de l'improvisation, explique Gainsbourg. De même le poète de son inspiration prolixe. La musique, pour être bonne, ne doit jamais être bavarde. » En dépit de sa poisse picturale notre héros a gardé de ces nuits harassantes un souvenir parfois bienveillant. Tout en enrageant qu'on le traite de virtuose du clavier (le côté négatif de sa provocation) il y a perfectionné sa technique instrumentale. « Sous de faux airs de musicien de société qui embobine le bourgeois, dit-il, je me suis mesuré à mon instinct musical, jouant dans une concentration intérieure absolue, les yeux fermés, perdu dans le noir mental et dans l'impossibilité de reconnaître les touches autrement que par leur ordre arithmétique de placement et le son qu'elles émettaient. » C'est la provocation du pianiste non voyant qui feint la cécité sans être aveugle.

Il joue *Jeux interdits* (grâce à l'artifice d'une subtile transposition « à l'italienne »). Il joue les tubes et les sous-tubes : *Le troisième homme, Roses de Picardie, Loverman, The man I love, Laura, Body and soul, Solitude, Satin doll, Sophisticated Lady.* Il joue Gershwin, Irving Berlin, Cole Porter, Youmans, Carmichaël, Kurt Weill. Il joue l'œuvre intégrale de Nat King Cole. Il accorde sa partielle faveur à Vernon Duke (à ses deux morceaux-signatures que nous connaissons en France : *April in Paris, Autumn in New York*). Il interprète *Autumn in Vermont*, de la grande Ella Fitzgerald, avec la mélancolie d'une âme frileuse qui s'éloigne de l'été. Il excelle enfin dans *My man* (Mon homme) qu'il balance avec toute la sensualité hermaphrodisiaque propre à cet air audacieux qui concerne le sexe faible et le sexe fort : Billie Holiday (Lady Day) est son idole inamovible qui mourra dans une détresse noire, tuée par l'héroïne homicide, à l'aube de la grande célébrité gainsbourienne. Très souvent, Lucien termine sa nuit de pianiste par un medley où les succès heureux de Lady Day défilent en continuité et quelquefois même se superposent : *Strange fruit, The cover at the Waterfront, Lover come back to me*. Etc.

Je souhaite que ce soit clair : en interprétant tant et plus les autres, en s'enfonçant dans la mer du son pur (que rien ne dénature, point même un micro) – et en s'y plongeant six heures par nuit dans le bathyscaphe solitaire de son piano-bar – Gainsbourg, qui peut s'abstraire et se concentrer comme un juif russe drogué de mélancolie, a beaucoup appris à composer. Sa clientèle – qui lui a été rapidement acquise – l'obligeant à « matraquer » un morceau, il le « matraque ». Le provocateur, qui n'a jamais perdu la raison, ne va surtout pas – maintenant qu'il tient un « job » – forcer d'un coup d'épaule la porte de la folie. Notre héros le sait : la provocation est un art d'autant plus efficace qu'on l'exerce en période faste; le provocateur sinon se fait jeter dehors; respirant dans l'opulence, on l'écoute, on le respecte, on le craint, fût-ce en le haïssant. L'homme aux ongles goudronnés se souvient d'avoir joué sans fin des morceaux infinis. Ainsi, certaines nuits lucratives, il a recommencé (sur un espace de six heures de temps) vingt-trois fois *My Funny Valentine*.

Cela écrit, comment joue Lucien Ginzburg en ces temps de très féconde virtuosité digitale ? Au style frappeur, qui suppose une certaine pesanteur du poignet, de Thelonious Monk – le dieu pianistique de l'époque – il oppose la provocation d'un style aérien, transparent, accessible, dont la qualité maîtresse est qu'il ne s'égare jamais dans les détours d'une improvisation méandreuse (le défaut d'un Oscar Peterson, mais ni d'un Duke Ellington ni d'un Count Basie) et que le thème est restitué, après son exposition, trois ou quatre fois dans le phrasé ininterrompu. D'emblée de métier, Lulu Nicotine a compris l'importance supérieure du « refrain » dans le piano-bar. Alors que Joseph Ginzburg, son père, est influencé depuis plus de vingt ans par Teddy Wilson (et quelquefois, mais à un degré moindre, par Earl Hines) le fils a assimilé toutes les influences reçues de telle sorte qu'il n'en reste rien de perceptible. Il joue insouciant des écoles. Il joue comme il sent. Comme l'envie lui en prend et comme il reçoit la musique. Il est envolé, intouchable, dans son nuage d'alcool, de tabac, de concentration taciturne. Tad Dameron – un des plus brillants promoteurs de la révolution du be bop – est interné au pénitencier d'Ellis Island pour usage et détention de drogue. Chaque fois qu'il séjourne à New York – aussi brièvement que ce soit – Daniel Filipacchi, admis à le visiter, ne manque pas de lui apporter des chocolats et des oranges. Un après-minuit, passablement enhardi par l'ébriété qui me gagne, je décide de mettre à profit ce mot de passe magique – Dameron – pour forcer la solitude exacerbée du pianiste d'ambiance et le prier de nous interpréter *Hot House*, unanimement considéré comme la Bible du bop. Ce qui n'est en vérité qu'un prétexte pour tenter de dissiper l'opacité du mystère de l'homme. Je m'aperçois alors qu'il n'est pas abordable car – aussi sympathique que vous lui soyez – il n'y a rien de pire pour vous que d'avoir dérangé son énigme ou, plus dramatiquement encore, de l'avoir contraint à rengorger sa provocation. C'est pourtant un crotale sans venin qui me répond pudiquement mais avec une sincérité tellement feinte qu'elle révèle l'incomparable comédien sans cours de comédie qu'il a toujours été.

– Prétention de la demande qui se soucie peu, dans son exigence, de ce que l'artiste est en droit d'offrir. Je n'aime pas donner le grand catalogue du jazz noir avec mes mains blanches. Mais il ajoute aussitôt, d'une voix lente et maussade : – Je vais vous jouer, jeune homme, le medley d'un grand compositeur blanc et aveugle, afin que toute l'assistance en profite; cette dernière phrase étant prononcée avec un haussement de ton vindicatif mâtiné d'un immense mépris et de ce sentiment très particulier que Hemingway appelait « la haine sourde ». Car Lucien Ginzburg dédaigne au possible (il en a honte) ce travail alimentaire nocturne qui lui permet de peindre le jour.

Un festival George Shearing, d'une inconcevable allégresse (« Les non-voyants sont des gens heureux », m'a prétendu, à propos de Borges, un écrivain contemporain à succès), débute par sa *Berceuse au pays des oiseaux*[1]. C'est un ravissement inégalable inégalé. Les plus grandes stars du jazz ont chanté Shearing. Avec un succès qui bannit à jamais l'infortune. L'intelligence de Ginzburg (aux doigts engourdis par une fatigue extrême cette nuit-là) c'est d'avoir interprété Shearing non pas comme un soliste virtuose mais comme le discret accompagnateur d'une Ella Fitz-

1. *Lullaby of Birdland*, le Birdland étant le plus célèbre des clubs de jazz new-yorkais de l'époque. Il devait son nom à Charlie Parker, « The Bird », « L'oiseau ».

gerald, d'une Sarah Vaughan, d'une Dinah Washington. Ne pensant nullement qu'il serait Serge Gainsbourg quelques mois plus tard, et ne m'occupant guère de sa destinée, j'ai pourtant su – frappé d'instinct – que Paris, que la France tenaient en lui un artiste d'exception.

Il serait incapable aujourd'hui de se jeter à nouveau dans Shearing avec cette dextérité digne d'un grand instrumentiste classique. Menacés d'arthrose, ses doigts ont vieilli. Mais ni le cœur ni le cerveau ni l'âme. Le provocateur qu'il est demeuré en élargissant à l'infini son registre a oublié cette soirée mémorable dont l'artisan dévoué fut René-Jean Ottoni. Moi je n'ai pas oublié le provocateur. Emporté par un cancer du duodénum, Ottoni a rejoint à quarante et un ans (le 23 septembre 1963) le royaume des morts. Quelques jours avant d'entrer dans l'agonie morphinique, il m'a murmuré difficultueusement, sa bouche – fermée par la douleur – ayant de la peine à articuler :

– Notre génération, plus encore que la précédente, est la génération de l'erreur. Des erreurs, nous en avons commises tant et plus. Pour Gainsbourg, toi et moi, nous avons vu juste. Et au bon moment. Pas dans le temps, mais dans l'instant même.

Serge Gainsbourg est lié à ma vie. Son œuvre chantée la borne, la circonscrit, mais – également – l'émancipe. Voici pourquoi ce livre a cent raisons d'exister.

LE PLUS BEAU DES CHAP
SUIT. – L'HOMME PRIVÉ
POINTE DES PIEDS. – DR
PAR SON PÈRE. – LES CE
DU PEINTRE. – ÉLISABE
L'ENFANT PRODIGUE. –
ET GIGOLO. – LE PROVO
M'APPARTIENT PLUS.

ICI s'ouvre le derni
sera encore mon e
la vie duquel j'aur
copyright absolu.
plus puisque Serg
Serge Gainsbourg
désormais au mo
appartenance un
enlever mon aff
haïssant. L'amo
haine puisque je
désespoir temp
deux années de
réaffirmer – n
devant elle. Vo

J'aimerai
Fût le pl
Que Gai

Et q
Il ai
Et q
Moi
Alors
Peut
Mais
C'est
Qu'il

Violation
Gainsbourg
Si, nous
sécurité fina
se heurte à
concurrence
Lucien sont
pourrait-il re
de 6 heures
appesanti de
qui lui man
çaux ou azu
Midi – Renoi
et le géant
formels : « M
disait Cézan
premier rayo
fichue. » To
Ginzburg – a
sont annulées
possible choi
devoirs, deux
piano pour vi
s'arracherait-il
limbes du som
huit heures b
peine lui est c
réveille-matin.

Entre les millions de francs de droits d'auteur que Serge Gainsbourg va percevoir de la S.A.C.E.M. et la pauvreté humiliée du peintre inconnu dont le talent ne perce pas, c'est le corps – non l'esprit – qui fera le choix. C'est un corps rompu qui demandera grâce, suppliant l'âme – forme sublimée de l'esprit – de l'aider à trouver une activité surcompensatrice. Le destin de Gainsbourg prenant le relais de Ginzburg – l'avenir de Serge s'envolant en accéléré de la foulée de Lucien – se jouera sur trois semaines d'épuisement physique. Aurait-il été insomniaque ou aurait-il usé d'amphétamines dextrogyres (Maxiton, Tonédron ou autres produits similaires) pour prolonger ses états anxieux de veille que tout autre eût été le destin de Gainsbourg. Contre l'incompréhension et l'adversité du monde mercantile, il se fût enfoncé – avec une affliction sans larmes – dans la solitude aride de l'anonymat pictural; persévérant ainsi, il eût fini par s'ouvrir des galeries et accrocher ses toiles. Il eût été reconnu et connu. Or ce sera par un canal de dérivation que le fleuve gainsbourien connaîtra les majestueuses munificences de la fortune.

La privation de sommeil – le manque à dormir – est un phénomène aux conséquences incalculables. Le génie de Staline et de sa clique médico-légale fut précisément de les bien calculer. On peut tout faire d'un homme – un criminel politique inventé, un violeur de fillettes – sujet à l'effroyable besoin de fermer l'œil. Lucien se réveille à demi mort au sortir du tunnel de ses nuits blanches. L'excès de tabac et d'alcool, ajouté à l'assuétude insomnieuse, lui a enlevé sa pensée clairvoyante. Se tirant du lit par des efforts surhumains, il est dans un état infantile proche de l'animalité. Dès lors, dans ces conditions détestables, à quoi lui sert de peindre? A l'aube blafarde de cet après-demi-siècle, les fantômes des Cranach, des Modigliani, des Seurat n'apparaissent plus. Ils ont déserté l'atelier humide et nu que le succès depuis si longtemps boude.

Elisabeth a des horaires d'employée, non d'artiste. Son rôle de jour en jour se cantonne dans une stricte impartialité. Sa subtilité psychologique a senti venir ce point de non-retour où la miséricorde féminine est impuissante à recréer chez un homme un état de choc annonciateur d'un nouveau statut civil. Alors, s'éclipsant sur la pointe des pieds en prenant un soin amoureux à refermer sans bruit la porte, elle abandonne l'homme de sa vie à la dictature assourdissante du réveil rituellement remonté dans un dernier geste. Un matin, Ginzburg – peintre devenu fou à force d'insomnie – lance le réveil à travers la fenêtre et sa vitre fracassée. Positif ou négatif, Elisabeth aura tenu jusqu'au bout son rôle d'élément déterminant dans l'élaboration d'un destin. En abandonnant Lucien à son sort, elle le livre déjà! – à son alexandrin fatidique :

La vie est un hasard contraire aux destinées.

« Désorbité social », notre héros tire donc, ici même, ses dernières salves d'humilité. Que cet ultime chapitre consacré à Gainsbourg pauvre soit réussi ou manqué, il doit se dérouler plus que tout autre sous un éclairage véridique.

A la suite d'une violente altercation avec son père, Lucien a quitté le domicile familial de la rue Chaptal et subséquemment ce 9e arrondissement de moyenne altitude où – enfant prédestiné – il a tout vécu : une naissance indésirée, des jeunes années enthousiasmantes mais teintées de mélancolie, l'Occupation aventureuse, la révélation mémorable de la volupté, la fréquentation des putains impavides et la découverte des divinités fellatoires. Montmartre, pour Lucien-les-doigts-jaunes, aura été une haute école clandestine de toutes sympathique que vous lui soyez – il n'y a rien de pire pour vous que d'avoir dérangé son énigme ou, plus dramatiquement encore, de l'avoir contraint à rengorger sa provocation. C'est pourtant un crotale sans venin qui me répond pudiquement mais avec une sincérité tellement feinte qu'elle révèle l'incomparable comédien sans cours de comédie qu'il a toujours été.

– Prétention de la demande qui se soucie peu, dans son exigence, de ce que l'artiste est en droit d'offrir. Je n'aime pas donner le grand catalogue du jazz noir avec mes mains blanches. Mais il ajoute aussitôt, d'une voix lente et maussade : – Je vais vous jouer, jeune homme, le medley d'un grand compositeur blanc et aveugle, afin que toute l'assistance en profite; cette dernière phrase étant prononcée avec un haussement de ton vindicatif mâtiné d'un immense mépris et de ce sentiment très particulier que Hemingway appelait « la haine sourde ». Car Lucien Ginzburg dédaigne au possible (il en a honte) ce travail alimentaire nocturne qui lui permet de peindre le jour.

Un festival George Shearing, d'une inconcevable allégresse (« Les non-voyants sont des gens heureux », m'a prétendu, à propos de Borges, un écrivain contemporain à succès), débute par sa *Berceuse au pays des oiseaux*[1]. C'est un ravissement inégalable inégalé. Les plus grandes stars du jazz ont chanté Shearing. Avec un succès qui bannit à jamais l'infortune. L'intelligence de Ginzburg (aux doigts engourdis par une fatigue extrême cette nuit-là) c'est d'avoir interprété Shearing non pas comme un soliste virtuose mais comme le discret accompagnateur d'une Ella Fitz-

1. *Lullaby of Birdland*, le Birdland étant le plus célèbre des clubs de jazz new-yorkais de l'époque. Il devait son nom à Charlie Parker, « The Bird », « L'oiseau ».

gerald, d'une Sarah Vaughan, d'une Dinah Washington. Ne pensant nullement qu'il serait Serge Gainsbourg quelques mois plus tard, et ne m'occupant guère de sa destinée, j'ai pourtant su – frappé d'instinct – que Paris, que la France tenaient en lui un artiste d'exception.

Il serait incapable aujourd'hui de se jeter à nouveau dans Shearing avec cette dextérité digne d'un grand instrumentiste classique. Menacés d'arthrose, ses doigts ont vieilli. Mais ni le cœur ni le cerveau ni l'âme. Le provocateur qu'il est demeuré en élargissant à l'infini son registre a oublié cette soirée mémorable dont l'artisan dévoué fut René-Jean Ottoni. Moi je n'ai pas oublié le provocateur. Emporté par un cancer du duodénum, Ottoni a rejoint à quarante et un ans (le 23 septembre 1963) le royaume des morts. Quelques jours avant d'entrer dans l'agonie morphinique, il m'a murmuré difficultueusement, sa bouche – fermée par la douleur – ayant de la peine à articuler :

– Notre génération, plus encore que la précédente, est la génération de l'erreur. Des erreurs, nous en avons commises tant et plus. Pour Gainsbourg, toi et moi, nous avons vu juste. Et au bon moment. Pas dans le temps, mais dans l'instant même.

Serge Gainsbourg est lié à ma vie. Son œuvre chantée la borne, la circonscrit, mais – également – l'émancipe. Voici pourquoi ce livre a cent raisons d'exister.

35

LE PLUS BEAU DES CHAPITRES. – LE CORPS DÉCIDE, L'ESPRIT SUIT. – L'HOMME PRIVÉ DE SOMMEIL. – ÉLISABETH SUR LA POINTE DES PIEDS. – DRAME RUE CHAPTAL : LUCIEN CHASSÉ PAR SON PÈRE. – LES CERTITUDES DU DESTIN. – L'ABDICATION DU PEINTRE. – ÉLISABETH SACRIFIÉE. – LES TRENTE ANS DE L'ENFANT PRODIGUE. – DÉBUTS À MILORD L'ARSOUILLE. – JUIF ET GIGOLO. – LE PROVOCATEUR PARDONNÉ. – GAINSBOURG NE M'APPARTIENT PLUS.

Ici s'ouvre le dernier chapitre où Lucien Ginzburg sera encore mon exclusive propriété, l'homme sur la vie duquel j'aurai le droit d'exercer mon droit de copyright absolu. Désormais il ne m'appartiendra plus puisque Serge Gainsbourg il va être, puisque Serge Gainsbourg il est déjà. Comme il appartient désormais au monde – et que je suis jaloux de cette appartenance universelle – je ne puis certes pas lui enlever mon affection, mais je vais l'aimer en le haïssant. L'amour cependant sera supérieur à la haine puisque je lui ai consacré tant de pages; et – désespoir temporel de tant de pages – presque deux années de ma vie. D'une vie qui – il faut le réaffirmer – ne compte plus tellement d'années devant elle. Voici pourquoi :

J'aimerais que ce chapitre
Fût le plus beau des chapitres
Que Gainsbourg ne lira jamais

Et que commençant ce chapitre
Il aille au bout de ce chapitre
Et qu'il se mette à pleurer
Moi je sais que ce beau chapitre
Alors que Gainsbourg fait le pitre
Peut le vexer à la limite
Mais pour Gainsbourg qu'est la limite
C'est une frontière interdite
Qu'il se fait plaisir de violer

Violation de frontière ou de fille impubère, avec Gainsbourg nous ne saurons jamais.

Si, nous savons. Nous savons que la précaire sécurité financière que lui assure le piano nocturne se heurte à l'impitoyable lever du jour. Dans leur concurrence et leur simultanéité, les deux vies de Lucien sont incompatibles. Comment un peintre pourrait-il recevoir, les yeux dessillés, la luminosité de 6 heures du matin alors qu'il s'est couché, appesanti de fatigue qui s'accumule et de sommeil qui lui manque, 90 minutes auparavant. Provençaux ou azuréens, les grands peintres amarrés au Midi – Renoir, Bonnard, Picasso, Chagall, Matisse, et le géant parmi les géants : Cézanne – sont formels : « Mon réveil, dès avril, sonne à 5 heures, disait Cézanne. Ma journée commence avec le premier rayon de soleil. Si je le manque, elle est fichue. » Toutes les journées du peintre Lucien Ginzburg – avec leur programmation exaltante – sont annulées par l'impossible discipline, par l'impossible choix de l'artiste écartelé entre deux devoirs, deux missions, deux urgences : jouer du piano pour vivre et vivre pour peindre. Comment s'arracherait-il, guerrier noctambule épuisé, aux limbes du sommeil, alors que son corps en réclame huit heures brutes et qu'une heure et demie à peine lui est chichement dévolue par l'implacable réveille-matin.

Entre les millions de francs de droits d'auteur que Serge Gainsbourg va percevoir de la S.A.C.E.M. et la pauvreté humiliée du peintre inconnu dont le talent ne perce pas, c'est le corps – non l'esprit – qui fera le choix. C'est un corps rompu qui demandera grâce, suppliant l'âme – forme sublimée de l'esprit – de l'aider à trouver une activité surcompensatrice. Le destin de Gainsbourg prenant le relais de Ginzburg – l'avenir de Serge s'envolant en accéléré de la foulée de Lucien – se jouera sur trois semaines d'épuisement physique. Aurait-il été insomniaque ou aurait-il usé d'amphétamines dextrogyres (Maxiton, Tonédron ou autres produits similaires) pour prolonger ses états anxieux de veille que tout autre eût été le destin de Gainsbourg. Contre l'incompréhension et l'adversité du monde mercantile, il se fût enfoncé – avec une affliction sans larmes – dans la solitude aride de l'anonymat pictural; persévérant ainsi, il eût fini par s'ouvrir des galeries et accrocher ses toiles. Il eût été reconnu et connu. Or ce sera par un canal de dérivation que le fleuve gainsbourien connaîtra les majestueuses munificences de la fortune.

La privation de sommeil – le manque à dormir – est un phénomène aux conséquences incalculables. Le génie de Staline et de sa clique médico-légale fut précisément de les bien calculer. On peut tout faire d'un homme – un criminel politique inventé, un violeur de fillettes – sujet à l'effroyable besoin de fermer l'œil. Lucien se réveille à demi mort au sortir du tunnel de ses nuits blanches. L'excès de tabac et d'alcool, ajouté à l'assuétude insomnieuse, lui a enlevé sa pensée clairvoyante. Se tirant du lit par des efforts surhumains, il est dans un état infantile proche de l'animalité. Dès lors, dans ces conditions détestables, à quoi lui sert de peindre? A l'aube blafarde de cet après-demi-siècle, les fantômes des Cranach, des Modigliani, des Seurat n'apparaissent plus. Ils ont déserté l'atelier humide et nu que le succès depuis si longtemps boude.

Elisabeth a des horaires d'employée, non d'artiste. Son rôle de jour en jour se cantonne dans une stricte impartialité. Sa subtilité psychologique a senti venir ce point de non-retour où la miséricorde féminine est impuissante à recréer chez un homme un état de choc annonciateur d'un nouveau statut civil. Alors, s'éclipsant sur la pointe des pieds en prenant un soin amoureux à refermer sans bruit la porte, elle abandonne l'homme de sa vie à la dictature assourdissante du réveil rituellement remonté dans un dernier geste. Un matin, Ginzburg – peintre devenu fou à force d'insomnie – lance le réveil à travers la fenêtre et sa vitre fracassée. Positif ou négatif, Elisabeth aura tenu jusqu'au bout son rôle d'élément déterminant dans l'élaboration d'un destin. En abandonnant Lucien à son sort, elle le livre déjà ! – à son alexandrin fatidique :

La vie est un hasard contraire aux destinées.

« Désorbité social », notre héros tire donc, ici même, ses dernières salves d'humilité. Que cet ultime chapitre consacré à Gainsbourg pauvre soit réussi ou manqué, il doit se dérouler plus que tout autre sous un éclairage véridique.

A la suite d'une violente altercation avec son père, Lucien a quitté le domicile familial de la rue Chaptal et subséquemment ce 9e arrondissement de moyenne altitude où – enfant prédestiné – il a tout vécu : une naissance indésirée, des jeunes années enthousiasmantes mais teintées de mélancolie, l'Occupation aventureuse, la révélation mémorable de la volupté, la fréquentation des putains impavides et la découverte des divinités fellatoires. Montmartre, pour Lucien-les-doigts-jaunes, aura été une haute école clandestine de toutes les audaces, de tous les vertiges, de tous les interdits transgressés. 11 *bis*, rue Chaptal, développant ses risques, une vie s'est forgée – au feu, au marteau, à l'enclume – serrée dans son justaucorps comme dans une armure. Olga et Joseph Ginzburg ne croyaient pas tant faire qui – engendrant, puis langeant, nourrissant, élevant, éduquant, payant ses cours et ses premières guitares, lui fournissant ses lectures et son argent de poche – ont fabriqué en Lucien (dans leur pays d'adoption, la France, et sous leur toit) un personnage étranger, une sorte de monstre parcellaire moins à l'aise au soleil qu'à l'ombre, une graine de génie qui n'est plus à présent ni de leur ressort ni de leur domaine mais n'en demeure pas moins leur fils : la chair de leurs chairs, l'âme de leurs âmes.

Le prétexte à la rupture a été Elisabeth avec qui Lucien ne pouvait plus désormais que partager concubinement la vie, dans une intimité modeste où tout est mis en commun : le couvert, l'oreiller blanc et le café noir. Notre misogyne sexiste à la colle, le tableau ne devait pas manquer de piquant. Réprimant la facilité sous quelque solution d'arrangement flatteur qu'elle se présente, âme intègre et incorruptible, Joseph Ginzburg – le moment des adieux venu – refuse le baiser filial et agresse Lucien avec une sobre véhémence :

– Je t'interdis – m'entends-tu? – je t'interdis de vivre sur le dos d'une femme. (Aimable image, commente aujourd'hui le provocateur.) Sur ces mots, Ginzburg père s'avance vers son fils, lève la main, mais tandis que celle-ci est prête à s'abattre, un réflexe d'indécision tremblante la maintient immobile sur le sujet à punir.

– Je n'ai plus ni quatre ans ni dix ans ni vingt ans, rétorque calmement Lucien, les yeux froids. (Dans sa dramaturgie romanesque et sommaire, il s'agit d'une scène à la russe : comme on en trouve dans *Ces messieurs Golovlieff*, de Chtchédrine.) Tu ne me frapperas pas, je le sais.

Paroles ineffaçables qui imprégneront à jamais le tissu mémorié gainsbourien et feront, à l'évocation de leur souvenir, sourdre des larmes de ses yeux. Joseph Ginzburg ne les attendait pas. Père blessé du fond de l'âme, il murmure :

– Tu pars. Tu pars tout de suite.

Il désigne – hâve et méconnaissable – la porte à son enfant prodige proche de l'âge de trente ans. Olga Ginzburg chancelle, les yeux fermés. Pour réassurer son équilibre, elle s'appuie au piano du salon.

« Mon père, dira trois décennies plus tard le grand masculiniste, mon père n'était pourtant pas regardant avec mes greluches, mes pétasses, mes momies. Verticales masquées ou horizontales peintes, il les tolérait toutes. Quelquefois même il s'inclinait sur leur passage en signe de révérencieuse acceptation. »

« Le destin est la forme accélérée du temps », proclame un héros de Giraudoux. Chaque fois que la vie se révèle immaîtrisable pour un individu qui coutumièrement la maîtrise, il y a intrusion du destin dans cette vie. Outre la rareté de ses interventions, le caractère du destin est d'être dérangeant. Il dérègle et bouleverse nos jours; il nous assigne à résidence. Nous ne recevons pas le destin comme nous avons reçu la vie : il nous tombe dessus comme une avalanche. Pour les chrétiens, le destin c'est Dieu, maître absolu des destinées humaines. Pour nous autres incrédules, il est cet enchaînement de nécessités qui imposent leur marche à notre conduite. Une fois destinés, nous n'arbitrons plus notre vie; c'est elle qui nous arbitre, qui nous dicte ses conditions. Heureuse ou malheureuse, neutre ou insensible – c'est selon – nous obéissons aux impératifs catégoriques d'une fatalité dont les desseins le plus souvent nous sont impénétrables. Il est des fatalités merveilleuses, d'autres sont exécrables; nous le savons tous. « Nous sommes embarqués », dirait Pascal.

Vie ou destin, nous sommes cependant responsables et serons tenus pour tels par la société! Au paroxysme de son point d'acuité aucun destin n'est négociable. Le destin négocie pour l'homme : en ses lieux, à sa place, en se substituant à sa voix. Arrangez-vous, jeune homme! Arrangez-vous avec! Ginzburg le mécréant, Ginzburg le matérialiste n'est pas un philosophe; s'il croit en l'idée, ce ne sont pas les principes qui le mènent. Or, il rencontre à trente ans une puissance inconnue qui le guide; une obsession qui, l'ayant agrippé, l'arrache et le soulève. C'est l'urgence de réussir, de clarifier son désordre, d'en finir avec son impuissance. Tel est le signe qu'a fait le destin à sa conscience timorée. Un homme dès lors est en pleine mue, pris dans les plis d'une décisive métamorphose. Remarquable définition gainsbourienne : le destin c'est l'état d'urgence.

Tout bascule désormais puisqu'il y a rupture : changement de lieu, changement de cadre, changement de vie.

Lucien, prenant taxi, a traversé la Seine avec ses valises, sa garde-robe indigente et fatiguée, et sa malle de chêne limousin – vieux souvenir de jeune pensionnaire – dans laquelle s'amoncellent, autour de sa guitare, les livres qui lui sont nécessaires (il y en a peu, il n'y en aura jamais beaucoup), des sous-vêtements lavés et repassés par sa mère, des carnets de croquis.

De cette émigration misérable, le destin – le destin seul – va faire une certitude française : un événement.

Pour se dégager de la double tyrannie de l'horloge matinale et du regard résigné, fataliste d'Elisabeth, de la porte qui se referme en silence alors que déjà il se rendort, Lucien Ginzburg fait acte d'autorité passive. Nageur de planche, il se laisse emporter par le fleuve somnifère du temps. Son retard de repos était considérable : rentrant de chez Hugnet, son employeur, vers les 20 heures, Elisabeth le trouve le souffle paisible, abandonné au néant profond du sommeil. Il n'a pas dîné ce soir-là, se contentant d'ingurgiter de nombreuses tasses de café noir et de griller sans désunir les lèvres une infinité de cigarettes à la queue leu leu, comme se suivent les loups; pour s'intoxiquer plus vite et plus profondément, Lucien, pénétré du poison, ne respire pas lorsqu'il fume. Jusque-là il a toujours couru contre la montre, victime lucide d'un temps sans pitié. Jusque-là il a toujours galopé sur les pas de l'argent. Ce soir il lui reste un strict minimum de monnaie de poche : de quoi prendre un taxi pour alunir sur les hauts de Pigalle, désert de néon.

Alias Frank Coda, Lulu Ginzburg, pianiste d'ambiance, ne renouvellera pas ses contrats nocturnes montmartrois : ils lui rapportent trop peu pour trop de fatigue servile, pour trop d'épuisement nerveux. C'est aussi cela le destin : la révolte d'un homme contre l'impécuniosité. Pour être esclave de l'argent, il faut être riche, l'esclavage des pauvres il n'en veut plus. Ivre, tendu, ses poumons suffocants de fumée, Lucien Nicotine – couché à l'aube – fera pareillement comme la veille la grève du lever. Qu'importe qu'il nous soit invisible, le soleil se lève chaque jour. Le peintre Ginzburg ne se lève plus. Le minuscule atelier qu'il a installé sous les combles, rue Saint-André-des-Arts, ne reçoit plus sa visite. Il faudrait un encadrement disciplinaire pour l'y faire revenir. Son corps continuera à lui imposer onze jours durant cette bonne cure de sommeil automatique et naturelle. Cette fois le destin prend la forme d'une rébellion contre toutes les normes existantes. N'oublions pas qu'il chambarde en premier lieu la pesanteur souveraine du temps. L'huile se ride. La gouache s'écaille. Les pinceaux négligés s'abîment. Les couleurs font un goulot d'étranglement aux tubes demeurés ouverts. C'est la désolation de l'atelier après la disparition de l'artiste. (« Vous m'enlèverez tout[1] », ordonna Picasso par disposition testamentaire). La *Vénus d'Urbino* est oubliée. *L'Enterrement à Ornans* n'est plus qu'une poussière de chef-d'œuvre. Pourtant si désirables, les croupes d'Auguste Renoir n'ont jamais eu chair humaine. Il s'agissait d'une illusion des sens. Adieu le Louvre et le Prado! Merde aux musées!

Lucien Ginzburg ne dresse pas un constat d'échec. Enlevant sa couronne d'épines, il la piétine et la jette aux ordures. Il se renie, il s'évade, il se quitte. De cette folle négation de lui-même, Elisabeth fera les frais. Afin que la mesure soit comble, Lucien – dans un mouvement d'insensibilité suicidaire – la quitte sans un mot d'adieu, sans un télégramme, sans venir lui dire qu'il s'en va « au vent mauvais, comme dit si bien Verlaine ».

Lucien, fils repenti, repasse la Seine au pont des Arts. Il revient rue Chaptal. Joseph Ginzburg le conduit au Pigall's, l'établissement « classieux[2] » où se recrutent les musiciens d'élite. Il lui décroche – par le seul concours de sa présence prestigieuse – un engagement de pianiste-guitariste à Milord l'Arsouille : au tarif quotidien de 2 000 A.F. Dans ce cabaret de la rive droite l'esprit de la rive gauche souffle en rafale. Il n'en faut pas davantage pour

1. Commandement qui, bien évidemment, ne fut pas obéi.
2. Insolemment populaire aujourd'hui, ce barbarisme gainsbourien, adopté par tous les jeunes, désigne la classe supérieure, le rehaussement, la qualité.

que Milord l'Arsouille soit devenu la coqueluche des noctambules des deux rives.

Lucien, qui n'est plus Ginzburg que pour quelques soirs, occupe la scène à partir de 11 heures et ne la quitte qu'à la fermeture des portes. Il tient le triple rôle de pianiste d'accueil, de pianiste d'intermède et de pianiste d'accompagnement. Quelle que soit la vedette du spectacle, il est l'attraction première. Puisqu'on le voit, puisqu'on l'entend, puisqu'on l'écoute en discontinuité pendant cinq heures. D'une élégance rare dans un smoking de location coupé de la main de Larsen – le tailleur de haut luxe de la rue La Boétie – il reçoit les belles clientes en s'inclinant, levé un instant de son tabouret, avec au bout de ses lèvres cette déclaration qui les émerveille toutes, juives, aryennes ou musulmanes : « Je suis le gigolo youpin. » Treize ans après la fin de la Seconde Guerre mondiale – l'antisémitisme, le génocide – c'est la plus cynique des provocations jamais lancée. Mais elle l'est, observons-nous, d'une manière anodine et mondaine. Un fils de Sion n'en insulte pas moins son peuple martyr et sa propre race. Pourquoi nous en offusquerions-nous rétrospectivement ? Puisque toute provocation défie la morale commune.

Il vient d'entrer dans la notoriété parisienne par la porte du scandale. Inséparables, la célébrité et lui iront de connivence jusqu'à l'intersection du deuxième et du troisième millénaire. Peut-être même plus loin. Car, ce que l'on allait bientôt apprendre et savoir à Milord l'Arsouille, c'est que « le gigolo youpin », outre son humour insolent, avait une force créatrice. Captive de Gainsbourg, de ses facéties et de ses sortilèges, la jeunesse de France allait désigner en lui le compagnon de qualité attendu par la seconde moitié du siècle ; et lui ouvrir la voie royale de la pérennité.

LIVRE TROISIÈME

Le Panthéon du solfège

36

MAI 1958 : LA FRANCE ALGÉROISE. – LUCIEN DEVIENT SERGE, GINZBURG SE CHANGE EN GAINSBOURG. – LE COMPLEXE DE STENDHAL. – FATIGUE DE L'AMOUR. – PRÉSENTATION DE BORIS VIAN. – RÉVÉLATION À MILORD L'ARSOUILLE. – POUR 2 000 FRANCS PAR SOIRÉE.

MITOYENNE de deux continents, la Méditerranée n'était pas un fossé suffisamment profond entre la métropole et la côte d'Afrique : il fallut la naissante Fronde algéroise pour le creuser plus avant. Ainsi va s'installer un malentendu inhumain que l'Histoire gardera sur le cœur pendant des siècles. Ramené à la tête de l'Etat par les partisans de l'Algérie française – donc, pour gagner la guerre et pacifier – Charles de Gaulle n'aura de cesse que d'avoir fait la paix en perdant la guerre : le prix à payer pour la défaite étant le sacrifice d'un million et demi de nos concitoyens. Même Malraux – pour une fois sans voix – baissait la tête lorsqu'on évoquait devant lui la trahison du Général. En la personne du premier président de la Ve République, Gainsbourg – sans vouloir l'avouer – aura trouvé son maître en provocation. Par un de ces coups de dés dont le destin est friand, il se trouve que de Gaulle est revenu au pouvoir l'année même où Gainsbourg commençait à découvrir les abondantes facilités que le pouvoir de l'argent procure.

Nous sommes en 1958 : année clé, année charnière où le demi-siècle change vraiment d'âme et de peau. Les projecteurs de sa renommée débutante viennent à peine de se braquer sur lui trois soirs de suite que Ginzburg, déjà, pense à se rendre coupable d'une provocation parricide : la nécessaire imposture du pseudonyme. « Je me suis abrité derrière un coquillage d'emprunt », me dira-t-il, citant Léon Bloy, chrétien véhément et antisémite notoire. Il explique aujourd'hui sa conversion patronymique en ces termes : « Mon changement de nom correspond exactement, à 24 heures près, au changement de ma destinée. Exerçant un autre métier – non plus en amateur comme précédemment, mais en professionnel – il fallait que je le fisse sous un autre masque de baptême, mais avec le même visage bien entendu. Un psychanalyste décédé[1] me disait ceci : " Les sons que vous entendez le plus souvent au cours d'une vie, le mot que rencontrent le plus souvent vos yeux, sont faits des syllabes qui composent votre prénom. " Je m'appelle Ginzburg comme le dissident soviétique. Passe encore. Ce qui est insupportable, c'est de tomber vingt fois par jour sur cette annonce de devanture : " Chez Lucien, coiffeur pour hommes "; ou " Chez Lucien, coiffeur pour dames "; ou – cela m'est arrivé – " Chez Lucien, coiffeur pour hommes et dames ". Ainsi, de devanture en devanture, j'ai pris mon prénom en aversion. Il me sifflait aux oreilles comme des balles hostiles : des balles qui tuent comme le ridicule jadis vous tuait. Alors, après avoir lu *Le Rouge et le Noir*, j'ai voulu m'appeler Julien Ginzburg. L'impression ne fut pas fameuse. Me plon-

1. Jacques Lacan, bien sûr.

geant dans *Lucien Leuwen*, j'ai définitivement rejeté Lucien. Il n'y a rien à tirer des prénoms des héros littéraires. Fabrice Ginzburg eût été inconcevable[1]. »

Pourquoi Stendhal, toujours Stendhal et ses jeunes hommes amoureux ? A cause, tout simplement d'une coquetterie d'amalgame. A l'époque, le « gigolo youpin » – fier des trente ans qu'il était loin de paraître – était poncé, manucuré, rasé de près deux fois par jour. Finalement, une nostalgie inconsciente et romanesque lui venant d'une Russie qu'il n'a jamais connue, il optera pour le prénom de Serge. Serge comme Serge Diaghilev, Lifar ou Bondartchouk[2]. « Pour le nom – soyons sérieux – je n'ai fait que franciser Ginzburg. C'est une affaire de prononciation et d'orthographe. En me séparant seulement de mon prénom français au profit d'un prénom russe, je n'ai trahi mes parents qu'à demi. » En appelant son propre fils Lucien – ce prénom qu'il exècre –, en l'exposant plus tard à un remords auditif, il ne trahira la mémoire d'Olga et de Joseph Ginzburg ni en totalité ni en partie.

L'extraordinaire dans ce baptême de théâtre est le départ en fusée qu'il fait prendre à la carrière du peintre échoué. A Milord l'Arsouille, rue de Beaujolais (Cocteau[3], en voisin, viendra certain soir jeter un cil), deux hommes vont parrainer ce décollage vertical : Joseph Ginzburg et Boris Vian. Il est intéressant de savoir comment les retrouvailles entre le père et le fils se sont passées. Serge raconte : « Famélique et nanti de remords, je me suis présenté à lui sans tendre la main pour qu'il la serre, ni la joue pour qu'il l'embrasse. Je me

1. Allusion directe au séduisant Fabrice del Dongo de *La Chartreuse de Parme*.
2. Le metteur en scène du *Destin d'un homme* et de *Guerre et Paix*.
3. Il habitait 36, rue de Montpensier.

souviens d'avoir dit : « Les maîtresses ne font qu'un temps; l'amour, un autre. Papa n'a rien répondu : la pudeur l'étranglait. Il m'a procuré ce travail à deux instruments : la responsabilité pianistique du fond musical de la salle, quelquefois très bruyante; et l'accompagnement, à la guitare, de la vedette de la soirée. » Serge a des doigts de luthier et, répétons-le, le solfège dans son torrent circulatoire. En ces temps de déferlement de la première marée rock and roll, il n'a beau écouter que du classique et mépriser la musique de complaisance pour se concentrer sur le jazz d'atmosphère, il est irremplaçable au clavier et aux six cordes.

Ingénieur diplômé de l'Ecole Centrale, anarchiste bien élevé, trompettiste émouvant à qui une maladie cardiaque rationne le souffle, romancier noir à gros tirage doublé d'un écrivain précieux voué à des succès confidentiels, critique musical averti, homme de farces et attrapes, pilier de Saint-Germain-des-Prés ayant contribué à l'érection de ses statues vivantes, collaborateur régulier des *Temps Modernes* – la revue mensuelle de Sartre – et traducteur pointilleux de Nelson Algren[1], directeur artistique de la firme discographique Fontana (filiale de Philips), Boris Vian est un touche-à-tout de charme et de talent, un créateur caméléon à qui ses jours sont comptés par les insuffisances de son cœur. Surdoué, il affiche trop de dons : la profusion, chez certains êtres, nuit à leur efficacité. Catapulté par l'insomnie, la gratuité déambulatoire, la peur de la solitude et cette angoisse combustible qui, transformée en énergie de dépense, parvient à communiquer l'illusion qu'elle peut éloigner la mort... Boris Vian – intel-

1. Auteur de *Le matin se fait attendre, L'homme au bras d'or, La rue chaude. Les Mandarins,* de Simone de Beauvoir, lui sont dédiés. Vian a traduit *L'homme au bras d'or.* (NDLA).

lectuel qui se moque de l'intelligence – sera pour Gainsbourg, cette nuit-là, l'incarnation d'une providence frileuse mais réchauffante. Car, comme tous les cardiaques, il est transi.

Il se présente à Milord l'Arsouille en guest star : c'est-à-dire en invité de prestige, vedette célèbre et célébrée qui se produit en bref intermède.

Généreux, facétieux, diabolique, Vian est un antimilitariste qui, en pleine guerre d'Algérie, éveille des échos divers dans les consciences. Accompagné par Gainsbourg, il donne cinq titres, parmi lesquels – inévitablement – son tube d'époque : *Le déserteur*, appel nuancé, sur un mouvement de ballade, à l'insubordination militaire. Le conflit franco-algérien est impopulaire; le colonialisme agonise; la hausse du niveau de vie est la seule idée vraiment neuve en Occident. Le public bisse ardemment *Le déserteur*.

La deuxième version est encore plus enlevée, plus réussie que la première. Une troisième ne suivra point : Vian est exténué. « Il y a quelque chose à tenter, à tenter tout de suite, dans cet art mineur qu'est la musique de complaisance », décide Serge Gainsbourg.

Rentré rue Chaptal, cette nuit-là, après avoir refusé les avances d'un « boudin fortuné », il se met à l'œuvre sur le petit Gaveau quart de queue du salon. Le piano des premières gammes, le piano de « J'ai ta main dans ma main ». Les jeux sont faits. Le plus grand auteur-compositeur de notre après-guerre vient au jour. Une semaine plus tard les huit chansons de l'album 25 cm qui obtiendra sous le titre générique de *Du chant à la Une* le grand prix de l'Académie Charles-Cros sont écrites, répétées, prêtes à être créées sur scène. A Milord l'Arsouille, pour 2 000 francs légers par soirée.

Nous sommes en mai 1958. Le mois du premier chef-d'œuvre et du seul titre social qui soit jamais sorti des neurones gainsbouriens. Le mois du *Poinçonneur des Lilas*. Trente ans après, en réécoutant *Le Poinçonneur*, l'auteur – champion de la fausse modestie – exprime une moue dubitative. Pour peu, il rougirait presque d'avoir commis cela. Autant d'aspects qu'elle prenne, la provocation a la peau dure. Plus dure que l'acier des wagons du métropolitain.

37

LE POINÇONNEUR DES LILAS. – NAISSANCE D'UN PUBLIC. – L'INTERNATIONALE DU MÉTRO. – LE PROVOCATEUR SUZERAIN. – MARCEL AYMÉ PRÉSENTE GAINSBOURG. – FRIEDLAND. – VIAN CONTRE DE GAULLE. – JAMES HADLEY CHASE. – RONSARD 58. – UNE CARRIÈRE ÉCLAIR. – B.B. EN INITIALES.

LE titre-événement de ce *Chant à la Une* est donc *Le Poinçonneur des Lilas.* Première chanson de l'album, il jouira sous la forme du 45 tours d'une diffusion avantageuse sans que le nom de son auteur soit pour autant connu du grand public, alors même que la vente du 33 tours/25 cm qu'il préfigure sur les plateaux n'atteindra chez Philips qu'un score fort modeste. Par ce coup d'éclat de ses débuts, Gainsbourg déjà se singularise : peu lui chaut la popularité, c'est l'originalité de son inspiration qui l'obsède. Déjà il est hanté par le label de qualité Gainsbourg.

« Avec une autre station portant un nom de fleur – Jasmin par exemple – la chanson n'eût rien donné, m'explique-t-il. Il fallait un terminal de ligne ouvrière avec un nom qui parlât au cœur des midinettes : Mairie des Lilas, quoi! Je me suis projeté tout le réseau souterrain dans mon crâne. J'ai trouvé à partir de la tête de ligne Mairie d'Ivry, l'expérience du métropolitain m'étant acquise depuis l'âge de onze ans. »

Avec ses vers hachés soutenus par le halètement caverneux et fragile de sa voix (il n'avait jamais chanté jusqu'ici) Gainsbourg va toucher d'emblée les intellectuels, les étudiants, les journalistes, les professions libérales : l'essentiel de son futur public. Souvenons-nous : la jeunesse, surprise, fut quelque peu réticente.

Pour tuer l'ennui j'ai dans ma veste
Les extraits du Reader Digest
Et dans c' bouquin il y a écrit
Que des gars s' la coulent douce à Miami...

De tels alignements de noms propres émanant d'une géographie ferroviaire *(Pour Invalides changer à l'Opéra, Arts-et-Métiers direct par Levallois...)* les oreilles parisiennes les plus exercées à découvrir, les tympans dont la mission est de se maintenir aux aguets, n'avaient jamais entendu cela. Fi de la nouveauté, c'était révolutionnaire! Deux décennies après Trenet et quelques années seulement après Léo Ferré, Serge Gainsbourg signe la première révolution française poétique et musicale où les mots et les notes, le texte et la cadence réussissent un parfait synchronisme de symbiose.

Je ne me priverai pas du plaisir de rendre hommage à notre instinct acoustique. A *Paris-Match,* nous fûmes les premiers – Roger Thérond et moi – à supporter Gainsbourg dans un emballement sans égal, à deviner tout de suite le génie du personnage et à nous en saisir pour militer en sa faveur. Prophètes avisés de son avènement et précurseurs fanatiques de la masse de ses fidèles, nous fûmes les premiers – Thérond et moi – à assiéger le bureau de Gaston Bonheur, notre maître à tous, et à insister gravement : « S'il vous plaît, laissez-nous parler de ce type. » Nous brûlions d'aider ce « gigolo youpin » qui déjà, sans nous avoir attendus, venait de s'atteler à la confection de sa légende. Lorsque Bonheur eut entendu puis réécouté *Le Poinçonneur des Lilas,* il nous fit cette remarque réfléchie : « Si la C.G.T. voulait réellement contrer le général de Gaulle dans ses visées qu'il a sur le pouvoir, elle distribuerait gratuitement le disque aux agents de la R.A.T.P., avec ce slogan : Le poinçonneur des Lilas ou les confettis du suicide. Ne nous y trompons pas cependant : la provocation est subversive. Il doit y avoir dans ce Gainsbourg de l'agitation nihiliste. Il s'agit en tout cas du provocateur de l'année. »

Le mot provocateur appliqué à notre héros, c'est dans la bouche de Gaston Bonheur que je l'ai entendu pour la première fois. Par la suite – et assez rapidement – Gainsbourg allait devenir dans cette même bouche le provocateur suzerain. Autant dire un féodal du défi, un prosélyte en tous genres, pour tous sexes et pour tous pays.

Voici comment, de son côté, le romancier humoriste et auteur dramatique Marcel Aymé voit – avec une naïveté idyllique et désarmante – son voisin de Montmartre : « Serge Gainsbourg est un pianiste de trente ans qui est devenu compositeur de chansons, parolier et chanteur. Il chante l'alcool, les filles, l'adultère, les voitures qui vont vite, la pauvreté, les métiers tristes. Ses chansons, inspirées par l'expérience d'une jeunesse que la vie n'a pas favorisée, ont un accent de mélancolie, d'amertume, et surtout la dureté d'un constat. Elles se chantent sur une musique un peu avare où, selon la mode de notre temps, le souci du rythme efface la mélodie. Je souhaite à Gainsbourg que la chance lui sourie autant qu'il le mérite et qu'elle mette dans ses chansons quelques taches de soleil. » Ceci visiblement est un texte de complaisance (il figure sur la pochette de l'album) – raison qui explique sa médiocrité. Tout autre est la courte critique positive que Boris Vian – dans *Le Canard enchaîné* – consacre à son ambitieux camarade : « Pourtant, il manque une chose à ce disque. Une chanson, peut-être la meilleure de Gainsbourg. Elle narre les amours d'un boulet de canon et d'une jambe de bois qui cherche à se placer. Cette chanson s'appelle *Friedland.* Gainsbourg l'a enregistrée. Mais elle ne figure pas dans l'album. Il faut l'écouter à Milord l'Arsouille où chante Serge. Pourtant, si je ne m'abuse, Friedland, ça se passait du temps de l'usurpateur[1] ? »

Ce sont là des réactions parmi d'autres, qui tendraient à démontrer – s'il en était encore besoin – l'impact que Gainsbourg s'autorise d'emblée sur une certaine élite intellectuelle. La popularité – avec les montagnes d'argent qu'elle suppose – ne l'intéresse pas si le vent de la qualité (fut-elle élitiste et impopulaire) ne la propage. Lorsque nous réécoutons trente ans après – et d'une manière attentive – les deux faces de *Du chant à la Une,* nous sommes stupéfaits du réalisme ambigu des titres, d'une part, et, d'autre part, de leur fidélité impérieuse au schéma gainsbourien. On dirait que tout est tracé d'un sillon droit, d'une seule morsure du soc de la charrue dans la terre : une texture poétique, une composition musicale, un destin. On dirait que le profane trentenaire – fort en retard sur ses contemporains dont il ne recevra d'ailleurs aucune influence mais qu'il ne se privera pas d'influencer bientôt – on dirait que Gainsbourg a jeté les bases d'une technique créatrice valable pour cinquante ans. *La recette de l'amour fou, Douze belles dans la peau, Ce mortel ennui, La femme des uns sous le corps des autres, Du jazz dans le ravin, Charleston des déména-*

1. Allusion directe à Napoléon, puis indirecte au général de Gaulle (NDLA).

geurs de piano, ou l'ouvriérisme désespéré de *L'alcool* (et jusqu'au sombre *Ronsard 58*) : toutes ces chansons présentent en commun un double aspect de Série Noire – collection on ne peut plus actuelle – et de films dramatiques ou policiers du Hollywood d'avant-guerre. Ici nous pensons surtout à la firme Warner Bros : à Bogart, à Cagney, à John Garfield. Ici j'entends Gainsbourg me murmurer, comme en surimpression : « Les idoles vieillissantes poussent à l'iconoclastie. La spécificité qui entraîne la déification de l'idole est qu'elle soit immortelle. » Replaçons cette réflexion d'aujourd'hui dans le contexte d'autrefois : dans le plus passager, le plus fluctuant, le plus mouvant des métiers, Serge Gainsbourg – alors que tant d'autres se contentent de survivre – n'aura pensé qu'à durer. Il ment et n'abuse personne lorsqu'il prétend le contraire. En somme, ce musicien de complaisance n'aura cessé d'envisager l'avenir avec les tenaillements ambitieux d'un Brahms ou d'un Mahler.

Sa prose de poésie chansonnière de l'époque évoque les contrefaçons dont un dialoguiste français se serait rendu coupable sur un collègue américain. Il fallait du reste qu'en ces débuts de notre Ve République, nos producteurs de cinéma (Raoul J. Lévy mis à part) fussent absolument démunis d'idées pour qu'aucun n'ait songé à demander à Gainsbourg de faire parler les héros de leurs films. Car le « gigolo youpin » imite, pille, pastiche, impunément. Frelon des lettres hyperbranché, une obsession le domine : écrire au goût du jour, faire moderne résolument. Le Gainsbourg de Milord l'Arsouille lit en diagonale et retient les romans parfaitement construits et rédigés d'un écrivain exceptionnel visité par le démon du bizarre. Citoyen anglais de naissance et de nationalité, l'homme en question – qui n'a pas son pareil au monde pour traduire l'atmosphère crapuleuse des cités américaines – vit en reclus à Lausanne où nul Vaudois ne le voit, ne le connaît, ne le rencontre. Il a passé en tout et pour tout vingt-quatre heures aux Etats-Unis, son éditeur lui ayant forcé la main pour qu'il vienne à New York. Ce prince du mystère et de la solitude, traduit en dix-sept langues, s'appelle James Hadley Chase[1]. Gainsbourg compte parmi ses fanatiques; et ses faussaires.

Putain des trottoirs putain des palaces
Pour les mecs dans l' fond c'est le mêm' tabac
On lui paye son prix on s'en débarrasse
Faut qu'elle fass' l'amour et pas d'embarras...

C'est la langue verte du roman noir. J'avoue un faible pour ce *Ronsard 58*, encore que la potion de scandale, voilà trente ans, ait été moins digeste qu'aujourd'hui. Cependant rien ne date dans le thème : les imprécations d'un amant, pauvre littérateur méprisé, à l'hétaïre insolente qui le toise du haut de sa jeunesse, de son luxe. Les mots, les sons : tout nous paraît nouveau en ce début d'année 89. Ce qui jure, c'est la voix de Serge : son incertitude émouvante en dépit d'un placement déjà très sûr. Ce qui nous touche, ce qui nous remue, c'est le cynisme désabusé de l'homme, cette misogynie redoutable qui affleure dès le premier album et va se poursuivre au long de toute l'œuvre. Si jeune, se surprend-on à penser, et déjà écœuré de l'amour. Dans l'intimité, l'insoutenable provocation gainsbourienne oblige toute maîtresse à le quitter en claquant la porte. Vite fait, bien fait. C'est du moins ce que l'on dit car le nom de

1. *Pas d'orchidées pour Miss Blandish, La Chair de l'orchidée, Bikini de diamants*, etc. (Gallimard éditeur).

Gainsbourg court déjà les salles de rédaction. Alors qu'il ne paraît aucunement curieux de nous, les journalistes sont curieux de lui jusqu'à l'avidité. Autant son talent le rend sympathique autant son comportement l'éloigne des chroniqueurs. On l'imagine allongé tout le jour sur le lit de la mollesse. Avare d'effort, il parle peu, se fait prier pour donner son numéro de téléphone, fuit les restaurants où l'on se montre. Il donne en revanche, car adorant être remarqué, ses rendez-vous aux bars des palaces où, découvrant les cocktails, il s'amuse à en inventer. Tout ce qu'il pelote et soumet porte vison et zibeline. Communiquant peu, gardant son mystère, il applique à son personnage ces lois du star-système hollywoodien qui changent en quelques trimestres une étoile montante en une star. A trente ans et après six mois de célébrité il est – déjà – l'artisan de son propre mythe. Monstre sans couronne, il ne songe qu'à la consécration, puis au sacre.

« Je dois, disait-il alors, réaliser une carrière éclair. »

La voix, certes, ne laisse pas à désirer, mais elle demeure sans expérience. Ce qui arrive à Serge n'est arrivé jusqu'ici à personne. Brassens et Brel se sont rodés tant et plus : en d'innombrables levers de rideau. A deux minutes au pas de marche du cabaret d'Agnès Capri (haut lieu nocturne de la rive droite) Gainsbourg est sacré vedette dans une espèce d'embrasement : Paris décide et la fortune suit. La notoriété, de toute évidence, a pris son organe vocal de court.

Il faudra attendre neuf ans (oui, neuf années pleines) pour que s'opère à travers les duos-duels que se livrent Bardot et Gainsbourg la métamorphose du chanteur. Le larynx, dépouillé de ses oripeaux pubertaires, s'aggrave et se virilise. La voix, enfin muée, ne flotte plus; gagnant en pesanteur, elle triomphe en confiance. Au fil des titres dialogués avec Bardot, l'auditeur prendra conscience qu'il s'agit d'une des plus belles voix de notre temps. La transformation sera plus particulièrement sensible avec *Initials B.B.*, chef-d'œuvre intemporel. Serge aura offert à Brigitte le répertoire de toute une génération. Brigitte, en cadeau de remerciement, aura offert à Serge cette voix d'un homme auquel il aura manqué jusque-là d'avoir beaucoup souffert.

38

WILDE ET GENET. – LE MESSIE MUSICAL. – AVANT ET APRÈS GAINSBOURG. – NE PAS SÉDUIRE, DÉRANGER. – ENCANAILLER LA FRANCE ET LE SIÈCLE. – DEUX VISITEURS DE MARQUE : MONTAND ET SIGNORET. – « GAIN-GAIN » ET BRIGITTE. – LA NUIT D'OCTOBRE. – LE VOLEUR DE CHEVAUX. – LA VALSE PRODIGIEUSE.

Le génie est un miracle tellement particulier à l'individu que l'honnête homme se trouve dans l'impossibilité d'en fournir une définition acceptable. C'est bien là le seul mot sur lequel ait jamais buté Littré : il y est lamentable. Et, d'abord, parce qu'il en fait une affaire de morale, de conscience, de vertu. Le génie est immoral parce qu'il est souverain; il règne en monarque absolu sur la création et sur l'intelligence. Il procède à ce titre d'une injustice énorme. La maxime d'Oscar Wilde – « J'ai mis mon talent dans mon œuvre et mon génie dans ma vie » – s'est ancrée dans la mémoire littéraire de ce XXe siècle. « J'ai mis tout mon génie dans mes amours et mon talent dans les livres qui les racontent », disait plus sincèrement Jean Genet[1]. Qu'on le mette dans ce que l'on est, dans ce que l'on dit ou dans ce que l'on fait, le génie est un fabuleux privilège.

Gardons-nous donc de galvauder le mot (génial,

1. A l'auteur, en 1958.

nous entendons cela cent fois par jour) puisqu'il n'y a rien au-dessus, puisque le génie ne comporte pas d'équivalence. De toutes les définitions du génie, seule celle d'André Gide – « le génie c'est le sentiment de la ressource » – me paraît convenir à Gainsbourg. Si tant est que notre héros soit un génie dans son métier, ce génie nous émeut parce qu'il s'agit de surdons reportés, redressés, convertis. Ils sont ceux d'un ange qui repart en vol après sa chute, d'un aveugle aux yeux brûlés qui reconquiert sa vision. Je ne sais si l'auteur-compositeur que nous admirons aujourd'hui avait mis son génie dans la peinture et s'il a déposé dans sa musique de complaisance le talent qui lui est resté. S'agirait-il d'un même investissement, d'une même énergie, d'une même puissance que le niveau de créativité resterait différent; l'artiste-peintre cherche à imposer son œuvre au temps; l'œuvre du musicien de complaisance est la récréation de ce temps qui passe et qu'elle aide à passer.

Le génie, que nous pouvons considérer comme du talent changé en or, participe de la plus riche inconscience. Il ne nous appartient pas; nous n'en sommes pas responsables; il jaillit de nous comme une eau artésienne; il ne nous consulte même pas puisque nous combler de ses fastueux bienfaits lui suffit. J'aime l'immodestie avec laquelle Gainsbourg – créateur visité – accueille les manifestations de son génie : « Une fois de plus j'ai fait la différence », s'exclame-t-il. Mais j'aime tout autant l'humilité tragique de Gainsbourg devant le tableau d'un petit maître qui a la grosse cote : « Moi, dit-il, je n'ai pas su faire la différence. »

Si Gainsbourg est un dieu, Boris Vian fut son prophète : il a été le premier témoin de « la différence ». Réécoutons-le :

« Le Tout-Paris ne sait même pas ce qui arrive à Paris. Ce ne sont pas seulement le music-hall ou le vedettariat qui sont concernés – mais l'essence même de l'art musical et parolier. Gainsbourg apporte tout en faisant semblant de n'apporter rien. D'où la portée historique de l'événement : l'antichanteur est né. La voix fait route avec le corps tout en se séparant de lui. Le visage n'est jamais mieux à l'aise que lorsque les projecteurs l'évitent. Serge, avare d'efforts, ne consent qu'à un minimum de gestes. Il n'a pas la silhouette du chanteur mais celle du comédien. L'autre soir, assise à côté de moi, une personne du monde de la haute couture m'a murmuré : " On dirait le contraire fraternel d'un Gérard Philipe, et qu'ils ont usé ensemble, sur les mêmes bancs du Conservatoire, leurs mêmes fonds de culottes. " Gainsbourg réalisera probablement la séparation des âges dans la musique. D'ici à peu d'années, je suppose, on dira, pour confirmer la différence : " Avant que ne vienne Gainsbourg " et " Après que Gainsbourg fut venu. " La chanson, avec Serge, entre dans un autre siècle : je le crois avec conviction. »

L'événement est parisien, strictement parisien; il n'est point national. 1958 – redisons-le – est l'année du gaullisme en tant que phénomène de la prise de pouvoir. De Gaulle et ses hommes accaparent une actualité qu'ils ne partageront avec personne dix années durant. Le provocateur suzerain a compris la toute relative importance de la foire aux vanités nocturnes. Nul mieux que lui n'a su prendre la mesure d'un public qu'il se moque de séduire mais qu'il souhaite plutôt préoccuper. On n'a jamais vu cela sur une scène française : un type qui marche vers le micro comme sur un trottoir et qui soudain se condamne au silence parce qu'il entre dans sa nuit intérieure. Alors, avant qu'il n'ouvre la bouche, un long intermède de silence s'écoule. De là vint sa force redoutable. L'insolite chez lui supprimait le trac.

Ce qu'il y a d'extraordinaire chez Serge, c'est l'immobilité du pianiste par rapport au chanteur. Le pianiste joue, le chanteur se produit. Or, la démarche du pianiste est immuable. Transportée par Art Blakey, la vague des Jazz Messengers déferle sur Saint-Germain-des-Prés avec, au clavier, un homme longiligne – Bobby Timmons – qui ressemble plus à un danseur de claquettes qu'à un musicien de doigts. Le style de Timmons fait transition entre les exécuteurs galopants (Earl Hines, Oscar Peterson, Phineas Newborn) et les mains lourdes dont Thelonius Monk incarne l'archétype. De Timmons, Serge n'a cure, lui qui peut tout retenir de ce qu'il entend. Il interprète *My Funny Valentine* (l'air le plus demandé par ses auditeurs donc le plus applaudi) avec une dextérité classique remarquable. Il croit toujours qu'Ira Gershwin – l'auteur des lyrics de George – est la femme du compositeur alors qu'il est son frère. Quant au chanteur Gainsbourg, son dessein – son grand dessein – était clair : de son propre aveu, il voulait déjà : « encanailler la France et le siècle ».

Ex-assistant de Marc Allégret devenu scénariste-dialoguiste, Pascal Jardin est (à vingt-quatre ans) le premier à vouloir faire de Serge Gainsbourg un personnage de cinéma. Le premier, il en parle à Henri-Georges Clouzot, notre grand maître réaliste, insistant pour qu'il le choisisse, au détriment de Gérard Séty, pour tenir le rôle vedette des *Espions*. Se contentant de voir Gainsbourg au piano, Clouzot ne le convoque même pas pour un bout d'essai, arguant à Jardin que « son visage découragerait à la fois la caméra et les lumières ». « Il est trop sombre, prétend-il, pour pouvoir être éclairé. » Clouzot regrettera le mauvais choix de

Séty qui reste « en deçà de l'expression filmée », qui ne traverse pas l'écran. Gainsbourg, lui, n'a pas rêvé des *Espions*. Il ne rêve de rien : le rêve est à ses pieds, domestique africain chargé de le servir.

Encore que tout imprégné, déjà, de sa lucidité éthylique, Gainsbourg, cerné par le succès, est aux antipodes de se douter qu'il est en train de parfaire un genre : le numéro de music-hall de cabaret. Lorsque Boris Vian, revenant à la charge, déclare que tout est mis sens dessus dessous par la révolution gainsbourienne : paroles, musiques, arrangements, orchestrations, tenue de scène, attitudes, débit vocal, prononciation, expression des yeux, humour et mélancolie (le chanteur joue et l'acteur chante), il voit clair et loin. Protégé de son insolent état de grâce (il y a encore de l'ange, en lui, en surégalité avec le démon) Gainsbourg inaugure sur 15 m^2 de scène l'avènement du comédien chanteur. Cette gueule qu'on s'entasse pour applaudir impressionne autant et davantage que la voix. « Lorsque tu as vu Bécaud, Aznavour, ou Brel pour la première fois, tu n'as pas forcément pensé à l'utilisation cinématographique que tu pouvais faire de leur personnage. Lorsque tu vois Gainsbourg, tu penses grand écran[1]. »

Les retombées de cette triple révélation – la gueule, le répertoire, la voix – sont aussi immédiates que positives. Yves Montand profite de son jour de relâche au théâtre de l'Etoile où il produit le one man show de sa grande rentrée parisienne pour venir à Milord l'Arsouille écouter le phénomène du moment. Francis Lemarque[2] a alerté Montand : « Il y a un petit gars qui a un nouveau

1. Pascal Jardin à l'auteur.
2. Auteur de quelques-uns des plus grands tubes d'Yves : *A Paris, Les routiers, Quand un soldat, L'assassin du dimanche.*

style. Ce qu'il fait ne ressemble à rien de ce que nous avons connu jusqu'ici. Il vaut le déplacement. » En 1958, Montand a trente-sept ans et, comme en 1950 – date à laquelle il avait invité Trenet à écrire pour lui des chansons originales[1] – il a besoin de renouveler son catalogue usuel. Vison sauvage, tailleur noir et rang de perles, Simone Signoret – la Pasionaria stalinienne – accompagne son époux. Leur table – la première sur la gauche, légèrement de biais par rapport au micro – est à un mètre de la scène. C'est dire qu'ils prennent *Le Poinçonneur des Lilas* pleine face. Il s'agit là du type de chanson forte qui fait actuellement défaut au répertoire de Montand. En numéro 2, il y a *Friedland* avec son humour corrosif, ravageant, très « horreurs risibles de la guerre ». *Friedland* choque, *Le Poinçonneur* émeut. Du bref tour de chant de Gainsbourg, seuls ces deux titres sont à retenir, le premier s'avérant discutable alors que le second ne se discute plus. « Invite-le », souffle Simone à Yves. Levant son verre de whisky, Montand porte un toast à la carrière de Serge et l'interroge :

« Qu'est-ce que tu veux, petit ? Désires-tu être auteur, compositeur ou interprète ? Qu'est-ce qui te conviendrait le mieux ? » « Moi, je veux tout », répond l'autre avec une assurance phénoménale.

« Je vois », lance Montand, laconique.

Attraction de la salle, Signoret et lui s'éloignent. Serge les rattrape de justesse au bar.

« Je te donne mon numéro de téléphone privé, lui dit Montand de toute sa hauteur, et nous allons travailler ensemble. » Ce disant, il pose amicalement la main sur l'épaule de Serge. Un sentiment d'indicible fierté s'empare de celui-ci. Or, pendant quatorze ans, alors que sa notoriété artistique ne

1. Ce que n'a aucunement fait Trenet.

cesse de croître, Gainsbourg ne pourra jamais joindre Montand. L'accès direct à son téléphone lui sera refusé.

Pascal Jardin avait raison : le cinéma s'empare du visage de Serge Gainsbourg moins d'un an (1959) après les débuts de son tour de chant à Milord l'Arsouille. Seul le Paris d'une élite nocturne, intellectuelle et mondaine a découvert le chanteur. La France (« Je hais ce mot hideux de province », s'emportera Malraux) ignore l'homme, et quasiment son court répertoire. Pour recevoir 5 sur 5 Gainsbourg, il faut l'entendre interpréter du Gainsbourg : écrivant pour les autres, il ne cristallise pas (pour l'instant du moins) dans la mémoire auditive de nos concitoyens. Venu l'écouter au Palais-Royal dans ce cabaret où souffle toute la fronde de l'esprit rive gauche, Michel Boisrond (le metteur en scène de *Faibles femmes* et d'*Une Parisienne*) ne songe plus qu'à l'engager pour un rôle minime de sa nouvelle comédie *Voulez-vous danser avec moi?* dont la vedette, Brigitte Bardot, rapporte plus de devises au pays que la régie Renault, les engrais de Saint-Gobain ou les chantiers de constructions navales de Saint-Nazaire.

Brigitte Bardot se souvient de cette rencontre initiale avec Gainsbourg, rencontre destinée dont son nouvel avenir, celui de chanteuse sur microsillon, allait dépendre. « " Gainsbourg ", dit-elle, avait l'air d'un vieil étudiant de Sorbonne qui, recalé dix fois à ses examens, s'y présente une onzième fois sans croire une seconde que les conditions de sa réussite y seront améliorées. Il était sarcastique, grimacier, peu bavard. Il me faisait l'effet de quelqu'un de si intelligent que communiquer avec ses semblables l'indifférait : il laissait venir. Je crois avoir reconnu – une des premières – sa sensibilité d'écorché vif. Au plan du quotidien, nos rapports étaient parfaits : " Gain-

Gain " est un fils de famille courtois, et bien élevé. En ses débuts je ne l'ai pas connu provocateur; la provocation systématique et délibérée n'est venue qu'après coup, lorsque le succès fut immense. Avec une note, un mot, il s'est mis à faire de l'or, mais sans changer d'attitude à mon égard. Je dois avouer un étrange sentiment : " Gain-Gain " a beau avoir quelque six à sept ans de plus que moi, je l'ai toujours considéré comme un cadet en âge et en expérience. »

Déjà très sollicité (en 1959, les commandes affluent de toutes parts; Juliette Gréco, torche professionnelle, s'enflamme d'instinct pour lui) notre héros est encore mal perçu de l'empire médiatique. Plus personnelle est une voix, plus elle a du mal à se faire entendre. Le second album 33 tours/25 cm de Serge[1] cache un joyau dans ses sillons : *La nuit d'octobre*, de Musset, dont il signe l'adaptation musicale avec le brio, le tact, le classicisme du grand compositeur qu'il est déjà. Officiellement, il n'a pourtant qu'un an de métier derrière lui.

Honte à toi qui la première
M'as appris la trahison
Et d'horreur et de colère
M'as fait perdre la raison...

En Musset Serge s'est trouvé le prétexte misogynique idéal. Il faut aimer secrètement les femmes, se dit-il en lui-même, tout en étalant à la face du monde le mépris que leur comportement nous inspire. Curieuse profession de foi que celle de ce don Juan. Le « gigolo youpin » a disparu noyé sous le flot des contrats. Gentleman-comédien, il pose à présent au partenaire imprenable. « On ne me viole

1. Philips, 76473 R.

plus, lance-t-il goguenard. Je suis redevenu vierge. »

En 1971, le vingt et unième film de Gainsbourg – que sa gueule et sa photogénie condamnent aux travaux forcés des studios – lui fournira l'occasion de renouer avec Montand. A Londres, sur l'injonction de Jane Birkin avec laquelle il vit maritalement, Sergio rencontre le metteur en scène américain Abraham Polonski, ancienne victime des persécutions maccarthystes. Polonski, le photographiant sous les sunlights de Pinewood, ne peut s'empêcher d'évoquer la carrière qu'aurait pu faire Serge aux Etats-Unis si Hollywood l'y avait appelé. Polonski l'engage pour *Le voleur de chevaux (Romance of a Horse Thief)* qu'il tourne en Yougoslavie avec Yul Brynner et Birkin dans les deux principaux rôles. Bien que la musique du film ait été confiée à un autre[1], le cinéaste, au plein milieu d'une scène, demande à Gainsbourg de se mettre au piano et d'improviser « une valse lente ». Gainsbourg, qui, cet après-midi-là, a les doigts particulièrement heureux, compose impromptu sa *Valse prodigieuse.* Le titre immodeste sied à l'œuvre.

Serge de retour à Paris, le morceau dormira longtemps dans sa bibliothèque, rue de Verneuil. Un matin qu'il se livre à un tri, voici qu'il ressort sa *Valse,* persuadé qu'il s'agit d'une pièce que, seul dans le monde, peut créer et magnifier Montand. Il appelle le domicile de celui-ci, place Dauphine. Le secrétaire particulier de Montand, Bob Castella, décroche. Quelques secondes plus tard, Yves est au bout du fil. Serge reçoit de lui quelques phrases cinglantes en rapport avec les propos intempestifs qu'il a tenus, tant dans la presse qu'à la radio, sur les prises de position politique « pour le moins

1. A Mort Shuman.

fluctuantes » de M. Montand. Gainsbourg encaisse et réplique sur ce ton indifférent et modéré qu'il banalise à merveille :

– Je n'avais qu'une chanson à vous proposer. Une mélodie. Une jolie mélodie toute simple.

– Eh bien, venez chez moi demain à 10 heures.

L'on ne se tutoie plus comme au temps de Milord l'Arsouille. Néanmoins Montand est intéressé. Quatre ans après sa rentrée parisienne (en septembre 1968 : où son récital fut l'un des plus remarquables de sa carrière), il se trouve plus que jamais disposé à inscrire Gainsbourg à son répertoire; le complexe de la cinquantaine [qui frappe en lui le chanteur, non l'acteur] l'oblige à travailler sur des textes nouveaux, à rechercher un « dépassement de prestige ». Dans la maison-roulotte de l'île de la Cité, Simone Signoret, verre en main, reçoit Gainsbourg au whisky pur. Elle l'invite en le défiant d'un sourire.

– Vous savez, je suis russe, lâche le provocateur; et, en vertu de mes origines, je puis boire à égalité avec quiconque.

Gainsbourg s'envoie un verre cul sec et expose au piano (musique sans paroles) la valse de Polonski, prodigieuse en effet.

– On fait le disque, lui balance Montand. Pour la face B du 45 tours vous trouverez autre chose.

Du quai des Orfèvres à la rue de Verneuil, Gainsbourg s'en revient à pied, pensant se dégriser. Cueilli à jeun, il est fin soûl. Devant l'école des Beaux-Arts, haut lieu de son adolescence et de sa jeunesse, « il vomit, se souvient-il, jusqu'à ses tripes ».

Montand ne lui donnera plus jamais signe de vie.

39

RÉFLEXION ET MÉMOIRE. – DIX ANS POUR ÊTRE OU NE PAS ÊTRE. – UN CERVEAU BIEN ORDONNÉ. – L'AMOUR SANS AIMER. – APHORISMES INÉDITS, PULSIONS ET PENSÉES SEXUELLES. – PAR EFFRACTION. – FAUST ET FREUD. – MALHEUREUX PIEDS-NOIRS. – UNE LIVRAISON DE CHEFS-D'ŒUVRE. – LE PANTHÉON SE CONSTRUIT.

AVEC des destins souvent contredits et longtemps contrariés comme celui de Gainsbourg, l'on ne sait quelle contenance prendre face au temps, ce moteur de la vie qui porte le destin sous son capot. Hormis quelques accélérations spectaculaires relatées par voie de presse et connues de tous, est-il allé trop vite, le temps gainsbourien, ou a-t-il lanterné comme un chemineau qui mendie ? Gainsbourg mendiant sa destinée! voici une allégorie somptueuse : l'imaginaire a tous les droits.

Le recul de la réflexion et les prospections de la mémoire ne changent rien à l'affaire. C'est là tout ensemble son honneur et son mystère : Ginzburg aura mis douze ans (1946-1958) à ne pas devenir peintre et dix ans (1958-1968) à devenir réellement Gainsbourg.

Cette fois cependant il ne s'agit pas d'une décade des illusions mais d'une décennie des certitudes. Des certitudes avançantes. Gainsbourg avance lentement. Si tout paraît simple au talent clarifié, tout, en revanche, semble compliqué au génie fertile. Le génie de Serge, il est vrai, est l'ennemi de la transparence. Il fait penser à des parturitions laborieuses balayées à la fin par le souffle d'une ingénieuse splendeur. Déjà ses textes manuscrits sont incroyablement surchargés. Les pleins et les déliés des lettres témoignent d'une patience infinie à débusquer le mot et à le transcrire.

Serge, en vérité, travaille comme un disciple de Baudelaire qui se serait entiché de l'ésotérisme mallarméen. Artificielles ou non, insincères ou hurlantes de vérité, toutes ses chansons procèdent d'un art littéraire avancé et d'un travail de titan. Gainsbourg est le contraire absolu d'un intellectuel mineur qui fait de la chansonnette pour les enfants de la puberté; c'est un créateur majeur, poétique et profond, qui d'emblée a ciblé son public : une certaine jeunesse intelligente. Déjà inimitable, Gainsbourg ne sera jamais ouï ni chanté par des imbéciles. Cette différenciation de l'auditoire convoité est une gloire en soi.

« Je ne serai jamais un chanteur populaire, déclare-t-il alors que Dylan et les autres commencent à envahir les plateaux tournants. Mon dessein avoué est d'atteindre un large public par l'impopularité de ma qualité musicale et parolière. » En même temps que son hétéro-misogynie se précise (il fait l'amour sans aimer) le provocateur modèle ses flèches et bande son arc. Au micro d'une station radiophonique, sur ses carnets de notes ou les nappes de restaurant, il se répand en aphorismes qui tous frappent par leur aspect obsessionnel, mélange de sexualité indignée et de courroux contestataire. Pionnier d'une phallocratie nouvelle, il milite contre la race des femmes, partenaires tout à fait insuffisantes du mâle au « noble outil ».

« L'amour ne vaudra jamais mieux que le court temps qu'on passera à le faire. » (1960)

« Je suis en train de mettre au point la technique de l'orgasme minute. (Oui, comme le serpent minute dont la morsure foudroie en 60 secondes la victime mordue.) Je pense pouvoir d'ici à quelques jours gagner un temps précieux sur le reste de mes semblables. » *(Idem)*

« Au calendrier artériel, les temps morts de l'amour n'arrêtent pas de compter : double ou triple. » (1963)

« Aimer les femmes en haïssant la femme : c'est moi. » *(Idem)*

« Le fébrile intérêt que je prends à la créature n'excède pas, dans le temps, le record du monde du 1500 mètres. » (1964)

« Se dissolvant en elle, il en mourut. Alors Pépita, prenant son courage à deux mains, renvoya son lourd cadavre en vol plané. La descente de lit fut son tombeau. » (1965)

« Les perversions cachées de la phonétique : héros devrait pouvoir se prononcer Eros. » *(Idem)*

« J'envisagerai désormais l'amour comme une provocation permanente. Je ne le ferai plus que par effraction. » *(Idem)*

« Nous étions sur les chevaux de bois. J'ai sauté sur elle et l'ai prise de dos, sa jupe relevée. » (1966)

« Le plaisir qui crée l'accoutumance nous désaccoutume bien vite de l'être désiré. » *(Idem)*

« Freud : le pénis lui est remonté jusque dans la gorge. Il s'auto-fellationne à discrétion. » (1967)

« Apprendre à aimer le pain viennois. Ecrire une chanson sur Freud. Du type : Help! Docteur Freud. » *(Idem)*

« Je n'ai plus de chagrins d'amour, mais d'énervantes humeurs spermatocratiques. » *(Idem)*

« Phantasme : imaginaire du désir. Non. Réalité du rêve établi, médité, construit. » (1968)

« Comtesse, je vais organiser ta fessée nocturne. » *(Idem)*

« Tatiana ou les baisers de venin. » Etc.

En juin 1962, un événement stupéfie l'Europe et le monde. Abandonnés par le général de Gaulle dont le ressentiment politique étouffe allégrement le sentiment de la patrie, 1 500 000 Français d'Algérie, radicalement rejetés à la mer, quittent leur terre d'amour. A Marseille, le débarquement des réfugiés est un spectacle insoutenable. L'arrivée d'un fragment de la communauté juive d'Oran brise le cœur des journalistes dont je suis. Dans le drame algérien le répertoire de Gainsbourg s'installe sans confort. (« Le confort tue, l'inconfort crée », professe Cocteau entre deux infarctus.)

Evidences qui s'imposent ou succès encore incertains, les chefs-d'œuvre s'alignent. Tête de liste d'un album très culturel puisqu'il contient *Le rock de Nerval, La chanson de Maglia* de Victor Hugo, et l'admirable *Sonnet d'Arvers* du poète auxerrois du même nom, *La chanson de Prévert* est un hommage sagement exalté aux auteurs des *Feuilles mortes*[1]. Suivent *Les Goémons*[2] pour qui j'éprouve une passion particulière; un Baudelaire (*Le serpent qui danse*) astucieusement rythmé, qui précèdent le premier grand classique gainsbourien à gros tirage : *La Javanaise*[3] que Serge, audacieux novateur, enregistre dans les studios londoniens. Notre héros se dédouble qui écrit parallèlement pour une pléiade de dames.

« Il y a les gens qui ont un répertoire : ce sont

1. L'étonnant Serge Gainsbourg (Philips 765.18 R). 1961.

2. Serge Gainsbourg (Philips 76553 R) 1962. Avec Alain Goraguer et son orchestre. Comme pour le précédent.

3. Serge Gainsbourg. 45 tours (Philips 432862 BE) Avec Harry Robinson et son orchestre. 1962.

les interprètes, explique Serge; et ceux, les auteurs-compositeurs, qui signent une œuvre originale. Pour cette seconde catégorie de créateurs, pour peu qu'ils aspirent à se produire dans un répertoire, il est certain que le choix de celui-ci tiendra compte de la durée de leur œuvre. J'aime chanter du Gainsbourg qui dure et qui reste. » Du Gainsbourg étalé sur les huit premières années de son règne (1958-1966) demeurent seulement aujourd'hui 3 titres-phares : *La Javanaise, Je suis venu te dire que je m'en vais,* et *Bonnie and Clyde*[1]. Seulement 3 chansons parmi les 80 qui ont été enregistrées à l'époque. C'est assez souligner, je suppose, le sérieux du musicien-poète. Sous une ironie caustique, un humour mordant, une vision du monde acide et anarchisante, enfin sous une indiscipline affichée qui cache sans effort une discipline secrète, Serge creuse déjà les fondations de son Panthéon du solfège.

L'homme à la tête de chou en a plein le cigare. Il ne veut pas que le hasard de la vie soit contraire à ses destinées.

1. Seule *La Javanaise* figurait au programme du récital du Zénith (mars 1988).

40

UNE MÉMOIRE INCLASSABLE. – GENET ET GAINSBOURG. – PROSE VIRILE. – CORTOT, DÉCRIPTEUR DE CHOPIN. – LA PERSISTANCE RÉTINIENNE. – UNE CLANDESTINITÉ FABULEUSE. – LA PEINTURE, PRINCIPE DE VIE. – CHANEL. – *POUPÉE DE CIRE, POUPÉE DE SON*. – GERSHWIN. – B.B. DANS *BUBBLE GUM*. – LE « GRAND MUSICIEN ANGLAIS DE FRANCE ». – LE LIVERPOOL SOUND. – GINZBURG CONTRE GAINSBOURG.

« L'AMNÉSIE, c'est la mort, dit-il. Mais il s'agit là d'une mort passagère et furtive. » La mémoire revient toujours, en effet, par nappes. Elle revient après des cures d'anéantissement de six mois (ce qui m'est arrivé) aussi bien qu'après des anesthésies opératoires de six heures : ce qui vient d'arriver récemment à Serge à l'hôpital Beaujon.

La mémoire inclassable de Gainsbourg – paresseuse, déficiente, capricieuse, puis soudain d'une folle cursivité – évoque malgré tout la persistance rétinienne. Ce n'est pas pour faire un mot qu'il l'appelle sa mémoire-cheval. Le souvenir n'est-il pas la lumière du cerveau qu'il éclaire de l'intérieur? A travers les brumes épaisses de l'alcool et les volutes blanchâtres de la tabagie, il suffit d'un reflet d'or dans cet œil cérébral pour que l'absolu mémorié perce, persiste, perdure. Très peu de souvenirs composent en réalité le mémorial gainsbourien. (A la veille de sa mort, dans les pires souffrances que lui infligeait le cancer, Jean Genet (à cause, bien sûr, de ses amours garçonnières) se rappelait les maisons de redressement et les prisons centrales avec une minutie de punaise robotique. Nous le savons tous : c'est l'amour enfui (la nostalgie de l'acte sexuel) qui fait la mémoire sentimentale de l'individu : la seule qui lui revienne, nette et scintillante, au moment fatal.

Genet n'aimait pas Gainsbourg parce que, disait-il, « il triche sur l'homme et avec l'homme ». Gainsbourg admire profondément Genet parce que, dit-il, « toute son œuvre reflète une vraie prose d'homme : la plus grande virilité d'écriture qui soit ».

« J'aurais voulu quelque part, divague-t-il par instants, naître hermaphrodite, sans trop de féminité : afin de pouvoir tâter du mec. »

Trop tard, les jeux sont faits. Les femmes, les femmes seules, sont sa source infinie de richesse vitale et créatrice.

« Le sexe explique tout », proclame Hemingway dont la légende française demeure curieusement entachée d'impuissance. Ce à quoi Gainsbourg rétorque : « Le sexe explique tout, sauf l'essentiel. » Une inspiration musicale, en effet, ne se bâtit pas sur l'unique sexualité. Le sexe explique tout, hormis la création. Chaque fois qu'il crée, l'abominable M. Gainsbarre s'extrait de l'amour. Moine en guenilles, il s'enferme dans sa cellule-laboratoire, où il entre en prières avec le mot et le son conjugués. Mais sa création, d'où vient-elle? D'où lui vient-elle? Qui lui en a transmis la volonté, la puissance? Le génie – nous le savons tous – c'est une volonté de puissance parvenue à ses fins.

Son père Joseph Ginzburg, de qui il a hérité une technique pianistique parfaitement élaborée, lui fait écouter sur un phonographe à manivelle (La voix de son maître) les disques 78 tours de Paderewski, de Braïlowski, de Dino Lupati (virtuose italien mort prématurément de langueur pulmonaire) – et, surtout, du grand décrypteur de Chopin : Alfred Cortot. Gide proclame qu'il aime Chopin pour l'extrême intimité de sa confidence. Son assertion se vérifie : devant la foule, faisant corps et doigts devant son Steinway, Cortot est enfermé dans une sombre solitude. Nous sommes en 1946. Lulu-aux-mille-et-une amourettes a dix-huit ans. Joseph, le samedi après-midi, conduit son fils au théâtre des Champs-Elysées pour qu'ils assistent tous deux à la répétition du concert du soir. Pendant l'Occupation, Cortot – tant à Gaveau qu'à Pleyel – a joué devant des parterres d'officiers allemands. Ce samedi d'automne, les doigts du musicien sont frappés de tétanie spasmodique. Pas une note ne sort de son clavier tant il est sifflé, chahuté, conspué. S'agit-il d'une cabale montée de toutes pièces par les militants d'un parti politique de gauche? Même pas. On reproche à Cortot de jouer parce qu'il s'est produit devant les conquérants de l'Europe nouvelle. Que l'incident ait à jamais écarté l'adolescent Lucien Ginzburg d'une formation représentative quelconque (un anarchiste dostoïevskien ne s'inscrit pas) – cela est une chose : le jeune âge, dans son intransigeance, ne concède rien à l'âge mûr. Ce n'est point là cependant que réside la force de la révélation : sous un empire émotionnel intense, Lucien a compris – su, éprouvé – qu'Alfred Cortot, atteint de paralysie digitale, touchait le fond du gouffre. Toute vraie création est douloureuse; l'on rencontre toujours la souffrance à son point de départ.

L'échec pictural de Ginzburg, qui en avait fait un manant, suit Gainsbourg dans le succès, qui l'enrichit. Connu dans le music-hall et l'industrie discographique comme un artiste de gros rapport, Gainsbourg n'a jamais abandonné la peinture – la peinture, qui, elle, a fait très peu de cas de lui pendant vingt ans. Il ne l'abandonnera qu'à l'extrême limite de sa célébrité, alors qu'il saura enfin – le premier milliard[1] s'annonçant – que les fastes de la fortune peuvent beaucoup pour noyer dans l'argent, dans la formidable liberté de conquête qu'il procure, les larmes de nos désillusions. Ainsi pendant une décennie de succès progressifs (1958-1968) Gainsbourg sera, pratiquement sans interruption, un élève peintre plus que discret, plus qu'effacé : clandestin. Fallait-il qu'il eût, tout de même, la peinture chevillée au corps à la façon d'une âme! La peinture – obligation nous est de l'admettre – était chez Serge un principe de vie. L'unique principe de vie en somme, car à ses yeux « la musique de complaisance » n'aura jamais compté qu'en provisions de compte bancaire, en amoncellements de devises, en énergie de dépenses libertaires. (Je me plais à lui répéter cette saisissante formule de Coco Chanel : « L'argent n'a qu'un son, c'est la liberté. » Il en connaît toute la logique royale.)

Quelle considérable énigme, tout de même, que ce Gainsbourg, quelle destinée! Il se jette dans les millions de francs lourds seulement à quarante ans, quand la foire hurlante aux décibels prend possession du monde, quand la révolution du son établit son empire, quand il sait – une seconde, une dernière, une définitive fois – que, peintre de tous les échecs, il sera l'auteur-compositeur-interprète de tous les succès. Quel balancement angoissé que sa vie et – pour la décision finale – quelle force de rupture! Ce sont là les éléments les plus positifs du portrait de notre héros.

Sous sa frime friponne, son déhanchement de faux pédéraste, son obéissance à un ordre vestimentaire qui relève du quotidien crasseux, sous

1. De centimes, bien entendu.

son prosélytisme éthylo-nicotinique, ses vantardises de baise, sous cette provocation organisée qui tient compte de tout sans en respecter rien, sous ce défi colossal à une société de consommation qui fait de lui un grand consommateur de plaisirs, cette société qui le gave de royalties... Gainsbourg cache quoi : l'échec majeur du peintre ou le cynisme méprisant de l'artiste mineur porté au sommet de la réussite par des dons dont il a honte ? Les deux. L'uniforme du clochard aux hallucinogènes, le masque du grimacier shakespearien sont des artifices de refuge pour Serge Gainsbourg. L'homme privé des moyens de sa comédie mourrait dans l'heure suivante[1].

En vérité le destin a joué à Gainsbourg un tour d'affreux jojo en ne lui laissant pas choisir son génie : la peinture. Gainsbourg ne m'émeut jamais tant que lorsqu'il laisse sa frime au vestiaire. Avec son indépendance forcenée et son isolement inconditionnel, Gainsbourg n'en illustre pas moins la définition de l'Absolu appliquée à l'homme. Rien ne le lie, rien ne le retient, rien ne lui en impose – hormis Gainsbourg.

Chansonnette parfaite (un petit chef-d'œuvre pour plus d'exactitude), *Poupée de cire, poupée de son*, que Serge a composée pour France Gall, remporte en 1965 le Grand Prix de l'Eurovision[2].

Il s'agit de la première bombe Gainsbourg. Le 45 tours fait un tabac. Entre juin et août, 380 000 exemplaires s'enlèvent. Voici le disque de l'été. Le plus grand compositeur de notre premier demi-siècle, George Gershwin, confiait : « Ma musique a trois destinations : l'immédiat, la conco-

1. Eric Neuhoff me rapporte ce mot d'un de ses amis, interne faisant partie de l'équipe chirurgicale du professeur Fékéte : « Jusqu'à la minute de l'endormissement opératoire, Gainsbourg n'a pas cessé de nous faire rire. »

2. Philips 437032, avec Alain Goraguer et son orchestre.

mitance et le souvenir. J'impressionne l'oreille qui, découvrant les sons harmoniques simultanés, cherche à les retenir dans un effort inconscient. Cet effort serait-il conscient que le verdict du public tomberait aussitôt : " Sa chanson est mauvaise. " On dirait que Gershwin, décédé à trente-sept ans comme Arthur Rimbaud, Gérard Philipe ou Mozart s'ingénie à expliquer Gainsbourg depuis l'au-delà.

A La Baule où il passe ses vacances, Serge doit terminer les musiques de cinq films programmés pour l'automne. Nous sommes à la période de sa vie où il ne raterait pas un contrat pour une Golconde. (Parmi tous les contrats qu'on lui tend ou qu'on lui tendra, il n'en ratera qu'un, pourtant bien étalé sous ses yeux : celui que lui propose le cinéaste Just Jaekin pour qu'il écrive la musique d'*Emmanuelle*. Il refuse. Perte sèche : 5 millions de francs lourds.) Il n'a pas apprécié d'être pauvre : les temps d'humilité sont inoubliables. Avec *Bubble gum* et *Les omnibus*, Brigitte Bardot – en acceptant d'enregistrer deux titres de Serge – procure une auréole nouvelle à sa réputation et fait monter ses prix. Grande année anglaise, 1966[1] est une année riche puisque Gainsbourg « grand musicien anglais de France » couche sur un 45 tours deux monuments de son répertoire : *Docteur Jekyll et Monsieur Hyde* et le très balançant *Qui est In qui est Out*[2]. Il est saisi de la folie anglo-saxonne de la pop music. Tant pis si cette forme de rythme ne correspond pas à ses goûts profonds : il veut se prouver qu'il peut et sait tout faire et s'abreuver notamment au torrent du « Liverpool

1. C'est également une année française foisonnante. L'année de *Baby pop* et *Les Sucettes* (France Gall). De la comédie musicale *Anna*, qui permet à Gainsbourg – avec *Sous le soleil exactement* – d'imprégner fortement la mémoire collective. Etc.

2. Philips. 437167 BE. Ce dernier titre était inscrit, dans une version impressionnante, au show du Zénith.

sound » (le son heurté, rocailleux, métallique, amplifié à dessein, des Rolling Stones) qui fait alors fureur.

Par ondées régulières, les droits d'auteur tombent. Le spectre de l'impécuniosité s'éloigne et disparaît, dissous, pour ne plus jamais reparaître. Seize fois Serge prend la Caravelle de Londres pour enregistrer soit avec Arthur Greenslade soit avec David Whitaker, chefs d'orchestre de réputation internationale.

A Paris cependant (et la provocation prend ici des allures de science-fiction sado-masochiste, car Ginzburg s'en prend à Gainsbourg pour le détruire) notre héros, qui est titulaire d'une bourse d'Etat, continue d'étudier la peinture à la Cité Internationale des Arts. J'ai vérifié. Il ne m'a point menti. Le nouveau riche de la S.A.C.E.M. est un élève de la Ve République.

41

LE RAPPORT GÂCHÉ. – DOULEUR PHYSIQUE, DOULEUR MORALE. – L'ART ET L'ARGENT. – LA CITÉ INTERNATIONALE DES ARTS. – OLGA TOLSTOÏ REVIENT, ÉLISABETH EST RESTÉE. – UN DIAMANT POUR MME GINZBURG. – FONCTIONNEMENT DE LA C.I.A. – LES COMPTES DU DIABLE. – L'HISTORIQUE NUIT DE MAI 1967. – TROIS GRANDS TITRES POUR B.B., L'« ÉGÉRIE DU SIÈCLE ». – JE T'AIME, MOI NON PLUS.

LORSQU'ON demande à Gainsbourg l'endroit – le point de fracture – où se situe, entre la peinture et lui, le rapport gâché, il vous fait (le front bas, les yeux mi-clos, l'air absorbé du *Penseur* de Rodin) cette réponse évasive : « J'ai voulu, en toute dernière urgence, retourner à la peinture comme on revient à une vieille maîtresse abusive : pour la tuer. » Le mensonge est ici flagrant, et la provocation désespérée. Serge, de toute sa foi, a voulu renouer avec la magie de choisir un espace, de lui trouver des limites, de le remplir du mouvement d'un dessin, de l'animer d'une vie de couleurs. (« Le dessin est mort, la peinture est vivante, je ne dessine plus que pour peindre » : Salvador Dali.) La toile a résisté à l'enthousiasme renaissant; le trait de crayon s'est arrêté en route; l'inspiration – brisée – a rebroussé chemin.

Désormais, tout ce que Gainsbourg tentera en peinture relèvera d'une entreprise de découragement. Le résultat infructueux aura raison de l'acharnement de l'artiste. La plus grande ferveur s'épuise devant l'injustice de l'insuccès. Lorsque Gainsbourg nous affirme que les douleurs de l'amour sont physiques, et morales les déceptions de l'art (c'est-à-dire minimisables et minimisées) nous ne pouvons le croire. La passion de peindre en vain est assurément tout aussi douloureuse que le mal d'être mal aimé. La gifle que reçoit le cerveau secoue tout le corps.

Lucien Ginzburg désargenté peignait comme un riche. Serge Gainsbourg cousu d'argent peint comme un pauvre. Est-ce que quarante ans est un âge trop avancé pour infléchir l'infortune ou est-ce que la fortune trahit l'homme quadragénaire qui l'a conquise ? Les questions qui continuent de nous hanter restent bien sûr celles qui sont demeurées sans réponse.

A la Cité Internationale des Arts – riveraine du quai de Paris qu'Albert Marquet affectionnait le plus – il quitte avec un mépris courroucé (une lassitude coléreuse plutôt) l'étage des peintres « pour s'élever », dit-il (pour s'élever ou sortir de l'échec poisseux ?). La Cité Internationale des Arts (« la C.I.A. », ironise-t-il) a ceci de singulier : de tous les artistes résidents, les musiciens y sont les moins éloignés du ciel. Dans ce centre culturel à quatre niveaux, il y a l'étage des graveurs, l'étage des peintres, l'étage des sculpteurs et – tout en haut – l'étage des compositeurs.

Comment pouvait-on en France, en ces années d'essoufflement du gaullisme, être aussi tricheur pour obtenir – à l'âge de presque deux fois vingt ans avec un compte bancaire aussi substantiel – une bourse de pupille des arts nationaux ? Comment un musicien-poète reconnu et fêté comme Gainsbourg pouvait-il prétendre à devenir un orphelin assisté d'André Malraux ? Le gaullisme, avec la prospérité, avait amené la frénésie immobilière, la corruption des consciences, le cynisme sauvage du capital – et dans le travail, une indolence, une fatigue, une flemme concertée. En se faisant boursier de la Ve République, le provocateur a voulu – j'en suis convaincu – abuser des largesses aveugles d'un pouvoir généreux. Il a voulu procéder à un minuscule prélèvement sur ses finances. Pourtant il ne dilapidera pas les deniers publics. La fureur du travail, chez Gainsbourg, prend toujours le pas sur la débauche. « Je suis un personnage éminemment moral », dit-il. Vous ne rencontrez pas plus moral, en effet. La devise de Sergio est celle de Joseph Ginzburg son père : Travail, Famille, Patrie. Nous devons à un juif cette grande devise nationale et nationaliste[1].

De la colline de Montmartre, les Ginzburg – sans changer de rive – descendent dans la plaine du Bois. Les voici embourgeoisés avenue Bugeaud, à proximité de la porte de la Muette. Pour la première fois de son incertaine existence, Serge a droit, à domicile, à un humble atelier d'artiste qu'il aménage promptement.

Les mansardes, ça le connaît. Dans une brusque illumination de mémoire (mémoire-retard ou mémoire-cheval ?) il se souvient d'avoir tenté de posséder autrefois sur la Butte, dans un grenier glacial, la comtesse Tolstoï; Olga Tolstoï, depuis si hautainement congédiée à Alger, au bar de l'hôtel Aletti. Congédiée ? Répudiée à vie, comme une chienne. Or, voici qu'il la retrouve et qu'il l'emmène régulièrement en escalade dans son septième ciel de l'avenue Bugeaud. Dans ce même temps, il enfile Elisabeth, modèle de corps pour le peintre, de fidélité amoureuse et de sujétion érotique, qui décidément ne peut pas décrocher de lui.

1. Emmanuel Berl, alors conseiller littéraire du maréchal Pétain. Le mot culturel ne s'employait pas à l'époque (NDLA).

Serge, en cette période Bugeaud, est un fils familialement vivable, affectivement équilibré, très attentionné pour sa mère : beaucoup plus que pour ses maîtresses. Avec les « pépites » que lui ont rapportées France Gall et sa *Poupée de cire, poupée de son*[1], il a offert à Olga Ginzburg un diamant de Cartier qu'elle lui rendra avant d'entrer en agonie afin qu'il le porte après elle. « Ma mère s'est éteinte, dit-il souvent, mais ça, ça brille encore. »

En cette année 1967 – une des plus créatives à coup sûr de sa carrière – il émet sur l'amour une réflexion qui lui est infiniment chère et qu'il ne laisse pas de ressasser : « C'est une affaire sérieuse que l'amour, écrit-il. L'amour, comme les lettres qui ont du corps, se fait avec des pleins et des déliés. Il implique les caresses et les coups. La langue et la cravache. On frappe, l'on vous résiste, on se fait griffer. Je crois personnellement qu'il faut soumettre ou se soumettre. » C'est la philosophie sadienne d'*Histoire d'O*, revue par un négrier secondaire et sensuel.

Un nomadisme très parisien entraîne incessamment Gainsbourg de La Muette à Saint-Germain-des-Prés. Le 16e arrondissement est privé de toute vie nocturne. Le 6e en regorge jusqu'à l'aurore. Qu'a été chercher Serge, exactement, dans cette Cité Internationale des Arts dont chaque pensionnaire est un invité? Le cosmopolitisme? Non : l'homme, à l'époque, est un étranger ténébreux et fermé parmi ses semblables. Une qualité universelle, un humanisme de coterie? Egocentriste persuadé et égotiste sensoriel comme le sont la plupart des artistes, il ne croit pas en l'homme : il ne croit qu'en l'individu. Il ne croit pas davantage en une

1. *Baby pop* et *Les Sucettes* (1966) ont été également de retentissants succès.

algèbre des valeurs morales[1] appliquées à l'artiste puisque la création – immorale par essence mais quelquefois prisonnière de contraintes – échappe aux principes, aux règles, aux lois. Alors? Gainsbourg, plus simplement, a été se déraciner à la C.I.A. Dans toute action créatrice (l'artiste fait surgir un monde du néant : formes et couleurs, sons et mots) il entre une part de sadomasochisme. Le monde de l'art est un monde étranger aux naissances heureuses.

Dans le long couloir qu'il traverse pour atteindre son logement de pensionnaire Serge entend de pas en pas, à l'étage des musiciens-compositeurs et des concertistes, de futures idoles classiques, Glenn Gould ou Sviatoslav Richter de demain. Il est éprouvant pour lui de rentrer, le plus tard possible dans la nuit, car des filles – la tête à la renverse, les genoux nus – sont assises, le dos appuyé à sa porte. (Sur le trottoir de son hôtel particulier, où elles se couchent – lycéennes de banlieue ou groupies provinciales – le phénomène est aujourd'hui fréquent. Pour introduire chaque clé dans sa serrure – je n'ai jamais vu pareil trousseau : au moins trente « Sésame, ouvre-moi » – Serge, aussi las qu'il soit par ses bordées nocturnes, doit les enjamber patiemment. C'est ici une des rançons de sa célébrité provocante.) A partir de 4 ou 5 heures du matin – jamais avant – il se met à son Gaveau et, dans une humilité totale, sans un fourmillement dans les doigts, comme s'il s'attablait à son chevalet, il compose ou – plutôt – il essaie de composer l'esprit nu, la conscience inquiète, assailli de tous les doutes du jeune musicien qui débute. Il ne veut pas être inspiré. Or, il a déjà derrière lui trente succès confirmés et maintenus qui dévorent du

1. C'est le titre d'un essai de Jouhandeau. Gallimard éditeur.

décibel et le classent au 11e rang sur la liste des gros revenus enregistrés par la S.A.C.E.M.

Voilà qui est surprenant chez Gainsbourg : ce rapport, conflictuel jusqu'à la rupture, entre la création et la vie; sa manière monastique de gagner de l'argent et ses effusions de dépense; sa méthode de tâcheron et sa prodigalité de prince russe. L'aube lui va, l'aube lui botte. Les grandes introspections gainsbouriennes ont souvent eu pour éclairage les lueurs blafardes du petit jour au carreau. « L'heure douteuse où s'achève la nuit et où le diable fait ses comptes[1]. » L'heure du lever de Cézanne et de Marquet, ce dernier voulant surprendre au fil de l'eau et du temps l'arrivée d'un navire de rhum dans le port de Bordeaux ou la coque fuyante d'un chaland charbonnier sur la Seine. L'heure où tant de fois Ginzburg et Gainsbourg – hommes de duel – ont voulu se remettre à peindre, bouffis d'insomnie, les doigts ankylosés.

Bousculé par les filles à sa porte, il développe – en ces fins de nuit de mai 1967 – un complexe de culpabilité. (« Je ne suis qu'un abominable musicien de show, un saltimbanque dérisoire duquel rien – pas une mélodie – ne restera ».) L'auteur-compositeur bat sa coulpe. Le peintre Ginzburg n'est pas fier de son jumeau projeté, lequel n'a eu recours, jusqu'ici, qu'à des solutions de facilité. Il n'a fait ni plus ni moins que ce que font ses confrères : de la musique d'expédients. Frère amer, Ginzburg a tort de mésestimer Gainsbourg, car ce dernier a la crampe du chef-d'œuvre.

Notre héros est d'une complexion infuse et difficile : avec des clients comme lui, les analystes les plus pénétrants mettraient bientôt la clé sous la porte. Il peut passer des mois à se fuir, à se dépersonnaliser sans fin dans une vaine recherche

1. André Gide dans *Les Faux-monnayeurs*, Gallimard.

d'identité, puis – mécontent de son image au miroir – le briser, se confisquer à lui-même, s'occulter à nouveau, s'anéantir. Il pratique déjà – depuis fort longtemps – l'anéantissement éthylique quotidien. Provocation prosélytique ou clownerie démentielle, il reprend à toute occasion *Intoxicated man*[1] « Je souffre, dit-il, du vague à l'âme du cerveau. » Dans ce domaine, Baudelaire et Poë sont plus originaux que lui.

Tombe la nuit historique du 26 au 27 mai 1967. Comme à l'accoutumée, Serge traîne de bar en bar, célébrant verre en main plusieurs fermetures. Il n'est ni « dégueulasse » ni négligé mais il aime à se faire passer pour un poète maudit. Boris Vian l'a depuis longtemps quitté : Serge a sur cette mort des silences platoniciens. Le drame de la boisson – sa propriété illusoire – c'est qu'elle vous conserve intact dans le temps qu'elle vous tue; intact : c'est-à-dire non seulement vivant mais lucide, vos perceptions sensorielles à l'affût. « Les antennes magnétiques de l'alcool sont la seconde pigmentation de ma peau. Grâce à elles je capte les ultrasons et j'émets des ondes rares. Alertez l'espace, Gainsbourg a bu. » Droit comme un héliotrope, il rentre aux aurores naissantes à la C.I.A.

« Le génie, m'expliquait un jour Aragon, c'est d'être en état d'écrire. La supériorité cérébrale d'un homme à jeun, capable d'écrire en tous lieux et temps, sur un homme intempérant et indiscipliné fait son génie d'écrivain. » Par supériorité, Aragon entendait santé, chacun l'aura compris. Il est facile de définir le génie lorsqu'on en a. Honteux de son overdose alcoolique, Gainsbourg va se mettre en état de créer. Point n'est besoin pour lui de rejeter le poison : il cache un foie d'airain sous

1. Le blues de l'alcoolo, avec un très bel accompagnement d'orgue d'Eddy Louis. In *Mon propre rôle* (Denoël).

sa carcasse de danseur de ballet. Il se rafraîchit les tempes à l'eau froide; puis s'installe au Gaveau, ferme les yeux, se concentre.

Est-il vrai que Dieu accorde plus facilement le pardon de la grâce aux ivrognes qu'aux toxicomanes? Qu'il ait après maints tâtonnements, maintes improvisations interrompues, maints mouvements arrêtés puis abandonnés pour insuffisance – qu'il ait réussi une première fois, en moins d'une heure de temps, à fixer un thème absolument abouti (dont il ne restera plus qu'à le transcrire) il n'y a là rien de miraculeux : Gainsbourg, travaillant ainsi, a déjà réalisé de pareilles prouesses. A partir du moment où les paroles suivent mentalement la mélodie, de telle sorte que – plusieurs fois répétées – elles seront retenues par la mémoire, la main s'employant seulement à les coucher sur le papier, nous sommes en présence d'une double félicité; ici, la providence s'en mêle. Là où le phénomène relève de l'extraordinaire (ou, comme il vous plaira, de l'imaginaire mensonger : mais pourquoi notre héros mentirait-il?) c'est que Gainsbourg triplera sa production. Entre l'aurore et 10 heures frappantes, il signera avec une aisance monstrueuse trois titres qui se révéleront d'une importance capitale pour sa fortune et qui s'intituleront dans l'ordre chronologique de leur mise au monde : *Harley Davidson*[1], *Bonnie and Clyde, Je t'aime, moi non plus*. Ainsi, en cinq heures d'une concentration sans relâche, Gainsbourg, cette fois-ci, aura vraiment gagné sa place au Panthéon de la musique de complaisance.

Les trois titres (dont le troisième est destiné à une carrière imprévisible mais gigantesque) seront

1. Créée par B.B. dans son show télévisé (signé Jean-Christophe Averty) de la Saint-Sylvestre 1967.

proposés, dédiés, offerts – « comme ça, comme trois petits bouquets de fleurs des champs » – à celle que Serge nomme, avec cette solennité canaille qui n'appartient qu'à lui, l'« égérie du siècle ». Autrement, Brigitte Bardot.

42

TENTATIVE D'ANALYSE RÉTROSPECTIVE D'UNE PASSION. – RELISONS MICHEL CLERC. – CATHERINE RIHOIT TÉMOIGNE. – LE DOMINATEUR DOMINÉ. – L'AMOUR PHYSIQUE EST SANS ISSUE.

SERGE n'a point voulu me parler de Brigitte. Qui plus est, il m'a défendu de la voir, sous sanction d'interrompre notre collaboration pour cette biographie qui n'est pas tout à fait la sienne puisque je m'y suis crucialement impliqué. Avec Gainsbourg, on fait de la littérature engagée ou l'on ne fait pas de littérature.

Comme j'insistais pour qu'il me racontât son « idylle » avec Bardot et que devant sa dérobade – puis devant son refus obstiné – je me fâchais tout rouge, nous faillîmes en venir aux mains[1]. D'heureux cocktails nous détendirent. La paix faite sur son dos, nous parlâmes de Brigitte jusqu'à ce que le ciel d'été ne comptât plus une étoile. Serge avait grillé cent Gitanes. Que cette conversation soit partie en fumée – que pour honorer ces deux mots : parole d'honneur, je n'aie pu rien en rapporter – me navre et me glace. Que Brigitte ait disparu de cette provocation permanente constitue à mes yeux une mutilation effroyable. Bardot est le parfum de ce XXe siècle. Comme le cinéma français

1. Hôtel Raphaël, avenue Kléber, début juillet 1987.

eût existé inférieurement sans elle, Gainsbourg sans Bardot n'est Gainsbourg qu'à moitié.

En ce qui concerne l'aventure qui a projeté « Gain-Gain » sur les talons de « Bri-Bri », la question qui hante l'esprit n'est pas « A quelle date est intervenue la cassure? », mais « Comment se fait-il que Gainsbourg, si orgueilleux dans sa virilité, et si pitoyable lorsqu'une femme l'a blessé, ait continué, quitté par Bardot, à écrire pour elle? Autant dire à l'aimer de passion. S'il n'est pas porté à bout de bras par la passion (ou par sa nostalgie ressentie comme un deuil) Serge est inconsistant dans sa musique comme dans ses paroles.

A preuve : il ne publie pas, il rejette les inédits qu'il taxe de faiblesse. Or, tout ce que Gainsbourg a écrit et composé pour Bardot – avant, pendant et après – est de tout premier ordre et de toute première force.

Relisons Michel Clerc[1] qui souffre lui aussi des trois complexes gainsbouriens : celui de don Juan, celui de Casanova, celui d'Adolphe.

« Quand j'ai connu Gainsbourg, il traversait le désert du célibat. Il venait de tomber des bras de Brigitte Bardot. Juste derrière lui, collée au mur, démesurément agrandie, exposée en poster, Brigitte Bardot, silhouette lascive et tendre. La belle et la bête. Bardot? Gainsbourg se glaçait dès qu'on prononçait son nom. L'étoile descendue sur lui s'était volatilisée comme se dissout la lumière. Elle lui avait laissé cette photo géante et aussi ce 45 tours qui n'est qu'un long duo de « Je t'aime, je t'aime » où le murmure Gainsbourg répond au murmure Bardot. Document pour l'histoire[2] [...]

1. Le laid qui plaît. Dans *Tapis rouge*, Julliard, 1978.
2. Que Michel Clerc est un des rares journalistes à avoir pu écouter dans sa première version originale (NDLA).

Le tigre blessé se lançait dans le strip-tease sentimental. Ce Musset de bastringue nous chantait " Les femmes c'est du chinois ", version contemporaine de *La Nuit de Mai.* (*sic*) Il me prenait à témoin : " Parce qu'elles ont beau être folles de moi, je ne suis pas de taille à faire face. En amour, comme dit Balzac, il y en a toujours un qui souffre et un qui s'ennuie. Je serai parfois celui qui s'emmerde. " »

Clerc a fréquenté Gainsbourg tour à tour écorché vif, éploré, puis cynique. Moi je le fréquente officiellement muet sur Bardot, mais professionnellement très prolixe. Ce qui me porte à penser que Serge ne veut aucunement combler cette fosse abyssale que la disparition de Brigitte a creusée entre le métier triomphant et l'amour en fuite. Ici, le témoignage de Catherine Rihoit[1], à qui Gainsbourg s'est ouvert, comme à une journaliste-romancière séduisante, ne laisse pas d'être révélateur.

« La première fois que je l'ai vue, dit-il, c'était mon premier film[2], où je jouais un rôle secondaire, lequel, peu importe... Nous étions à l'époque du star système. B.B. : une délicieuse adolescente, un petit bouton de rose blanche qui a fleuri dans les années 55-58. D'une gamine très fraîche, elle est devenue la femme la plus belle que j'aie jamais admirée. La gamine, sans grand intérêt à mes yeux, s'est muée en une femme sublime dans sa morphologie, son gestuel, l'élégance de sa démarche. Elle avait des hanches et des jambes d'adolescent. C'était une vraie chorégraphie quand elle se

1. *Brigitte Bardot, Un mythe français.* Olivier Orban, 1986.

2. Il s'agit de *Voulez-vous danser avec moi?* comédie de Michel Boisrond, tournée en 1959. Née en 1934, B.B. a vingt-cinq ans. Elle n'est donc plus une adolescente. Gainsbourg est donc victime d'une aberration mnémonique (ou illusion de mémoire). Une preuve de plus qu'il fut radicalement épris de B.B. (NDLA).

déplaçait dans l'espace [...] Dans cette prescience de son corps, elle rejoignait Monroe par la façon dont tout cela sous-entendait de disponibilité – car une actrice qu'on sent indisponible perd de son charisme. Tout cela avec une malice, un charme hallucinants, une photogénie à vingt-quatre images seconde : dos, face, profil (...) Dans le souvenir que l'on gardera de sa filmographie, cette photogénie restera sublime. La magie de cette affaire, c'est qu'elle s'en est sortie : ses rôles s'évanouissent, B.B. demeure intacte. »

Gainsbourg continue son discours critique : « On avait un joyau, on n'a pas su ouvrir l'écrin. Actuellement, nous n'avons pour stars que des pierres semi-précieuses [...]. Un jour, elle me dit : " Ecris-moi la plus belle chanson d'amour que tu puisses imaginer. " Alors, dans une nuit de printemps, j'ai écrit " Je t'aime, moi non plus. " »

Nous connaissons tous à présent cette mise à l'épreuve dans l'aube frileuse d'un mois de mai. L'épopée de l'enregistrement de *Je t'aime, moi non plus* est une aventure échevelée qui va marquer les annales du microsillon[1]. Nous n'en sommes pas là. Mis au propre et recopié (Serge n'écrit pas, il dessine) le texte original – il n'y sera rien changé – est envoyé à la frappe puis déposé à la S.A.C.E.M. (Il sera republié par les éditions Melody Nelson dont Gainsbourg est l'unique fondateur-propriétaire.) Deux aspects sont à considérer : le slow, remarquablement amené par l'introduction à l'orgue d'Arthur Greenslade et Gainsbourg[2], introduction qui ne va pas sans rappeler les orgues fameuses de Procol Harum[3] qui – l'été 66,

1. Nous le racontons ci-après. Avec Bardot dans un premier temps. Avec Birkin dans un second temps.

2. Il s'agit, bien entendu, de l'enregistrement Birkin-Gainsbourg, celui de Bardot-Gainsbourg n'étant pas sorti dans le commerce.

3. *Writer shade of pale.*

année du mariage de B.B. et de Günther Sachs – furent au seuil de tous les tympans. Mais, dans ce cas, ce sont tous les musiciens de France – professionnels ou amateurs – qui se jettent sur le titre pour l'interpréter soit dans les dancings soit dans les bals populaires.

Le second aspect à examiner revient aux paroles, « aux lyrics », dit Serge, employant le langage des années 30. Or, il n'y a pas – dans *Je t'aime, moi non plus* – de moisson lyrique à récolter. Le texte le plus opaque de Gainsbourg s'illumine soudain (nous le savons tous) de paillettes phosphorescentes. Que trouvons-nous ici ? Trois beaux vers octosyllabiques :

Comme la vague irrésolue,
Tu es la vague, moi l'île nue

et ce dernier, très fort :

L'amour physique est sans issue.

Ce n'est pas suffisant toutefois pour entrer dans l'éternité des anthologies.

Puisqu'il s'agit d'analyser un miracle – et que *Je t'aime, moi non plus* en est un – il nous faut chercher ailleurs les raisons du prodigieux engouement suscité. (Seulement chez nous, en France, puisque 5 millions et demi d'albums s'arracheront chez les disquaires du monde entier.) La raison principale est psychologique et sexuelle. En offrant aux foules tricolores, en novateur d'avant-garde, le poème rythmé de l'amour physique, l'émancipateur permanent a fait entrer dans l'espace des couples l'idée d'une deuxième forme de rapport : « plus passionnelle, combative et contrôlée ».

Outrepassant cet euphémisme on ne peut plus gainsbourien, que nous devons considérer dans la bouche du provocateur comme un raffinement de langage, disons que *Je t'aime, moi non plus* scelle l'intrusion de l'érotisme dans la musique de complaisance.

43

LA VIE QUOTIDIENNE À LA C.I.A. – TORTURÉS DU LANGAGE. – ÉQUIVOQUES BILINGUES. – LA GRANDE SÉANCE. – B.B. N'A JAMAIS ROMPU. – « PAR PURE GALANTERIE. » – UN SERMENT SOLENNEL.

AINSI, la plus grande chanson d'amour qu'il puisse imaginer l'a été pour B.B. Le message perçu – il ressemblait à une impérieuse commande : à un ordre amoureux – « Gain-Gain » a obéi ric-rac. Mais il préfère laisser reposer son chef-d'œuvre, en vue d'une hypothétique mais possible décantation. Puis il a continué à vivre, en étudiant indiscipliné, la vie de la C.I.A.

Dans sa chambrette qui évoque par certains côtés les « turnes » des élèves de l'Ecole Normale Supérieure, après un léger repas, il prend une douche, se rhabille, absorbe un café noir et part courir l'aventure dans le petit quartier arabe voisin, où il se prostitue avec des vendeuses de bazar. C'est le temps où célibataire libre et solitaire (entre Bardot qui s'en est allée et Birkin, la petite Anglaise dont la venue sur le continent se prépare) il s'offre de vraies surdoses d'orgasmes[1]. Comme si

1. « Overdoses de baise », dit-il exactement. Répugnante expression que j'ai préféré remplacer par cet euphémisme moins fâcheux : surdoses d'orgasmes.

une divination secrète l'avertissait que le désespoir qui lui vient de Bardot va s'enfuir et qu'il tombera de nouveau amoureux pour dix, douze, treize ans, il profite insolemment des filles, ces hasards vivants de la nuit. Le plus stupéfiant tout de même, c'est que déjà virtuellement millionnaire en francs lourds, il vive comme un vieil étudiant pauvre : comme un assassin de Dostoïevski.

Si Gainsbourg existe ainsi, thésaurisant l'argent de ses droits d'auteur sans y toucher, c'est qu'il caresse un grand rêve d'habitation. Rue de Verneuil, à vingt pas de l'angle de la rue des Saints-Pères, au cœur intellectuel du 7e arrondissement, il a repéré un petit hôtel particulier de deux étages, qui menace ruine à l'intérieur, et qui sera prochainement à vendre. Aussi, son contrat avec la Cité Internationale des Arts prenant fin le 30 juin, il retrouve aussitôt, pour un temps dans la plaine de Bagatelle, la pension familiale des Ginzburg, au quatrième étage d'un immeuble sans ascenseur.

Dans son atelier, le chevalet désert est exilé dans une encoignure. De leurs vases de verre, crevant d'inactivité, montent les pinceaux séchés, touffe en l'air. Si vivante, si foisonnante, si fourmillante il y a peu, la large palette est un kaléidoscope craquelé où, dans son creuset, chaque couleur ternie a perdu son droit à l'existence. Une araignée industrieuse a déjà repéré une réserve de châssis pour y tisser sa probable toile, sa future toile. Orgueil, tes défaites sont misérables : tu devrais les cacher! Que Gainsbourg ne peigne plus serait peu dire : il se désintéresse absolument de la peinture. En regain d'activité (il déteste « les paresseux, les mous, les léthargiques ») il compose pratiquement sans arrêt : au coup par coup, sur des fragments de temps diversement morcelés ou sur de longues plages d'heures libres.

A trente-neuf ans (le voici parvenu à sa grande

maturité créatrice) il a acquis une technique remarquable du refuge. Il sait s'abstraire et entrer aussitôt dans son silence intérieur. Il compose et il écrit. Ou, plutôt, il note. Comme il connaît les idées de paroles sous leur vrai jour – fragiles, corruptibles, fuyantes – il les piège, les enfermant dans ses mots (oui, les siens) qu'il encorbelle de ses pleins et de ses déliés. Il a acquis dans ce domaine la précision robotique de l'insecte. Il ne faut rien laisser au hasard. Il ne faut surtout pas incommoder sa mémoire. Il note partout, en tout temps, en tous lieux, sur tout ce qui se trouve à portée de sa main (tickets d'épicerie, additions de restaurants, nappes). Il note ses terminals de vers sur une cassure de syllabe, attaque le vers suivant sur la syllabe cassée[1], se livre à des triturations, des maltraitements, des séparations arbitraires, des décortications linguistiques infinies. Sans doute sacrifie-t-il déjà, moins ostensiblement qu'aujourd'hui mais en s'y entraînant tout de même, à ce jeu subtil et burlesque qui consiste en un partage convulsif de sa langue de citoyenneté – le français – et de cette anglo-américanomanie crispante, qui l'éloigne tant et plus de nous. Les équivoques bilingues de Gainsbourg ne vous viennent pas du Saint-Esprit : il a fallu les accoucher de soi. Cela énoncé, notre héros ne fait pas que jouer, composer, noter, retenir, écrire : il pense. Il pense à un rock opéra, à un roman musical, à la grande première fable amoureuse et tragique de nos temps modernes, à un album gigantesque dont toute la conception et l'exécution lui reviendraient. Ambitieusement, il cherche à traduire la visualité instantanée, fulgurante et durable, qui naît de la conjonc-

1. Un des exemples les plus célèbres de cette gaminerie considérée comme un des beaux arts : Parcourant L'Amour Mon/Stre de Pauwels/me vint une vision/Dans l'eau de Seltz *(Initials B.B.)*.

tion du mot et du son, cette imagerie que l'œil intérieur de l'auditeur averti supplie qu'on lui propose. Gainsbourg cherche à filmer en concret – sans caméra ni appareil photo – cette triple abstraction magique : le son, le mot-son, le son-mot gainsbourien.

Il ne peut pour l'instant ni fonder ni construire. Il médite une entreprise dont la ligne générale lui échappe puisque, mis par soi-même en demeure de définir sa démarche, il s'avère incapable de la formuler. Gainsbourg travaillant, asphyxié de solitude – l'idée résistant à l'homme – ferait fuir les petites filles. Dans son laboratoire électronique aux murs noirs il fait penser à un ogre interdit de proie. Mais de quoi s'agit-il donc, grand Dieu !

Dans sa gestation silencieuse (le piano reste fermé comme un cercueil) Serge songe à l'érection d'un premier monument révolutionnaire d'un genre absolument inédit. Un monument consacré à la femme, héroïne déifiée. Quel visage aura cette figure de proue dont il est censé éterniser le destin ? Selon toute probabilité, celui de Brigitte Bardot. Eh bien non ! Quatre ans plus tard – le temps gainsbourien brûle les saisons trop lentes – elle aura la frimousse rose d'une bachelière anglaise et portera le patronyme gracieux, emprunté à l'histoire, de Nelson. Ce sera *Melody Nelson.*

La séance d'enregistrement de *Je t'aime, moi non plus* et de *Bonnie and Clyde* (45 tours simple) est fixée par la firme Philips à la dernière semaine d'octobre. En ce quatrième trimestre 1967 il s'agit d'une date-événement qu'entourent les plus grandes précautions de silence. Les tout-puissants responsables de Philips-Fontana ont donné des consignes draconiennes. Puisque le titre vedette *(Je t'aime, moi non plus)* sera une bombe de scandale, il faut que cette bombe éclate à la surprise générale, que tous les auditeurs en soient ahuris. Le disque sera mis en vente le 5 décembre, trois semaines avant la Noël. Les programmateurs de radio, auxquels il sera envoyé en hommage normal, ne recevront pas de copie préalable. Ni budget publicitaire ni conférence de presse ne sont prévus. La rue Jenner, dont les studios sont surveillés par des gorilles, conspire, elle-même étonnée de sa propre conspiration. Pourtant, dès la rentrée de septembre, des indiscrétions, nées dans les salles de rédaction, descendent dans la rue où elles s'enflent, devenant rumeurs : une passion intimement partagée semblerait se dessiner entre Gainsbourg et Brigitte dont l'Allemand Günther Sachs aurait pris le plus catégorique ombrage.

Certaines liaisons sont depuis toujours relatées à contretemps par les journalistes. La presse quotidienne classique ne s'est pas souciée du sentiment qui pouvait attacher Brigitte à Serge, le physique de Gainsbourg n'entrant pas dans les canons conventionnels de l'esthétique masculine qui seyait à Bardot. C'était faire bien peu de cas des qualités de séduction de « Gain-Gain » : de son timbre de voix suave et sensuel, de ses mains chirurgicales, de sa bouche féminine, de sa crinière indienne – de sa gueule d'acteur, de sa troublante photogénie. On parle beaucoup à l'époque, mais sans en écrire, d'un « adultère violent et officieux », et d'un disque équivoque de ces amants traqués que la firme Philips distribuerait sous le manteau. Je me suis échiné plusieurs jours, rédigeant ce livre, à tenter de reconstituer, en façon de procès-verbal, l'autopsie d'une rupture. Jusqu'à ce que je m'aperçoive, consciemment, que ces monstres sacrés que sont Bardot et Gainsbourg ne s'étaient jamais moralement quittés. Qu'ils aient rompu physiquement est une évidence. Que quelque tendresse, dans le cas de Brigitte, et qu'une mélancolie désespérée, dans le cas de Serge, aient survécu à cet amour condamné d'avance, voilà une égale et seconde certitude.

La séance d'enregistrement de *Je t'aime, moi non plus* ne trahit pas ses promesses d'intérêt. Elle bénéficie même d'un relief imprévu : la tension y est insoutenable. Pour sûr qu'il s'agit d'une épreuve de force au plan des nerfs, des battements de cœur, des impulsions de la mémoire. Il ne s'agit pas d'un duo ordinaire, mais d'une joute de sentiments. Sept ans après la gravure de *Bubble-gum* qui marqua (en 1960) les débuts d'une collaboration discographique fructueuse mais sporadique, Brigitte et Serge sont venus se dire – à mots couverts en quelque sorte – qu'ils s'en allaient l'un de l'autre mais sans se séparer pour autant. Le premier duo érotique de l'histoire de la chanson mondiale ne pouvait être dédié qu'à la nostalgie du désamour.

« Il y avait une turbulence émotionnelle terrible », relate Gainsbourg[1]. Au surplus de sensibilité née d'une intimité retrouvée se mêle la certitude d'un éloignement physique inéluctable. Aragon le certifie, qui a toujours raison en matière de psychologie passionnelle : posséder compte peu en regard de dominer[2]. La domination absolue d'une femme équivaut pour l'amant à la possession complète du monde. Or, nous savons à quoi nous en tenir avec ce couple dont les différences font qu'il atteint à la mythologie : à son unité, à son éclat, à sa durée. (De tous les hommes qui, depuis trente-cinq ans, ont traversé la vie de Bardot, Gainsbourg est le plus grand : tant par sa vie à hauts risques

1. Catherine Rihoit, *Brigitte Bardot, Un mythe français*. Olivier Orban, p. 291.
2. *La défense de l'infini*, Gallimard.

que par son œuvre à haute destination.) « “ Gain-Gain ”, m'a assuré un musicien de séance, avait pour “ Bri-Bri ” des prévenances de sujet bébéphile. Ses lèvres entrouvertes lui donnaient, à travers l'air surchauffé du studio, des indications passionnées. » Il fallait donc sortir de l'impasse émotionnelle. Au bout de la centième heure, ils s'en délivrèrent exténués. Mais ils ne se délivrèrent pas du destin.

Sourde, hypocrite, exprimée à égale distance de la transparence et de la fausseté, cette fatalité si spéciale qui contrarie les stars allait s'abattre sur le supersingle pour rendre impossible sa sortie. Les hebdomadaires dits « à scandale » s'en mêlent. Avec une perfidie talentueuse, ils insinuent que *Je t'aime, moi non plus* ne peut être qu'une chanson vécue par un couple qui place l'érotisme au-dessus de l'amour. Une pareille chanson ne peut faire, en deuxième lieu, que figure de testament. C'est un disque d'adieu qui laisse supposer tant et plus de choses.

On a tout dit, tout écrit, tout raconté de Günther Sachs-Opel que Brigitte a épousé le 14 juillet 1966, à Las Vegas, soit l'année précédant l'enregistrement. Ce fut le mariage d'un Siegfried issu de la grande industrie automobile allemande et de notre Manon du cinémascope; l'union d'un héritage de roulements à billes et d'une star de trente ans à la périhélie de sa beauté. Il avait suffi de deux ans à *Cette sacrée gamine* pour devenir une reine. Günther qui avait moins de chance en dépit d'un tirage au sort social plus avantageux n'avait su que devenir un play-boy affranchi de l'image conventionnelle de la jeunesse ouest-germanique, un milliardaire séduisant, d'une simplicité joviale, épris des femmes, des voitures de sport, des champs de ski, du pilotage solitaire au-dessus des glaciers, de Saint-Tropez et des tableaux de maîtres. Il se crée une différence fondamentale entre le journaliste qui écrit sur un couple et son confrère qui est lié à ce couple par une amicale intimité. Ce ne sont pas les mêmes hommes; ils n'appartiennent plus à la même profession. De nos trois protagonistes – B.B., Serge, Günther – les hasards de la vie ont fait que j'aie rencontré le dernier nommé[1] avant les deux autres et que je me suis fort bien entendu avec lui. L'été de son emballement passionnel pour Brigitte (venant de faire sauter la banque, sous ses yeux, au casino de Monte-Carlo, il lui avait offert un diamant de conte oriental) Günther me fait contacter par notre ami commun Philippe Grumbach[2]. Habile cinéaste (c'est un opérateur virtuose rompu au vertige de maints dangers[3]) il prépare un long métrage sur la principauté de Monaco, dont je suis une des mémoires parisiennes[4], film qu'il destine au plus large public populaire américain et dont il me demande d'écrire le scénario. « J'accepte, dis-je à Grumbach. J'accepte d'enthousiasme. » Je me mis au travail.

Cet été 66 fut pour moi dramatique, car subissant une cure de désintoxication aux Rives de Prangins (une de plus) je faillis y mourir, dans le gouffre noir du sommeil, d'une détresse coronaire. Convalescent efflanqué, j'eus l'indicible joie – début septembre – de voir marcher à ma rencontre, sur la jetée du lac où je faisais quelques pas, Brigitte et Günther, retour de leur voyage de noces en Allemagne fédérale où le marié venait de pré-

1. Par Simon Jardin, frère aîné de Pascal, dont il avait été le condisciple au collège international du Rosay, en Suisse romande.

2. Alors rédacteur en chef de *L'Express*.

3. Sachs a signé un documentaire remarquable sur les pilotes des glaciers des Alpes : Geiger, Martignoli, etc.

4. Rédacteur en chef adjoint à *Jours de France*, j'y rédigeais en moyenne de 12 à 15 articles de couvertures par an sur Grace Kelly et la famille princière. Autant sur Brigitte Bardot.

senter tous les siens à sa Vénus française. De tels souvenirs vous obligent.

Il est évident que Günther Sachs ne pouvait tolérer un an et demi seulement après son mariage (et à quelque échec à court terme que soit voué celui-ci) la diffusion d'un scandale discographique d'une pareille facture. Gainsbourg, sciemment, a forcé sur la provocation. L'outrance n'échappe point à Sachs. B.B. se range rapidement à son avis : l'œuvre ne peut et ne doit faire l'objet d'aucune diffusion ouverte ou clandestine. Afin qu'il y ait une preuve effective de sa demande de retrait, Brigitte écrit à Serge. « J'ai sa lettre autographe », dit ce dernier.

Alors que *Je t'aime, moi non plus* doit sortir à 40 000 exemplaires (tirage exceptionnel) des presses de Philips, Gainsbourg – « par pure galanterie » – transmet l'ordre de stopper la manufacture. Et de répondre à Brigitte : « Puisque ma chanson enregistrée avec toi ne sort pas, selon ton vœu, je jure sur Dieu que je ne l'enregistrerai, de ma vie, avec aucune autre. Cette chanson était la tienne. Elle reste la tienne. »

44

LE SHOW DE LA SAINT-SYLVESTRE. – LA DÉESSE ET SON PROPHÈTE. – IL PREND POSSESSION DU SIÈCLE. – 1968. – SA CHANSON D'ADIEU : *INITIALS B.B.* – GAINSBOURG EN FLÈCHE, DE GAULLE EN PERDITION. – 800 000 NF CLÉS EN MAIN. – L'HÔTEL DES BEAUX-ARTS : OSCAR WILDE. – LONDRES. – UNE AUTRE MUSE, UNE AUTRE CHANCE : JANE B.

AINSI par la volonté d'une femme maritalement attachée à un homme, un disque est interdit de pressage, donc de naissance, donc de succès. Fallait-il que Gainsbourg aimât Bardot pour lui assujettir totalement sa vie créatrice, autant dire le plus important d'un cerveau humain. Au printemps 1967 : « Ecris-moi la plus grande chanson d'amour du monde », avait dit Brigitte. Et Gainsbourg compose la mélodie – où l'orgue est roi – de l'amant dominé qui prend sa revanche sur sa dominatrice; du coup – treize ans après la parution d'*Histoire d'O* – la chanson d'amour devient érotique en France. Six mois sont à peine passés que Brigitte-la-Rebelle se récuse, se rétracte, invoquant une conscience conjugale soudain rigoriste et catholique romaine.

Bardot, qui arrêtera de propos délibéré sa carrière cinématographique en 1973 (donc à trente-neuf ans : l'âge du Gainsbourg de *Je t'aime, moi non plus*), n'a que trente-trois ans en 1967. Elle est doublement à son apogée : en tant que star et en tant que show woman. Gainsbourg est le grand axe autour duquel s'est ordonné son destin de chanteuse. Le show télévisé de la nuit de la Saint-Sylvestre nous apporte la démonstration éclatante de la richesse de leur collaboration. Ce qui nous prouve surabondamment (mais en aurions-nous douté?) que « Gain-Gain » ne tient nullement rigueur à Bri-Bri de sa défection de l'automne. Comme quoi, dix ans plus tôt, Gainsbourg a rencontré une déesse dont il fut le prophète musical.

Le show du 31 décembre va marquer l'année 1968 d'un impact fabuleux. Il nous est possible d'imaginer aujourd'hui ce qu'eût été le succès de l'album Bardot-Gainsbourg si (ouvert par *Bonnie and Clyde* comme il l'est) il avait aligné *Je t'aime, moi non plus* en morceau final de la deuxième face. C'eût été une apothéose. Pourtant le point de saturation n'est jamais atteint pour les stars voraces. Jamais assez d'argent, jamais assez de propriétés ni de possessions, jamais assez de signes extérieurs de richesse.

Comme 1958 a marqué – après sa faillite picturale – les grands débuts rédempteurs de Serge Gainsbourg, 1968, qui clôture une décennie de renommée ascensionnelle, va marquer sa prise de position dans le siècle en même temps que sa rupture définitive avec le métier : avec ses aléas trompeurs, ses spéculations incertaines, ses sacrifices insupportables au goût du jour. Gainsbourg s'échappe du peloton de tête de la chanson française : non pas forcément pour être le premier à l'arrivée (l'idée l'indisposerait plutôt) mais pour conduire sa course à part, en marginal solitaire. Désormais il ne mérite plus l'appellation infamante, qu'il s'est attribuée lui-même, de « musicien complaisant ».

Notre héros, cette année-là, nous fait de plus en plus penser à un personnage de Dostoïevski qui aurait réussi sans trahir son âme, avec tout ce que celle-ci comporte de triomphante nostalgie. N'y faut-il point de la noblesse ? Pour nous administrer la preuve par 9 qu'il ne nourrit aucune espèce de ressentiment à l'endroit de Brigitte Bardot, il écrit *Initials B.B.* : l'un de ses chefs-d'œuvre les plus accomplis et le seul avec *Cargo culte* (nous assure-t-il) dont il se souvienne des paroles sur le bout du cœur. Après tant de couleuvres vipérines avalées, voici qu'il signe dans l'asphyxie de ce cœur un poème d'adieu que n'eût certainement pas dédaigné Baudelaire puisqu'il est imité de lui jusqu'au mimétisme syllabique :

A chaque mouvement
On entendait
Les clochettes d'argent
De ses poignets
Agitant ses grelots
Elle avança
Et prononça ce mot :
Alméria.

Serge m'a raconté : « Je n'avais pas encore lu *L'Amour monstre*[1], que Brigitte m'avait donné. " Lis ça, Gain-Gain, me dit-elle, négligemment, sans insister. Tu pourrais le méditer : c'est un ouvrage tout à fait pour toi. Il est écrit à coups de fouet; ça claque à chaque page. " C'était sa manière à elle de recommander ce qui à ses yeux paraissait important. » Pareille confidence, et le ton sur lequel Gainsbourg la prononce, surprennent et émeuvent de la part du sarcastique provocateur

1. Editions du Seuil. Repris dans les Œuvres romanesques de Pauwels, chez Albin Michel.

misogyne. Aussi loin qu'il se laisse aller dans les bas-fonds de l'exhibitionnisme verbal, Gainsbourg assurera toujours son salut par les sentiments.

En 1968 Gainsbourg vient d'acquérir contre un chèque de 800 000 NF l'hôtel tant convoité de la rue de Verneuil. Il va inspirer les travaux, bouleversant la disposition intérieure, et – maître d'œuvre – il les dirigera du plus près. Le goût de Gainsbourg est inné : avant même de connaître la richesse il avait accédé à tous ses raffinements.

Il habite en attendant le toit paternel, avenue Bugeaud. Cependant comme il veut se rapprocher de l'architecte et des ouvriers, il élit domicile à l'hôtel des Beaux-Arts où la chambre qu'on lui attribue par un hasard complice (la seule qui fût vacante) est celle, au troisième étage, où mourut Oscar Wilde. Ici Gainsbourg dialogue avec un fantôme dont le passage sur la terre ne laisse pas de le séduire. « Le cynisme, écrit Wilde, c'est de connaître le prix de tout et la valeur de rien. » Plus loin : « Je suis prêt à payer toute la souffrance du monde pour un moment de volupté. » Ou : « Mieux vaut se détacher de l'amour que de s'y enliser. » Enfin, cet aphorisme du *Prisonnier de Reading* cité dans les cinq continents : « Le temps est Dieu, Dieu est le temps; ne baisser les yeux ni devant l'un ni devant l'autre. »

Depuis Londres où il cherche l'héroïne de son film *Slogan,* le cinéaste Pierre Grimblat fait des essais avec une débutante. Son nom est Jane Birkin, la future Jane B. Grimblat mande à Gainsbourg de le rejoindre. « Je veux ton avis et que tu juges sur place, dit le télégramme. Grand, très grand pouvoir émotionnel. Viens donc. »

Dans ce relais impromptu, Jane, qui s'empare du bâton tombé de la main de Brigitte, va gagner une relation précieuse et unique. Un amour-passion de treize ans, ponctué « de caresses et de coups ». Un destin impétueux. Un répertoire d'une incommensurable beauté, qui survivra aux défaillances de la tendresse et de l'érotisme. Un des plus grandioses qu'un auteur-compositeur ait jamais conçus pour une muse inventée, créée sur mesures.

45

RENCONTRE À PINEWOOD. – LA DEUXIÈME RÉVOLUTION FRANÇAISE. – TÊTES À COUPER. – INDIFFÉRENCE ET NON-DÉSIR. – AUX RACINES DE L'INTIMITÉ PASSIONNELLE. – JEAN-FRANÇOIS BERGERY. – L'ÉTÉ 68. – JANE B. + SERGE G. : LE COUPLE DE L'APRÈS-RÈGNE GAULLIEN.

Le 20 mai 1968, Serge et Jane font hâtivement connaissance aux studios londoniens de Pinewood. A Londres, Gainsbourg se trouve à l'aise « comme Dieu en France ». Parlant la langue, une réciproque estime professionnelle le lie au prestigieux chef d'orchestre-arrangeur Arthur Greenslade[1] et au non moins remarquable directeur de musiciens David Whitaker[2]. Gainsbourg – nous le mentionnions plus haut – a été le premier chanteur français à enregistrer en Angleterre : son innovation prophétique fera bientôt fureur. Pour notre solfège populaire, il est en somme – et à plusieurs titres – une sorte de chancelier Bacon bilingue. Bacon[3], inventeur de la théorie parabolique des idoles, est le précurseur d'une nouvelle philosophie. Gains-

1. Principaux titres réalisés en commun : *Docteur Jekyll et Monsieur Hyde, Qui est in qui est out.* (1966.) *Initials B.B. Ford Mustang* (1968). *Je t'aime, moi non plus* (1969).

2. *Comic strip, Torrey Canyon* (1967). *Bardot-Gainsbourg* (1968).

3. Voir *Novum organum* ou *Les Idoles de la Caverne,* titre dont s'emparera le grand romancier américain Frédéric Prokosch. Traduction française : *Pas de quatre.* Gallimard (NDLA).

bourg est à la fin des années 60 le précurseur de la nouvelle musique des années 80.

Entre Serge et Jane, le réalisateur Pierre Grimblat joue sans aucune malice le rôle déterminant de l'ordonnateur de la cérémonie des approches. Le 23 mai, alors que Grimblat a fixé son choix sur Birkin pour être la partenaire de Gainsbourg dans *Slogan*, tous trois veulent rejoindre Heathrow dans les plus brefs délais afin de prendre la première Caravelle en partance pour Paris. Les haut-parleurs de l'aéroport diffusent une exécrable nouvelle : en France, c'est la révolution. La révolution pour la seconde grande fois.

Le 3 juin 1968, donc un minimum de temps après la cessation de la grève générale, Grimblat et Gainsbourg réussissent à tenir leur pari franco-britannique : ramener leur petite Anglaise sur le continent. Gainsbourg s'est pris au jeu, par fanfaronnade complice. Pour entrer, plus par bravade provocatrice que par intérêt du métier, dans la solution de Grimblat – il ne dit pas encore le plan –, qui est une solution amusante. Leur film terminé, que fera-t-il de Birkin? Dans un avenir immédiat, que va-t-il en faire? Certainement Jane ne correspond pas au type de femme qu'il désire. Elle n'a ni seins ni hanches, mais elle possède une cambrure d'une sinuosité émouvante.

« Je lui ai prêté une attention polie, se souvient notre héros. Ce n'était pas Lady Chatterley, pas plus que la Blanche Dubois du *Tramway nommé désir*. Elle ne me donnait envie de rien. Strictement de rien. »

La création, chez Gainsbourg, part toujours du zéro (de l'« électrocardiogramme plat »), qu'elle réanime et révolutionne. La différence s'opère toujours, chez lui, à partir du désintérêt. Il faut seulement surmonter cette inappétence. « Il suffit de regarder une chose longtemps, disait Flaubert, pour se persuader de son importance. » De ce physique indésirable, il va faire – à travers la voix, véhicule nu des sensations et des sens – le point de mire même du désir masculin, le merveilleux appeau catalyseur des énergies sexuelles. Bardot chantant était un sex-symbole qui s'exprimait avec sa gorge. La voix de Birkin qui va chanter sera l'expression d'un désir tué dans la gorge, d'un désir qui ne peut aller ni plus loin ni plus haut.

Le génie de Gainsbourg est intimement lié au talent des femmes (nous le verrons pareillement avec Deneuve, Adjani et Charlotte) alors que le talent des hommes ne l'inspire que peu ou pas du tout. Il n'en est point jaloux, il le recouvre de toute la majesté de sa marée haute. Le génie de Gainsbourg réside dans la création de cette entité supérieure : le destin vocal d'une femme. Après Bardot, en 1960, voici Birkin neuf ans plus tard. Et chaque fois le génie, chez Serge, est une indéniable preuve d'amour. Chaque fois il plonge aux racines mêmes de l'intimité de la passion.

Jean-François Bergery, le reporter international de *Jours de France*, va chercher le trio à Londres et le ramène à Orly. Je ne suis pas du voyage mais j'écris l'article d'après les interviews qu'a assurées mon camarade. Sous leur éclairage ironique, j'acquiers la révélation qu'entre Gainsbourg et Birkin une affection d'une redoutable originalité est en train de voir le jour. Le dialogue de nos deux protagonistes (qui n'ont même pas flirté, qui vont seulement tourner ensemble à une date non encore fixée) présente un double caractère d'humour piquant et d'anticonformisme acide. C'est une conversation aux épices. Serge et Jane ne se connaissent pas et ils nous communiquent pourtant le sentiment d'une communion animale, d'une entente d'esprit acquise de longue date, d'une collaboration efficace faite de détachement, d'innocence, de ruse. L'on croirait pour peu qu'ils se sont donné la leçon l'un l'autre.

Ce n'est pas *Slogan* que devrait s'intituler le film qu'on leur propose mais *Roman* si tant est que ce soit le film de leur vie. Nous sommes aux portes de l'été. L'écureuil ingénu et vicieux de *Blow up*[1] va se laisser apprivoiser par le grand prêtre des perversions en tous genres. La sauvageonne et son tyran domestique ont presque vingt ans d'écart. Au rythme d'un express fou que la passion maintient sur rails, ils vont vivre, écrire, jouer, chanter leur vie. Leur comportement d'amoureux influencera l'Hexagone : les arts, la création générale, la mode (la mode, ça n'existe pas), le langage, la vie publique courante, la vie privée des jeunes et des moins jeunes. A peine ont-ils découvert le paradis que déjà ils le perdent. L'amour leur devient un enfer sabbatique où ils s'épuisent à mourir et renaître, pour mourir encore et renaître mieux. A la vitesse fugitive des météores, Birkin se change en Jane B. et déjà sous Jane B. perce Melody Nelson, sauf que celle-ci sera immuable.

L'opinion veut que Vadim ait créé B.B. Gainsbourg à travers Birkin va renouveler l'image même de la femme, et – à travers son répertoire – l'imagination féminine en entier : dans ses soumissions et dans ses révoltes. En France, désormais nous parlerons d'amour, nous le chanterons, nous le ferons un peu différemment. Coup de génie du destin : le couple arrive à éclosion au lendemain des événements de Mai. Le 2 avril 1968 – en famille, avenue Bugeaud – le provocateur a fêté ses deux fois vingt ans.

1. Unanimement considéré comme le dernier chef-d'œuvre du cinéaste italien Antonioni. Birkin y excellait dans un rôle secondaire affolant.

46

JANE B. : MARIÉE À DIX-HUIT ANS, MÈRE À DIX-NEUF, DIVORCÉE VIRTUELLE À VINGT. – SON IDOLE : DAVID BIRKIN. – FIÈVRE ÉLECTORALE. – CROQUIS D'UN ÉTAT D'ESPRIT. – UN DÎNER RUSSE AVENUE BUGEAUD. – LES COMMANDOS DU PLAISIR. – UN CONCOURS D'ESTHÉTIQUE : JANE B. CONFRONTÉE À B.B. – INGRES OU SAM LÉVIN. – AUCUNE FEMME N'EST VÉNUS.

Le grand rapport Birkin-Gainsbourg, dans sa phase initiale, fut un désastre difficilement concevable vingt ans après. L'entreprise de séduction présente pour Serge tous les inconvénients de l'univers. Les difficultés ne viennent pas de la langue : Serge – snob et concis – parle un anglais désaccentué, quasiment impeccable. Elles ne viennent pas non plus de la génération qui les sépare, car Jane, étourdiment, ne se pose pas de question : qu'importe que ce type – riche, célèbre et suffisant avec les femmes – ait largement l'âge d'être son père : elle ne lui appartiendra jamais, sa tête ne lui revient pas. Elles viennent pour le principal – et ce principal est considérable – de la naissance de Jane, d'une part, et d'autre part de l'échec de son précoce premier mariage célébré dans une liesse de mineure : à dix-huit ans.

Aujourd'hui que nous savons tout de Jane (le montant de ses cachets d'actrice, sa marque de lingerie fine, la munificence de ses dons aux œuvres de bienfaisance internationale, ses participations héroïques aux causes humanitaires) nous ignorions tout, à l'époque, de cette petite étrangère seulement connue pour quatre rôles mineurs au cinéma. Jane est la progéniture d'une comédienne de théâtre convertie dans la pédagogie de l'art dramatique, qui a ouvert, à ce tire, un cours dans le luxueux quartier résidentiel de Park Lane – et d'un officier de la Royal Navy. Cet homme, le commandant David Birkin, est plus que son héros : son idole. Pendant la Seconde Guerre mondiale, il a – parti de la côte anglaise – effectué une centaine de voyages clandestins, déposant au pied de la falaise finistérienne de l'Aber Vrac'h infestée de mitrailleuses allemandes des pléiades de résistants, au nombre desquels se trouvait Sylvain Raynal, alias François Mitterrand, qui le fera plus tard officier de la Légion d'honneur à titre militaire. Jane est donc une fille de famille, divorcée virtuelle toute à la mélancolie d'un hyménée irréfléchi qui lui a cependant laissé un beau fruit sauvage : Kate, née en 1967. Sous aucun prétexte elle ne veut de ce Gainsbourg autrement que pour partenaire.

Invaincue mais détruite faute d'un ultime souffle régénérateur, la révolution étudiante de Mai s'est naturellement épuisée d'elle-même.

Mais l'Etat gaulliste est condamné tant dans le principe que dans le sentiment. A la tête d'un gouvernement ambigu où Malraux l'inamovible fait office de confident plus que de conseiller, le Général n'aura que dix mois de sursis. Après quoi son destin sera forclos.

En ce mois de juin 1968, le territoire est en proie à une fièvre électorale intense. L'U.D.R. veut reconquérir d'assaut, pour une restauration éclatante, son prestige politique entamé. La grande frousse tricolore l'y aidera au-delà même des espérances de ses leaders les moins secoués. Penaude, ou attablée à une réflexion tardive, la gauche intellectuelle se tait. Hier submergés par le mouvement juvénile, Sartre, Aragon, Aron, Barthes – tous et toutes – seront demain épouvantés par l'effarant Printemps de Prague, autrement cruel que celui de Paris. Tel est le croquis de notre état d'esprit national. Sur ce croquis, en avant-scène, va naître et se développer une des plus surréalistes idylles de ce siècle, une des plus pittoresques à raconter.

Atroces débuts. « Une antipathie relationnelle extrême et de chaque instant m'opposait à Sergio, se souvient Jane. La première partie de notre soirée fut catastrophique. Ensuite j'ai viré de bord dans des circonstances restées plus imprécises dans ma mémoire mais où un certain état de curiosité devait participer. »

Serge passe prendre Jane à son hôtel et l'emmène impromptu dîner chez Olga et Joseph Ginzburg, qui accueillent toujours leur fils dans l'attente de la fin des travaux de réfection de son hôtel particulier. Lorsque nous demandons à Serge si la présentation de Jane à ses parents était intentionnelle et préméditée, il nous fait presque une querelle : « Je l'avais invitée comme une poule d'un soir : plus jeune, plus distinguée, d'un meilleur genre, mais poule à plumer, voyons! Mes parents, me voyant grandir, étaient devenus très tolérants avec mes liaisons féminines. Indifféremment, je conviais à partager notre repas familial : des figurantes de cinéma; une Lolita, créole tahitienne; une fille de grands propriétaires hindous qui, venue de Bombay, étudiait le stylisme de mode à Paris; une Suédoise de Göteborg, artiste peintre; une doctoresse de Yaoundé, noire comme l'encre d'une seiche, qui dessinait et fabriquait à ravir des bracelets d'ébène. Etc., etc. Je disposais ainsi de petits commandos de baise, cosmopolites et interchangeables, où les éléments de couleur dominaient. Le " gigolo youpin " que j'étais encore demeurait un pistachier hors pair. Je n'avais pas découvert le côté " Swinging London " de Jane. Il a fallu attendre la fin du souper – ma mère avait composé un menu russe – pour que je m'en émeuve ou (je ne sais plus très bien) que je m'en amuse. Mes parents, dès ce premier soir, ont trouvé Jane B. fort à leur goût. Elle paraissait être d'ailleurs, elle était absente, elle souriait à d'autres gens que nous. Je la voyais pâle, tendue, fragile, et je la sentais abandonnée. Mais on ne profite pas d'une enfant perdue parmi des étrangers, dans une capitale d'exil. » [...]

Après avoir absorbé une tasse de thé puis un verre de sirop, Jane – seule à seul dans la chambre de Serge, porte close – découvre avec horreur l'insupportable vanité du personnage, son orgueil immodéré, la démesure de son égotisme, le scandaleux sexisme de son langage fondé sur une provocation dévergondée. Aux yeux de Jane B., la fille de famille anglaise, il n'est de séduction que dans la nuance. Or, la provocation de Serge Gainsbourg touche à la goujaterie. Les murs de la pièce sont entièrement tapissés de photos de Brigitte Bardot. Elle y parade dans tous ses films et dans toutes les poses. Serge a assuré la mise en scène murale. Comme les documents fétichistes sont alignés selon un niveau rigoureux – où la hauteur des clichés et la surface qui les sépare sont calculées au millimètre – on éprouve le sentiment d'un vertige horizontal où Bardot multipliée vous donne une sorte de tournis. Ce séducteur professionnel est un odieux personnage qui vous expose sans aucune pudeur, avec une colossale immodestie, les visages les plus avantageux de sa cynique déesse, star parmi les étoiles, figure de proue du cinéma européen. Où ce voyou érotomane, où ce sexiste mégalomaniaque veut-il en venir ? Face au lit, dominant l'espace à partir des angles, deux photos de B.B., œuvres de Sam Lévin agrandies en posters, lancent un appel muet à la frénésie du désir. (« Par leur quintessence du beau, d'une esthétique de la nudité, ces photos égalent des tableaux d'Ingres. Pour ne pas blesser Jane, je les avais laissées chez mes parents ; maintenant elles sont chez moi : je les ai fait encadrer d'or[1].) Il n'empêche que Jane les a vues, ce premier soir. Elles révèlent, transcendées par une photogénie de sublimation, la crinière de lion roux, la bouche excitante à damner les jeunes lycéens, l'insolente plastique pectorale et, plus bas, ces véritables hanches de garçon qui sont avant tout agents d'explosion, d'émotions, de spasmes. En montrant ainsi, dans sa souveraineté sensuelle, Bardot à Birkin, Gainsbourg a-t-il voulu mettre la seconde en présence de la douloureuse vérité de ses manques, de ses insuffisances sinon ?

L'arithmétique de la beauté, il est vrai, varie absolument d'une femme à l'autre. Sans aucune intention probable de sadisme, Gainsbourg, ce premier soir, a sorti son grand numéro de mythomane sexuel. Dans quel but, cette provocation gratuite ? Pratiquer sur Jane B. un test-réflexe ? La confronter avec la représentante la plus approchante de l'idée que tout mâle se faisait alors de Vénus ? Birkin n'est pas sortie en claquant la porte. Sagement mais furieusement, elle est restée dans la chambre de son hôte indélicat.

Grand bien lui en prit. Dieu – le dieu des corps – la louera de cette attitude. Elle en sera récompensée.

1. Gainsbourg à Catherine Rihoit. *Brigitte Bardot, Un mythe français*, p. 292. « Chez moi » : 5 *bis*, rue de Verneuil.

47

LE 16 JUIN 1968. – YEUX BLEUS, CHEVEUX CHÂTAINS. – ÉPREUVE AU NEW JIMMY'S : LE SÉDUCTEUR NE SAIT PAS DANSER. – UNE DÉCLARATION D'AMOUR BOULEVERSANTE. – VINGT ANS SONT PASSÉS. – GAINSBOURG COMME LA LUNE : IL A DEUX FACES. – L'AMOUR DANS LA CHAMBRE DU MORT. – JANE B. : « N'EN PARLEZ PAS. »

A 22 HEURES 30, ce 16 juin 1968, Jane B. haïssait Gainsbourg de toute sa haine, en pensant fermement qu'aucune femme au monde n'avait jamais haï et ne haïrait jamais autant un homme qu'elle. Elle ne le haïssait pas seulement pour lui-même ou plutôt à cause de lui-même : c'est le personnage de Pygmalion musical de B.B. qui, parmi tous ses défauts horripilants qui laissaient sous-entendre des vices, le rendait suprêmement exécrable à ses yeux. Avec *Bonnie and Clyde*, la double image de Bardot et de Gainsbourg avait franchi les mers. Et cette image, maintenant qu'elle en connaissait succinctement l'artisan-créateur, était irrecevable pour cette fille de famille d'outre-Manche. Les défauts d'un homme, une femme patiente – aussi jeune soit-elle – s'en accommode. Les vices d'un compagnon, une compagne de bonne volonté – si peu expérimentée qu'elle soit – les apprivoise ou les exorcise. Les sentiments, les états d'âme se façonnent différemment d'une minute à l'autre;

Proust a désigné ces fluctuations de l'affectivité humaine par une expression merveilleuse : *les intermittences du cœur.* Pour ne pas résister à Gainsbourg si celui-ci, abattant son jeu, entreprenait réellement de la séduire, Jane B. ne reculerait devant rien. Sauf devant Bardot, Bardot dont l'astre périclite pourtant, annonçant un déclin inexorable mais « contrôlé par elle-même », rectifie Gainsbourg. Ah! si Jane avait su qu'en changeant de muse (ce qu'il songeait à faire bien évidemment) Gainsbourg allait reléguer B.B. dans un autre siècle et la projeter, elle, dans l'an 2000, elle n'aurait pas hésité une seconde à être partante et consentante. Partante et consentante, elle le sera, elle va l'être; mais après des degrés descendants, selon le jeu d'une escalade à rebours.

A minuit 5, ce 17 juin 1968, Jane B. – détendue, déridée – commençait à rire de son don Juan phallocrate et cocardier, collectionneur de passions mortes, la force d'une femme étant sa présence, sa jeunesse, sa vie. A 6 heures frappantes du matin, ce même jour, Jane B. s'abandonnait aux mains de Gainsbourg, par elles déshabillée. Nous supposons que ce matin-là, à l'hôtel des Beaux-Arts, dans la chambre où mourut Oscar Wilde, deux êtres (l'un par l'autre épousé) ont signé un des actes de naissance les plus originaux de la chanson française :

Signalement
Yeux bleus,
Cheveux
Châtains
Jane B.
Anglaise
De sexe
Féminin
Age : entre vingt et vingt et un
Apprend le dessin

Domiciliée chez ses parents
Yeux bleus,
Cheveux
Châtains
Jane B.
Teint pâle
Le nez
Aquilin
Portée disparue ce matin
A cinq heures moins vingt

Yeux bleus,
Cheveux
Châtains
Jane B.
Tu dors
Au bord
Du chemin
Le couteau de ton assassin
Au creux de tes reins

Mais en dormant d'un sommeil éternel au bord du chemin, Birkin – piquée d'un dard de résurrection et de jouvence – s'éveillait pour toujours à la vraie vie.

Que s'est-il passé ? A-t-elle cédé au frémissement de l'aventure, au frisson pervers du danger inconnu ? Lucien Ginzburg – ne l'oublions jamais – est un roturier russe qui s'est toujours rêvé prince brûlant les nuits blanches de Saint-Pétersbourg. Il entraîne donc sa petite Anglaise à la folle découverte des boîtes à la mode. C'est au New Jimmy's, boulevard du Montparnasse, qu'a lieu le premier signe positif indiquant la cessation des hostilités. Nous sommes dans l'âge d'or des hippies. Le Pacifique californien recouvre l'Europe de sa frange d'écume bleue. Les couples, qui s'habituent très vite à la rythmique harmonieuse d'un air, redemandent chaque soir *San Francisco*, de Scott Mac Kenzye, tube de l'hiver précédent. Sur ce slow confortable et bourgeois, Gainsbourg – enlaçant Jane avec condescendance – va faire ses preuves de « pistard » mondain. Le provocateur qui frime – un sourire supérieur aux lèvres et aux yeux – se révèle un danseur lamentable.

« Incapable de suivre la musique, me certifie Jane, il me marchait sur les pieds, avec une maladresse extrême. C'est cela qui m'a émue. Du dôme de la cathédrale, nous tombions sur le parvis. J'ai pensé après coup que don Juan et Casanova – ses sublimes modèles – devaient être aussi cons que lui dans une épreuve publique aussi simple qu'une figure de bal à exécuter en milieu fermé : sur la piste d'un dancing. » Dans le comportement du séducteur, il y a toujours une faille qui apparaît assez vite. Chez Sergio, la rigidité tétanique des membres inférieurs, l'incapacité à charmer par le mouvement une partenaire traduisent un complexe d'infériorité. Son manque d'assurance le pousse à refuser l'attrait profond de la conquête. Je sais bien que Sergio n'a jamais imaginé séduire une femme par des moyens légaux : ce Mister Hyde ne drague pas ses victimes n'importe où. Nul besoin de les draguer, du reste; elles lui arrivent couchées. Sur le motif, il se révèle d'une maladresse d'impotent. Justement, c'est cela qui a tellement touché Jane : son complexe de l'espace. Il ne savait pas – et il ne sait toujours pas – se rendre maître d'un terrain.

De night-club en night-club, prenant taxi après taxi, ne faisant cas d'aucun billet de 100 F, consommant le Dom Pérignon en quantité dispendieuse comme si le débouchonnage de la bouteille et l'apparition de son bouillonnement spermique, seuls, l'excitaient, Sergio – en sa folle java de noctambule – n'a de souci que son idée fixe : exténuer sa Lolita londonienne afin de pouvoir la prendre contre son gré.

(Nous noterons toujours chez eux – élément fondamental de la constance de leurs rapports – un arrière-fond de possession « incestueuse » ou, si nous préférons, de détournement moral; un fossé de vingt ans ne se comble pas seulement par le sexe : il y faut une obsession intellectuelle, une aura érotique, une sublimation de la physiologie.) Sergio avait doublement raison. Non seulement parce que Jane, fatalement rendue, allait lui céder; mais parce que – à la faveur du jeu nocturne, et voici l'essentiel de cette nuit primitive – elle allait prendre de lui un authentique, un véridique premier cliché mental. Oui, elle allait radioscopier son âme. Cette légendaire âme slave dont on nous rebat depuis tant d'années les oreilles et dont, franchement, nous savons si peu que rien.

Il est 4 heures 10 du matin, ce 17 juin 1968 : le moment même où le destin d'une jeune femme va totalement basculer dans celui d'un homme et avec le sien faire corps. Nous sommes dans un cabaret ambigu de la rue des Martyrs, dans le bas-Montmartre. Tout est en place pour la grande provocation qu'un prédateur imagine afin de faire trébucher sa proie. Sous le choc du triomphe virtuel, Sergio ne tient plus debout. Il peut en revanche siffler du champagne à l'infini. Dans la même coupe, Jane B. trempe ses lèvres. Sergio boit, et, prenant le pouls de sa poupée de Chelsea, il l'agresse et fixe son attention de la manière la plus tendre qui soit :

– Tu vois ce piano, dit-il, et tu entends son pianiste. Oublie le pianiste, suppose qu'il ait les mains coupées. Mais n'oublie pas le piano si tu m'aimes. Si tu m'aimes, n'oublie pas le piano. Ce piano, il est mon roman, mon histoire, mon enfance, mon adolescence, mon innocence perdue, ma jeunesse, ma vie. Ma vie, elle est née de lui par les doigts de mon père, Joseph Ginzburg. A ma mère, à mes sœurs, à moi-même, ses doigts d'émigré ont tout apporté : le logement, la nourriture, l'amour de la France, l'éducation, la connaissance, le talent de vivre, qui est le plus grand de tous. Aujourd'hui, si j'ai quelque génie, je dois ce peu de génie à ce piano. Sur son tabouret dont tu aperçois la moleskine rouge, Joseph Ginzburg – mon père – s'est assis pendant tant d'heures et tant de nuits durant qu'il en avait des escarres. Le squelette incliné de mon père, l'âme de mon père, les mains de mon père sur les longues dents blanches et noires de ce piano, c'est toute ma vie, petite Jane, et je te l'offre sans dédicace. Stupéfiant monologue de théâtre. Le génie – Gide avait raison – c'est bien le sentiment de la ressource.

Là où Joseph Ginzburg jouait *Sweet Lorraine*, le pianiste du jour – un certain Charly Buster – interprétait à présent *La Javanaise* : il venait de reconnaître le grand Gainsbourg dans sa quarantième année. De chaque paupière de Serge, une larme est tombée, roulant sur sa joue. Cette nuit de Jane B. – la plus importante de sa jeune existence – va prendre fin avec cette révélation de la vérité qu'elle m'énonce aujourd'hui, vingt ans après, comme si vingt-quatre heures seulement venaient de s'écouler entre ces deux dates : 1968-1988.

« Derrière le paravent du cynisme et de la frime, j'ai découvert une timidité, une fragilité : une fragilité timide. J'ai su que, sous la façade publique et médiatique de Sergio, un être parfaitement privé pouvait vivre une vie complètement différente de celle que lui imposait la célébrité. La face B de Gainsbourg – sa face cachée, donc inconnue – est beaucoup plus riche et passionnante que sa face A, trop visible, trop photographiée. Slave romantique, sentimental : le vocabulaire qu'on applique à Sergio est le même que vous autres journalistes appliquez à tous les hommes qui ont un nom. Voilà pourquoi il ne me convient pas. J'étais une enfant lorsque Sergio m'a prise dans sa main. Un monument vivant rempli de sang, de muscle, de force, m'emportait avec lui. Je n'étais encore qu'une enfant mais j'allais être la femme la plus heureuse du monde. »

Qu'ajouter après ce retournement spectaculaire ? Gainsbourg vient de réussir le grand coup de génie de sa vie amoureuse. Les nouveaux amants ne rentrent pas avenue Bugeaud : la plus infinie tolérance y trouverait à redire. Un taxi les dépose devant l'hôtel des Beaux-Arts où « la chambre du mort », qu'on ne loue pas par superstition, est souvent libre, même en pleine saison de Paris. Adieu, Brigitte. Sur notre vieux continent, une petite Anglaise habillée de vichy va tout balayer, qui donnera sa couleur vocale – sa sonorité déchirante déchirée – à cette fin de siècle. L'ère de Gainsbourg et de Birkin commence. Il aura fallu l'accouplement d'un fils d'émigrés russes et d'une bourgeoise londonienne en exil de travail à Paris pour couronner la chanson française de ses plus fastueux joyaux.

« Je vous en supplie, m'a demandé Jane B., ne parlez pas de cette rentrée à l'aube. Sergio m'a très peu fait l'amour : il était ivre mort. »

48

LIBERTÉ ET SERVITUDES DE L'ARGENT. – LE MONSTRE SACRÉ VU PAR COCTEAU. – BIGAME ET MONOGAME. – UNE EURASIENNE PROTÉGÉE : BAMBOU. – L'AMOUR LES SÉPARE, LA CHANSON LES RÉUNIT À NOUVEAU. – ÉMOTION DE LA COMMUNAUTÉ JUIVE. – GAINSBOURG ET LES TROIS GÉNÉRATIONS. – AUX HOMMES DE QUARANTE ANS.

L'AUBE se levant sur l'hôtel des Beaux-Arts, un nouveau jour commençant son cycle, cette biographie si peu orthodoxe aurait pu se terminer avec le précédent chapitre. Nous savons en effet que l'amour ayant placé un couple sur orbite, ce couple va profiter de cette situation extraordinaire pour accéder à l'idéal de toute vie créatrice (l'idéal de Picasso, de Dali, de Matisse ou Braque, l'idéal des écrivains, comédiens ou chanteurs) : gagner le plus d'argent possible, et du plus fructueux rapport, en exerçant le meilleur art qui soit. La fortune est nécessaire à l'homme de liberté, qui comptabilise son temps et agrandit son espace. Cette liberté a son corollaire naturel : la dépense. Gainsbourg amassera entre quarante et soixante ans une fortune importante. Mais alors que nous le savons pour toujours à l'abri du besoin, nous savons moins qu'il survient aux besoins d'une quinzaine de personnes. Les charges intimes de Gainsbourg sont lourdes. « J'assume aujourd'hui encore tous mes orgasmes incontrôlés de jeune homme », aime-t-il à me répéter en s'attachant à me convaincre. (Ici, clin d'œil canaille.) Pensions alimentaires ou mensualités prolongées, tributaires du souvenir, droits à tous les luxes de l'existence pour ses enfants légaux et ses enfants non reconnus, vie individuelle quotidienne vouée soit au faste soit à l'économie (c'est selon) – mais horreur du refus qui froisse les âmes aimées... le train de Gainsbourg est celui d'un citoyen quelques dizaines de fois millionnaire en francs lourds, cela malgré les drastiques ponctions fiscales. Mais il s'agit d'un train discret, qui passe inaperçu.

Gainsbourg est un homme libre, détaché des contingences politiques et délivré des idéologies, qui a conquis sa liberté grâce à une adéquation parfaite des dons et du travail, de la hargne et de l'ambition. Que son pouvoir de créativité ait échappé à l'usure, après tant d'excès et d'accidents, relève d'un miracle dont nous avons suffisamment entretenu le lecteur.

Mieux vaut attirer son attention, mieux vaut fixer sa sympathie ou son antipathie, sur un aspect plus intéressant, car moins expliqué, de la personnalité gainsbourienne. Lâchons le mot tout de suite : sur sa supposée monstruosité. Serge Gainsbourg est un monstre sacré qui se veut ou s'imagine quelquefois un monstre. Un maudit qui se recommande à l'attention de l'enfer et exige sa damnation.

Au lendemain de la mort de Mme Misia Sert[1], je demandai à Jean Cocteau (à qui elle avait servi de modèle pour l'héroïne principale de sa pièce *Les Monstres sacrés*) ce qu'il entendait précisément

1. Modèle de Renoir, de Bonnard, de Vuillard. Reine du Tout-Paris durant la première moitié du siècle. Epouse de José-Maria Sert en troisièmes noces. Amie de Coco Chanel, etc. N'a pas connu Gainsbourg. Décédée en 1950 (NDLA).

par cette expression dramaturgique. Sa réponse fut : « Le monstre sacré est un être humain déchiré, puissamment immoral, qui met tout en œuvre afin que son cœur puisse survivre à la blessure qui l'accable, le désespère, le tue. Placé devant des circonstances dramatiques exceptionnelles, il est l'expression la plus intense de " la lutte pour la vie ". Ses alibis nous épouvantent mais ses mobiles, à la réflexion, nous émeuvent. Pour l'auteur comme pour l'acteur et le spectateur, le pathétique est le sentiment de la nudité intérieure, du dénuement le plus affligé. Acculé, au bout du rouleau, tu recenses tes ultimes ressources. Ou tu les imagines. Le monstre sacré, la monstresse sacrée, les improvise. Il est capable de tout : de tous les subterfuges ou manigances, de toutes les trahisons ou félonies, de tous les crimes ou forfaits. Puisque – motivation suprême – s'il est vaincu, il meurt. Le monstre sacré est un produit du génie humain. Sans génie point de sacre. » Est-ce que cela ne vous fait pas penser à Gainsbourg, monstre innocent ? Il a tant souffert des femmes qu'il en est mort plusieurs fois. Il en mourra une fois encore avec Birkin. D'où cet éternel chemin, toujours recommencé, qui le conduit de la bigamie (forme volage et infidèle de l'amour) à la monogamie, forme réfléchie de l'amour unique. Puis, en désespoir de cause, à la bigamie salvatrice et coutumière.

Il arrive assez souvent que les grands consommateurs de femmes, parvenus à l'automne sexuel, soient le mieux compris par leur dernière compagne. Ainsi de Bambou l'Eurasienne (Bambou dont les yeux bridés reflètent l'intrépidité de l'Europe alliée à la subtilité de l'Asie) – ainsi de Bambou lorsqu'elle parle de Serge, le père de son fils Lucien : « Je me sens avec lui comme dans un microcosme fœtal. Oui, protégée comme par une matrice. Sereine, détendue, dégageant une chaleur transmissible et que je transmets. » N'est-ce pas la définition de l'épanouissement conjugal?

Ce que rien ne l'autorisait à envisager avec Bardot – une vie professionnelle vécue ensemble, dont lui reviendrait comme de droit le viril gouvernement – Serge, de prime abord, va le concevoir avec Birkin. L'âme de Jane B. n'est certes pas une cire molle sur laquelle tout peut se traduire, s'imprimer, se graver. Mais dans cette vie désemparée, toute mélancolique encore de la séparation d'avec le premier mari, Gainsbourg arrive à point nommé, troubadour en ce siècle, s'empressant au chevet d'une princesse en exil qui s'ennuie. Ce qui nous stupéfie, vingt ans après, c'est qu'il ait songé tout de suite à faire naître et surgir – sourcier magicien – ce filet d'eau, ruisselet tremblotant et fragile, de cordes vocales qui jusque-là ne savaient que parler, que répliquer en peu de mots.

« Le merveilleux avec Jane, m'explique-t-il, consistait en sa faiblesse : sa voix n'était pas dirigeable. Elle ne pouvait pas prétendre à la diriger. Ce qu'elle pouvait faire de mieux, c'était de travailler sans forcer *sa* nature. Elle n'a jamais su faire qu'une chose : s'exprimer à fleur de gorge. C'est pour cela qu'elle flanque la chair de poule aux mômes des lycées. Chaque fois qu'elle ouvre la bouche, nous éprouvons la sensation qu'elle doit défendre sa peau contre un maniaque ou un criminel. » Puis ceci : « Pourquoi l'ai-je poussée à chanter? Pourquoi Chick Webb[1] a-t-il persuadé Ella Fitzgerald de monter sur une scène? Devinant les possibilités tragiques de sa voix, j'ai obéi à mon instinct musical, habillant sa gorge sur mesures.

1. Batteur noir bossu et chef d'orchestre. Fut à l'origine de la splendide carrière d'Ella (NDLA).

Jane n'est pas une comédienne de complaisance, elle est la tragédienne d'un répertoire choisi. En ses débuts, j'ai fait montre de prudence. Ce n'est qu'après dix-huit ans de métier qu'elle a pu interpréter *Babe alone in Babylone, Baby Lou, Norma Jean Baker,* que je mets au-dessus de tout ce que j'ai écrit pour elle. Je suis entièrement responsable de la carrière musicale de Jane, donc de sa réussite, je ne parle pas de sa carrière cinématographique dont je n'étais pas le maître. »

Il faudrait ajouter que leur séparation étant intervenue en 1980, Serge – après un éprouvant silence – n'en a pas moins continué à composer pour Jane; et que huit de ses plus beaux chefs-d'œuvre – dont les admirables *Dessous chics* – sont imputables à l'absence de Jane la bien-aimée. Quand j'écris, pour les magazines, sur la nouvelle vie de Jane (sur l'après-Gainsbourg de Birkin) elle me chuchote avec cette voix qui, malgré les artifices de comédienne professionnelle, ne sait pas contenir son émotion : « N'insistez surtout pas là-dessus. Nous ferions, vous et moi, du chagrin à Sergio. » Ne provoquons pas l'insatiable provocateur.

Alors, pourquoi persévérer à faire durer un livre qui, son but atteint, parvient à son terme? Gainsbourg se débarrassant de Gainsbarre chaque jour un peu plus (à quand l'extermination?), notre héros touche à un tel point de sursaturation médiatique qu'il est permis de s'interroger sur l'opportunité de son concours à des émissions pourtant réputées de forte audience. M. Hervé Mille[1] ne m'assure-t-il pas que, chaque fois qu'un passage de Gainsbourg est annoncé à la télévision, la communauté intellectuelle israélite de Paris – dans la

1. Un des grands concepteurs du journalisme moderne. Créateur de la presse Prouvost (NDLA).

crainte d'une prestation déplorable – est circonspecte devant son poste, change de chaîne ou regarde courageusement, mais effarée. Pourtant, l'un dans l'autre, il est sympathique aux foules, voire populaire : maint sondage en ferait foi.

La génération née de 1968 (celles et ceux qui ont vingt ans aujourd'hui, également celle de 1978 dans son incontrôlable précocité) sont fanatiques de lui. Elles connaissent son œuvre par cœur et n'ignorent rien de sa vie. La jeunesse collectionne les photos de Gainsbourg comme les générations précédentes le firent des idoles du passé, mortes ou vivantes : James Dean, Marilyn, Brando, B.B., Elvis, Charlie Parker, Billie Holiday, Gérard Philipe... Que la cause soit entendue, notre héros fait l'objet d'un culte. Celles et ceux qui ont vu le jour en ce siècle comme lui – entre 1925 et 1930 : ceux qui appartiennent comme nous à la deuxième génération perdue – le reconnaissent comme un témoin privilégié de leur temps et le flegmatique enchanteur, mélancolique et désabusé, de leur temps perdu. A partir de 1958, la mémoire collective française s'imprègne des titres de Gainsbourg comme elle s'est imprégnée – longtemps avant – des titres flamboyants de Trenet. Pourtant les deux vedettes, foncièrement incomparables, ne cohabitent ni dans le présent ni dans le souvenir des hommes. Seule une génération, celles et ceux qui eurent vingt ans en 68, celles et ceux de l'immédiat après-guerre, qui fêtèrent leur dixième anniversaire l'année fétiche du *Poinçonneur des Lilas*, est imparfaitement instruite du génie gainsbourien et de la vie haletante du héros. On chantait Gainsbourg, certes, durant les nuits de Mai révolutionnaires mais on l'accolait à Bardot. Enfin, des garçons qui auront bientôt quarante ans, et qui l'admirent, vivent dans l'ignorance partielle ou totale des aspects sentimentaux de cet homme que la passion des femmes a élevé au-dessus de lui-même, l'obligeant au dépassement. D'aucuns n'étaient même pas informés de sa passion pour B.B. Avant que d'expédier Gainsbourg au Panthéon, je leur dédie ces derniers chapitres.

Ils sont dévorés par l'amour.

49

L'EMPIRE DE LA RÉVÉLATION. – AMANTS, HEUREUX AMANTS. – HUMOUR NOIR AU TOUQUET. – « SWINGING LONDON ». – AU CLUB DE LA FORÊT. – « THE GENIUS ». – PIANISTE ET DON JUAN. – UNE BOVARY ANGLAISE. – LE TRIBUNAL DE GROSVENOR. – LES FRUITS D'UN ÉTÉ. – LA MÉTAMORPHOSE DE JANE. – UN NOUVEAU TEMPS : LE PRÉSENT ÉTERNEL.

APRÈS les répressions fumigènes du printemps, cet été 68 fut un été unique puisqu'il n'est suivi d'aucun autre, puisqu'il n'en existe qu'un dans la vie des amants et qu'il fait date dans leur mémoire en les amarrant au passé. Ce fut celui de l'empire de la révélation. « Rien ne m'était connu des femmes, sinon je devais avoir perdu le souvenir de leur connaissance. Semblablement je ne découvrais rien : tout m'était révélé. »

Sur les ruines de l'empire de l'amour s'érige cet empire de la révélation qui le fait germer à nouveau, renaître, surgir de la surface du sol, grandir comme une plante carnivore et dévorer alentour tout ce qui pousse, s'étiole ou meurt. Lorsque l'amour disparaît, naufragé toujours involontaire, le double égoïsme de la passion partagée lui survit un moment dans le souvenir. Mais un amour se différencie d'un autre par sa naissance puis par son développement infantile – non par sa phase adulte ni par sa durée. Sa genèse nous émeut d'autant qu'elle est dissemblable.

Jane B. (toujours mineure bien que mère de Kate, fille d'un premier lit) en était à sa deuxième grande aventure. La genèse d'une passion éprouvée dans une sorte de demi-conscience due à l'enthousiasme, à la frénésie, aux emportements divers, elle n'avait jamais vécu cela. D'autant que Gainsbourg – « ce génie français » : mettons-nous à la place d'une petite Anglaise complexée qui se croit franchement laide – d'autant que Sergio est un fou aimable. Je ne vois qu'un alexandrin pour ouvrir et coiffer en façon de chapeau de presse le récit de leur été faste. Celui de La Fontaine repris en fanfare par Valery Larbaud :

Amants, heureux amants, voulez-vous voyager?[1]

L'imaginaire de Gainsbourg en pleine maturité – il a quarante ans – cela devait donner, mis au service de la vie commune, une authentique et incessante fête. « L'amour se vit au présent et s'écrit au passé, note-t-il à l'époque. Pour Jane B. j'invente dès aujourd'hui un nouveau temps : le présent éternel. » Le projet, décisif, est à la mesure ambitieuse de son amour. L'hôtel de la rue de Verneuil où tout visiteur admis entre aujourd'hui les yeux écarquillés devant l'unité de la couleur (noir-blanc), l'occupation de l'espace, la recherche adéquate des meubles et le foisonnement d'objets précieux – l'hôtel Gainsbourg est loin d'être terminé. A l'homme, décorateur-ensemblier, qui travaille pour le présent éternel, l'élaboration d'un décor d'habitat prend un temps infini. Alors que quelques semaines plus tôt Serge restaurait une demeure privée, il s'attache désormais à offrir à

1. *Amants, heureux amants,* Gallimard éditeur.

Jane B. un nid pour la vie. Un nid pour une éternité amoureuse.

Curieusement – mais cela est on ne peut plus symptomatique de la psychologie des sentiments chez Gainsbourg – cet été de l'amour fou sera celui de l'humour surréaliste. Autant l'amour est réel, assujetti à sa pesanteur physique, autant l'humour lui donne une légèreté surréelle : le sentiment d'une apesanteur. La nostalgie est tributaire du rire, non des larmes. Le malheur ne fait pas carrière dans nos mémoires déjà encombrées du poids des événements. De cet opulent été 68, des lieux où ils sont allés, Jane parle avec une minutie cinématographique, une fraîcheur amusée, un bonheur d'expression qui nous ravissent. Elle a filmé chaque scène édifiante, croirait-on. Compte tenu de la différence des âges (Jane B. a vingt ans) cet été lui sera ce que fut à l'enfant Proust la madeleine. Au contraire de Serge qui paraît amortir sa sensibilité lorsqu'il se souvient, elle exalte la sienne. Vingt ans après, Jane exulte dans le souvenir. C'est une délectation que de l'écouter.

Comme l'on suffoque à l'hôtel des Beaux-Arts et que (peut-être) les ombres spectrales de Wilde et de Lord Douglas hantent la chambre d'amour, Serge veut emmener sa petite créature respirer l'air du large. Quelle inspiration cocasse lui a fait choisir Le Touquet-Paris Plage comme lieu de séjour et le tandem, le tandem arriéré, complètement passé de mode, comme moyen de locomotion ? André Breton (une des idoles durables de notre héros) nous a expliqué que l'humour, pour être efficace (c'est-à-dire pour dévaster l'esprit) devait comporter un double élément : d'anachronisme et de dépaysement. Le voyage au Touquet (243 kilomètres) sera donc humoristique par son exécution bicycliste et par l'aspect géographique de son choix : à l'opposite des grands lieux de vacances envahis par la ruée balnéaire.

« Pour cadre de notre lune de miel fictive, je ne voulais pas d'une station fréquentée par la population des congés payés, raconte le provocateur. Fin juin début juillet, Le Touquet, la semaine, est désert. La mer du Nord est glaciale, les baignades sont antarctiques, le vent qui descend des Flandres vous transperce le dos jusqu'à la moelle. Ma petite British se fût gelé le cul. Je l'ai conduite au Pas-de-Calais pour la mettre à l'abri, en cure de solitude amoureuse. » L'on ne se baignera point.

Ils ont évité l'autoroute et les axes nationaux, leur préférant les départementales moins encombrées. Ce chemin des écoliers leur sied. Prudence, ils zigzaguent au bord du bas-côté.

Il lui prépare une énorme surprise : un souper au Club de la Forêt dont il fut trois étés, pendant cinq semaines, le pianiste nourri, logé, rémunéré, adulé « et arrosé », ajoute Gainsbourg avec une pointe de cynisme. Les jeux étant interdits en Grande-Bretagne, les Anglais sont nombreux chaque week-end à poser le pied sur l'aérodrome. « Je dois aux riches épouses britanniques d'avoir découvert – encore tout gigolo, encore tout jeune – mon pouvoir d'attraction sur les femmes adultes, avoue Serge. Je leur dois aussi le perfectionnement de mon anglais. » Perfectionniste, notre héros l'est surtout dans la provocation.

C'est l'heure oisive et rituelle du thé. Dans un soulèvement d'air frais, l'odeur mouvante des aiguilles de pin enveloppe le Club de la Forêt où arrivent les Anglaises aisées, toutes prises en charge : pas une vierge, pas une fille à marier, pas une célibataire à entreprendre, pas une lesbienne; le désert de la drague. Indiscrètement parfumées au sortir de leur salle de bains après la partie de golf, l'oreille encore à l'affût du sifflement des balles sur la prairie, elles ont toutes – désirables ou indésirables – un désir fou d'être désirées. Leur pas militaire est déconcertant qui manque de féminité.

Nous imaginons facilement Ginzburg les accueillant douze ou treize ans plus tôt (la Gitane aux commissures, le smoking de location impeccablement coupé et ajusté – il a la taille et les mensurations du mannequin-danseur –, le verre de whisky posé sur le toit d'ébène du piano). Lèvres peintes, double et triple rang de perles (les voleurs sévissent à Cannes, non au Touquet), chacune le prie de bien vouloir interpréter l'air qu'elle préfère. Le surnom de « The Genius » (« Le génie ») en référence à Ray Charles, le grand chanteur-pianiste noir, lui sera attribué par Constance Venable, la plus assidue de ses admiratrices.

Cette Mrs. Venable qui porte et honore le prénom de Lady Chatterley est une élégante jeune femme qu'habille Balenciaga et qui appartient à la bourgeoisie industrielle londonienne roulant sur les livres sterling. Elle a pour Serge les yeux de Chimène pour Rodrigue, étrange Chimène de ce Cid russe, prête à se rendre coupable d'un acte de bovarysme éhonté. L'occasion n'a qu'un cheveu, affirme le proverbe arabe. L'affaire ne tarde pas.

Vagabond des étoiles, Ginzburg passe une nuit frileuse dans la pinède. « The Genius » se croit amoureux éperdument; alors qu'il veut ni plus ni moins jouer au garde-chasse de D.H. Lawrence, comme dans le roman. Mais le lendemain, Randolph Venable ayant regagné Londres, Constance – lionne du Devonshire aux cheveux auburn dont les cascades majestueuses noient les épaules halées – le recueille dans sa belle villa baptisée White Gate (le Portail Blanc). L'empressement qu'apportait Constance à réclamer les standards de l'époque au pianiste en contemplant ses belles mains intellectuelles introduisit le doute dans l'esprit de Randolph Venable. Rien n'est plus redoutable qu'un mari poli et froid, maître parfait de ses nerfs, et qui se venge non point par jalousie (l'homme jaloux – le mari amoureux – est étranger à l'obsession de la vengeance) mais par cruauté mentale. Pour culpabiliser plus encore les coupables, troubler leur existence, les désunir. Surprenant « The Genius » dans son peignoir de bain tilleul en train de beurrer les toasts de sa dulcinée, Mr. Venable – posé sur l'aéroport à potron minet – avait pris la précaution machiavélique de se faire accompagner de deux commissaires de police : l'un, Anglais, de Scotland Yard, l'autre, Français, du S.R.P.J. de Lille.

Il divorça de Constance Venable-Bovary. Les lois anglaises sur l'adultère étant incontournables, Gainsbourg fut traduit devant un tribunal des flagrants délits siégeant dans le quartier résidentiel de Grosvenor. Ironie piquante : le cocu, industriel richissime, plus sadique que mortifié, fabriquait du bubble gum, de la barbe à papa, des farces et attrapes. Il approvisionnait le Royaume-Uni en artifices de fêtes foraines.

C'est bien là une idée typiquement gainsbourienne que d'avoir entraîné Jane B. sur les pas, effacés par la mer du Nord, d'une rivale d'antan, compatriote sans corps ni visage, au demeurant totalement oubliée de lui. Quel est le sens de cette provocation en forme de farce sans rire, en forme de mystification sans dupe? Au Club de la Forêt, Jane a fait une entrée remarquée en séduisant mélange de « Swinging London » et de tenniswoman : jupe plissée de flanelle blanche, polo Lacoste assorti, socquettes, baskets. Le moule Lolita à partir duquel Serge veut la façonner déjà se précise et prend chair. De l'imaginaire érotique à la réalité sexuelle, les premiers pas sont accomplis. Le soir, en se conformant aux règles de la préséance vestimentaire, ce couple aussi neuf que nouveau est si mauvais danseur (Serge, le grand professeur d'étreintes, ne sait ni se tenir ni enlacer, ses pas sont si maladroits, ses manœuvres de séduction si malhabiles) que Jane, confuse et rougissante, menace par-devers soi cent fois d'abandonner. Il n'en est pas question.

Amoureux amusé et ardent, hier si désabusé du commerce des femmes, Gainsbourg découvre aujourd'hui la danse dont Radiguet nous dit (dans *Le bal du Comte d'Orgel*) qu'elle révèle l'entente physique et morale d'un couple. Dans le cas de nos deux héros elle ne révèle que mésentente. Mais ils rient, ils pouffent, ils s'esclaffent : ils sont heureux. Le bonheur de Gainsbourg atteint au faîte le soir où il apprend de la bouche de Jimmy Stopwell (le jeune pédéraste britannique rose, bouclé, les joues tachetées d'une rousseur dévoreuse, qui officie au clavier comme il y officiait autrefois) que Fabien Charlieux est mort au service de cardiologie du centre hospitalier de Lille, enlevé à l'affection des siens par un infarctus du myocarde, après avoir subi quelques préjudices corporels dans les bas-fonds du port de Calais. Charlieux était le directeur-gérant du Club de la Forêt qui avait « lourdé » Ginzburg pour les motifs tout à fait punissables de retard au travail et d'ivresse au piano. Que Jehovah ait son âme. Je composerai une prière pour ce mort, décide Sergio. Titre : Requiem pour un bandit cardiaque. L'amour n'arrête pas la marche de l'histoire. Miné jusque dans ses sabots de rhinocéros, le gaullisme malade va s'effondrer sans bruit. L'histoire, qui a la mémoire de soie d'un reptile avec les haussements d'épaules d'une putain, n'en conservera ni un rictus ni une ride.

En concurrence parallèle si l'on peut oser, les

grandes orgues de la passion se déchaînent qui unissent le voyou sémite à la petite bourgeoise londonienne aux yeux bleus. Par leur comportement original jusqu'à l'extravagance, par leur jalousie réciproque – féroce sous les apparences trompeuses du plus libre détachement – Serge et Jane vont créer, figures de théâtre, un courant nouveau dans la chronique française du cœur. Les journalistes désormais ne parleront plus d'eux comme ils parlaient des autres; ces amants anticonventionnels ont quelque chose en plus, qui les distingue et qui les pare : ils sont le couple d'une *aura.* On les tient pour marginaux mais ils occupent le centre de la page.

Nous sommes à l'époque où le racisme qui renaît du mouvement Occident – réaction viscérale de peur contre l'anarchie étudiante de mai 68 – rebombe le torse. Nos petites idoles nationalistes n'essaient-elles pas, hissées sur les talonnettes de leur courage jaloux, de remettre à la mode un langage comparatif de désastreuse mémoire : « Juif comme Gainsbourg, étrangère comme Birkin. » Le tandem « Olympic » ayant été remisé au garage avant que d'être vendu à prix modique, la lune de miel du Touquet n'est plus qu'un souvenir lorsque les chars soviétiques exterminent le printemps de Prague.

« Sergio a supprimé en moi mon horrible croyance de laideur, confesse Birkin. Commençant à me faire exister par ses yeux, il m'a ouvert les miens sur moi-même, me créant ainsi une deuxième fois. Jusque-là j'étais une jeune mère moralement mutilée par son échec conjugal. Sergio a fait de moi une femme libre entièrement épanouie. Il m'a rendue jolie! Pour lui, chaque jour que Dieu faisait, j'ai appris à me faire belle. Une femme n'oublie jamais la métamorphose qu'elle doit à un homme puisque de cette métamorphose dépendait sa vie. Je suis l'objet de Gainsbourg, je suis sa *Baby Doll,* sa fidèle poupée de chair. »

Ce temps-là n'est-il pas celui du présent éternel ?

50

SAINT-TROPEZ, VERSION 68. – LES FANTÔMES DE LA PISCINE – RICHESSE ET DÉFOULEMENT. – SEIGNEURS DE RACE DIFFÉRENTE. – GITANS EN CADILLAC. – ALMERIA. – GAINSBOURG SE PARJURE. – BARDOT, VÉNUS ADULTE; BIRKIN, VIERGE USURPÉE.

LE présent éternel c'est la durée immédiate et future; c'est le temps qui se renouvelle en se recommençant; c'est la mer du sentiment – à marée haute, à marée basse – toujours recommencée. Ce temps que très peu de couples sont admis à conjuguer, c'est celui du bonheur infrangible. C'est l'or du temps en quelque sorte, mais un or régulier, sans variation de carat ni de cours. C'est, plus encore que celui des amoureux, le temps des amants passionnels qui se désirent et qui s'aiment. Le présent éternel n'est nullement un temps platonique : les mariés de platine, les retraités de la sexualité conjugale ignorent son existence, qui vivent dans la nostalgie du bel âge.

En vertu de ce temps – qui est celui de la passion exigeante et de toutes les exigences de la passion – le bonheur du Touquet, bonheur d'un temps d'été, se prolonge jusqu'en fin de saison : de la mer du Nord à la Méditerranée varoise.

Voici Saint-Tropez, version année 68. Metteur en scène de succès commerciaux, Jacques Deray –

l'homme de *Borsalino* – a fait engager Jane Birkin pour le quatrième rôle (fort important pour elle, puisque la France va la découvrir) de son nouveau film : *La piscine.*

Elle sera la seule à sortir intacte et radieuse de ce ballet de fantômes amphibies. Ce ballet marque les retrouvailles cinématographiques de Romy Schneider et d'Alain Delon après leurs fiançailles rompues par décision du fiancé. Maurice Ronet, déjà marqué par le cancer qui le destine, joue le rôle du père de Jane dont les mains de tueur de son rival Delon auront raison sans effort. Le scénario, manifestement, ne plaît pas à Gainsbourg. Mais Jane tourne sa première composition dramatique française et le couple bénéficie, par le contrat de la comédienne, d'importants frais de séjour. Raison de plus pour que Serge et Jane vivent au-dessus de leurs moyens en cet été tropézien qui est – après les barricades de Mai et les canons giratoires des chars de Prague – celui de tous les défoulements.

Gainsbourg reste distant et misanthrope. Le tapage fait autour de Delon – dernier produit masculin du star-system – l'indispose à la limite. Il pourrait s'en moquer; or, il en parle. Le pouvoir médiatique de l'époque ne dispose que de deux médailles à se mettre sous la dent : Bardot et Delon. Contester, c'est exister, a-t-on pu lire sur les murs de Saint-Sulpice moins de cent jours plus tôt. Gainsbourg est à la fois trop vivant et pas assez existentiel pour être vraiment contestataire. Pourquoi s'en prendrait-il à une société dont il refuse de porter la marque, d'être le produit ?

Entre la côte calaisienne et la Côte d'Azur, la semaine qui les a retenus à Paris pour la signature du contrat de *La piscine*, les Gainsbourg – inséparablement – se sont envolés pour Londres où Jane a repris (tout à fait à l'amiable) la petite Kate à la garde de son père. Vedette systématique, Alain

Delon se déplace – conduit par un chauffeur de la production – dans une énorme Cadillac Fleetwood noire. Mimétique cette fois, la provocation gainsbourienne consiste en cet ahurissant enfantillage : louer la même voiture de maître, qu'on fait venir de Nice, et dont la largeur imposante frôle au décimètre près les murs des maisons qui font la vieille cité du Bailly de Suffren. Le landau de Kate et ses couches tendues sur des cordes sont fixés au toit du luxueux équipage. La Cadillac des Gainsbourg, insoucieuse du règlement, stationne aussi bien place des Lices que dans le goulot d'étranglement qui défend l'accès de la plage de Pampelonne. Les gendarmes ne verbalisent pas : on éprouve un secret respect pour l'auteur de *Bonnie and Clyde,* même s'il glorifie les gangsters. Jane et lui sont forcément bronzés. Les touristes auxquels leurs deux visages sont inconnus les prennent pour des gitans américains du Nouveau Mexique en villégiature dans la Provence méditerranéenne. Ils parlent le pur anglais de Regent's Street avec l'accent traînard des cow-boys d'El Paso. A la terrasse de Sénéquier, à les voir et à les entendre, les clients se tordent de rire. Sergio, cet été-là, a fait diversion. Ne pensant plus seulement à asseoir sa légende de mythe vivant, il se laisse porter par cette saine joie de vivre à laquelle il n'était pas habitué. Le chantre de l'amour noir a trouvé son *british angel* et celui-ci n'est pas un ange bleu.

Leur séjour tropézien se termine sur les petites plages sauvages de la côte des Maures (il en restait trois ou quatre, à l'époque, en cherchant bien) où ils se baignent nus préservés de la route par l'écran des herbes folles. Ils sont « naturellement naturistes », tiens donc ! Poussés dans le dos par le vent de la passion, la rentrée automnale des Gainsbourg à Paris se passe sous les mêmes heureux auspices. Dans les magazines féminins de novembre éclôt une Anglaise de vingt ans (donc encore mineure pour la loi française) : Jane B., aux yeux de colchique bleu, déjà cernés du trait couleur lilas distinctif de l'intempérance érotique. Ces Gainsbourg (la presse du cœur, toujours en avance sur l'autre, les désigne ainsi) – ces Gainsbourg incarnent la grande nouveauté parisienne de la rentrée. Ils sont le nouveau couple, la nouvelle photo, le nouveau roman d'amour et (va-t-on savoir?) la nouvelle manière peut-être de le faire.

Après sa double séparation – affective et professionnelle – d'avec Bardot, l'embellie au beau fixe nommée Birkin fait un bien immense à Gainsbourg. Elle lui retire sa mauvaise image de marque de célibataire endurci livré aux faveurs moroses du putanat et, le coupant de son contexte de solitude, le relance dans la chronique et dans le métier. L'artiste Gainsbourg, qui passe déjà pour prisonnier de son intelligence, n'est pas seulement estimé pour la qualité originale de son œuvre et l'indépendance sulfureuse de son esprit, il est sympathique à des kyrielles de jeunes gens qui lui sont fidèles car ils évoluent dans sa musique. Pour Birkin, dans l'hôtel particulier où ils viennent d'emménager, il se remet ardemment à la tâche après ces longues semaines de bonheur inactif. En chevauchée d'une année sur l'autre, les carrières de stars – par nous comparées – évoluent dans des directions divergentes. En cette année 1968 où « Gain-Gain » poussait (à la fin d'*Initials B.B.*) son cri sublime de mélancolie passionnelle : « Almeria! », B.B., à Almeria précisément, s'enfonçait avec *Shalako* dans les ténèbres du box-office. Malgré une affiche alléchante[1], la production ne couvrit pas ses frais.

Gainsbourg, le rusé Gainsbourg, voit s'ouvrir

1. Brigitte Bardot et Sean Connery dirigés par Edward Dmytryk (*Crossfire, Le bal des maudits, L'homme aux colts d'or*).

devant lui, sur les jonchées de feuilles mortes de l'automne, le chemin tout droit tracé de l'ocelot qui sait éviter la trappe, le filet et la poudre indienne. De sa propre peau, il songe à faire une magnifique fourrure pour deux. De propos délibéré, après une réflexion incessamment mûrie, il réalise à l'encontre de B.B. un colossal parjure; il viole le serment qui les unissait l'un à l'autre dans le secret du silence. Dépossédant Bardot de l'exclusivité de son duo avec lui, il offre à Jane B. d'enregistrer à sa suite *Je t'aime, moi non plus.* « Je jure sur Dieu que je ne ferai jamais ce disque avec aucune autre, a-t-il dit à Brigitte, onze mois plus tôt. *Je t'aime, moi non plus* t'appartenant, je le considère comme oublié. » Qui était ce Dieu si solennellement invoqué dans ce moment-là par Gainsbourg? Le dieu religieux, le dieu du vague ou le dieu du mot? Descendant au fond du reniement, il a voulu, je le crois, se provoquer lui-même, se vautrer dans la fange, se rouler dans l'opprobre et le mépris de soi. Ne songeons pas à la vengeance d'un amant délaissé : ce serait faire trop de méchanceté à Gainsbourg; nous devons aller beaucoup plus loin dans l'investigation. Le sentiment de décevoir Bardot en se démettant de sa grandiloquente promesse pouvait-il compter, à ses yeux, face à l'impératif catégorique du succès, notre héros sachant pertinemment qu'il détenait avec *Je t'aime, moi non plus* l'arme absolue pour faire tomber sur le toit du 5 *bis*, rue de Verneuil des pluies de grosse monnaie en provenance des cinq continents. De la fortune de « Gain-Gain », B.B. demeurera néanmoins l'inspiratrice. L'idée est de lui, certes, mais c'est elle qui a poussé l'idée à naître, à devenir réflexion, puis expression, puis création.

Comment ne pas céder à la tentation affolante de ce vertige de décibels, de dollars, de devises, si l'on connaît comme nous les pressions que nos plus grandes comédiennes exercèrent sur un Serge flatté, pour l'amener à fléchir. Ce fut un défilé incessant, en effet, rue de Verneuil; un défilé des plus belles stars du cinéma de cette époque. On sonnait à la porte noire de l'hôtel encore vierge de graffitis. Gainsbourg ouvrait avec empressement, et faisait entendre, dans un silence d'église aggravé par le jeu solitaire de l'orgue, sa voix sourde à laquelle répliquait Bardot, Vénus haletante et soumise. Cette première version, dans sa force d'inédit, a pu paraître d'une sensualité supérieure à la seconde. Ce n'est point mon avis. Il s'agit là d'une pure illusion d'acoustique. La différence de timbre et de gorge existe cependant. La voix de Bardot est celle d'une femme, détentrice de la supériorité magique de l'expérience. La voix de Birkin est celle d'une vierge usurpée[1].

Née de ces auditions à demi clandestines, la légende de *Je t'aime, moi non plus* (disque-culte qui fera date) a donc commencé à porter le succès de l'œuvre avant qu'elle ne soit réenregistrée. Gainsbourg a reçu Jeanne Moreau et les belles vedettes italiennes. Il aurait même reçu la visite d'un petit chiffon serré dans sa pèlerine et emmitouflé dans son cache-nez. « Je veux faire quelque chose avec vous, dit l'enfant, avec une fermeté impensable. Pas maintenant, je suis trop jeune, mais plus tard. Je suis venue pour prendre rendez-vous en quelque sorte[2]. L'audacieuse gamine, élève au Centre dramatique de la rue Blanche, était la future Ondine de Giraudoux : Isabelle Adjani. Ainsi s'écrit dans un empilement désordonné de chapitres, le roman fleuve gainsbourien. Il nous

1. L'épithète est de Gainsbourg.

2. C'était pour 1983, année de la parution du 33 tours/30 cm Isabelle Adjani (Philips 814827) qui comprend plusieurs gros succès : *Pull marine, Beau oui comme Bowie, Ohio, Le bonheur est malheureux.*

resterait à débattre l'épineuse question du parjure. A quoi cela nous avancerait-il ? Il n'y a pas eu parjure puisque Brigitte Bardot, avec une noblesse de grande dame, a pardonné.

Gainsbourg était coupable, bien sûr, et plutôt deux fois qu'une. B.B., dans un élan de son cœur, a voulu innocenter « Gain-Gain ».

51

UN COUP DE DÉS. – L'AMOUR EST LA VOIX DES FEMMES. – FILLE DU LIMON. – MEURTRE SANS TÉMOIN. – JANE B. CHANTE CHOPIN. – SÉANCE HISTORIQUE À LONDRES. – LE TEST DU P.-D.G. – LE VATICAN SE FÂCHE. – ÊTRE OU NE PAS NAÎTRE.

Le provocateur souverain va réussir le plus grand coup de dés jamais tenté dans l'histoire du music-hall discographique international : faire d'une enfant-femme sans voix, ni expérience de voix, la femme-enfant qui sera tout de suite la révélation du monde vocal et en deviendra la star. La seule au monde qui fera pleurer de consolation les collégiens en mal d'amour; la seule au monde qui attendrira dans leurs cellules les fortes têtes carcérales; la seule au monde qui empêchera de s'endormir les routiers sur le volant de leur poids lourd dans le tunnel du Mont-Blanc. Le phénomène psychologique – d'une extrême importance – doit être porté à la connaissance du public : c'est l'amour gainsbourien – et non les cours assidus d'une école de diction et de chant – qui, assurant la mue de Jane B., lui a permis de trouver sa voix.

Totalement démunie au départ, Birkin, dans son français improbable, n'avait pour elle que son accent délicieux. Sa voix cassée, hésitante – ce filet pathétique qui part pudiquement des entrailles pour monter à ses lèvres – cet organe inimitable lui est venu de Sergio, de sa patience passionnelle à aimer. Dans le cœur du misogyne repenti, le sentiment de vivre pour deux, de créer pour deux, d'aimer pour deux, a surpassé tous les autres.

Bardot était B.B., un animal de micro terriblement efficace dans la bouche de qui il suffisait de glisser une mélodie et des paroles. Birkin n'était qu'une enfant du limon lorsque Gainsbourg l'a créée. Un des aspects de son talent divinatoire est d'avoir compris que l'année 1968 marque l'agonie du temps des idoles. De l'ancienne nouvelle vague, peu survivront. Le sens prophétique de Serge lui fera saisir que les idoles féminines, plus encore que les garçons, ont besoin d'une conversion de répertoire imminente. Changer ou périr : Françoise Hardy, notamment, comprendra parfaitement l'alternative et négociera un virage heureux.

« J'ai choisi Jane, dit aujourd'hui Serge, je l'ai préférée aux autres – à toutes les autres – parce qu'elle était mon petit compagnon. » Elle est surtout sa créature à qui il sait donner une âme par le véhicule de sa voix. Ne nous y trompons pas : chaque fois que Birkin chante l'humour ou le désespoir, c'est une âme qui s'exprime.

Lorsque nous revivons vingt ans après l'événement de cette collaboration charnelle et morale, la révélation physique nous vient moins de *Je t'aime, moi non plus* que de *Jane B.* Dans *Jane B.*, Birkin s'affirme seule, Gainsbourg lui dédiant le premier poème d'amour aux accents de thriller. Ici la nouveauté est partout : autant dans le changement de muse que dans le changement de style. « Avec *Jane B.*, remarque Serge, j'ai voulu transmettre à l'auditeur la sensation qu'il s'était égaré dans une impasse émotionnelle et qu'il n'en ressortirait pas de longtemps. C'est le suspense du film noir – meurtre sans témoin – mais vécu de l'intérieur, sans le concours des yeux. La voix de Jane est visuelle : j'ai voulu la rendre responsable de la projection de son propre assassinat. » Le 11e prélude de Chopin baigne le poème dans une aveuglante et lugubre lumière d'insécurité. Un éclairage de fin du monde. Avant *Jane B.*, je savais que Gainsbourg avait du génie, certes, et qu'il en usait avec talent. La parution de *Jane B.* marque une date dans mon appréciation du mythe Gainsbourg : j'ai appris à mes dépens que son inspiration m'accablait. Tous les grands thèmes de Serge interprétés par Jane sont, en effet, accablants de pesanteur. L'angoisse nous étreint.

Pour ce qui concerne *Je t'aime, moi non plus,* le provocateur souverain s'est ingénié à parer de la jeunesse de Birkin le thème érotique créé pour Bardot. L'expression des voix change du tout au tout. Alors que Brigitte maîtrisait son sujet, qu'elle l'interprétait en actrice, Jane exhale une émotion immaîtrisable qui s'échappe d'elle plus qu'elle n'en sort. On la sent manipulée, subjuguée, femme-enfant de vingt ans sous totale influence. La cure de rajeunissement qu'a subie l'œuvre sera un des facteurs fondamentaux de son succès.

Les Gainsbourg sont partis pour Londres dans le secret, terroristes clandestins qui préparent un mauvais coup. Il s'agit bien là d'une entreprise dont va naître une stupeur grandiose. Les nouveaux arrangements sont confiés à Arthur Greenslade, l'homme qui a travaillé avec Serge (en début d'année) sur *Initials B.B., Bloody Jack, Docteur Jekyll et Monsieur Hyde, Ford Mustang, Qui est In qui est Out,* etc. Au studio, ce qui plaît à Serge, c'est le trac de Jane. Aussi motivée qu'elle soit, elle reste extraordinairement commotionnée. A l'opposé de l'assurance masculiniste de Serge, son interprétation nous procurera l'obsession d'un halètement continu. Elle chante traumatisée, écrira-t-on d'elle.

Le couple étant de retour à Paris, Serge – qui se montre infiniment satisfait de sa maquette – prend immédiatement contact avec la firme Philips. C'est décembre. Cinquante-huit semaines se sont écoulées depuis la mémorable séance d'enregistrement Bardot-Gainsbourg. Personne chez Philips, du garçon de course au P.-D.G., ne sait ce que Serge apporte à faire entendre. Le bras droit du big boss regarde Jane que Gainsbourg avait amenée avec lui et leur envoie cette phrase agaçante tellement en usage dans la maison :

– Vous n'avez pas rendez-vous avec le patron, sauf information contraire.

Ce à quoi Serge lui balance en lui présentant Jane :

– Si vous croyez vraiment qu'avec « ça » nous avons besoin d'un rendez-vous.

Pour un peu ils auraient forcé la porte du bureau directorial. Courtois sans plus, et laconique à son habitude, M. Meyerstern-Mégret lance : « Allons-y, j'écoute. » Il écoute. L'effet de surprise est énorme, terrifiant. Rien de commun avec le *Je t'aime, moi non plus* de B.B. Il s'agit d'une œuvre plus nue, plus travaillée, plus sulfureuse, plus saignante. Plus scandaleuse surtout. La réaction de Meyerstern-Mégret est étonnante et remarquable :

– Soyons sérieux, dit-il, de sa voix monocorde et polie. Vous risquez la prison en tant qu'auteur-compositeur, moi je la risque en tant qu'éditeur et tout ça pour un single... Retournez à Londres et rapportez-moi dix autres titres. Il se ravisera.

Mis en vente chez les disquaires le 22 février 1969, *Je t'aime, moi non plus* fera le tour du monde, en s'arrachant à 500 000 exemplaires de moyenne dans les grandes démocraties occidentales[1]. Il devient le slow sensuel de toutes les discothèques d'Europe et d'outre-Atlantique. Le Vatican, par la voix de l'*Osservatore Romano* (son organe de presse officiel), le fait interdire en invoquant le danger moral dont une telle œuvre menace à la fois la jeunesse et les couples. A Gênes, Milan, Naples, Palerme, le single – entré clandestinement – sera distribué sous le manteau au prix du fruit défendu. Une nuit, par le jeu d'un hasard cruel, B.B, qui distrait son spleen d'hiver à Avoriaz, entend *Je t'aime, moi non plus* dans une boîte à la mode. On a rapporté à Gainsbourg qu'elle s'était retrouvée blême et bouleversée. Elle subissait, tardifs et inattendus, les effets du parjure.

« Etre ou ne pas naître », écrira le provocateur pour Jane, objet favori de son désir. « Avec cette difficulté d'être/ Il m'aurait mieux valu peut-être/ Ne jamais naître. » Si, puisqu'en Jane B., le 22 février 1969, une star du microsillon est née.

En mai 1986, Brigitte Bardot décide de mettre dans le commerce la version originale de *Je t'aime, moi non plus* dont la matrice a été gravée quelque dix-neuf ans plus tôt. Serge, par téléphone, donne son accord verbal en se gardant de tout commentaire. Mais B.B. ne vendra pas 20 000 exemplaires de ce titre, pourtant toujours contemporain, pour lequel elle avait autrefois abandonné la chanson. Principale cliente du disquaire de quartier et des grandes surfaces, la jeunesse exigeante mais irrespectueuse et pressée croira à un remake, à une copie anachronique et sophistiquée. Je dois avouer quant à moi que la déconvenue de Bri-Bri m'a fait quelque chagrin. Mais – chacun le sait à Paris – je suis un « Bébéphile » aussi éminent qu'attaché.

1. 6 250 000 exemplaires ont été vendus à ce jour (31 mars 1989) – chiffre extraordinaire pour une œuvre d'une telle qualité.

52

LE RADIUM ET LA PECHBLENDE. – INFLUENCE DE NABOKOV. – DOLORÈS H. ET JANE B. – SEPTEMBRE EN QUERCY. – COMÉDIENS AMATEURS MAIS VEDETTES. – LES CHEMINS DE KATMANDOU. – LE LAC D'UDAIPUR. – LUNE DE MIEL AU NÉPAL.

POUR ce couple singulier qui ne ressemble à aucun autre – ni dans sa façon d'agir en tête à tête, ni dans sa manière de se comporter avec autrui – le présent éternel se conjugue dans un renouvellement ébloui, une accumulation charmée des jours, des semaines, des mois. Il s'ensuit un sentiment de la durée exaltante : le bonheur a épousé le temps ou le temps le bonheur. Il faut connaître Gainsbourg pour comprendre et savoir tout ce qu'il peut donner à la femme qu'il aime. D'autant que cette compagne de type androgyne et osseux – qui partage tout avec lui – est un morceau de radium tout frais sorti de sa gangue de pechblende, et dont il prend un plaisir vif à dessiner le contour, à faire éclore le corps, à influencer l'esprit. Toute idée de ressemblance qu'elle puisse évoquer avec Lolita – le modèle de Nabokov – nos deux héroïnes ne présentent aucun caractère commun. Lolita est une garce prématurée; Jane, un diamant qui scintille d'ingénuité, ingénuité qui s'appuie sur un instinct maternel qui apparente Jane à une louve. Chez les Birkin comme chez les Ginzburg les valeurs familiales sont portées au pinacle. Si Lolita est une nymphette (elle définit le genre et l'espèce), Jane est – à son total opposé – une « nymphe au cœur fidèle ».

Il n'en reste pas moins vrai que la mythologie de l'adolescente qui obsède le provocateur le pousse à des rapprochements facétieux. Qu'importe que Dolorès Haze (alias Lolita) ait bientôt quinze ans et que Jane B. en affiche vingt et un sur les registres de l'état civil britannique. Le désir – le fantasme gainsbourien – donne approximativement le même âge à deux femmes (deux filles ici) convoitées par le même homme.

Pour accentuer la ressemblance des jambes de Dolorès H. et de Jane B. (les deux sont touchées par une grâce égale), Sergio chausse de socquettes blanches les pieds de sa délicieuse petite compagne androgyne à laquelle il fait dire, à travers ses paroles, qu'elle est « aussi plate qu'un garçon ». Cela dit, après un an de vie commune (nous sommes en 1969), le couple tient superbement la route. Amants passionnés, les Gainsbourg persistent et signent.

Au château de Mercuès, à 8 kilomètres en aval de Cahors, ils s'accordent des vacances de septembre. Le château est une forteresse féodale qui surplombe le Lot. L'été indien du Quercy voue les arbres au mordoré. Jane et Sergio sont les seuls pensionnaires de cet établissement auguste et froid, restauré de fraîche date. Comédiens chevronnés, ils répètent dans la salle à manger des scènes de films imaginaires, improvisant, inventant, brodant sur la vie, sur leur vie. Ils se nourrissent d'œufs brouillés aux truffes et se gavent de champagne. Sergio – l'homme au caractère difficile – n'est jamais de si bonne humeur que dans une solitude amoureuse, tuant le temps sans l'employer, se faisant les mains sur le clavier sans rien retenir mais notant les mots d'où sortiront ses thèmes. L'opulence matérielle lui sied, aussi bien que, quand il est au travail, une précarité monastique. A minuit, pareils à des enfants, ils jouent à se noyer dans la piscine. Ils crient au secours, demandent une bouée, sortent de l'eau transis et vont se frictionner dans l'obscur salon près du piano à queue.

Le bonheur de cet automne en Quercy fut un bonheur de qualité : il ressemblait à de l'insouciance.

Dans le cinéma, notre héros ne s'accepte qu'en tant qu'auteur-metteur en scène. Il ne fait montre d'aucun engouement pour sa filmographie d'acteur. Nous devons lui reconnaître ce mérite : il n'est point nombriliste de la médiocrité. Par une conjonction des hasards, de la bonne fortune et de la pénurie de nouvelles têtes – affection grave dont est atteint notre septième art – Sergio et Jane, acteurs amateurs sans expérience officielle, sont devenus des comédiens professionnels habitués des studios. Comme quoi la provocation mène à tout : même à l'imposture. Sergio s'est jeté sous l'œil de la caméra comme on se prosterne devant une diversion qui rapporte. Pascal Jardin avait raison de poser l'équation gainsbourienne en ces termes : originalité + photogénie = carrière.

Vedettes (c'est-à-dire grands premiers rôles depuis *Slogan*, mais sans avoir encore atteint le statut de star) Jane et Sergio se voient proposer par André Cayatte la tête d'affiche des *Chemins de Katmandou*, film d'un voyage initiatique qui n'initie à rien, hormis aux cartes postales du Népal, parent pauvre de l'Inde grouillante, insane, surpeuplée : un mirage au pays de la faim. Mais le luxe et le rêve – créés par la splendeur des paysages – y existent dans des conditions d'injustice intolérable que nous ne supporterions pas, nous autres, Européens occidentaux.

Avec Gainsbourg, quand on tourne un film, le spectacle ne reste pas immobilisé sur le plateau; après les huit heures syndicales de travail quotidien, il le suit, partout où il va, aux franges de son blue jean élimé. La vie est un studio ouvert vingt-quatre heures sur vingt-quatre pour Gainsbourg, acteur permanent qui ne cesse pas de jouer. Au Népal, Sergio et Jane se sont dissociés de l'équipe du film, sous prétexte que lui – Sergio – veut bien être un poisson-pilote, un guide éclairant, mais qu'il ne peut pas suivre, anonyme dans le banc. L'hôtel et les bungalows mis à la disposition du casting et des techniciens ne leur convenant pas, ils font route – avec cœurs et bagages – vers l'Udaipur Palace où (le service indigène n'étant pas au niveau de leurs ambitions de tigres amoureux et Sergio ne supportant pas « les conciliabules de la domesticité », surtout ça) ils ne séjourneront que deux nuits.

Pour une nouvelle lune de miel (elles se succèdent depuis dix-huit mois, ces lunes sucrées) ils se fixent finalement au Lake Palace où leur appartement avec terrasse leur coûte les yeux de la tête, le directeur de production ne pouvant assumer des frais aussi extravagants. Avec son lac turquoise fleuri de flamboyants et de magnolias, d'arums développés en gerbes et d'orchidées sauvages et parasitaires grimpant au tronc des cèdres émondés, Udaipur est le pur éden du continent asiatique.

La légende, chez Gainsbourg, a toujours précédé l'histoire. Une légende, ça court avec des semelles de feu. « Lune de miel au Népal », titrait, à propos de nos deux héros, une certaine presse déjà complice. Alors qu'ils n'étaient pas mariés.

53

1971, ANNÉE D'OR. – KIERKEGAARD. – TEMPÊTE D'HUMOUR SUR LA CHAMBRE VÉNITIENNE. – L'AMOUR MONSTRE AU GRITTI. – ANTOINE ET CLÉOPÂTRE. – CATERINA CORNARO. – FRANCIS BACON. – UN DÉSESPOIR DE DIX MILLIONS. – NAISSANCE DE CHARLOTTE. – AVÈNEMENT DE *MELODY*. – LE COMPLEXE DE HEREDIA. – RÉSURRECTION D'UN CERVEAU MORT.

SERGE ET JANE vivent dans la métaphore et le superlatif. Dans la bacchanale quotidienne qu'est la vie des Gainsbourg (ils s'amusent, ils font l'amour, ils dépensent sans compter : autant et davantage qu'ils ne gagnent) il y a des pièces maîtresses. « Nous nous atomisons réciproquement », déclarent-ils aux reporters naïfs, lesquels ont tort de prendre leurs paroles pour de l'argent comptant. Placés sur une orbite de plénitude, Serge et Jane sont des farceurs heureux. « L'humour est la politesse du désespoir, disait Soëren Kierkegaard, n'est-ce pas ? Eh bien, mon humour à moi, Gainsbourg, est la vanité de mon pessimisme. »

Humour d'apocalypse, humour gomorrhien, humour du feu du ciel, s'abattant sur la salle des mariages : le ton de la cérémonie est donné. Serge exige un rituel on ne peut plus hollywoodien : fantasque et précis, échevelé et minuté. « Il faut contrôler ses délires, tous ses délires », lance-t-il à son valet de chambre, rue de Verneuil. N'est-ce pas une profession de foi surréaliste ? Si, on croirait entendre Breton dans *Le Manifeste du surréalisme* ou dans un poème du *Revolver à cheveux blancs.*

Jean-François Bergery [1], reporter international de *Jours de France,* m'a raconté confidentiellement, hors article : « Absorbé dans mille pensées sombres (motivées peut-être par la nostalgie résurgente qu'il avait de Bardot : qu'en savons-nous ?) Gainsbourg faisait la gueule. Une sacrée gueule de chien mordu par un reptile venimeux. Serge peut imiter tous les animaux de la planète. Il lui suffit de s'appliquer, de se concentrer, de réfléchir au profil de la bête dans laquelle il va faire rentrer sa tête d'homme. [...] Pour distraire Serge de son cafard passéiste, Jane, avec insistance et espièglerie, lui a pincé la cuisse, la main enfoncée dans la poche de ses jeans. J'ai suivi à la seconde la lente métamorphose du visage de Gainsbourg : les os ont réaffirmé leur solide charpente, la bouche entrouverte et les yeux ont commencé à sourire. Ce sourire – enfantin, reconnaissant, généreux – était tellement émouvant au fur et à mesure qu'il se développait que Jane a éclaté en sanglots. Alors Serge l'a prise dans ses bras pour un numéro tout à fait catholique de remerciement, de grâce et de consolation. Ces deux-là, j'en mettrais mes mains au feu, se sont épousés pour la vie. » Cela a failli être le mariage éternel, cela a failli exister.

Nouvelle lune de miel. Elles étaient jusqu'ici si nombreuses qu'incomptables, mais celle-ci, la dernière, est d'un luxe et d'une prodigalité insurpassables. Notre héros, qui conjugue de plus en plus

1. Jean-François Bergery (1928-1975) est un des rares journalistes à avoir eu le *feeling* avec Gainsbourg, avec lequel il parlait russe. Fils de Gaston Bergery et de Louba Krassine, il était donc le petit-fils de Krassine, premier ambassadeur de Lénine à Paris.

l'amour au présent éternel (« Je t'aime, moi aussi »), offre à Jane un voyage de dix-huit jours à Venise. Un voyage de prince russe. Un voyage au-dessus de ses moyens, aussi considérables qu'aient été et que soient les droits rapportés par *Je t'aime, moi non plus* : 5 000 000 de disques vendus à cette heure où les amants vont pouvoir sublimer leur hyménée adriatique. Ils descendent au Gritti – le palace le plus cher d'Europe et du monde – dont la direction, catholique romaine de stricte observance, n'accepte pas de couples concubins. C'est pour y occuper la suite impressionnante où s'aimèrent sept ans plus tôt, nouvellement mariés comme eux, Richard Burton et Elizabeth Taylor, Antoine et Cléopâtre. C'est dans cette suite pour chef d'Etat couvrant une superficie de 150 m^2 que Taylor et Burton, amants monstrueux ivres dès le crépuscule, apprirent à s'insulter, à se mordre, à se cracher le champagne au visage, à se battre jusqu'à la tuméfaction. Des bleus du corps aux bleus de l'âme, ils s'éduquèrent l'un et l'autre à exterminer leur resplendissante passion.

D'où vient à Gainsbourg ce goût obsessionnel des références de très grand prestige, dont il subit l'envoûtement ? Quelle obscure et impérieuse raison le pousse à quitter le décor racé de la rue de Verneuil (ses meubles d'époque, ses objets de la plus rare origine, tous dignes de Sotheby's, son dessin de Dali, son crayon de Klee, son surréel tableau de Picabia...) pour cet appartement de l'hôtel Raphaël qui est une légende de palace puisque Katharine Hepburn et Spencer Tracy le retenaient longtemps à l'avance pour chaque séjour qu'ils projetaient à Paris, suite-culte que ne pouvaient même point occuper Ingrid Bergman et Rossellini. Interrogé par moi, Gainsbourg fait cette réponse invariable : « Je n'ai ni Rolls ni yacht, ni château ni résidence secondaire. Accablé d'impôts, je vis en vérité comme le plus humble des seigneurs du show bizzeness[1]. Je n'apprécie pas les distractions et j'abhorre l'oisiveté. Alors, pour renouveler quelquefois mon inspiration, je m'offre, pour quelques milliers de dollars, un changement de cadre. » [...]

Au chef barman du Gritti, Fortunato, qui a bien connu Hemingway, il livre ses formules de cocktails les plus savantes. Buveur permanent et impénitent, Gainsbourg a toujours recherché le maximum d'euphorie pour le minimum de préjudice, au contraire d'un Burton qui courait au coma, à « l'ivresse morte ». Fortunato retiendra trois recettes gainsbouriennes – le « Chaptal », le « Bugeaud », le « Verneuil » – qu'il abandonnera pour raison de rudesse, sa clientèle riche et fragile ne supportant pas. Au lac d'Udaipur, Sergio louait un éléphant endimanché d'un collier de fausses émeraudes grosses comme des œufs de poule faisane pour la promenade dominicale de Jane. A Venise, il s'adjuge chaque soir, entre 10 heures et minuit, la plus ancienne et la plus convoitée des gondoles qui font la gloire du Grand Canal. Elle porte le nom de « Caterina Cornaro », cette jeune roturière vénitienne dont le mariage avec le roi Lusignan la fit reine de Chypre et de Venise et qui, à la mort de son époux, dut résister à l'armée de ses concitoyens en révolte. La « Caterina Cornaro » est conduite par des rameurs en livrée rouge, escarpins bouclés d'argent et perruque. Lors de la première traversée de la cité des Doges, deux guitaristes officiant à la poupe interprétèrent *Je t'aime, moi non plus* en version originale mais avec un accent lombardo-vénitien si épais qu'il fut impossible aux amants, de saisir le sens de leurs paroles. Musicien de boîte de nuit, le premier, qui

1. L'orthographe est de Gainsbourg (NDLA).

était censé tenir le rôle de Serge dans cet insolite duo, avait l'organe classique du mâle. Le second, qui se mit beaucoup en frais pour Jane, avait les accents efféminés d'un travesti. Il avoua à Serge sa condition douloureuse et fascinante : c'était un castrat, probablement un des tout derniers de la péninsule.

Toute sa vie Jane Birkin restera marquée par son séjour au Gritti. C'est en pensant à Venise-la-Gaie, la Venise de ses amours, qu'elle essaiera d'acheter, pour l'offrir à Sergio, le tableau de Francis Bacon dont j'ai parlé plus haut. Les marchands sont sans pitié pour les amateurs. L'agent commercial de Bacon en voulait 80 millions de centimes. Dix millions manquaient à Jane.

Soudain le provocateur permanent a mis sa provocation en veilleuse. Le temps des amours est celui des annonces, des offrandes, des sacrifices. L'heure a vraiment sonné de s'abstraire de soi au profit d'une autre, d'une nouvelle autre, d'une enfant. Les Gainsbourg étaient trois : Sergio, Jane et Kate. Ils vont être quatre. Année de ses quarante-trois ans, 1971 est une année vertigineuse pour Gainsbourg. Charlotte Gainsbourg naît à Londres et respire son premier air dans l'appartement de jeune fille que Jane a conservé dans Chelsea. Il est tapissé de tissus écossais style anglais, les murs sont quadrillés de couleurs gaies; Jane est la jeunesse et le rire. Deux et trois fois par semaine Sergio fait des aller-retour aériens Paris-Londres-Paris en regrettant que le Concorde, aiglon supersonique, ne soit pas affecté sur la ligne.

La venue au monde de Charlotte Gainsbourg réjouit surtout les parents et les grands-parents; elle n'occupe pas le devant de la scène. La transmission des gènes paternels et maternels – hérédité incontestablement riche – feront de Charlotte, supportés par une précocité qui s'affirme davantage de génération en génération, une enfant-phénomène, avant même que d'être bachelière. Les dons parentaux sont sortis rehaussés et épanouis de la loterie génétique.

Un événement d'une importance capitale se prépare qui imprégna la conscience créatrice des musiciens de notre temps, les obsédant sans les influencer; car Gainsbourg est inimitable, voilà le hic! Même l'atroce Gainsbarre ne peut pas faire du Gainsbourg. On ne pille pas plus Gainsbourg qu'on ne le copie. Autant qu'il ait pu influencer les Lavilliers, les Capedevielle, les Thifaine... ils ne sont ses enfants naturels ni de loin ni de près. Si vous piquez des mots à Gainsbourg, il se dégage de votre entreprise malhonnête par le son. Sa singularité extrême le protège à la fois de l'imitation et du vol. C'est pourquoi, au bout du compte, il n'influence personne; c'est pourquoi on ne lui reconnaît pas de fils spirituel. Lui, en revanche – frelon subtil –, peut bourdonner à l'envi autour des grandes encolures du passé et enfoncer impunément son dard dans Brahms, Chopin, Grieg ou Aram Khatchatourian[1] pour en retirer la quintessence, et d'une œuvre établie faire un tube modernisé. Si, par rigueur morale ou parce qu'elle y trouve un filon publicitaire à exploiter, une firme discographique s'avise de lui intenter un procès, le provocateur facétieux réplique : « Ce n'est pas un plagiat, c'est une rencontre terminée tout au plus par un petit emprunt du pauvre au riche, moi le moderne vivant étant le pauvre, lui – le classique mort – étant le riche comme de bien entendu. »

1. Selon la société « Le chant du monde », Gainsbourg a emprunté au compositeur russe son *Andantino* pour *Charlotte for ever.* Cette partie concerne un passage des *Tableaux de l'enfance* que Serge, ravi, aurait entendu interpréter par sa fille, au piano.

L'événement de l'année 1971, je m'en souviens comme d'un cauchemar de la nuit dernière. Je m'en souviens comme un vivant ressuscité se souvient de sa mort. En mai – treize ans après la sortie discrète du *Poinçonneur des Lilas* – des affichettes noires couvrent les murs de Paris, que l'on retrouve, par un toupet satanique, collées sur les sens interdits. Cinq syllabes y sont imprimées : Melody Nelson. Qui est cette Melody Nelson? « Une rouquine de quatorze ans, une petite fille pubère, née dans les brouillards de Londres, sortie vivante de l'imagination de Serge Gainsbourg. » (Une imagination – répétons-le haut et fort – sexuellement influencée par la Lolita de Nabokov[1].) « Une petite fille qu'il aime, qui meurt. Qui est l'unique héroïne de son nouvel album. Qui emprunte sur la pochette le visage et le corps légèrement dénudé de Jane Birkin. »

Etc., etc. Le rédacteur de *L'Express* continue : « C'est grâce à l'incroyable succès mondial de " Je t'aime, mois non plus ", bluette lascive en soupirs majeurs écrite pour Brigitte Bardot mais récupérée avec une exquise ingénuité érotique par Birkin, que Gainsbourg a pu " s'offrir " Melody Nelson. Aucun producteur, en effet, ne saurait désormais rien refuser à l'auteur de ce disque dévastateur qui fut mis à l'index et qui, nonobstant, se vendit à... Etc, etc. » Dieu que la phraséologie journalistique (à laquelle nous sommes tous pourtant obligés de concéder) nous paraît insipide lorsqu'elle traite des véritables idoles de notre caverne.

Ecoutons maintenant parler Gainsbourg (avec une humilité suspecte : ici le provocateur reparaît, mais *en négatif*) de son album : « Je n'ai fait qu'une concession : introduire deux passages, *La*

1. C'est nous qui précisons dans les parenthèses.

Ballade de Melody Nelson et *La Valse*, qui peuvent former des chansons indépendantes de l'œuvre. Cela pour aider à la programmation radio du disque. » Etc, etc. De quoi s'agit-il exactement ? Du premier concept-album, œuvre intégralement française de surcroît, jamais paru dans le monde. Un concept-album, qu'est-ce que c'est ? C'est une œuvre dont la conception, la création, l'exécution et la réalisation appartiennent à un seul et même créateur. Le terme n'est certes pas nouveau. Les Beatles, les Rolling Stones, les Mothers of Invention, Led Zeppelin, Jefferson Airplane, les Eagles, Irelon Butterfly, les Scorpions, Pink Floyd, Grattefull Dade... ont tous enregistré ou enregistrent des concepts-albums, mais aucun d'entre eux n'est le produit d'un homme unique, d'un homme de l'art qui a la haute main sur tout : de l'écriture à la finition. Conçu à Paris, enregistré dans un studio londonien, pressé dans une usine de banlieue, *Histoire de Melody Nelson*[1] est une œuvre si spécifiquement gainsbourienne, dans laquelle notre héros s'est investi corps et âme, allant jusqu'à régler les menus détails financiers de la régie, que l'état-major commercial de Philips fut étonné, quand on fit les comptes, de la modestie des dépenses. Dès lors, on força sur le lancement publicitaire. Ce déferlement de millions de centimes fut-il efficace : nous voulons dire utile à la diffusion puis à l'audition d'une œuvre si originale qu'aucun embryon de ressemblance, ancien ou récent, n'avait été porté jusqu'ici à notre connaissance. *Melody Nelson*, c'est du Gainsbourg d'origine médullaire; du Gainsbourg sublimé. Le concept-album, en cet été 71, est passé au-dessus de la tête des Français partis en vacances. L'ouvrage, grandiose, s'accommodait mal – il est vrai –

1. 33 tours/30 cm (Philips 632 5071)

des jeux de la mer, des flirts de plage et des bains de minuit.

Pour procurer aux arrangements le ton grave de la dramaturgie, puis pour diriger l'orchestre et son groupe de cordes pléthoriques, Gainsbourg a fait appel à Jean-Claude Vannier[1], son ami et complice, marginal signalé, figure impénétrable, qui, par ailleurs, signe volontiers les introductions musicales des émissions de grande écoute de R.T.L. L'apport de Vannier dans cette longue et patiente élaboration est moins important par sa collaboration à trois morceaux que par sa manière magistrale de meubler avec ses violons les plages de silence qui s'interposent entre les strophes de l'âpre et lyrique poésie gainsbourienne. Pour les sonnets, un effet de snobisme rétrograde a voulu qu'on citât José-Maria de Heredia, prince barbu et démodé du Parnasse, qui fut à la poésie du XIXe siècle – avec son pompiérisme alambiqué tous terrains – ce que fut Meissonnier à sa peinture. Mais Dali admire profondément Meissonnier dans lequel il a vu quelquefois (ou a cru voir) un Delacroix pour décors de théâtre et Gainsbourg ne renie pas la tutelle poétique de Heredia. Les deux sonnets (couplés) de *Cargo culte* ne sont en rien inférieurs aux meilleures pièces des *Trophées*. Voici donc le plus somptueux acte d'amour dont un auteur-compositeur-interprète ait honoré une femme. Jane B. prête sa voix bouleversée à Melody. A réécouter dix-huit ans après ce chef-d'œuvre qui n'a pas vieilli d'une croche nous subissons le phénomène de distanciation qui oppose, tant par l'âge physique que par l'organe vocal, Birkin et Bardot. *Histoire de Melody Nelson* eût été inconcevable avec B.B. En changeant de muse, Gains-

1. Auteur-compositeur-interprète, Vannier écrit également pour autrui. Ainsi pour Jonasz : *Une supernana.*

bourg a changé de siècle; il s'est inscrit dans l'intemporel.

C'est un grand événement personnel sur lequel je ne puis m'empêcher de revenir. M'arrachant aux comas quotidiens provoqués, à l'interrogatoire épuisant des narco-analyses, au sommeil vaseux des barbituriques, au cancer obsessionnel que constitue la privation d'une substance toxique dure, *Melody Nelson*, en me réhabituant à l'existence concrète et perceptible du son, m'a rendu la vie autonome de mon cerveau. D'un légume en fin d'existence, *Melody* a fait un miraculé. Puisque Paris a valu une messe royale, Gainsbourg méritait bien cet hommage attaché.

54

ÂMES DÉVASTÉES. – LES GUEULES CASSÉES DE L'AMOUR. – L'ÉROTISME EST LE DIABLE. – ECCE HOMO. – GINMANIAQUE. – UN NOUVEL ÂGE D'OR. – CATHERINE DENEUVE : LE DEUXIÈME PARJURE. – PAUL KLEE. – L'OGRE GAINSBOURG. – SERGE ET JANE B. : DES RETROUVAILLES DE GÉNIE. – AIMEZ-VOUS BRAHMS ?

L'AMOUR construit, la tendresse consolide, la passion détériore. Prisonnière temporo-spatiale, esclave du temps et de l'espace imparti au temps de l'amour, toute passion a ses limites. Toute passion porte sa mort en soi : comme les saisons et comme l'amour, à ceci près que les saisons renaissent et que l'homme – les transferts de cendres nous le prouvent – ne ressort jamais vivant de son tombeau. « L'amour dévaste les âmes où il règne », affirme Chateaubriand, notre dieu à nous tous – juifs, musulmans ou chrétiens – qui nous mêlons d'écrire. Ce n'est point vrai. C'est la passion, avec sa fougue et ses orages, qui – réduisant le sexe assujetti – fait de l'âme une peau de chagrin. Toute âme humaine sort amoindrie, diminuée – écorchée vive ou exsangue – d'une passion véritable. L'authenticité d'une passion se découvre à ce signe fatal : toutes les forces qui composent la vie d'un homme se soumettent par l'obéissance servile à la dictature active de sa loi. La maladie détruisante d'une passion se distingue par un syndrome de fuite : l'amour s'en va en n'osant pas s'avouer qu'il est temps qu'il s'en aille. Ainsi viennent les scènes théâtrales, puis les disputes plus sévères qu'exacerbe un vocabulaire ordurier, puis les gifles provocatrices – porteuses de courroux, d'ire, de haine – puis les violences, les sévices, les coups.

« Une femme aimée ne peut échapper à la violence », m'a dit récemment Gainsbourg – goguenard et libéré. Ce ne sont point les mauvais traitements qui ont fait fuir Jane (les gueules cassées de l'amour[1], je n'y ai jamais cru : sauf en tant que mot, sauf en tant que provocation gainsbourienne) – c'est l'écœurement résultant d'un érotisme attardé. L'amour se borne à la normalité sexuelle. L'érotisme (dont les actes s'accompagnent du langage et dont le langage entraîne l'action) – l'érotisme se définit par les froides exubérances de la malignité. Il est absolument stupide de prétendre que le partenaire érotique fabule, fantasme ou délire : il agit. L'imaginaire du désir, très peu pour Gainsbourg : il va jusqu'au bout; le matérialise, le concrétise, le réalise, l'épuise, quelles que soient les difficultés rencontrées. L'amour est la vertu, l'érotisme est le vice. En termes d'excès, l'amour est Dieu, l'érotisme est le Diable. Une femme de trente ans, désireuse de refaire sa vie amoureuse, a bien le droit de se révolter contre l'érotisme, cette dégénérescence empirique et clinique de la passion. Emmenant ses filles avec elle, elle a bien le droit de partir en claquant la porte. Jane Birkin a déserté le domicile conjugal pour les excès éthyliques de Serge. Entre 1969[2], année érotique – année de la chair fraîche livrée à toutes

1. Michel Clerc. Le laid qui plaît. Dans *Tapis Rouge.*
2. 69, année érotique (Fontana 885-545)

les fantaisies du prédateur – et 1980, année de la rupture inexorable et sans retour, onze ans sont passés. Sa totale liberté de manœuvre acquise (1968-1969), son pouvoir discrétionnaire de sujétion établi, Gainsbourg n'aura de cesse que d'avoir fait basculer l'équilibre dans le gainsbourisme, ou double érotisme du sexe et de la pensée. Une sorte de terrorisme mental, suffocant et flamboyant.

Jane B. en allée, on le croit fini à cinquante-deux ans, et séparé à tout jamais d'elle : par le cœur et par le métier. Vraie ou fausse, l'orgue des sentiments gainsbouriens n'émettra plus une plainte. Certains trublions médiatiques pensent même, dans Paris, que l'heure du grand couac final rimbaldien a sonné pour notre héros. « Il n'y a rien de tel qu'une victoire efficace remportée contre le désespoir ou la mort pour éloigner de nous la pensée du suicide », dit-il aujourd'hui de cette sombre époque, en faisant également allusion à son infarctus traité à l'Hôpital Américain de Neuilly. Sombre époque : de solitude abyssale, de désarroi, de dérive, de remords, de damnation. Riche – si riche en argent – mais pauvre – si pauvre de lui – tel est Gainsbourg en cette année 1980. Il ne cache pas sa misère morale; il se confie même à quelques personnes – lui pourtant si fier – pour essayer de briser son esseulement.

Lorsque nous relisons à blanc, privés de musique, les textes de ce temps difficile, nous les trouvons empreints d'un pessimisme foncier. Serge commet la déplorable faute de goût de s'inventer le masque ricaneur de Gainsbarre, qui ne lui attirera jamais que la sympathie des nigauds et l'intérêt des tapeurs. (« Et ouais c'est moi Gainsbarre/On me trouve au hasard/Des night-clubs et des bars. [...] Et ouais cloué le Gainsbarre/Au mont du Golgothar/Il est reggae hilare/Le cœur percé de part en part. » Chanson exécrable ce *Ecce homo*, que le provocateur – dans un dessein désespéré, un vertige d'abîme – trouve encore le moyen d'enlaidir d'un jet de vitriol blasphématoire.

C'est qu'il est prêt à tout, c'est qu'il se force à une intempérance dramatique, augmentant ses doses d'alcool et de nicotine. Il a le comportement nocturne suicidaire d'une victime de l'amour parvenue au bout du rouleau, mais cependant il nous abuse. Il est une affiche d'épouvante – jouant avec un génie shakespearien les loques humaines, espèce de Roi Lear enfoncé dans sa ginmania – parce qu'il se veut tel. C'est dire qu'il pousse sa déchéance jusqu'à la caricature. Selon un rituel répétitif, il exécute chaque soir le même programme, n'y changeant ni un mot ni un geste. Au cours de ces nuits hallucinantes où tant d'êtres auraient sombré, la boisson ne lui enlèvera ni la lucidité ni le talent : on l'a vu, au comptoir, écrire sans une rature des chansons entières et se mettre au piano – à la fermeture, le musicien fatigué déjà parti – pour plaquer la mélodie en frôlant le clavier de ses belles mains soignées; ses mains qu'il se fait une coquetterie de soustraire à l'inquisition des manucures. Comme quoi la résistance à l'autodestruction présente des motivations impérieuses et soutient des enjeux qui échappent à l'entendement de l'observateur comme au diagnostic du médecin.

L'imprévisibilité, nous l'avons vu, est l'un des points forts du comportement gainsbourien. Son corps sans usure, alors que nombre de gens le croient tant et plus usé, est habitué à davantage que des exploits, puisqu'il est susceptible de résurrections. Alors que nous pensions notre héros à demi enseveli dans une tourbière, il élevait son front et ses bras vers l'azur. Dans l'hôtel de la rue de Verneuil abandonné par ses « trois femmes »[1], il va mettre le silence de leur désertion au service d'une créativité spasmodique et palpitante, qui produira des résultats quantitatifs et qualitatifs jamais atteints jusqu'alors.

« Ça crépitait comme un bûcher de genièvres », se rappelle-t-il. La moisson des années 81-82-83 participe d'un foisonnement cérébral exceptionnel. Du jamais vu. L'album 1981, qui porte le titre inquiétant et saturnien de *Mauvaises nouvelles des étoiles* emprunté à un dessin du peintre onirique Paul Klee, que possède Gainsbourg, s'ouvre par une invite au parjure. Un second parjure *(Overseas telegram)* après le parjure historique de *Je t'aime, moi non plus*. C'est suffisamment démontrer que le provocateur, cuirassé d'une nouvelle cynique impudence, a retrouvé – après une absence partielle – son aplomb infernal. Vengeance? Non, pas vengeance, plutôt coup de fouet remémorant, gifle de soufre administrée sur les plis de l'âme : après Brigitte Bardot voici treize ans, c'est aujourd'hui Jane Birkin qui en fait les frais. Au profit de qui? De Catherine Deneuve, laquelle ne peut s'empêcher d'enregistrer (elle n'a pas tort) ces trois strophes touchantes sur la face 2 de son premier 33 tours, *Souviens-toi de m'oublier*[2]. Le parjure s'aggrave ici d'une trahison intime; une forfaiture sentimentale ajoute encore au vilain coup de fouet moral.

1. Jane et ses deux filles : Kate et Charlotte.

2. Enregistré à Londres sous la direction d'Alan Hawkshaw. Photo de couverture de pochette : Helmut Newton. Pour *Mauvaises nouvelles des étoiles*, Gainsbourg s'était offert Lord Snowdon comme portraitiste. L'on ne saurait pousser le snobisme plus loin (NDLA).

J'aimerais que ce télégramme
Soit le plus beau télégramme
De tous les télégrammes
Que tu recevras jamais
Et qu'ouvrant mon télégramme
Et lisant ce télégramme
Tu te mettes à pleurer [...].

Ce joli poème d'amour à jeter au dos d'une carte postale, Sergio l'a écrit tout exprès pour Jane et voilà qu'il s'empresse de le laisser inscrire au répertoire de Deneuve. Comment se fait-il qu'il n'en ait pas été puni? La justice immanente réclamée par Paul Klee, le peintre des géométries fantasmagoriques engendrées par le rêve, n'est pas de ce monde. Mille regrets. En vingt-six mois, l'ogre Gainsbourg, insatiable en droits d'auteur, va signer soixante-douze textes originaux. Trop c'est trop. Mais tout le monde veut du Gainsbourg, tout le monde en redemande. Il entre un élément de vulgarité dans cette insistance au plébiscite. Du phénomène qu'il était, Gainsbarre devient une coqueluche, cependant qu'une complicité sarcastique et ricanante le lie à Dutronc[1].

Birkin-Gainsbourg : 1978 a été la plus noire de leurs années conjointes; ils s'y sont disputés certainement chaque jour. Ce fut l'année musicalement heureuse de *Ex fan des sixties* et de *L'aquaboniste*[2]. Depuis Sergio n'a rien écrit ni composé pour Jane. Nous sommes en 1983; la séparation définitive est intervenue en 1980; Gainsbourg sans sa muse est un homme isolé dans le siècle; il lui manque « sa » voix : cette voix qui sait si bien franchir la toile d'araignée que la nature a tissée

1. Pour *Guerre et pets.*
2. *Ex fan des sixties,* 33 tours/30 cm. (Fontana 632.5353) enregistré à Londres avec Alan Hawkshaw.

dans sa gorge. Cette voix fragile et arachnéenne, qui se brise sans cesse sur une note pour se récupérer sur la suivante. Autant qu'il ait l'orgueil de son génie, Gainsbourg ne peut se passer de cette voix. C'est la voix d'une vierge. Autant de fois qu'elle ait été possédée, Jane B. reste virginale.

La lassitude, l'écœurement d'une certaine forme d'amour a précipité Jane B. dans les bras d'un autre. La crampe du chef-d'œuvre qui tenaille à nouveau Sergio va la ramener dans le studio de répétition du rez-de-chaussée de l'hôtel Gainsbourg, 5 *bis*, rue de Verneuil. Vingt-deux titres en vingt jours : en même temps qu'il écrit l'album Adjani[1], Serge se consacre concurremment à l'album Birkin[2]. Les deux récoltes seront différentes, nul ne s'y trompera. Avec Isabelle, Serge élabore; il danse un pas de deux. Avec Jane, il sculpte un visage de femme pour l'éternité : celui de la femme d'hier, d'aujourd'hui, de demain. Le présent éternel des amants n'aura duré qu'une décennie, mais l'on réécoutera *Babe alone in Babylone* longtemps au-delà de la faille qui va séparer le deuxième millénaire du troisième. *Fuir le bonheur de peur qu'il ne se sauve, Norma Jean Baker, Rupture au miroir, Overseas telegram* – repris dans une version qui jette des poignées d'ombre sur celle de Deneuve – et les pathétiques, les incendiaires *Dessous chics* : la plus grande seconde preuve d'amour qu'un poète-musicien ait jamais donnée à une femme, la voici. Avec le vice et le savoir-faire d'un frelon musical de génie, Serge démarque Johannes Brahms (2e mouvement de la *Symphonie n° 3*) sans le copier. Il ne s'agit pas d'un plagiat

1. Philips 8148271, Avec Alan Hawkshaw. L'album comprend *Ohio, Le mal intérieur, Beau oui comme Bowie*, etc. Avec un titre phare, *Pull marine*.

2. *Babe alone in Babylone* (Philips 8145241). Toujours avec Hawkshaw. 1983.

mais plutôt d'un acte d'admiration exhaustive. Le résultat *(Babe alone in Babylone)* est un temple du sentiment, une gloire, un moment céleste. Album d'or, l'Académie Charles Cros le récompensera de son grand prix du disque annuel. Nous ne sommes plus dans le solfège de complaisance; le Panthéon du solfège est ouvert désormais au provocateur permanent.

Nous devrons cependant attendre quatre ans (le grand récital de rétrospective de Jane Birkin[1] à Bataclan, en mars 1987) pour nous faire une idée *physique* juste et complète de la grandiose beauté de l'œuvre.

1. Au programme (les musiciens d'Alain Souchon accompagnaient Jane) du Gainsbourg exclusivement. Plus *Avec le temps*, de Léo Ferré.

55

LA PERSISTANCE MÉMORIÉE. – CHANEL PARLE DE LA MORT. – NANA GAINSBOURG BULL TERRIER DE SIX ANS. – TUÉE PAR LA CIRRHOSE. – UN CADAVRE DANS DU PLASTIQUE. – AUTOPSIE D'UNE CHIENNE. SÉPULTURE EN NORMANDIE.

MAINTES fois il m'est arrivé, au cours des interrogatoires auxquels j'ai soumis Gainsbourg, de m'octroyer une pause et de le prier de me citer – au hasard, sans ordre ni calcul, hors de tout sentiment réfléchi – quelques-uns des souvenirs qui composent son fond de mémoire. Altérée par les abus de tabac et d'alcool, la mémoire trahit quelquefois l'homme avant qu'il n'ait l'âge de la perdre; vivants et vivaces, certains souvenirs – inaliénables ceux-là – ne le quittent pourtant qu'à son entrée en agonie. « Mon cher, le cerveau humain n'est fidèle qu'à deux valeurs-or, me confiait Mlle Gabrielle Chanel dix jours seulement avant d'expirer : l'enfance et l'amour; et pas l'amour dans tous ses épisodes : l'amour dans sa naissance et l'amour dans sa mort. La vieillesse venue, seules la première et la dernière passion font acte de persistance en lui. » Confidence insigne de la part d'une femme qui mettait son orgueil au-dessus de tout et traitait de putain la Religieuse portugaise.

C'est un étonnement de plus dans le lot innombrable des surprises enregistrées : le provocateur comédien rompt brusquement avec le sentiment du théâtre dès qu'il se met à évoquer Nana. Ou, plutôt, dès qu'il consent à se mettre à l'évoquer. Car cet homme dont les glandes lacrymales – après tout ce qu'il a connu, vécu, aimé, souffert – n'ont plus un pleur à verser, cet homme trouve encore des larmes pour accompagner sa narration de Nana qu'il découvre morte. Gainsbourg porte son cœur en écharpe, Gainsbourg reprend le deuil pour sa chère disparue. Ecoutons-le sur cassette :

« C'était un bull terrier. Il appartenait donc (je dis " il " parce que je pense " chien ") à une espèce effarante pour ces Français qui ne prêtent aucune attention au règne animal[1]. Moi, j'avais l'amour de Nana dans ma tête. J'étais aimé d'elle et je l'aimais. » Descendus à l'hôtel Richmond – au bord du Léman – les Gainsbourg séjournent à Genève pour motif de promotion discographique lorsqu'ils apprennent au téléphone par la voix de leur « secrétaire » Fulbert la disparition de Nana.

– La disparition ! s'exclame Gainsbourg. Avertissez le commissariat. L'inspecteur-chef Bérenguier est responsable de la voirie. Promettez la lune à ses hommes. Je tiendrai parole : je décrocherai la lune et la déposerai sur le pare-brise du premier véhicule de patrouille.

– Elle n'est pas disparue, monsieur, elle est morte.

– Morte, morte, Nana est morte.

– Oui, monsieur, Nana n'est plus de ce monde. C'est la vérité. Elle est morte.

Le lac se soulève à la verticale. Sa falaise d'eau, en s'abattant, renverse l'hôtel Richmond. La Suisse et le monde basculent dans le néant.

Jane et Serge précipitent leur retour à Paris. « Je

1. Il suffit de lire la description que fait Michel Clerc de Nana (Le laid qui plaît dans *Tapis rouge*).

l'ai quittée vivante et je la retrouve morte. Morte et préservée par un sac en plastique translucide. De telle sorte que si je vois à peu près son corps je suis obligé de deviner son visage. Un chien trouvé mort dans une poubelle ou abandonné dans la rue est amené à l'équarrissage immédiatement; c'est une morgue où l'on pratique le dépècement mécanique, par machine-outil. On prend la peau, les graisses, la viande, les os. On le dépossède de sa tête, on ne laisse plus rien à son cadavre. C'est là le sort de tous les chiens recueillis par la S.P.A. »

Gainsbourg convoque le vétérinaire de Nana et lui ordonne de procéder à l'autopsie. Nana a quitté la vie à l'âge de six ans. Serge veut lui composer, au piano, une nouvelle Pavane pour une infante défunte, pais ça ne vient pas. La provocation a fui le provocateur.

« C'est moi qui buvais, dit-il, et c'est elle qui, d'avoir bu mes paroles, est morte d'une cirrhose. Appelez-moi un menuisier. Qu'on lui fasse un cercueil dans le meilleur bois blanc et qu'on y grave le nom de Nana Gainsbourg sur une plaque de cuivre. »

Nana ira reposer tout d'abord dans un cimetière pour chiens et chats de la banlieue parisienne, puis près du petit cimetière du village normand où Jane Birkin a acheté un délicieux presbytère, résidence secondaire où Serge n'a été que quelques rares fois car il déteste la campagne. Première halte, donc. Fraîche et ombragée, il s'agit là d'une nécropole en modèle réduit pour animaux de toutes races. Le calme qui règne est idyllique. On se croirait dans quelque antichambre du paradis.

« En avancée, près du portail, est érigée par les soins d'un sculpteur animalier anonyme une statue qui représente un saint Bernard. Ainsi se perpétue dans le temps une vérité historique devenue légende. C'est un chien Saint-Bernard qui a sauvé la vie d'un homme entraîné dans le glissement d'une avalanche. Quand il fut confronté du regard à l'animal encore haletant de son effort, l'homme – juste sorti de son coma polaire – l'a égorgé, pensant que c'était un loup. L'homme sauvé a tué son chien sauveur croyant qu'il s'agissait d'un loup féroce qui l'arrachait à la mort pour le dévorer. »

La dépouille funèbre de Nana, bull terrier de six ans, a été transférée en Normandie. Serge voulait Nana près de lui pour ses week-ends plus réguliers maintenant qu'elle était morte. Elle dort sous un pommier d'un sommeil que rien ne dérange. Gainsbourg déniche un carrier pour tailler la pierre tombale aux dimensions du trou, la poser, la sceller. C'est une pierre d'un poids insoutenable, inutilisée dans ce cimetière de hameau.

Longtemps Gainsbourg, seul dans sa bibliothèque, pour ne pas être vu de Kate et de Charlotte, pleurera Nana la Grande. Il prendra bientôt conscience de cette réalité qui le choquera profondément : il pleure davantage sa chienne qu'il n'a pleuré son père, Joseph Ginzburg. Le sombre jour d'avril 1989, où il sera opéré d'une tumeur au foie à l'hôpital Beaujon, une de ses dernières pensées avant l'anesthésie matinale sera pour Nana.

56

LA STATUE AU SECOURS DU SCULPTEUR. – GAINSBARRE PLUS JAMAIS, GAINSBOURG FOR EVER. – L'ÉGRATIGNÉ. – LA MORT PRÉOCCUPANTE. – LA GRANDE PEUR D'ÊTRE AVEUGLE. – SARTRE. CHIRURGIE À BEAUJON. – L'HÉRITAGE. – GRANDEUR DU HÉROS.

EN terminant la biographie de celui qui a érigé la provocation en système et qui, à travers ce système, s'est incessamment remis en question, je n'abolis pas le privilège d'un charme. Je ne quitte point Gainsbourg, je ne m'éloigne point de lui. Une fois de plus, le héros vole au secours de celui qui le célèbre : le drame hépatique de Serge, en apportant à mon ouvrage une chute inattendue, le délivre du risque de l'exagération répétitive, de l'emphase accumulatoire, de la surcharge et du déclamé; il nous libère surtout l'un de l'autre – mais sans nous séparer. Car l'on ne se sépare point de Gainsbourg : si la séparation intervient, elle dure peu. Que ce soit en amont ou en aval du point de rupture, le fleuve gainsbourien vous réembarque, et vous êtes tout heureux de le redécouvrir à nouveau navigable, où qu'il vous entraîne, où qu'il vous emporte. Aucune des femmes qui ont quitté Serge ne l'a oublié et beaucoup d'entre elles, chaque fois que la mort l'a frôlé, se sont senties blessées, solitaires de lui.

Dans toute personne qu'il fréquente, Serge Gainsbourg fait date et il trace sillon. La mémoire est une entreprise de décantation remarquable qui, au bout de l'âge, fait la différence entre la pépite et le torrent boueux qui la charrie, entre le remplaçable et le précieux. Autant l'on peut oublier les défauts gainsbouriens autant l'on est obligé de se souvenir des qualités qui leur sont supérieures et font pencher en leur faveur la balance de la destinée. Autant Gainsbarre est une calamité de la société actuelle, autant Gainsbourg est une félicité de la providence. Il faut que cette ligne de partage des eaux se maintienne. Tous ceux qui – pour des raisons inexplicables – aideraient à la confusion des deux flots contraires se rendraient coupables d'un délit de jugement.

A voir longuement Gainsbourg, à laisser s'infiltrer en soi le poison envoûtant que sa conversation distille, nous avons (tant il paraît solidement installé dans la vie, tant sa présence intense et corrosive fait bloc avec sa masse musculaire) – nous avons une naturelle tendance, aussi éprouvé soit-il, à le croire épargné, épargné sans fin. La mort l'effleure ou le caresse, certes, mais sans le toucher vraiment. Intouchable, il se refuse à elle, pensons-nous; il lui résiste.

« La mort ne me blesse pas, elle m'égratigne », écrit-il.

« Elle et moi nous nous croisons souvent. Relation de trottoir. »

Les grands romans n'aident pas à mourir. Ni la religion. Il n'est pas vrai que philosopher c'est apprendre à mourir : comme se disaient, pour s'encourager devant la pensée de la mort, Montaigne et La Boétie. (Je crois.) Il ne faut point méditer la mort. Le mieux sera qu'elle me surprenne. Mourir impromptu. Qui peut souhaiter davantage. Le drame – si tu veux le fond de ma pensée – c'est qu'entre elle et moi il n'y ait plus d'innocence. L'on se connaît. Mais dans la dignité des gens qui se respectent. Sans clin d'œil. »

« La mort ne m'intéresse pas en tant que mystère puisque j'aurai passé l'essentiel de ma vie à venir à bout des plus grands. Elle m'intéresse en tant qu'arrêt terminal. Voilà pourquoi, puisqu'il s'agit d'un bilan de fin de voyage, mieux vaut – selon moi – avoir effectué ce trajet avec un maximum de richesses physiques et culturelles, en leur bonne et haute compagnie. »

« Je ne retrouve pas la mort, je l'attends. Pas de pied ferme, je ne suis pas un soldat en attente de l'ennemi. Cette attente est civile et cordiale, je reste lucide. Lucide, l'alcool et le tabac m'aident à le demeurer. »

Il dispose d'une collection impressionnante d'aphorismes, de réflexions, de pensées inédites consacrées à la mort. Elle le préoccupe bien sûr; quel vivant ne préoccupe-t-elle pas? On a beau la traiter par-dessus la jambe, elle est là. A force de parler d'elle, les mots perdent de leur pouvoir. Le défi à la mort – sommet de la provocation gainsbourienne – faisant constamment partie du jeu du héros, je n'ai jamais réellement cru, depuis deux ans que je connais Gainsbourg, à son rapprochement, à sa menace, à son imminente venue. L'on ne se méfie plus d'elle, on la néglige.

Les grands hommes souffrants (Serge appartient à cette race) sont les mieux armés pour affronter la « solution finale » : l'extinction de la vie. Le courage de Serge est sans faille. Durant deux ans, nourri d'illusions à son sujet, je ne pensais pas qu'il aurait à se mesurer à l'épreuve des épreuves.

Encore qu'il évitât de tomber dans le sentimentalisme du sujet, je savais que notre héros craignait la cécité[1]. Une fois seulement il s'était hasardé à me prendre à témoin : « Mieux vaut naître aveugle que de le devenir. Le non-voyant qui le demeure reste privé de points de comparaison : il s'accommode fièrement du néant extérieur puisque, à ma connaissance, aucun aveugle ne se suicide. La manipulation d'un revolver pose moins de problèmes à un individu qu'un piano ou une guitare. Non, le drame d'un homme est de tomber dans le noir après avoir joui de la lumière pendant tant d'années. Ces années, du coup, deviendraient pour moi mes soixante années-lumière. Un drame, je parlais de drame ! Le mot est trop insignifiant. Il s'agirait d'une damnation que l'esprit, je pense, serait impuissant à exorciser. » Puis, les couteaux de son regard s'enfonçant dans le mien :

– Comment Sartre a-t-il négocié sa cécité ?

– Mal, mais il a vécu. Il a vécu avec.

– Il l'a même dominée, mais c'était Sartre.

– Gainsbourg, lui aussi, la dominerait.

« La cécité ? possible. La mort ? improbable. » Depuis l'automne 88 Gainsbourg a vécu avec cette formule secrète dans le cerveau. Or, s'il n'est toujours pas aveugle, il a bien failli mourir.

Le cancer soustrait encore à la science l'explication de maints secrets ou énigmes. Il figure au tableau des maladies mortelles dans la mesure où son action est inarrêtable une fois commencée. Seule la chirurgie – sous son aspect d'ultima ratio, de dernière chance – peut interrompre son fatal appétit de mort. Elle guérit ainsi un cancer sur trois ou le détourne vers des rémissions inespérées. L'agonie des tumeurs cancéreuses est inhumaine, qui n'a d'égale que le martyre de l'urémie, alors que leurs premiers symptômes, noyés dans la chi-

1. Elle est l'infirmité des grands musiciens compositeurs (Ray Charles, George Shearing) et des rock stars comme Stevie Wonder (NDLA).

mie fonctionnelle du corps, sont organiquement imperceptibles. Habitué aux mains praticiennes de par son expérience hospitalière, Gainsbourg est sans complexe tant devant la médecine que devant les médecins. Eût-il ressenti les signes avant-coureurs du syndrome cirrhoséique qu'il s'en fût allé consulter d'instinct. Il a été foudroyé par un mal ayant pris sur ses spécialistes une longue avance indolore, silencieuse, hypocrite. La chirurgie est mutilante comme la vérité. Toutes deux blessent l'homme pour le guérir. Opérateurs et soignants, l'entier service de chirurgie digestive du professeur Fékéte[1] ainsi que son premier chirurgien, le docteur Belguiti ont été impressionnés par la noblesse stoïque de Serge Gainsbourg. Provoquer la mort dans un dernier face-à-face juste avant le grand saut dans le néant de l'anesthésie, quel beau premier rôle pour un comédien tragique de son envergure. Il s'en tire une fois de plus avec les honneurs de la guerre. La mort, une fois de plus, n'était pas au rendez-vous.

Ainsi l'homme Gainsbourg est grand. Plus grand, beaucoup plus grand que sa nature, chaque fois qu'il consent à la dominer.

1. Hôpital Beaujon, Clichy. L'intervention (hépatectomie : ablation partielle du foie) a duré 6 heures 12 minutes. Le mardi 11 avril 1989.

57

B.B. MÈRE-CHIEN. – NOTRE PAIN QUOTIDIEN AU MIEL. – LES DIMENSIONS DE L'HOMME. – LE FLEUVE MESCHACEBÉ. – MALRAUX. – CORRIDOR DE TÉNÈBRES. – TRIOMPHE DE LA VIE. – JÉHOVAH SANS TÉMOINS.

Alors qu'il est d'une croyance commune que la solitude soit défavorable à la star (voyez Brigitte Bardot, retraitée du monde à Bazoches[1] où elle règne sur une communauté de chiens entretenus avec amour) son isolement va servir d'une manière inespérée l'image médiatique de Gainsbourg. Quelquefois scandaleux, souvent excentrique, toujours spectaculaire, le provocateur permanent est le pain au miel des journalistes. Il n'est pas un confrère qui ne revienne de la rue de Verneuil (où la porte est ouverte à tous) avec un cocktail explosif dans son carnet de notes. Tous autant que nous sommes, nous n'allons jamais autant parler de lui qu'à partir du moment où Jane B. – fragilisée et tremblante de devoir abandonner le domicile conjugal – le quittera pour un autre, scénariste original et metteur en scène d'avant-garde, un des seuls faiseurs d'images à croire encore en France au cinéma d'auteur : Jacques Doillon. Pour Birkin, par Birkin dont la finesse obstinée l'influencera en

1. Ou plus régulièrement à Saint-Tropez.

cours de tournage, ce nouveau venu va réaliser – avec *La fille prodigue* – son œuvre la mieux aboutie en son équilibre acide et périlleux.

Renaissant de sa dépression castrante tel le chiendent que le soc de la charrue tranche sans extirper sa racine, le provocateur souverain – dans sa crise d'orgueilleuse folie – va transformer en créativité toutes les trahisons de la vie et les siennes. Regardons-le s'avancer, une fois encore, dans ses souliers Répéto de cuir blanc. Il est à ses dimensions exactes, les projecteurs n'étant plus dans son dos. Alors, qui est-il donc, grandeur nature, ce monstre magnifique exclusivement connu sous le patronyme de Gainsbourg? (On gomme le prénom, personne ne dit plus Serge). Il est celui dont l'infarctus ne laisse à l'analyse pas une trace d'extrasystoles; celui dont l'alcool ne fait pas un gibier de psychiatrie; celui dont le départ de la conjointe aimée (qui est de surcroît « sa » créature) ne fait pas un clochard lamentable; celui dont le comportement suicidaire – d'écœurement nocturne en réveil comateux – ne conduit pas à la mort mais à la vie : à la vie absurde mais triomphante. A ce grand fleuve torrentueux, débordé, alluvial, mais soudain presque à sec dans son lit de rocaille et qui reprendra demain – regrossi par les pluies fécondantes – son cours majestueux. Le fleuve gainsbourien est un fleuve à surprises qui nous fait penser au Meschacebé[1] de M. de Chateaubriand.

« Une vie ne vaut rien mais rien ne vaut une vie », lançait Malraux, dès 1930, avec sa suffisance de bouddha marxiste occidental. Lucien Ginzburg – le môme de la rue Chaptal, – a alors deux ans. L'on dirait que Malraux, dans le feu roulant d'un monologue mondain, a jeté cette fusée pour le

1. Vrai nom indien du Mississippi. Voir *Atala*.

futur Serge du bout de ses doigts jaunis par le dépôt nicotinique. Il est bien vrai qu'une vie ne vaut rien puisque l'homme qui vient au jour est incertain de trouver la lumière, puisqu'il s'engage – en son début – dans un corridor de ténèbres. Pourtant les animaux et les hommes tiennent à la vie de toutes leurs forces opaques ou exprimées. A preuve, ils luttent âprement, avec l'énergie de leur désespoir, pour la conserver. Il suffit de voir la vipère au ventre explosé par la chevrotine du chasseur dont elle a mordu le chien – il suffit de voir, le temps d'un éclair de seconde, ses yeux, deux soleils mauves, se clore à tout jamais.

Gainsbourg est un lutteur d'instinct et de foi pour qui le succès représente souvent le salaire du désespoir et la souffrance le verdict du mal de vivre. Tout art est rupture; entre l'homme et lui-même d'une part, entre l'homme et la société d'autre part. Un grand artiste a-t-il le droit d'être heureux? De déchirure intérieure en déchirure intérieure, peut-il accéder au bonheur? Avec son climat lénifiant, quelquefois somnifère, le bonheur ne s'inscrit-il pas en faux contre la création, laquelle consiste (surtout s'il s'agit d'une œuvre d'art) en un combat de titan entre l'homme et son pire ennemi : lui-même? Le plus beau texte qu'ait inspiré Brigitte Bardot à « Gain-Gain » est un poème *(Initials B. B.)* d'après leur séparation physique. Le sommet du répertoire de Jane Birkin a été conçu par Sergio après qu'elle s'en est allée. Lorsque Gainsbourg déclare avec une constance répétitive : « J'ai tout réussi sauf ma vie », il ment comme l'enfant gâté qui – tout en s'imaginant pauvre – aurait hérité de la plus grosse fortune du monde. Sous ses aspects parfois nettement imprégnés de la philosophie existentielle de Sartre, la vie de Gainsbourg est une réussite prodigieuse ne serait-ce que parce qu'elle supporte depuis trente ans une œuvre dont la qualité est au-dessus de tout soupçon. Que sa vie ait, plus qu'à son tour, payé pour cette œuvre, voilà qui nous semble appartenir à l'ordre normal des choses. La vie n'est pas inépuisable. L'on ne saurait trop réclamer à Jéhovah.

58

L'ÉDUCATEUR SEXUEL. – DES SUCCESSIONS DIFFICILES. – LA TENTATION HOMOSEXUELLE. – AVÈNEMENT DE BAMBOU. – LA BELLE EURASIENNE. – NAISSANCE DE LULU. – BONNES PENSÉES D'UN PAPA. – L'ENFANT DE L'AN 2000. – AUX BEAUX-ARTS. – BÉLIER ASCENDANT POISSON. – FRANÇOISE HARDY PYTHONISSE DES ASTRES. – MODÈLES VIVANTS. – OBJETS ET FEMME-OBJET. – ÉCHEC SUR LA TOILE, SUCCÈS À BEAUJON.

« CELLE-CI, ingénue puritaine, ne sait même pas embrasser. Il faut tout lui apprendre : l'anatomie masculine découverte et les conséquences (invisibles) du grand rapport hétérosexuel. Il a fallu lui apprendre tout d'abord que la bouche, en dépit de sa fonction non génitale, est le premier organe sexuel de l'individu; et qu'un baiser est un incomparable enclencheur de plaisir. »

« C. une endive pâle, les hanches prises dans le sable glacé de l'hiver. Le bassin est si neuf, si ferme, si beau que pour peu l'on pourrait croire qu'il n'a jamais servi – ce qui n'est pas le cas. Tout cela est à dégeler. »

« Calme, patience, circonspection avec I., la fausse vierge. Après tout, je suis là pour m'imaginer que, chaque nuit, j'emporte sa virginité au bout de mon doigté. »

« B. Les contractions de B. J'en ai la nostalgie. Elle ne se laissait jamais envahir. »

« C. Lorsque nous avons commencé à bien nous entendre, elle m'a transmis l'impression de jouir par le haut. Avec sa chevelure. »

« Les organes refoulants et spasmodiques de J. Elle allait à la volupté avec des gémissements suffocants et scandés : des spasmes. »

« Regrets cette aurore, avec C. Mes abus d'alcool m'ont poussé à l'humilier. Elle reviendra, qui sait ? Non pas pour l'humiliation, pour la frénésie pénétrante. Pour ses contorsions de ver à soie. Pour mes dents plantées dans son cou. »

« L'amour, plaisir tragique. Je ne me résoudrai jamais à faire de l'amour physique une comédie. »

« Se donner c'est tout donner de soi. Il y a pourtant quelque chose de dérisoire dans l'expression " une femme qui s'abandonne ". Ah ! combien je lui préfère la femme abandonnée. »

« Si à Harvard, Yale, Dauphine ou Tolbiac, on enseignait l'amour *sur le motif*, ainsi que Cézanne s'apprenait la peinture, j'eusse aimé être ce professeur polyglotte agrégé d'éducation sexuelle. »

« C. accomplit des progrès incessants et spectaculaires. Elle est encore une endive mais tout à fait consommable. Miam-miam. » Etc., etc.

A consulter le Livre d'or de l'amour gainsbourien – privilège auquel notre héros m'a donné accès – l'on se surprend à penser qu'il n'est pas un érotomane (c'est-à-dire un maniaque exhaustif de l'autosatisfaction, un mégalomane narcissique épris de son propre reflet dans le miroir que lui tendent les femmes) mais un éroticien : c'est-à-dire un sujet-témoin impliqué qui médite et commente la grande aventure charnelle de l'homme de notre temps. Cela posé, où – mais où donc – sa collection de femmes précieuses a-t-elle mené Serge Gainsbourg ?

Nous avons affaire à une âme russo-slave dans

les deux composantes du terme. C'est ici la merveilleuse fatalité ponctuelle du désir amoureux, puis de ses interchangements. Une B.B. s'émancipant de Vadim s'agrandit aux dimensions d'un personnage de roman; repartant de zéro, sa biographie – après ce prologue essentiel – commence, se développe, se ramifie : elle devient un grand arbre d'amour, une sorte de cèdre bleu. L'après-Vadim de C.D., à l'opposite, se présente comme une succession d'épilogues; le roman est tué, la biographie est morte; et ce n'est point l'artiste Gainsbourg qui les fera renaître. La voix de Bardot nous envoûte, qui nous communique le sens du frisson nouveau. La voix de Birkin nous bouleverse, qui nous fait verser des larmes. La voix de Deneuve n'a pas d'itinéraire. Elle n'est enfin qu'une comédienne. Bardot, elle, était une star polyvalente et un symbole sexuel.

Après le départ de Jane B., Serge n'aime plus. De couche en couche il vagabonde, faisant litière de tout corps féminin. Je comprends qu'en cette phase d'esseulement, de doute, d'incertitude où le contact du sol de sa chambre gelait ses pieds nus – je comprends qu'il ait songé à la tentation pédérastique comme à un salutaire occasionnel.

Respectées ou méprisées, partenaires de luxe ou « filles de non-joie » comme il le dit lui-même, où et à quoi toutes ces pièces de collection – au terme d'une quête harassante – vont-elles conduire le provocateur laissé sur le flanc par l'abandon de Jane? A l'exigeante volonté d'une paternité masculine. De longue date, avant même d'être Gainsbourg, et autant qu'il puisse aimer Charlotte – passion glorieuse de sa vie – Lucien Ginzburg a désiré un héritier mâle.

D'origine chinoise par sa mère et allemande par son père (elle est apparentée à la famille d'un illustre chef de guerre hitlérien[1]), Bambou, la belle Eurasienne au style garçonnier et à la plastique parfaite, est la compagne idéale pour le relais et une procréation voulue par les deux parties. Bambou-les-yeux-bridés est une plante magnifique, au port de poitrine majestueux, au tour de taille éprouvé, à la démarche de panthère insulindienne. Si les « guiboles », comme le prétend Céline[2], se portent garantes de l'aristocratie du corps, Bambou (souple et ferme comme la tige arborescente qui lui prête son surnom trouvé par Serge) est la noblesse incarnée. Gainsbourg, à cinquante-sept ans révolus, va montrer l'exemple. Sa virilité, alors, a beau déployer ses fastes, il sait cependant – amant lucide avant tout – qu'elle répand les feux d'un été indien. Le crépuscule sexuel s'annoncera tôt ou tard par les splendeurs alenties d'un couchant forcément morose. En attendant, Gainsbourg croit en une maternité prodigieuse de Bambou[3] parce que, clame-t-il, elle n'a jamais surveillé ses hanches. Il est bien vrai que c'est une chance d'être top modèle photographique[4] sans appartenir à la profession inquiète des mannequins toujours sur le qui-vive du grossissement.

Une échographie imprécise a introduit l'anxiété dans le couple. Aussi lorsque Lucien Ginzburg naît le 5 janvier 1986 (soit cinquante-huit ans après son père) celui-ci lui fait-il un accueil triomphal. Lulu-les-yeux-bridés pèse 3,400 kg et mesure 49 cm. Le provocateur est si retourné qu'il se met à pleurer

1. Le maréchal von Paulus, grand vaincu de Stalingrad, porté disparu (car mort en captivité ou fusillé par l'Armée Rouge).
2. Dans *Le Voyage au bout de la nuit.*
3. Elle prête sa voix (1984) au très érotique *Love in the beat.*
4. Voir le très bel album *(Bambou et les poupées)* que Serge a consacré en tant que photographe à son modèle favori. (Editions Filipacchi.) Entendre ou réentendre *Love in the beat* (Philips 8228491-1984) Découvrir *Opium*, provocant duo Bambou-Dutronc enregistré à l'initiative de Serge.

multipliant déclarations et confidences, mélangeant le caractère officiel de l'événement aux détails de caractère intime. Mieux que des commentaires, certains traits manifestes nous décrivent trois ans après l'état de haute inhibition sentimentale dans lequel se trouvait alors le provocateur provoqué par son bonheur fou. Sous le coup de l'émotion, une naïveté quasiment infantile le dispute à un optimisme phénoménal ainsi qu'à une prétention incontrôlée, laquelle mériterait plus de discernement et de mesure.

« Incurable malgré Natacha[1] et Charlotte, je croyais vouloir encore, par instant, une petite fille : pour jouer à la poupée. Or, je vais devoir passer les gants de boxe. »

« Les hommes font l'amour, les mères le miracle. »

« Tout homme peut être père, tant d'hommes le sont. La difficulté consiste à devenir papa. »

« Pourquoi vouloir lui assurer (à Lulu) un destin mythique comme le mien? Je l'orienterai vers les Beaux-Arts. Lorsqu'il aura vingt ans, gaillard de l'an 2006, je ne lui apporterai pas la perturbation médiatique : je vivrai dans son ombre asiatique, paisible et retiré. Tous les Gainsbourg sont doués pour le graphisme, les formes, les couleurs. Charlotte est la plus douée d'entre nous. Son bachot obtenu, elle s'inscrira peut-être dans une école d'architecture comme je l'ai fait moi-même au sortir de l'enfance. »

« Mon instinct, qui procède d'une puissante animalité, m'a fait choisir la femme dont je voulais que l'amour fît de moi un père. Voici le grand jour venu. »

« Lulu peut-il m'apporter la sérénité? Grave

1. Natacha, la première enfant de Serge et d'un amour brisé, dont il nous a montré la photo du quatorzième anniversaire.

question. Non, non. Personne ne m'apportera jamais la sérénité. Car la sérénité, pour un artiste, c'est la mort de la création. Mon fils peut, en revanche, m'envoyer des ondes de bonheur mirifiques. Intenses et répétées. »

« L'amour qui ne procrée pas est un amour sans horizon. C'est l'amour des lâches, des égoïstes. »

« Transmettre la vie c'est magique. C'est par ce don que la nature élève l'homme au rang d'un dieu. »

« Nuits blanches, drogues dures, confusion des sexes : le chemin qui mène à l'an 2000 est borné de dangers effrayants. J'inculquerai à mon fils les principes de la grande morale du XXe siècle (celle de l'entre-deux-guerres) – principes que m'avait inculqués mon père, avec sa discipline à cheval, et que je regrette d'avoir rejetés. »

« Mon désespoir participe à la fois d'un ordre esthétique et d'un raffinement intellectuel. Signe d'une angoisse continuelle, qui ne fait jamais relâche, il s'inscrit dans la spirale métaphysicienne de tous ceux qui contestent tout. Je suis le contestataire de l'Absolu, mais c'est moi-même que je remets sans cesse en question par rapport au monde, à l'essence universelle, à l'art de créer et d'aimer. On ne soigne pas ce genre d'affection. »

« Oui, je me répète : la plus sûre façon de se survivre est d'engendrer, et, pourvu d'un continuateur, d'assumer son propre héritage. Je suis à même de comprendre à ce jour le drame et la chute des dynasties sans garçons. »

Que retenir de ce lyrisme ? Que le provocateur souverain, en fabriquant Lucien, a œuvré pour le salut de son âme. Et que l'obsession de la peinture, image persistante d'un destin raté, est immortelle en lui. A preuve : il souhaite que Charlotte et son fils saisissent les pinceaux et se mettent au chevalet.

Bélier avec un ascendant Poisson (puisque né un 2 avril) Gainsbourg accorde à Françoise Hardy, astrologue professionnelle par seconde vocation, une interview en vue de l'établissement de son horoscope zodiacal. Certains passages de leur entretien ne cessent pas d'être édifiants, quelle que soit la part de frime, de provocation, de mégalomanie exhibitionniste qui les amplifie. Nous en extrayons la quintessence[1].

« Les Poissons [...] dominent le temps alors que les Béliers sont dominés par lui. Je n'ai aucune envie de me battre en duel avec mon ascendant. Ma vie aura été une lutte incessante contre le temps que mon signe astral m'a [...] imparti. [...] Le temps du Bélier est une peau de chagrin qui se rétrécit d'autant que la motivation du désir apparaît avec le cas d'urgence qu'elle implique. Faire l'amour ou disparaître. Exister par l'amour ou ne pas être. »

« Toutes mes motivations ont été d'ordre sexuel. [...] Dès l'âge de treize ans j'ai été animalement perturbé par cette créature inconnue qu'était la femme. [...] Enfant, je crevais les yeux des poupées de Liliane et de Jacqueline – mes sœurs – avec des aiguilles à tricoter. Découvrant la femme, cette perversion sadique infantile ne s'est plus manifestée. En effet, dès l'âge de treize ans, élève peintre à l'Académie Montmartre, j'ai été confronté – oculairement confronté – à des " modèles vivants " : à la chair rassurante et désirable des femmes nues. Leur spectacle, malgré la réserve de timidité qu'il m'imposait, m'a servi de thérapie contre mes fantasmes. Toutes les espèces de fantasmes : peur du noir, des ogres, des sorcières; de toutes les mauvai-

1. Ces lignes sont extraites de *Entre les lignes, entre les signes,* de Françoise Hardy et Anne-Marie Simond. (R.M.C. Editions.) Elles concernent le thème astral de Serge Gainsbourg. J'y ai ajouté des bribes de notations personnelles que je n'avais pas utilisées jusqu'ici (NDLA).

ses rencontres que l'on fait dans les contes de fées. Assez craintif au plan de l'imaginaire, je réalisais en esprit toutes sortes de dangers. »

« La découverte des " modèles vivants " a complètement transformé mon approche de la réalité et sa dualité avec la fiction; de ma double vision du monde : l'extérieure et l'intérieure. [...] Il est très important pour un garçon de l'âge de treize ans (sexuellement précoce, je ne l'étais pas physiquement) de savoir ce qu'est un corps de femme nue. De le voir de loin ou du plus près. De le toucher des yeux. C'est le commencement de l'émancipation. Après l'on n'a plus rien à apprendre. L'on a compris. L'on sait. J'ai été moralement émancipé par l'art avant de l'être au plan physique. »

« J'ai déserté cet art majeur qu'est la peinture pour cet art mineur qu'est la chanson destinée aux mineures. J'ai déserté par lâcheté intellectuelle. Par usure velléitaire de la volonté. La célébrité, par la suite, m'a fait oublier mes remords. Le remords – vous savez? C'est comme la mémoire qui s'est enfuie emportée par un électrochoc : il revient par vagues. J'ai le culte de l'inutilité. Hors de mes textes pour musiques, je n'écris pas assez. Mais c'est aussi de l'insoumission. »

« Je vis entouré d'objets chacun à sa place strictement délimitée, dans des pièces qui évoquent davantage un musée qu'un hôtel particulier de grande métropole : je sais, toutes celles et ceux qui entrent ici le soulignent. Je pense que les objets ont des pulsions et des impulsions qui agissent sur mon inconscient. La sexualité et l'esthétisme vont de connivence. Je meurs et je mourrai d'un besoin d'esthétisme. L'esthétisme, sous sa forme obsessionnelle, soutient le peintre dans toute sa création. Peintre, j'aurais fait une œuvre. Mon drame est de n'avoir émis que des images et des symboles musicaux. »

L'échec pictural de Lucien Ginzburg est donc irrattrapable. Sa mémoire ne pouvant rien pour sa destruction (c'est-à-dire son oubli) Serge Gainsbourg ne l'expiera jamais. N'est-ce pas sidérant ? Je suis persuadé que, réanimé à Beaujon, l'opéré du foie a ressassé cet échec impérissable qui l'accompagnera jusqu'au cimetière Montparnasse lorsqu'il ira y rejoindre, non loin de Baudelaire et de Sartre, Olga et Joseph Ginzburg.

59

ROUSSEAU, L'HOMME DE 1789. – VOLTAIRE RENIÉ. – LE BONHEUR N'EST POINT DE CE MONDE. – UNE OVERDOSE NON MORTELLE. – L'AIGLON DE LA RUE CHAPTAL. – GÉNIE DE LA FRANCE. – MARS 1988 : GAINSBOURG AU ZÉNITH. – L'IDOLE DES JEUNES A SOIXANTE ANS. – BAIN DE FOULE. – LE PANTHÉON DU SOLFÈGE. – LE PARC DES PRINCES OU LA MORT.

ROYAUME des âmes, le Panthéon est le monument des morts éternels. Il va de soi que, dans ce temple de la gloire immortelle où si peu de nos contemporains entreront, mon âme favorite – la préférée de mon âme – est Jean-Jacques Rousseau, le véritable émancipateur de l'homme et du citoyen de 1789, le père naturel de Chateaubriand et l'aïeul de notre sensibilité moderne, l'inventeur du nouveau frémissement. D'aucuns doivent beaucoup à Voltaire; moi je ne lui dois rien; il m'a toujours été suspect; me défiant de lui, je ne l'ai jamais aimé; je développe à son endroit une inséparable allergie qui le maintient, sans le grandir pour autant, à une distance où la contagion est inopérante. L'antipathique cerveau de Voltaire n'a émis que des idées sèches. Agissant sur l'imagination pour la transformer en une réelle possibilité d'amélioration du monde, l'imprévisible cerveau de Jean-Jacques a émis des idées magnifiques qui toutes ont fleuri en de merveilleux sentiments. Car le sentiment est son domaine, son royaume, sa patrie. Il coule de source que Gainsbourg et moi ne sommes pas des bâtards de Voltaire mais des enfants adultérins de Rousseau. Fils tutélaires, nous ne reconnaissons que la tutelle du père de *la Nouvelle Héloïse.*

L'on trouve aux processus créateurs de Rousseau et de Gainsbourg des analogies fascinantes. Serge a compris tout de suite que l'idée séparée du cœur n'était qu'un terreau infertilisable. La force de son œuvre provient de son identification transparente; sur chaque chanson de Gainsbourg composée pour une femme nous devinons aisément les problèmes rencontrés par l'auteur avec son interprète, leurs états d'âme, leur opposition, leur dissidence; bref, leurs limites. Sur chaque chanson de Gainsbourg composée pour lui-même nous rencontrons l'impossibilité d'être heureux dans l'amour physique, lequel est « sans issue »; à cela s'ajoute la malédiction du partage impossible des jours par le couple.

Comme dans Rousseau, l'homme ne peut concevoir de construire sa vie avec une seule femme, la compagne idéale n'existant pas, la compagne idéale n'étant point de ce monde. Il est un niveau où le provocateur ne provoque plus : c'est celui où respire son œuvre. La beauté de cette œuvre provient de ses trois dominantes hautaines : l'idée de l'échec, le thème du désespoir et la présence de la mort. *Jane B.* est assassinée; *Melody Nelson* est victime d'un sinistre aérien; *Norma Jane Baker* [alias Marilyn Monroe] meurt d'une overdose de barbituriques. Le cancer de la déraison passionnelle ronge le cerveau de *L'homme à tête de chou.*

Axe suprême de l'existence des hommes de bonne et de mauvaise volonté puisque cette existence s'organise et pivote autour de lui, le bonheur se dérobe à l'univers gainsbourien. Le bonheur d'autrefois – le bonheur avec Jane, le bonheur quand il avait quarante ans – avait quelque chose de forcément superficiel dans sa spontanéité. Nous ne sommes pas des anges. En amour, le bien et le mal sont à repenser. L'érotisme lui-même (l'érotisme par lequel l'amour physique s'évade du vulgaire) accable ses officiants; ils s'éclatent dans le sublime pour retomber dans la plus basse médiocrité. L'échec est le lot commun des couples doués de raison et de lucidité, autant dire de tous les amants pessimistes. En proposant sa théorie de la littérature engagée, Sartre avait projeté sur la pensée de l'immédiat après-guerre un sanglier qui tenait de l'ours. Gainsbourg l'affranchi, Gainsbourg le libertin-libertaire, Gainsbourg l'anarchiste sexuel est le grand engagé de la chanson française : son œuvre – à quelque vitesse qu'elle soit exécutée quelquefois – est un plaidoyer contre la gratuité créatrice.

C'est à la qualité de son public que nous jugeons une idole. Comme l'on ne rencontre jamais dans le monde des stupéfiants des idiots irrécupérables l'on ne croise jamais des débiles fonciers parmi les gainsbourophiles fanatiques. Serge – bon an mal an – cherche à élever son auditoire à une sorte de dignité intellectuelle. Son audace, son ambition et sa vaillance sont ici indécourageables. Elles sont justement récompensées puisque, plus Serge élève haut la barre, plus le succès l'encourage à l'élever plus haut. Plus son œuvre nous paraît vouée à l'impopularité par sa haute facture plus elle est populaire par le tirage. Aujourd'hui les textes de notre provocateur national ne scandalisent plus personne; point même ses ennemis, moraux, immoraux ou amoraux. Il a fait accepter par plusieurs centaines de milliers d'inconditionnels cette idée-force que l'amour se dissout dans ses étreintes; qu'il n'y a point de répit pour les sexes;

que l'homme et la femme, autant puissent-ils chercher à s'allier durablement, sont inalliables en leurs cellules de vérité. C'est le triomphe de l'échec, de la noirceur, du pessimisme absolu. Toutes ses héroïnes, il est vrai, sont des personnages échoués parmi les nymphettes, atteintes du démon du petit matin, dont le dessein pervers est d'assujettir l'adulte en même temps qu'elles le conquièrent. Quant à ses héros, tous sont des vaincus, même Hitler, sa clique, ses S.S., ses nazis[1].

Par-devers lui, il vend des albums par millions[2] ce qui nous prouve que la qualité, impopulaire en sa naissance, devient populaire à l'écoute, et c'est là tout un métier d'alchimiste dans lequel nous ne connaissons pas de rival à Gainsbourg.

Ainsi il plane, le rapace Gainsbourg. Il plane, l'aiglon maussade de la rue Chaptal aigle royal devenu; il domine, il survole en majesté les neiges éternelles du mot et les glaciers du son. Force nous est d'en convenir : sa prétendue « musique de complaisance », qui ne porte la marque d'aucune espèce de relâchement ni de coquetterie, est la plus belle qui se puisse composer et entendre aujourd'hui. Née en France de surcroît, elle vient au jour et s'élabore en France; Serge Gainsbourg, en sa plénitude d'auteur-compositeur, a pris place dans le génie français.

J'ai souhaité que notre héros installé dans la légende de ce siècle entrât de son vivant au Panthéon du solfège. C'est chose faite. En offrant à l'entreprise gainsbourienne, douze soirs durant, à l'intersection de l'hiver et du printemps 1988, la salle enfumée du Zénith, le calendrier d'un destin sans pareil a exaucé mon vœu. Douze soirs durant

1. *Rock around the bunker,* 3ᵉ concept-album (Philips).
2. *Your' under arrest,* sorti fin novembre 1987, a dépassé les 500 000 exemplaires (Philips).

la grande messe a été dite pour une totalité de 72 000 fidèles subjugués jusqu'à la dévotion. Gainsbourg ne galvanise pas son public, il le fanatise. Ne parlons pas de ferveur : les inconditionnels de Gainsbourg viennent à lui en état d'urgence pour subir le double choc traumatique de l'œuvre et de l'homme. La cause était entendue dès le second soir de ce grand récital anniversaire qui célébrait également trois décennies d'efforts, de vertiges et de succès : l'idole des jeunes de France avait désormais soixante ans.

Il fallait que cette entreprise fût une vaste provocation organisée de main de maître : il se fût désavoué sinon, et – par là même – désorbité de sa trajectoire. Les six mille premières victimes consentantes de la provocation gainsbourienne n'ont pas été déçues puisque – par un de ces hasards singuliers dont notre héros se fait l'éternel complice – c'est le premier soir que le spectacle, parvenu à son point de rodage encore incertain, a atteint son plus haut niveau de tension, de crispation, d'anxiété dramatiques. Une décharge d'électricité aérienne plane sur la reproduction grandeur nature du hall d'usine désaffectée de Tribeca[1] dont Serge – seul concepteur de son one man show – a fait son décor de scène. Je me surprends moi-même à penser : serons-nous foudroyés ce soir ? Le provocateur permanent est un homme dangereux puisqu'une ambiance d'insécurité délétère règne sur l'hémisphère houleux en proie à la tabagie.

Les patibulaires sont en surnombre. Mélangés à eux, les adolescents les regardent avec une circonspection aggravée d'inquiétude. Dans cette foule en attente (l'on projette des dessins animés sur un écran géant déployé sur toute la largeur de la

1. A New York, le nouveau quartier des lofts, très recherché par les artistes.

scène) le sentiment de l'expectative le cède à un mauvais présage. Malgré ma protection vigilante, la respectable demoiselle qui m'accompagne a des bouffées de crainte. Beaucoup de Maghrébins, de Noirs, d'Asiatiques, mêlés à des Brésiliens équivoques, des émigrés de l'Est taciturnes, des Porto-Ricains excités. C'est, mobilisée du fond des âges, la fosse de Babel à la porte de Pantin. Je note la présence de quelques femmes éparses, venues courageusement seules, perdues dans la marée virile impatiente et chahuteuse. Décidément le music-hall de nos jours n'est pas un lien sûr.

Lorsque Gainsbourg paraît dans une tenue gris perle spécialement créée pour lui par Karl Lagerfeld, les chevilles nues dans ses souples chaussures de cuir blanc, insensiblement minci par un régime resté à l'état de projet, une ovation explose en même temps qu'une décontraction se produit au niveau des plexus. Il s'agissait donc d'un faux pressentiment. Le service d'ordre en civil qui fait une chasse impitoyable aux fumeurs de pétards est un des plus musclés de Paris. Je soupçonne néanmoins Serge, maniaque de la provocation, d'avoir voulu, ce premier soir de grande générale populaire, ce suspense suffocant en guise de prologue. Sans doute n'a-t-il pu et n'a-t-il pas orchestré cet envahissement multiracial du Zénith? je pense cependant qu'une certaine propagande militante a été faite de bouche à oreille sur le thème « Venez nombreux ce soir les damnés de la terre; venez applaudir le surhomme Gainsbarre; son show est votre show. »

Moi je suis venu chaque soir prendre ce bain de foule dépersonnalisant et exalté, et me convaincre – d'un spectacle à l'autre – de la certitude que les médias, souvent saturés des outrances gainsbouriennes, ne faisaient pas leur devoir d'informateurs. L'événement, dans sa démesure parfois démentielle, a été insuffisamment salué par les trois presses : écrite, radiophonique, audiovisuelle. Qu'a-t-il donc manqué à mes confrères? Tout simplement l'enthousiasme de leur jeunesse enfuie.

Moi j'ai assisté chaque soir à l'accomplissement du miracle. J'ai vu arriver – de plus en plus impatiemment attendu chaque soir, le succès créant la surenchère – un Gainsbourg de plus en plus pâle, tendu, crispé sous le maquillage léger. A preuve que notre héros n'était point rassuré : ses yeux traînaient à terre avant que de fixer la nappe de vapeur qui – produit des poitrines haletantes et de six mille battements de cœur – stagnait dans l'immense cuve, à un mètre au-dessus des visages; visages absorbés dans une concentration si intense qu'ils échappaient au temps, ainsi que cette nappe que les projecteurs d'arrière-garde ne parvenaient pas à dissiper. Ce ne furent aucunement douze soirs comme les autres. La jeunesse (moyenne d'âge rigoureusement établie : entre quinze et vingt-huit ans) – la jeunesse n'accourait pas à un rendez-vous du music-hall ordinaire : elle venait assister à un récital d'exception. Elle venait se dilater de cette certitude que Gainsbourg, piétinant les données traditionnelles de la musique de variétés – crachant au visage hideux de la complaisance – élevait la chanson de France au niveau du plus grand art.

Dans ce rehaussement permanent, dans cette élévation souveraine, un homme est à citer auquel nous ne devons que des hommages : Joseph Ginzburg, le bon géniteur, pianiste classique échoué sur la grève du destin, professeur d'écologie musicale, patriarche au sens biblique du terme, nautonier avisé et gestionnaire domestique de premier ordre « J'ai eu un papa pélican, se complaît à répéter Serge; Lulu, lui, a hérité en naissant d'un papa tempête. » Qui peut prévoir? La mer, à la fin, aura toujours raison des cyclones qui la démontent. Qui peut nous annoncer que Serge, aujourd'hui tragédien et martyr, soit incapable d'un changement.

« Mon fils, disait Joseph Ginzburg à son insupportable progéniture, ton génie dépendra de l'humeur du monde alors que ton talent en imposera toujours à cette humeur. »

Au Zénith, douze soirs durant, le génie et le talent se sont chevauchés, mélangeant leurs eaux indivises faute de digue de discernement sans aucun doute. De soir en soir, l'appréhension du héros s'amenuisait et – par un double phénomène de désordre individuel et de fusion collective – elle se muait en parade cynique, en provocation protéiforme, en une folle exhortation à adhérer à l'empire du mal, à la confusion des sexes, à la bisexualité, à la transgression de toutes les valeurs sur quoi se fondent une conscience nationale et la pérennité démocratique d'un grand Etat européen comme le nôtre.

Dans ses heures glorieuses du Zénith, au fur et à mesure que nous approchions de la clôture, notre héros nous proposait de faire l'expérience d'une société de folie dont le comportement libertaire eût été basé sur le grand dérèglement des sens préconisé par Arthur Rimbaud. Jamais en France – et en Europe et dans le monde – un chanteur public n'avait été si loin.

Ces douze soirs vécus de bout en bout sans une alternance de spectacle ou une diversion de dîner m'auront permis de prendre de Gainsbourg une photo-vérité définitive sous l'éclairage planétaire des rayons laser. Autant Gainsbourg resplendit dans sa splendeur, autant il est misérable dans sa misère. Inconsciemment, subconsciemment ou consciemment, notre héros a créé et voulu cette situation de fracture irréfragable. Mon diagnostic est ici sans faiblesse : jamais Gainsbarre n'aura autant porté préjudice à Gainsbourg qu'au cours de ces douze récitals qui, s'ils s'étaient hissés au-dessus de l'exhibition, auraient dû prendre date avec la mémoire acoustique du siècle. Misère de Gainsbarre, donc – provocation dans une sonorisation assourdissante – et splendeur de Gainsbourg entouré de ses incomparables musiciens et choristes venus de l'Autre Monde et déposés par un oiseau supersonique sur l'aire d'atterrissage de Roissy[1]. Alors, pourquoi cette dégradation du monument gainsbourien? Pourquoi cette auto-profanation masochiste? Pourquoi ces apostrophes, ces invectives, ces clins d'œil de défi, ces bras d'honneur sans enjeu? Pourquoi ce gymkhana de gestes gratuits, ce carnaval de plaisanteries douteuses, ces saillies de vocabulaire d'un homme sexuellement obsédé? L'obsession sexuelle (c'est une fatalité commune à tous les hommes) finira dans l'inérectilité, l'impuissance, le souvenir, la nostalgie du souvenir et du *never more*. Gainsbourg, qui n'est plus « Gain-Gain », n'échappera pas à la règle, hélas!

Heureusement, par un instinct contradictoire – mais lucide – qui est une des marques de son esprit d'équité, heureusement la jeunesse de Paris et de l'Ile-de-France a fait la différence. Elle a tranché dans le vif sans se laisser un instant abuser. Autant elle est attachée à Gainsbourg – autant le lierre gainsbourien peut grimper à ses murs – autant elle est détachée de Gainsbarre, qu'elle supprimerait volontiers du talon comme on écrase un aspic. J'ai pu constater, scandalisées quelquefois, ses palinodies à propos de tel ou tel titre – et son mouvement

1. Gainsbourg et sa bande – ses Blacks – ne se déplacent « atlantiquement » qu'en Concorde.

d'oscillation décisive : de l'enthousiasme à la rétractation. La jeunesse de France a rendu son verdict objectif et sans concession : autant elle est inconditionnellement fidèle à l'œuvre de l'artiste autant elle s'écarte du prosélytisme délinquant de l'homme. A preuve : la chanson de Gainsbourg la plus régulièrement applaudie parmi les trente titres du programme quotidien a été *Aux enfants de la chance*, thème qui s'adresse à ceux qui ne s'adonnent pas au fléau de la drogue et qui les met en balance (c'est cela l'équilibre harmonieux d'un texte) avec ceux qui en consomment. En conclusion, le jour où le provocateur cessera d'appeler à l'équivoque, il aura accompli un grand pas vers sa grande rédemption publique. Mais j'affiche sans doute une conscience rétrograde et archaïque en voulant moraliser à tout prix le répertoire gainsbourien.

Ces réserves énoncées, que de passionnants et majestueux moments, et que de fatigue accumulée sous le masque fardé du héros désormais soixantenaire. Si Gainsbourg – ouvert comme un harakirien – reparaît un jour sur scène, quelle enceinte, avec ses musiciens géniaux[1] infiniment supérieurs à ceux de Michaël Jackson, sera digne de ses dimensions? Le Palais des Congrès, Bercy, le parc des Princes? Gainsbourg vivant, nous ne lui connaissons pas de limites. Gainsbourg mort, nous ne voyons aucune restriction à sa gloire. En épurant sa figure, en allégeant le personnage de son emphase parasitaire, en réduisant à jamais ses infirmités mentales, la mort lui rendrait l'insigne service de la sublimation.

1. Nous leur devons absolument de les citer; Billy Rush : direction et guitares; John K : bass; Tony « Thunder » Smith : batterie; Gary Georgett : claviers; Stan Harrison : saxophone; Simms brothers : vocals.

Quant à moi, j'ai rencontré dans cet artiste unique en France et dans le monde un génie et un homme. A soixante ans passés, la fréquentation de Serge Gainsbourg et l'affection profonde qui nous lie me semblent être une des récompenses de ma vie ingrate, heurtée, sans repos.

Paris, Porte de Saint-Cloud, le 1er mai 1989

60

à Serge Gainsbourg

Je pense à toi à chaque instant
J'emprunte à mon temps de sommeil
Les angoisses de la prière
Une nuit blanche en vaut une autre
Qui fait que mes chevilles enflent
Nous sommes des coronariens
Toi et moi qui ne valons rien
Aux yeux de certains bien-pensants
Mais qui valons tant pour les autres
Et tous ces autres sont des nôtres
Tous les hommes sont comme nous

Nous avons tous le même Dieu
Je prie le tien/ Je prie le mien
L'amitié nous les fait confondre
Sur qui se fonde une confiance

J'aimerais que ce télégramme
T'aille tout droit au cœur de l'âme
Et qu'après l'avoir déchiré
Tu te mettes à composer
En rêvant aux colchiques mauves de l'automne
Une suite de Babe alone in Babylone
Sans recourir à Brahms seulement à Gainsbourg

Télégramme envoyé à l'hôpital Beaujon
Le 14 avril 1989 par l'auteur.

Appendice

Où il est prouvé que Brigitte Bardot et Gainsbourg (en dépit du parjure et du reniement) ne se brouilleront jamais

Le journaliste Jean-Louis Remilleux, coproducteur de l'émission S.O.S. Eléphants, témoigne : « Un soir du printemps 86, Brigitte m'appelle au téléphone pour me demander de l'accompagner, si cela m'amuse, à un dîner pour lequel elle a pris date avec Gainsbourg. Celui-ci nous invite dans un restaurant de la rue de Verneuil, à deux pas de son hôtel particulier. Le repas est plutôt lugubre. Le passé, pour l'un comme pour l'autre, revient sans cesse. Puis, au dessert, se produit un incident qui va décider d'un changement total d'orientation et d'atmosphère. Serge disparaît et revient avec deux bouteilles d'armagnac prises dans sa réserve. Il vide verre après verre. C'est alors que Brigitte, sortant de sa nostalgie, lui fait une leçon de morale véhémente : " Ton comportement est suicidaire. Tu attentes à ta vie. Avec le talent que tu as, c'est une honte et c'est un crime. " La soirée finira à 4 heures du matin, dans l'unique salle de musique du rez-de-chaussée où Gainsbourg reçoit et compose et où sont exposées les deux photos admirables, encadrées d'or, que B.B. a posées pour Sam Lévin. Serge s'est mis au piano et, retrouvant sa voix dans l'ivresse, il s'est livré à une rétrospective éblouissante de son répertoire, en commençant, et en finissant, par les grands succès obtenus avec Brigitte ou pour Brigitte. »

Cet additif à la Provocation permanente n'a qu'un but : confirmer la noblesse de Bardot, déesse sans ressentiment. *Je t'aime, moi non plus* – que B.B. venait pourtant de « ressortir » – était loin, très loin. Qui plus est, son échec de programmation était déjà oublié. La qualité du rapport humain – la tendresse – supplantait les histoires d'argent, les contrats passés, encore en vigueur, et les droits d'auteur de *Je t'aime, moi non plus*. La signature de nos deux héros sur le Livre d'Or du restaurant le Vert Galant[1] fait foi du récit de Remilleux.

Y. S

1. Le Galant Vert, rectifie Gainsbourg. Dont acte.

L'auteur signe des chèques de gratitude à :

Serge Gainsbourg, qui lui a donné tout le temps qu'il a pu, mais pas assez cependant; Jane Birkin, qu'interviewer est toujours un plaisir; Alain Coelho et Franck Lhomeau dont l'album *Gainsbourg*[1] – travail de haute exhaustion – est une introduction indispensable aux œuvres complètes de notre héros; Lucien Rioux pour ses ouvrages sur Gainsbourg et Birkin[2]; Catherine Rihoit; Michel Clerc; Richard Cannavo, rédacteur en chef de *Paroles et Musique*, l'homme de quarante ans qui connaît le mieux la chanson française. Il adresse des remerciements professionnels empressés à Véronique Steff, responsable de la documentation de l'hebdomadaire *Jours de France*; et à Patrick Delucé, son premier lecteur, dont l'apport a été essentiel pour : la réception des chapitres, leur photocopie, leur classement et le graphisme de la couverture de *Serge Gainsbourg ou la provocation permanente.*

Y.S.

1. Editions Denoël.
2. Editions Seghers.

DU MÊME AUTEUR

Poésie

LES CHANTS DE NATHANAËL (prix Guillaume Apollinaire 1943).
TABACS BLONDS.
BRÉVIAIRE D'UN GITAN.
STATUE DE L'AMERTUME.
PROFIL LITTÉRAIRE DE LA FRANCE.
L'ESCLAVE AUX MAINS DE VERRE, Seghers.

Art

LES CLÉS DE L'ART MODERNE, La Table ronde, 1955.

Romans

LE JEUNE HOMME ENDORMI, Sagittaire, 1946.
L'ARCHANGE DÉMASQUÉ, Sagittaire, 1948.
UN ANGE AMÉRICAIN, Pierre Horay, 1956.
LES TACHES DU SOLEIL, Pierre Horay, 1957.
LE TRIANGLE ÉTERNEL, Julliard, 1981.
L'EMPIRE DES SERPENTS, Olivier Orban, 1990.

Biographies, témoignages

L'HÉROÏNE, UNE VIE, Lattès, 1987.
GAINSBOURG OU LA PROVOCATION PERMANENTE, Lattès, 1989.
JAMES DEAN OU LE MAL DE VIVRE, Stock, 1990.
LE TESTAMENT D'UN ESCLAVE, Stock, 1991.

Dans Le Livre de Poche

Joan Baez

Et une voix pour chanter 6881

Plus que le portrait d'une des plus célèbres chanteuses de notre temps, cette autobiographie brosse le tableau d'une époque – ces quarante dernières années, telles que Joan Baez les a vécues.

Joan Baez revit ici toutes ces années Woodstock avec une authenticité et une générosité rares. Elle ne cache rien de ses émotions lors de sa liaison avec Bob Dylan, ou de son mariage avec David Harris, ou de sa courte passion pour une femme, ou encore des joies de la maternité. A chaque page, le lecteur est plongé au cœur de l'action : en concert, en tournée, avec Martin Luther King lors des grandes marches pour les droits civiques des Noirs, en Pologne avec Solidarnosc, avec Danielle et François Mitterrand...

Joan Baez parle aussi de son enfance quaker, de son père d'origine mexicaine, de sa mère écossaise, de ses croyances, de ses combats pour la paix et la justice.

Aujourd'hui, si elle considère que beaucoup de choses ont changé pour elle, une seule reste la constante de son existence entière : la non-violence, unique moyen d'influer intelligemment sur l'évolution de la société.

Un document courageux et profond.

Albert Goldman

John Lennon 6690

L'étonnante biographie d'un personnage fascinant.

L'enfance de John d'abord : tout jeune, il a perdu son père, puis sa mère, et c'est sa tante qui l'a élevé. Très vite se révèle un John Lennon poussé, non par l'amour, mais par la colère et la peur.

Toutes les facettes de son histoire sont dans ce livre, depuis la formation des Beatles jusqu'à l'extraordinaire évolution de sa musique et de son propre personnage qui va faire de lui un héros de la culture des années 60. Mais c'est l'homme qui surprend le plus dans ce livre : Lennon avec le climat de violence qui a façonné toute sa vie, ses relations difficiles avec les autres au milieu de ses triomphes dans le monde entier et surtout la vérité sur sa vie avec Yoko, sa femme japonaise, et l'influence qu'elle a exercée sur lui. Yoko en proie aux astrologues et aux mages, Yoko qui l'entraîne dans l'univers de la drogue... jusqu'à ce matin du 8 décembre 1979 où Mark David Chapman, un jeune détraqué, l'abat devant la porte de cet immeuble new-yorkais aux allures de château hanté où il vivait depuis quelques années.

Pour écrire ce livre, portrait attendri mais sans retouche d'un génie foudroyé, l'auteur a passé six ans à faire des recherches et rencontré plus de 1 200 amis, membres de la famille et relations professionnelles ou autres de John Lennon.

Desta Halliday

Johnny

6694

Desta est la cousine germaine de Johnny qui fut confié, tout bébé, à ses parents. Elle a gardé intacte en elle l'image dc leurs « tendres années » partagées dans une vie de bohème. Elle nous raconte Johnny, l'enfant de la balle, bien avant qu'il ne devienne la star n° 1 du rock. Il a commencé très tôt à chanter dans des cabarets et à tourner dans des films, notamment *Les Diaboliques*; on l'a même sélectionné pour créer un opéra! Il a parcouru l'Europe entière et s'est familiarisé de bonne heure avec l'atmosphère fiévreuse des tournées, du public et des coulisses.

Une seule personne pouvait livrer ce témoignage intime et unique sur le jeune prodige qui, soudain, est devenu une idole : Desta. Elle s'appelle Hallyday. C'est tout dire...

Johnny - ses tendres années est très bien écrit, avec beaucoup de tendresse, d'émotion, de vérité. De chapitre en chapitre, nous découvrons le caractère, la personnalité de cette future idole.

« Top 50 »

Jacques Higelin

Lettres d'amour d'un soldat de vingt ans 6499

Il y a vingt-cinq ans, Jacques Higelin vécut une de ces histoires d'amour qui ensoleillent à jamais l'existence. Tout au long de son service militaire, en Allemagne d'abord, en Algérie ensuite, il adressa à une femme restée à Paris des centaines de lettres. Des lettres qui, jour après nuit, disent l'amour, le désespoir, l'attente, la déception, le désarroi, la passion. Des lettres qui, l'une après l'autre, construisent une histoire singulière en même temps qu'universelle, et mettent en scène un homme amoureux d'une femme autant que de la musique.

Et puis, vingt-cinq ans plus tard, une femme, cette femme, remet à Jacques Higelin ces *Lettres d'amour d'un soldat de vingt ans* qu'il avait été. Elles sont sublimes. Toutes authentiques, elles forment un véritable roman d'amour.

Ces lettres d'un soldat de vingt ans sont d'une étonnante maturité, d'un enthousiasme débordant pour l'amour, pour la vie, la fraternité humaine. C'est cette énergie vibrante qu'Higelin, depuis vingt-cinq ans, cherche à faire passer dans sa musique et ses chansons.

Aliette Armel, *Le Magazine littéraire.*

Aldo, Jean-Mi, Ludo

Coluche à cœur et à cris 6486

On mesure aujourd'hui la place qu'occupait Coluche, au vide énorme qu'il a laissé derrière lui.

Aldo, Jean-Mi, Ludo, les trois auteurs de *Coluche à cœur et à cris*, ont vécu quotidiennement avec lui. Durant toutes ses années de galère et de gloire, ils étaient là. Ils ont pu apprécier la richesse de sa personnalité et nous le restituent tel qu'ils l'ont aimé.

Vous suivrez Coluche en tournée, côté scène, Coluche en virée sur son bateau, Coluche candidat pour rire à la présidence de la République, acteur, animateur de radio, de télévision, fondateur des Restaurants du Cœur, Coluche battant le record du monde de vitesse de moto... Coluche et les femmes, la drogue, l'argent, Coluche et François Mitterrand, Coluche au Sénat...

Coluche à cœur et à cris, un récit où souffle l'esprit de Coluche et qui dévoile bien des aspects de la vie incroyable de Michel Colucci.

Annie Girardot

Vivre d'aimer 6884

Là, on la découvre entière, vive, spontanée... Coups de cœur, coups de gueule, grandes joies, petits chagrins, infini désespoir, rien ne l'a épargnée. Elle a connu la gloire et aussi le vide, même celui des salles. Mais contre vents et marées, la fureur de vivre lui a toujours prêté l'envie de donner des coups de pied au sort et de rassembler son énergie pour retrouver le goût du soleil.

Femme d'aujourd'hui.

Dans ce livre qu'elle nous lance comme une bouteille à la mer, mais aussi comme un coup de pied bien placé à l'adresse des ramollis, des fatigués et des grincheux, Annie déballe tout. Ses grandes misères et ses petits bonheurs, l'insoutenable lourdeur de certains êtres, et ses grandes priorités : vivre et aimer, quoi qu'il advienne.

Jacqueline Artus, *Le Nouvel Observateur.*

Son livre est beau, juste et sensible. Sans l'ombre d'un cabotinage ! Avec sa passion du métier, ses amours difficiles, sa fille adorée, ses aller et retour Paris-Rome et le rôle de Gabrielle Russier, qui changea sa vie.

L'Express.

Jane Fonda

Le bel âge de la femme 6208

A vingt ans, j'*étais* jeune.
Aujourd'hui, je *me sens* jeune.

Est-il possible de rester en bonne forme, de conserver toute sa vigueur et sa sexualité ?

Avons-nous des besoins alimentaires spécifiques ? Pouvons-nous ralentir le processus de vieillissement ?...

A quarante-six ans, Jane Fonda est l'exemple vivant qu'il y a un bel âge à tout âge. Dans ce livre, avec bon sens, enthousiasme et honnêteté, elle aborde et développe tous ces sujets et donne ses techniques pour vivre en bonne harmonie avec son corps et son esprit.

Jane Fonda propose aussi un programme rassemblant les conseils diététiques et les exercices physiques que l'organisme exige pour vivre une vie d'adulte saine et vigoureuse, pour jouir le mieux possible de sa maturité.

Avancer en âge ne doit pas être une évolution négative. Jane Fonda le démontre avec éclat dans *Le Bel Âge de la femme.*

Kirk Douglas
Le Fils du chiffonnier 6837

Les Mémoires de vedettes américaines sont le plus souvent des produits finis, adaptés au public et passés à la moulinette des services de publicité. Ce livre détonne par sa sincérité, son ton de liberté, et l'absence – rare – de tout snobisme. Le générique compte tout ce qu'il faut de célébrités, du « show-bizz » à la politique, et contient le pourcentage inévitable d'allusions et d'indiscrétions; mais il renferme quelque chose de différent : sous la « success-story » aux couleurs vives d'Hollywood, l'histoire grise d'un petit juif devenu grand qui ne comprend pas pourquoi le monde est si dur...

Gilles Lambert, *Le Figaro.*

Le fils du chiffonnier illettré – russe et juif de surcroît – qui a tenu dans ses bras les plus belles femmes d'Hollywood, Joan Crawford, Rita Hayworth, Marlène Dietrich, et pas seulement au cinéma, se fait tendre pour ses conquêtes, ironique pour ses détracteurs, acide pour la vie frelatée des vedettes. Mais jamais, celui qui fut Van Gogh, Spartacus et le colonel Dax n'oublie qu'il fut d'abord Issur Danielovitch Demsky, sorti à coups de volonté, de travail et de chance de la misère.

Claire Méheust, *Marie-Claire.*

IMPRIMÉ EN FRANCE PAR BRODARD ET TAUPIN
Usine de La Flèche (Sarthe).
LIBRAIRIE GÉNÉRALE FRANÇAISE - 6, rue Pierre-Sarrazin - 75006 Paris.
ISBN : 2 - 253 - 05635 - 9 30/6950/7